五大区域战略环境评价系列丛书

环渤海沿海地区重点产业发展战略环境评价研究

主　编　陈吉宁
副主编　刘　毅　张天柱　林　绿

中国环境出版社 · 北京

图书在版编目（CIP）数据

环渤海沿海地区重点产业发展战略环境评价研究 / 陈吉宁主编. — 北京：中国环境出版社，2013.3
（五大区域战略环境评价系列丛书）
ISBN 978-7-5111-0933-0

Ⅰ.①环… Ⅱ.①陈… Ⅲ.①环渤海经济圈 — 产业发展 — 战略环境评价 — 研究 Ⅳ.①F127

中国版本图书馆CIP数据核字（2012）第037860号
审图号：GS（2013）217号

出 版 人 王新程
丛书统筹 丁　枚
责任编辑 黄晓燕　李兰兰
文字编辑 赵楠婕
责任校对 扣志红
封面设计 金　喆
排版制作 杨曙荣

出版发行 中国环境出版社
（100062 北京市东城区广渠门内大街16号）
网　　址：http://www.cesp.com.cn
电子邮箱：bjgl@cesp.com.cn
联系电话：010-67112765（编辑管理部）
010-67112735（环评与监察图书出版中心）
发行热线：010-67125803 010-67113405（传真）
印　　刷 北京盛通印刷股份有限公司
经　　销 各地新华书店
版　　次 2013年3月第1版
印　　次 2013年3月第1次印刷
开　　本 889×1194 1/16
印　　张 17.5
字　　数 400千字
定　　价 115.00元

五大区域战略环境评价系列丛书
编　委　会

本书编委会

主　编　陈吉宁

副主编　刘　毅　张天柱　林　绿

编　委　曾思育　刘雪华　王　灿　金凤君　王自发
　　　　严登华　马明辉　鲍献文　张军连　朱　坦
　　　　包景岭　王路光　张民建　李　何　李　川
　　　　董德修　甄文栋

审　定　祝兴祥

序

党中央、国务院高度重视环境保护工作，把保护环境确立为基本国策，大力实施可持续发展战略。“十一五”以来，我国环境保护从认识到实践都发生了重要变化，环境保护投入和能力建设力度明显加大，环境保护优化经济发展的作用逐步显现，污染防治和主要污染物减排成效明显，环境保护工作取得了显著成绩。在环保事业发展的宏伟进程中，不断涌现出探索中国环保新道路的新理念、新举措和新实践。战略环境评价就是从宏观战略层面切入解决环境问题、努力参与综合决策的成功典范之一。

环渤海沿海地区、海峡西岸经济区、北部湾经济区沿海、成渝经济区和黄河中上游能源化工区等五大区域战略环境评价，是战略环评理念引入我国以来，地域最大、行业最广、层级最高、效果最好的一次生动实践。五大区域在经济发展和环境保护上的地位重要。在经济上，五大区域在国家区域发展战略的推动下，正在发展成为国家宏观经济战略的重要指向区域和新的经济增长极；在环保上，“十一五”期间五大区域主要污染物 SO_2 和 COD 减排任务分别占全国的 75% 和 64%，同时拥有占全国 1/3 的生物多样性保护重要功能区，直接关系到我国中长期生态环境安全。处理好五大区域重点产业发展与生态环境保护的关系，对加快推进经济发展方式转变具有突出的示范作用，对我国中长期生态环境的战略性保护具有重大意义。

五大区域战略环境评价历时近三年，涵盖 15 个省（区、市）的 67 个地级市和 37 个县（区），关系石化、能源、冶金、装备制造等 10 多个重点行业，涉及国家、省、市等层面的发改、财政、国土、建设、环保等多个部门，汇集环境、生态、经济、地理等多学科近 100 家技术牵头、协作单位的集体智慧。五大区域战略环境评价在全面分析资源环境禀赋和承载能力的基础上，系统评估了重点产业发展可能带来的中长期环境影响和生态风险，提出了重点产业优化发展调控建议和环境保护战略对策，研究了在决策阶段和宏观布局层面预防布局性环境风险、确保区域生态环境安全的新思路和新机制。其最终报告是多学科集成的成果，堪称“环保教科书”，是战略环境评价的力作，已经成为制定国家重大区域战略的重要参考，成为编制“十二五”规划、制定地方环保政策的重要支撑，成为相关地区火电、化工、石化、钢铁等行业环境准入的重要依据。五大区域战略环境评价拓展了环境保护参与综合决策的广度和深度，构建了从源头防范布局性环境风险的重要平台，探索了破解区域资源环境约束的有效途径，是环保部门参与综合决策，探索代价小、效益好、排放低、可持续的环境保护新道路的重大创新和突破。

“十二五”时期是我国全面建设小康社会的关键时期，是加快转变经济发展方式的攻坚时期，环境保护工作任重道远。在“十二五”开局之年，国务院召开了第七次全国环境保护大会，印发了《关于加强环境保护重点工作的意见》和《国家环境保护“十二五”规划》，标志着环境保护的战略地位更加强化，也为环境保护提出了新的更高要求。在新的发展阶段，环境保护工作必须坚持“在发展中保护，在保护中发展”的战略思想，用全局视野和战略思维统筹考虑环保工作，不断推进环境管理的战略转型，努力在宏观经济政策制定、转变经济发展方式、调整结构优化布局等方面发挥更大作用，这为战略环境评价工作提供了新的历史机遇和广阔舞台。随着区域发展总体战略和主体功能区战略的深入实施，环境保护参与综合决策机制的不断健全，区域性战略环境评价大有发展，大有作为。希望广大环境影响评价工作者以探索环保新道路为契机，以服务国家重大战略需求为己任，创新战略环境评价思路，深化战略环境评价实践，增强战略环境评价工作的积极性、主动性和创造性，为不断提高生态文明水平，建设资源节约型和环境友好型社会，促进经济社会环境的全面协调可持续发展作出新的更大的贡献！

周生贤

前言

为了充分汲取西方发达国家和我国先发地区经济发展过程中资源环境代价过大的经验教训，有效遏制结构型环境污染和布局性环境风险在我国新的经济增长地区进一步加剧，根据我国区域经济发展的总体战略、产业发展趋势和生产力布局态势，环境保护部组织开展环渤海沿海地区等五个大区域的重点产业发展战略环境影响评价工作，旨在推动五大区域环境保护优化经济增长新格局的形成，在保障中长期生态环境安全的基础上实现五大区域经济环境的可持续发展，充分发挥战略环境评价在宏观决策层面促进经济社会发展与环境保护协调融合的作用。

在国家加快区域经济发展战略的推动下，环渤海地区正在发展成为国家宏观经济战略的重要指向区域和新的经济增长极。作为我国基础性、战略性产业主要分布区之一，环渤海地区在全国区域经济格局中占据重要地位。同时，渤海是我国唯一的内海，生态条件优越、生物多样性丰富，其沿海地区是维持渤海生态功能的重要缓冲区，在国家区域生态安全格局中占有重要地位。近年来，环渤海沿海地区重化工业规模迅速扩张、空间无序布局态势明显，与区域资源环境承载力和生态保护之间的矛盾十分突出，对区域生态环境安全和中长期可持续发展能力产生了重大影响。因此，处理好环渤海沿海地区产业发展与生态环境保护的关系，是关系到整个环渤海地区中长期经济社会可持续发展的战略性问题，对于加快推进我国经济发展方式转变具有突出的示范作用。

环渤海沿海地区重点产业战略环境评价是五大区域重点产业发展战略环境评价项目的分项目之一。技术牵头单位清华大学，联合国家和地方高水平科研单位组成了技术工作组，主要参加单位包括中国科学院地理科学与资源研究所、中国科学院大气物理研究所、中国水利水电科学研究院、国家海洋环境监测中心、中国海洋大学、中国农业大学、南开大学、河北省环境科学研究院、辽宁省环境科学研究院、山东省环境保护科学研究设计院等。

环渤海分项目自 2008 年 6 月起开展前期调研，至 2010 年 8 月形成正式成果并通过专家验收，历时两年 2 个月。分项目技术组在此期间开展了基础数据资料收集、现场调查、补充监测、技术攻关等工作，参与了环保部组织的三次阶段评估，以及五大区管理办组织的三次重大专题研讨，与三省一市相关部门进行了多次对接和沟通。在区域资源环境现状调查和产业发展规划分析的基础上，针对环渤海沿海十三个地市级行政区石化、冶金、装备、能源、化工等九大重点产业发展可能产生的区域性、累积性、复合性环境问题，深入分析了重点产业发展的特征规律、资源环境要素演变趋势，全面、系统地评估了区域资源环境综合承载能力及其空间特征，科学预测了重点产业发展的中长期环境影响和生态风险，提出了重点产业优化发展的调控方案和对策建议。环渤海分项目体现了大尺度区域战略环评工作的系统化分析、多学科集成、大尺度模拟、定量化评价等方面的创新性重要成果，为今后开展大区域战略环评工作提供了可借鉴的技术方法和数据支撑。

本书是环渤海分项目成果的集中反映。全书共七章，第一章介绍项目总体概况，第二章和第三章阐述区域资源环境现状、产业发展现状及演变规律，第四章对区域经济和产业系统的资源环境效率进行了全面评估，第五章对重点产业的中长期环境影响和生态风险进行定量化预测，第六章分析了区域生态空间约束与资源环境综合承载能力，第七章提出了重点产业优化发展的调控方案和对策建议。

环渤海分项目实施过程和本书编辑整理过程得到了环境保护部，环境保护部环境工程评估中心，天津市、河北省、辽宁省和山东省人民政府及环境保护厅等有关部门的大力支持，得到了项目专家顾问团队的悉心指导和分项目主要承担单位的鼎力支持，谨此向他们表示诚挚的谢意！

编　者

2012 年 3 月

目 录

第一章 概 述

第一节 研究背景

“环渤海沿海地区”范围涵盖大连、营口、盘锦、锦州、葫芦岛、秦皇岛、唐山、天津滨海新区、沧州、滨州、东营、潍坊和烟台等地区和城市（以下统称“十三地市”）[1]，涉及天津、河北、辽宁、山东四个省级行政区（以下统称“环渤海三省一市”）（图 1-1）。环渤海沿海地区国土面积 12.9 万 km²，略大于长三角地区；2009 年人口 5 635 万，地区生产总值达到 2.7 万亿元，人口规模、经济总量已接近珠三角地区。近年来其发展速度已超过长三角、珠三角地区。第二产业比重为 59%，冶金、石化、能源、装备等产业发展迅速，重工业比重达到 73%，重化工产业特征明显。随着天津滨海新区、河北曹妃甸、辽宁沿海经济带、黄河三角洲高效生态经济区等一系列国家战略的先后实施，沿海地区已经成为带动环渤海经济区发展的重要引擎，乃至国家区域经济发展的重要战略区。

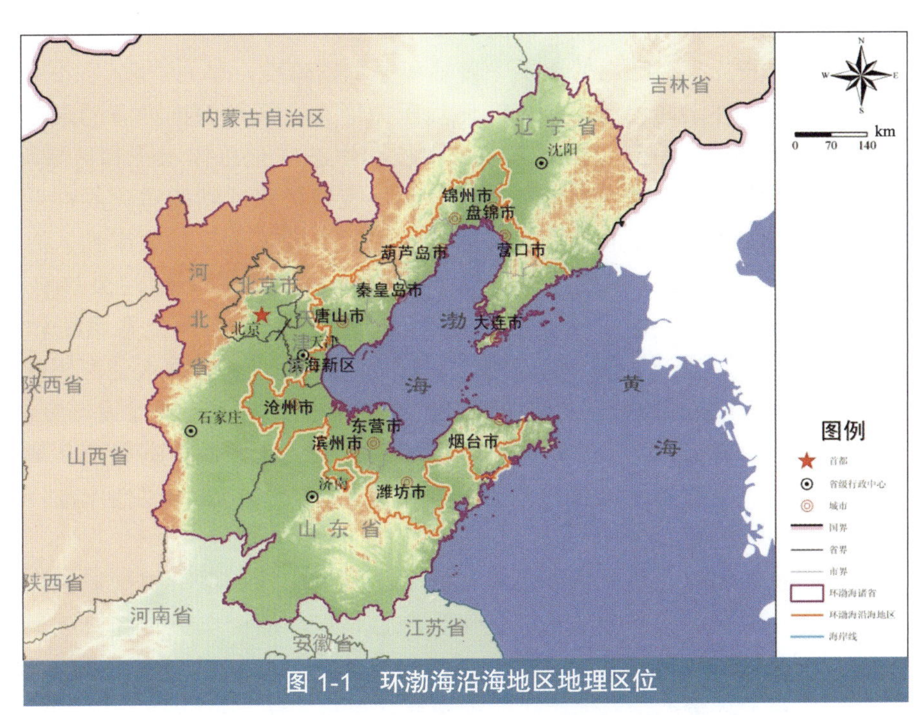

图 1-1 环渤海沿海地区地理区位

环渤海沿海地区生物多样性水平高，具有生态调节、农产品提供、人居保障等重要生态功能。渤

1 本书中泛指环围渤海的十三个行政区。其中，大连市为副省级城市、计划单列市。2009 年，国务院批复同意天津滨海新区行政区划，成立副省级新区。

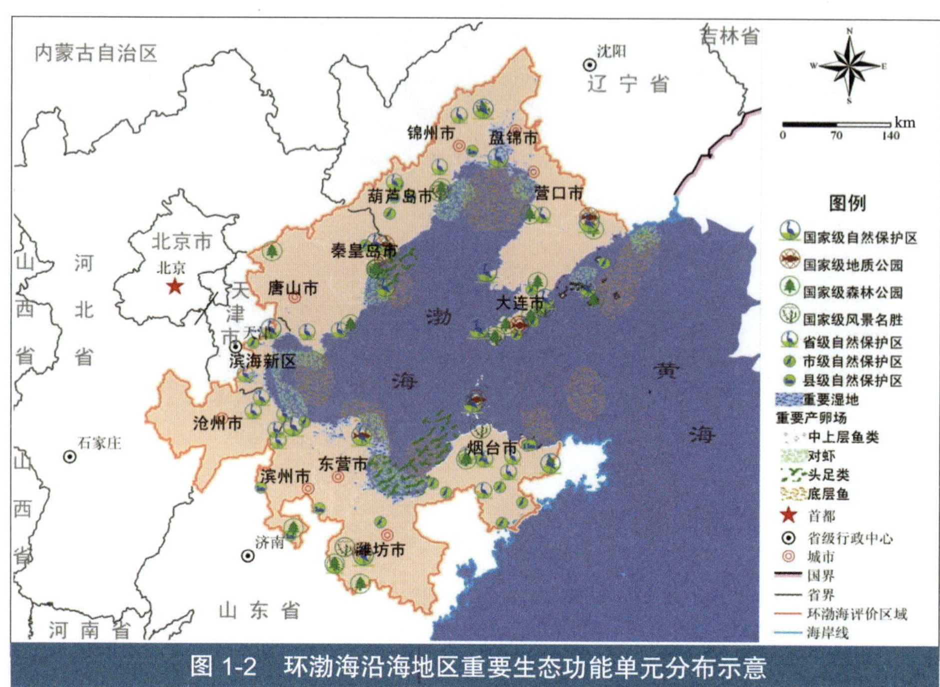

图 1-2 环渤海沿海地区重要生态功能单元分布示意

海面积 7.7 万 km^2，是深入我国内陆的唯一内海，其生态系统为我国北方经济社会发展提供了极为重要的支撑作用。渤海有丰富的洄游生物种类，在渤海近岸河口产卵场完成生殖—越冬洄游的生命历程，为我国渔业发展的资源补充基地，被誉为我国渔业的“摇篮”（图 1-2）。渤海为连接辽河、黄河、海河三大流域和外海的枢纽，承接上游地区 100 多条河流入海，辽河口和黄河口两大河口湿地、大面积沿海滩涂、海洋生物网络等构成的渤海生态系统是一个巨大高效的天然“净化系统”，通过自身的吸收、净化作用和复杂的生物地球化学过程，周而复始地净化来自陆源的大量污染物，在解决我国北方环境污染问题中发挥了重要作用。海陆交汇地带是中国湿地和世界生态系统生物多样性保护的重要区域，丰富的渔业资源和特殊的地理位置使其成为丹顶鹤、黑嘴鸥等鸟类迁徙的重要停留栖息地，在此停留或过境的鸟类有 170 多种，是东亚 — 澳大利亚鸟类迁飞的重要中转站和停歇繁殖地，享有“鸟类的国际机场”的美誉。

环渤海沿海地区资源环境压力巨大，又是保护渤海的最后一道生态屏障，其生态环境好坏直接关系到我国北方未来中长期生态安全总体水平和区域环境质量的演变趋势。近年来，环渤海沿海地区延续了布局分散、规模扩张、结构重化的产业发展方式，重点产业发展与区域资源环境承载能力之间的矛盾趋于尖锐。单位长度岸线入海污染物负荷约为全国平均值的 5 倍，主要入海污染物通量年均增加 1%，近岸海域污染趋势加重；海陆交汇带受开发扰动变化剧烈，滨海滩涂湿地面积年均减少 1%，海洋生态系统功能持续退化；单位水资源量承载人口为长三角、珠三角的 1.3 倍、2.4 倍，复合型水资源短缺日益恶化；单位国土面积污染治理投入仅为长三角、珠三角的 20% ～ 30%；区域性大气复合型污染问题日益突出，灰霾、酸雨等二次污染呈逐步扩散和加重趋势；累积性生态风险从局部向全域扩张的可能性不断增加，事故性环境风险水平高居不下，1996—2008 年发生溢油事故 27 起，占全国同期溢油发生事故数的 36%。

因此，统筹协调经济发展与环境保护的关系，根据资源环境可承载、生态功能不降低的要求来调整产业结构、优化生产力布局，从根本上转变粗放型的发展方式，逐步降低经济发展的资源环境代价，加强区域性生态环境保护的统筹协调，确保区域人居环境和生态安全，对于环渤海沿海地区可持续发展具有重大现实意义。

第二节　研究目标与内容

一、研究目标

从加强区域生态环境整体性保护的战略需求出发，通过战略环境评价研究，对环渤海沿海地区产业发展的资源环境合理性进行综合分析和系统评估，在分析重点产业发展趋势特征及其关键性的环境资源制约因素的基础上，深入分析跨区域、累积性、复合型环境问题和生态风险特征及发展演变趋势，以资源环境综合承载力和生态安全为依据，提出协调环渤海沿海地区重点产业与环境保护协调发展目标和关键途径，确定环境合理、生态适宜的重点产业规模和生产力布局，提出重大产业布局的环境准入要求，构建区域产业结构优化、产业布局调整、资源合理配置、环境污染预防的综合调控体系，促进社会经济与环境保护的协调可持续发展。

二、重点内容

环渤海沿海地区战略环境评价研究的重点内容包括：

① 区域生态环境现状及其演变趋势评估。摸清区域生态环境现状，分析其演变趋势，明确区域生态环境功能定位；回顾分析区域经济发展与生态环境演变的耦合关系；梳理经济社会发展中出现的区域性、累积性环境问题以及关键制约因素。

② 区域产业发展现状及资源环境效率评价。判定区域重点产业的现状特征及发展趋势，评估重点产业发展的资源环境效率水平，分析重点产业的规模、结构、布局等对区域资源环境的压力，解析区域经济与环境协调发展水平以及存在的主要矛盾。

③ 区域资源环境承载力综合评估。根据区域产业布局特征和环境资源禀赋，评价区域水环境、大气环境、近岸海域环境容量；评价资源环境综合承载能力和空间格局特征。

④ 重点产业发展的环境影响评价和生态风险评估。预测、分析重点产业发展的中长期生态环境影响态势及其阶段性、结构性特征，评估产业发展的中长期重大生态风险，评价重点产业发展对关键生态功能单元和环境敏感目标的长期性、累积性影响。

⑤ 区域重点产业优化发展的调控方案。提出区域重点产业发展调控的基本思路、原则和方向，明确区域生态环境保护的目标和底线，提出区域重点产业发展空间布局、结构优化、规模调整、效率提升的调控方案。

⑥ 区域重点产业与资源环境协调发展对策机制。提出节能减排、环境准入、跟踪监测与评价、生态恢复与补偿等中长期环境管理对策建议；探索促进跨流域、跨行政单元的环境综合管理模式和以环境保护促进经济又好又快发展的长效机制。

第三节 研究框架

一、系统边界

本研究涉及行政区域范围涵盖环渤海沿海地区十三地市。根据不同区域的自然地理特点，考虑生态环境的整体性，兼顾现行行政区划，将环渤海沿海地区划分为三个子区域：环渤海北岸产业带，涉及大连、营口、盘锦、锦州、葫芦岛五个地级市，涵盖整个辽宁沿海经济带；环渤海西岸产业带，涉及天津滨海新区，以及河北沿海三个地市，即秦皇岛、唐山、沧州；环渤海南岸产业带，涉及山东省沿黄海四个地市，即滨州、东营、潍坊、烟台（图 1-3）。根据十三地市社会经济发展状况及发展定位，本研究确定大连、唐山、滨海新区、烟台为环渤海沿海地区的主要增长点予以重点讨论。

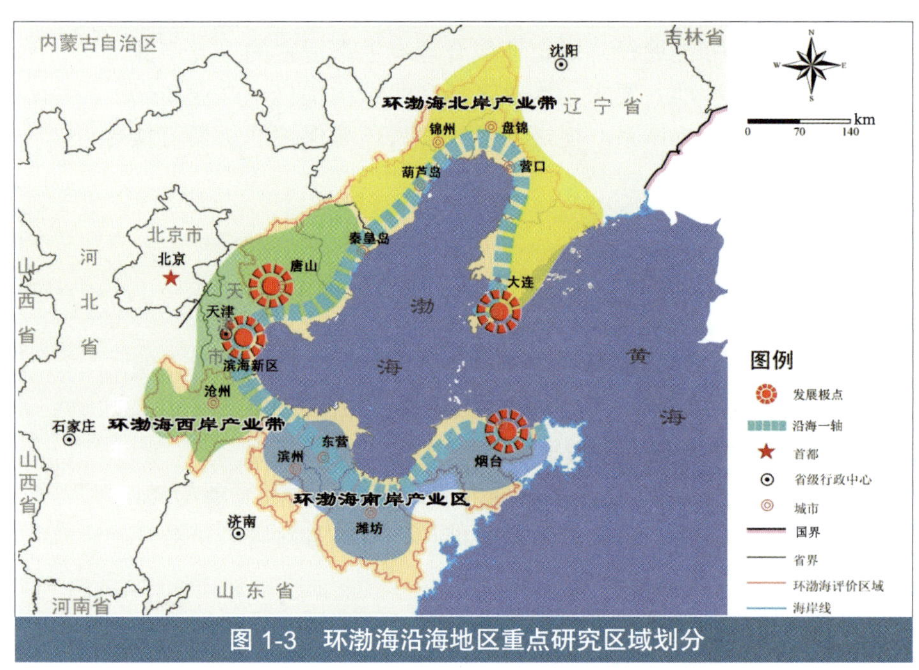

图 1-3 环渤海沿海地区重点研究区域划分

本研究重点对水资源、能源、土地资源、岸线资源以及地表水环境、大气环境、近海海域环境、海洋和陆地生态九种资源环境要素进行分析和评估。

不同环境要素的评价研究中考虑区域性地理特征和空间关联，其研究范围不局限于环渤海沿海地区。其中，水资源和水环境评价范围包括地表水和地下水，涉及三省一市境内辽河、海河、黄河三大流域和辽西沿海诸河、山东半岛诸河等上游地区；水资源评价还涉及境外调水有关流域。大气环境评价范围涉及北京、天津、河北全境，以及内蒙古、辽宁和山东部分地区。海洋环境评价范围涵盖整个渤海，重点包括辽东湾、渤海湾、莱州湾等近岸海域。陆域生态评价范围涉及环渤海三省一市境内与沿海地区相连接的重要生态功能区。海洋生态评价范围包括长兴岛 — 小窑湾、辽河三角洲、锦州湾、北戴河 — 曹妃甸、渤海湾、莱州湾、黄河三角洲等重点近岸海域。

本次评价的基准年为 2007 年，中期评价水平年为 2015 年，远期评价水平年为 2020 年。

二、环境保护目标

环境保护目标是综合考虑区域生态环境现状条件、社会经济发展压力、生态功能和人居环境质量要求等所提出的战略目标。环境保护目标是选择研究技术路径，确定评价指标和指标阈值的重要依据。

综合分析环渤海沿海地区的经济定位和生态定位，产业发展现状和生态环境现状，提出区域环境保护目标为：逐步降低区域资源环境压力，实现区域环境质量总体上不恶化，局部地区有所改善，海陆基本生态结构稳定且重要生态功能不降低。确保地表水重要环境功能区丰水期水质达标，提高渤海近岸海域主要功能区水质达标率；城市环境空气质量总体上不低于二级标准，主要大气污染物排放满足区域环境容量要求。海陆重要生态功能单元保护面积不减少、等级不降低；维持一定比例自然岸线，保证具有重要生态功能的岸线不被占用；维持最小河道生态用水量、最小入海水量。初步构建生态文明与经济社会协调发展格局，成为经济增长转型的示范区域。

三、评价指标

根据环境保护目标确定主要评价指标见表 1-1。

表 1-1　环渤海沿海地区重点产业战略环境评价指标

指标类别	指标名称	单位	指标性质
产业发展	人均地区生产总值[a]	万元 / 人	预期性
	重点产业年均增长率	%	预期性
	重化工业比重	%	预期性
生态环境质量	近岸海域功能区面积达标率	%	约束性
	主要河流水环境功能区达标率	%	控制性
	达到大气二级质量标准天数	d	约束性
	主要污染物排放总量（COD、NH_3-N、SO_2、NO_x 等[b]）	t	约束性
资源环境效率	万元 GDP 能耗	t 标煤 / 万元	约束性
	万元工业增加值水耗	m^3/ 万元	约束性
	单位工业用地经济产出	万元 / hm^2	控制性
	万元工业增加值主要污染物排放强度	t / 万元	控制性
	万元 GDP 碳排放量	万 t / 万元	预期性
资源环境承载力	工业用地面积 / 土地供给量	%	控制性
	重点产业用水量 / 可供水资源量	%	控制性
	水污染物排放量 / 水环境容量	%	控制性
	入海污染物排放量 / 近岸海域环境容量	%	控制性
	大气污染物排放量 / 大气环境容量	%	控制性
	综合承载力利用水平	%	控制性
	重要生态功能单元保护面积	万 km^2	约束性
	自然岸线长度所占比例	%	约束性
	重点保护岸线长度所占比例	%	约束性
环境保护能力	城市污水处理率	%	约束性
	环境保护投入占 GDP 比重	%	约束性

注：a. 地区生产总值以下简称 GDP；

b. 化学需氧量以下简称 COD、氨氮以下简称 NH_3-N、二氧化硫以下简称 SO_2、氮氧化物以下简称 NO_x。

四、技术路线

本研究运用产业经济分析、情景分析、承载力分析、大区域环境系统模拟、生态风险评估等技术方法，对大尺度复杂社会经济系统及其环境响应变化进行综合分析、预测和评估。产业经济与情景分析重点在分析环渤海沿海地区经济系统的现状特征并设定其典型的发展趋势，为影响预测提供研究基准。承载力研究各类资源环境要素对于区域发展的空间约束和总量约束，并在单要素基础上进行集成从而对区域综合承载力条件及其利用水平进行整体性辨识。根据战略环境评价的目标和要求，对现有大尺度大气和海洋模式进行改进，应用于模拟和评估未来可能的发展情景产生的环境质量变化响应。生态风险评估综合考虑自然风险和人类活动影响，从整体上研究区域生态风险水平的变化。以上技术方法的具体分析和表述详见后面相关章节。

本研究技术路线如图 1-4 所示。

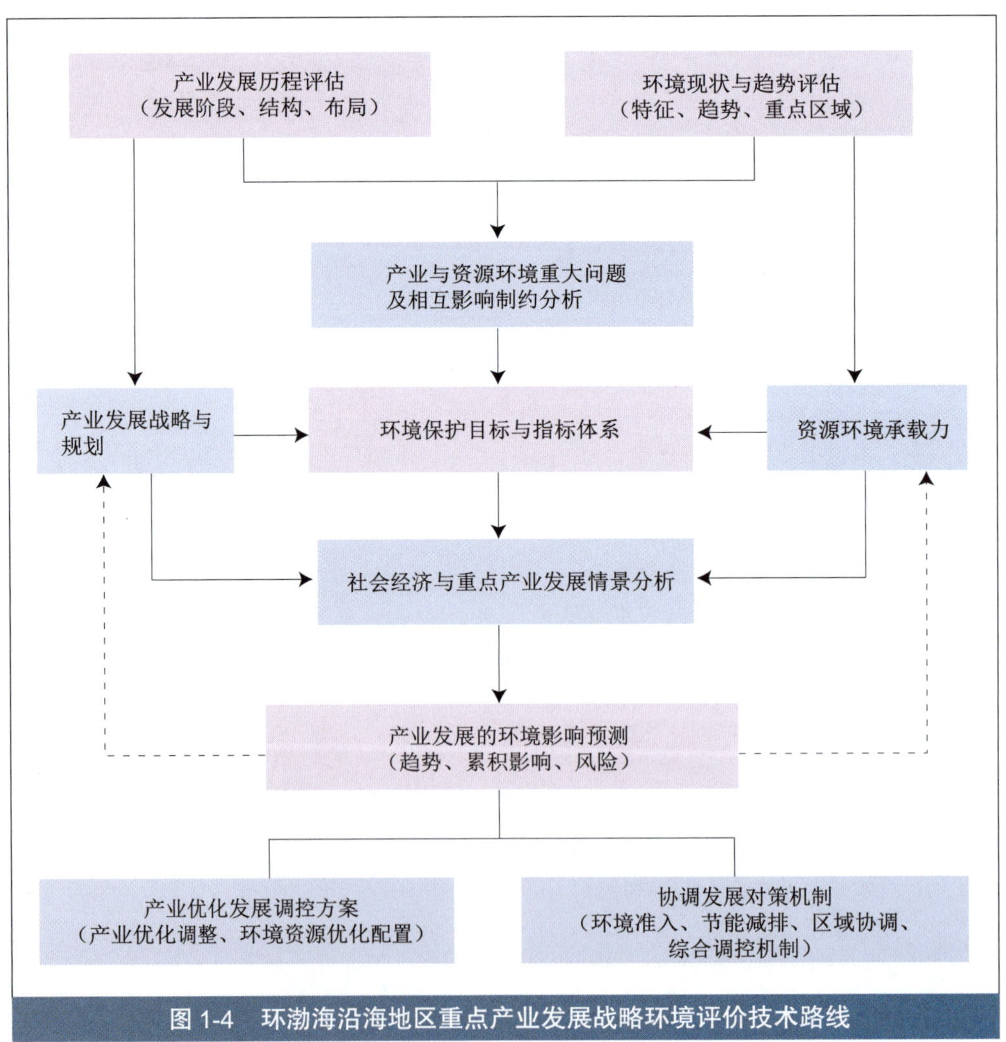

图 1-4　环渤海沿海地区重点产业发展战略环境评价技术路线

第二章

区域生态环境特征及演变规律

环渤海沿海地区在我国整体生态格局中占有重要地位。位于我国北方地区辽河、黄河和海河流域的下游，是连接三大流域和外海的枢纽，承接了上游地区100多条河流，流域面积占我国陆域面积16%。环渤海沿海地区拥有辽河口和黄河口两大河口湿地、大面积的沿海滩涂，是我国北方重要的滨海湿地分布区，成为170余种珍稀鸟类的栖息地，是东亚—澳大利亚鸟类迁飞的重要中转站和停歇繁殖地，享有“鸟类的国际机场”的美誉。然而，环渤海沿海地区生态环境状况堪忧。本地水资源紧缺，复合型水资源与水环境问题突出，生态用水和入海淡水量不足，海河、辽河、黄河三大流域地表河流和渤海近岸海域污染严重；沿海地区自然滩涂湿地锐减，海陆交汇带生态系统人工化趋势明显；近岸海域与河口生态基础改变。

本章按水资源、能源、土地资源、岸线资源、大气环境、地表水环境、近岸海域环境、海陆生态状况等八个方面，全面分析环渤海沿海地区主要环境要素的现状特征及历史变化趋势，梳理区域性、累积性重大生态环境问题，系统辨识关键性资源环境制约因素及其可能的时空分异规律。

第一节　区域生态环境战略地位

一、环渤海沿海地区生物多样性水平高，具有重要生态功能

环渤海沿海地区地处温带海陆交界地带，区域植被良好，河网密布，是我国黄河、海河、滦河、辽河等几大水系的河口所在地，分布着大面积的沿海滩涂和芦苇湿地。独特的地理位置和区内复杂多变的生态系统为野生生物的生存和繁衍提供了良好的环境条件。该地区分布有国家级保护动物74种，国家级保护植物42种，是我国实行生物多样性保护的重要区域。

环渤海沿海地区是我国北方重要的滨海湿地分布区。这里汇集了辽河、滦河、海河、黄河等水系及众多河流的入海口，陆地、水域共同与大气相互作用、相互影响、相互渗透，形

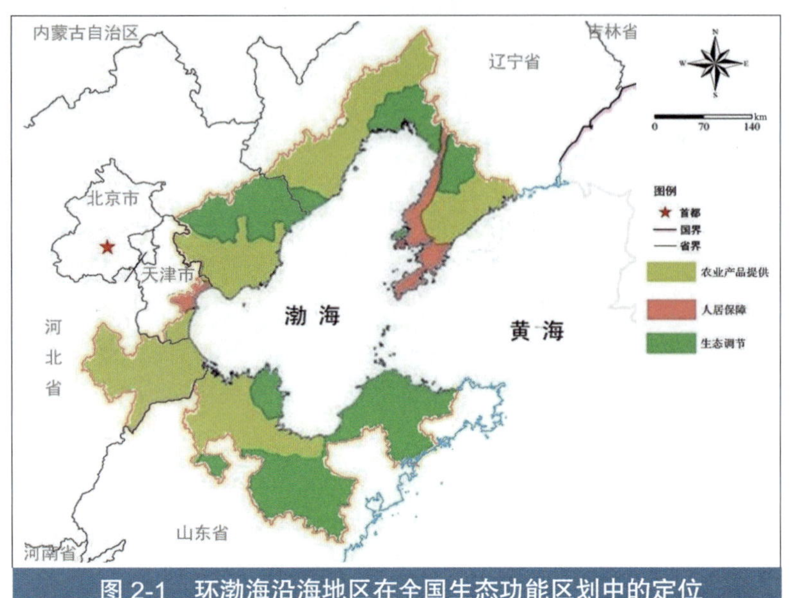

图 2-1 环渤海沿海地区在全国生态功能区划中的定位

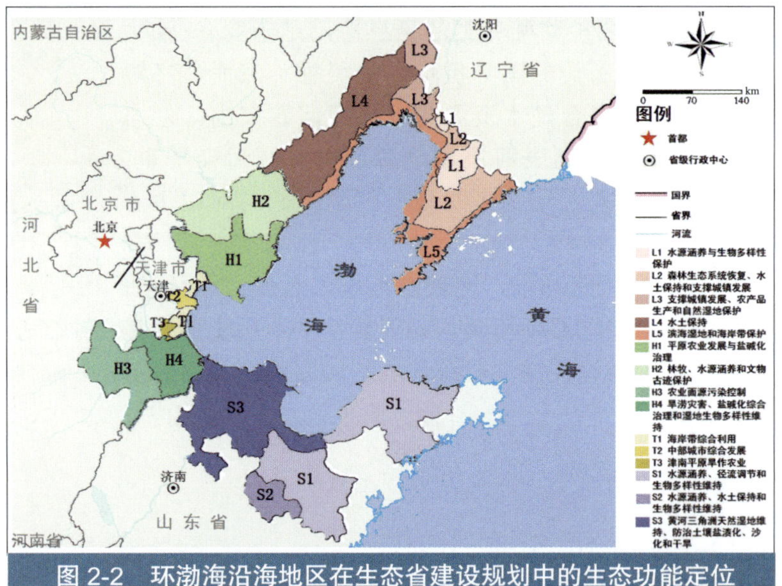

图 2-2 环渤海沿海地区在生态省建设规划中的生态功能定位

成了辽河三角洲、黄河三角洲、唐海湿地、南大港、北大港等众多湿地功能单元，在湿地保护和生物多样性保护方面均具有战略意义。尤其是位于海岸带上的辽河三角洲和黄河三角洲生境和生态系统种类多样而复杂，且具有丰富的渔业资源，是众多水禽栖息之地和迁徙中转的区域。

根据《全国生态功能区划》，环渤海沿海地区具有生态调节、农产品提供、人居保障等重要生态功能（图 2-1）。生态调节功能包括水源涵养、土壤保持、防风固沙、生物多样性保护、洪水调蓄等生态调节功能。主要分布有辽河三角洲和黄河三角洲湿地生物多样性保护功能区，环京津风沙源区，冀北及燕山落叶阔叶林土壤保持功能区，营口和盘锦境内的落叶阔叶林水源涵养功能区，潍坊和烟台境内的丘陵暖温带落叶阔叶林土壤保持功能区。农产品提供主要指提供粮食、油料、肉、奶、水产品、棉花、木材等农林牧渔业初级产品生产方面的功能。农产品提供生态功能区主要分布在辽宁省辽东半岛丘陵地区、西辽河上游丘陵平原区，河北东部地区，山东北部东营、滨州。根据我国经济发展与城市建设布局，我国人居保障重要功能区主要包括大都市群、重点城镇群。大都市群主要包括京津冀大都市群，重点城镇群主要包括辽中南城镇群。

根据各省市的生态省（市）建设规划，在全国生态功能区划的基础上，可以将环渤海沿海地区分为 15 个生态功能亚区（图 2-2）。辽宁涵盖 5 个亚区：水源涵养与生物多样性保护（L1），森林生态系统恢复与水土保持、支撑城镇发展（L2），支撑城镇发展、农产品生产和自然湿地保护（L3），水土保持（L4），滨海湿地和海岸带保护（L5）。河北涵盖 4 个亚区：平原农业发展与盐碱化治理（H1），林牧、水源涵养和文物古迹保护（H2），农业面源污染控制（H3），旱涝灾害和盐碱化综合治理、湿地生物多样性维持（H4）。天津涵盖 3 个亚区：海岸带综合利用（T1），中部城市综合发展（T2），津南平原旱作农业（T3）。山东涵盖 3 个亚区：水源涵养、径流调节和物种多样性维持（S1），水源涵养、水土保持和生物多样性维持（S2），黄河三角洲天然湿地维持、防治土壤盐渍化、沙化和干旱（S3）。

二、环渤海沿海地区是渤海的重要生态屏障

渤海是深入我国内陆的唯一内海，经狭窄的渤海海峡与外海相通，在我国整体生态格局中是连接三大流域和外海的枢纽。渤海生态系统为我国经济社会发展提供了极为重要的支撑作用。

渤海有丰富的洄游生物种类，大量洄游生物在渤海近岸河口产卵场完成生殖—越冬洄游的生命历程。渤海丰富的渔业生物是我国渔业发展的资源补充基地，是我国渔业的“摇篮”。

渤海是我国三大流域的天然“净化系统”，渤海承接了黄河、海河、辽河三大水系以及山东半岛诸河、辽西诸河等 100 多条河流入海，承接的流域范围涉及 160 万 km^2，占我国陆域总面积 16.7% 的流域。据统计，近年来进入渤海的污水量达 28 亿 t/a，占全国排污水量的 32%。渤海生态系统通过自身的吸收、净化作用和复杂的生物地球化学过程，周而复始地净化来自陆源的大量污染物，对维持我国北方地区生态环境发挥了极其重要的天然净化作用。

渤海滨岸带是中国湿地和世界生态系统生物多样性保护的重要区域。丰富的渔业资源和特殊的地理位置使其成为丹顶鹤、黑嘴鸥等鸟类迁徙的重要停留栖息地，在此停留或过境的鸟类有 170 多种，是东亚 — 澳大利亚鸟类迁飞的重要中转站和停歇繁殖地，享有“鸟类的国际机场”的美誉。

渤海有丰富的港口资源、景观旅游资源、石油天然气资源，为我国提供了经济社会持续发展的基础性资源保障，为环渤海地区经济社会的持续发展提供了战略基础。

第二节　资源开发利用评价

一、水资源及其利用特征

环渤海沿海地区范围内共有 13 个水资源三级区，分别为辽东沿环渤海诸河、太子河及大辽河干流、柳河口以下、沿渤海西部诸河、滦河山区、滦河平原及冀东沿海诸河、北三河山区、北四河下游平原、大清河淀东平原、黑龙港及运东平原、徒骇马颊河、花园口以下干流区间、胶东诸河。多年平均水资源量 214.5 亿 m^3，仅为我国北方六大水资源一级区（松花江、辽河、海河、黄河、淮河、西北诸河）水资源量的 4.0%，不足全国的 0.8%，但却承载了全国 4.2% 的人口、8.2% 的 GDP；人均占有当地水资源量不到 400 m^3，仅为全国平均水平的 1/5，世界平均水平的 1/20，远远低于人均 1 000 m^3 的国际水资源紧缺标准，已成为我国资源型缺水最为严重的地区之一。随着经济发展、人口城镇化水平进一步提高以及石油化工、冶金、能源、装备制造等高耗水产业的大规模增长，水资源短缺已成为影响环渤海沿海地区经济社会可持续发展的主要制约因素。

1. 水资源总量及时空分布特征

大气降水是水资源的补给来源，区域降水量及其时空分布对本地水资源状况起着决定性作用。根据 1956—2007 年水文数据资料 1，环渤海沿海地区多年平均降水量 606.0 mm，为全

1 数据来源：国家水利部门统计数据。

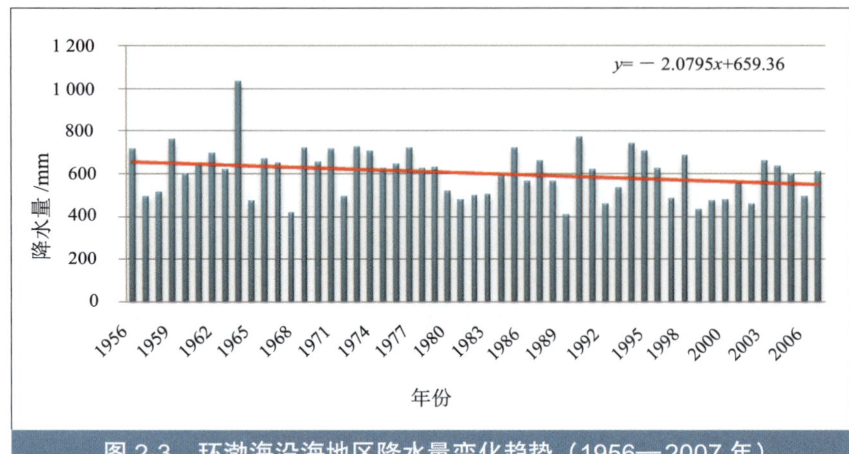

图 2-3 环渤海沿海地区降水量变化趋势（1956—2007 年）

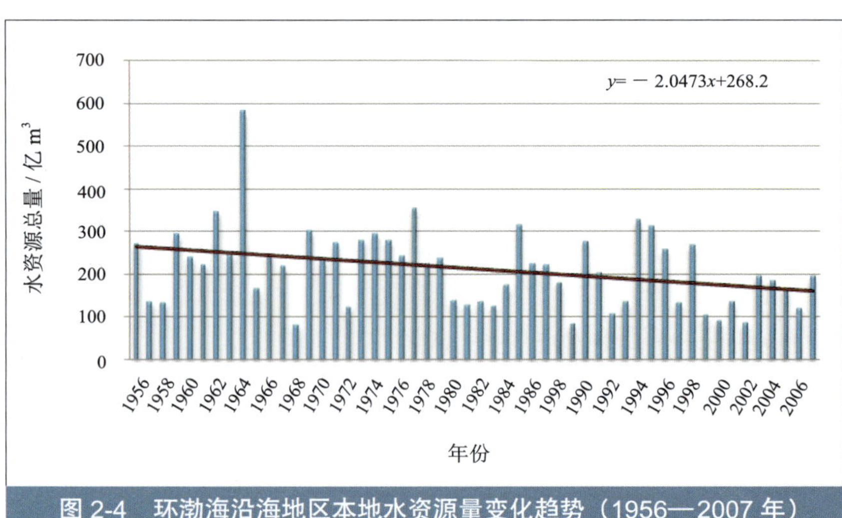

图 2-4 环渤海沿海地区本地水资源量变化趋势（1956—2007 年）

国平均水平的 94.3%，是北方六区的 1.8 倍；区域年降水量随着丰枯平水年波动且呈逐年衰减趋势，与多年平均水平相比，1956—1980 年的年降水量均值增加 6.2%，1981—1990 年、1991—2000 年和 2001—2007 年的年均值分别减少 5.4%、4.7%、4.8%（图 2-3）。

分区域看，北岸、西岸、南岸产业带多年平均降水量分别为 255.7 mm、280.0 mm、295.5 mm，相比较而言，南岸产业带降水量丰富一些；北岸产业带降水量下降趋势最不明显。分阶段看，与多年平均水平相比，北岸产业带 1956—1980 年的降水量年均值增加 2.9%，1981—1990 年、1991—2000 年和 2001—2007 年的年均值分别减少 0.5%、1.6%、7.2%。西岸产业带 1956—1980 年的年降水量均值增加 7.2%，1981—1990 年、1991—2000 年和 2001—2007 年的年均值分别减少 1.6%、8.2%、10.4%。南岸产业带 1956—1980 年的年降水量均值增加 8.4%，1981—1990 年、1991—2000 年和 2001—2007 年的年均值分别减少 11.5%、8.1%、0.9%。

环渤海沿海地区本地水资源总量偏少，由于年均降水量不断减少，本地水资源量总体上呈衰减趋势（图 2-4）。据测算，环渤海沿海地区多年平均本地水资源总量为 214.5 亿 m^3，仅为北方六区的 4.0%，不足全国的 0.8%，已由 20 世纪 50 年代末 60 年代初的 223 亿～296 亿 m^3 减少到 2007 年的 199.8 亿 m^3。与多年平均水平相比，1956—1980 年本地水资源量年均值增加 15.5%，1981—1990 年、1991—2000 年和 2001—2007 年的年均值则分别减少约

表 2-1 环渤海沿海地区本地水资源量情况 单位：亿 m^3

	环渤海沿海地区	北岸产业带	西岸产业带	南岸产业带
多年平均本地水资源量	214.5	76.8	66.7	71.0
频率 50% 平水年	192.0	75.5	55.6	60.9
频率 75% 偏干旱年	125.2	52.2	29.0	44.0
频率 95% 干旱年	86.3	33.1	26.1	27.1
2007 年本地水资源量	199.8	65.7	41.2	92.9

12.4%、8.9%、25.1%，其中 1980—1984 年、1999—2002 年减少明显。因此，环渤海沿海地区本地水资源总量减少已是一个不争的事实。2007 年本地水资源量 199.8 亿 m^3，为多年平均水平的 93.1%，人均本地水资源量不到 400 m^3，远远低于人均 1 000 m^3 的国际水资源紧缺标准，仅分别相当于东南沿海五省市和全国平均水平 1/4 和 1/5，相当于世界平均水平 1/20，平均产水 15.5 万 m^3/km^2，仅为全国平均水平的 58.8%。分区域看，多年平均水资源量在三个产业带大体相当，西岸产业带略少；2007 年，南岸产业带本地水资源量相对较多，占全区域的 46.5%，西岸产业带最少，仅占全区域的 20.6%。

水资源供给主要依赖入境水和外调水。环渤海沿海地区位于辽河流域、海河流域、黄河流域下游，区域内的入境河流主要有辽河、大辽河、滦河、海河、蓟运河、黄河、小清河等。主要调水工程包括引滦入津、南水北调中线工程、引黄工程等，调水量总计 19.7 亿 m^3，其中北岸产业带没有引水水源地位于评价区外的调水工程；西岸产业带的调水工程主要为引滦入津和南水北调中线工程，从区域外调入水量 2.7 亿 m^3；南岸产业带依靠引黄水，从评价区域外调入水量 17.0 亿 m^3，主要供应滨州、潍坊、东营三市。

本地水资源在空间分布上极不平衡。分区域看，环渤海北岸地区水资源短缺态势较为严重，且地区间分布不均；水资源开发利用程度较高，水污染严重，供需矛盾突出，用水效率不高。天津滨海新区属于典型的资源型缺水区域，供需矛盾突出。现状是多年平均条件下，天津市本地人均水资源量仅为 160 m^3，加上引滦等入境水，人均水资源量也不足为 370 m^3，且时空分布很不均匀，水资源开发利用难度较大。河北环围渤海地区亦属于资源型缺水地区，人均自产地表径流量 178 m^3，人均水资源总量 304 m^3，人均可利用水资源量仅 247.6 m^3。环渤海南岸地区水资源也十分匮乏，水资源供需矛盾日益突出，人均水资源占有量仅 334 m^3。总体上看，环渤海沿海地区的水资源已经严重缺乏，对社会经济发展和重点产业布局形成严重制约。

2．水资源开发利用特征

总体来看，环渤海沿海地区水资源开发利用已超出其本地水资源的承载能力。根据区域本地地表水与地下水可利用量、外调水量、各种非常规水资源可利用量，计算得到 2007 年整个区域可供水量为 140.3 亿 m^3。2007 年，环渤海沿海地区实际总用水量为 149.6 亿 m^3，超过区域可供水量的 6.6%。所有城市和流域的水资源开发利用率均超过 50%，其中，西岸、南岸产业带大部分地区的水资源开发利用率已经超过 100%。营口以及唐山—潍坊一线共 7 个地区和城市的实际用水量已超出可开发利用量，唐山—潍坊实际用水量甚至超出本地多年平均水资源量，整个区域水资源供需矛盾十分突出（图 2-5）。

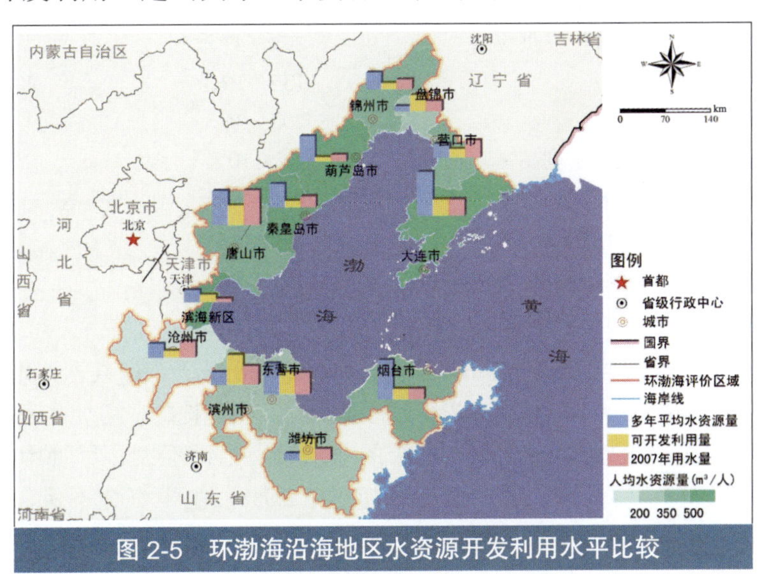

图 2-5　环渤海沿海地区水资源开发利用水平比较

数据来源：国家与各地水资源综合规划。

表 2-2　环渤海沿海地区地下水可开采资源量与实际开采量

单位：亿 m^3

地　区	地下水可开采资源量	现状地下水开采量	地下水开采利用率 / %
大　连	2.09	2.79	133
营　口	1.84	1.76	96
盘　锦	1.42	1.74	123
锦　州	8.14	9.06	111
葫芦岛	2.67	3.19	119
秦皇岛	4.30	5.22	121
唐　山	11.19	13.64	122
滨海新区	0.55	0.81	147
沧　州	9.25	12.33	133
滨　州	6.17	4.57	74
东　营	2.55	1.24	49
潍　坊	14.23	14.73	104
烟　台	13.00	7.69	59
合　计	77.40	78.77	102

数据来源：根据水资源基线调查及天津市 GEF 水资源水环境综合管理项目地下水研究报告、水资源综合规划成果与现状水平年地下水资源开发利用评价成果整理。

表 2-3　环渤海沿海地区重点产业水资源现状用水效率

行业	单位产值取水综合定额 / （m^3/ 万元）	重复利用率 / %
冶金行业	15 ～ 22	＞ 80
石油石化行业	18 ～ 33	85
装备制造业	3.5 ～ 6.5	40
造纸及纸制品业	20 ～ 45	70
非金属矿物制品业	45 ～ 63	50
电力热力生产及供应业	25 ～ 47	90
纺织业	13 ～ 19	70 ～ 90
食品加工业	20 ～ 30	35
化学原料及化学制品制造业	8 ～ 10	65
医药制造业	3.5 ～ 7.5	65
化学纤维制造业	28 ～ 38	60
橡胶制品业	10 ～ 16	60
塑料制品业	9 ～ 10	55

环渤海沿海地区大部分城市地下水超采问题严峻。整个研究区域地下水可开采资源量 77.4 亿 m^3，目前已超采 1.4 亿 m^3，除了天津、大连、盘锦、营口、东营和滨州这几个临海城市，其余城市在水资源开发上主要依靠地下水补给，特别是锦州、唐山、沧州等城市，地下水供水占总供水量的 70% 以上，造成当地地下水开采问题的矛盾日益突出，已经造成地下水位大幅下降、地面沉降、河流及湿地水分补给受阻等一系列水生态问题（表 2-2）。西岸产业带由于地下水超采造成的地下水漏斗较为严重，其中，沧州已形成华北地区最大的地下水漏斗群，从 20 世纪 70 年代初到 2000 年，其地下水中心水位总计下降了 72.7 m，漏斗年均扩展速率为 2.4 km^2/a，目前深层地下水超采已达 6.2 亿 m^3。近年来，通过采取关闭自备井等措施，部分地区地下水位下降趋势已初步得到遏制。

环渤海沿海地区水资源利用效率总体水平相对较高，相比国际水平仍有较大节水潜力。随着社会经济的发展，整个研究区域万元 GDP 用水量持续下降，其中天津市滨海新区的万元 GDP 用水量最低，南岸产业带其次，北岸产业带第三，西岸产业带中河北环渤海三市用水效率最低。从水资源总量来看，河北省环渤海三市的水资源量很少，水资源量较多的南岸、北岸产业带的节水潜力已经不大。尽管用水紧张，但浪费也很严重。自来水管网跑、冒、滴、漏的损失率超过了 20%；由于资金不足，无法及时维修供水设备而造成的水资源浪费也相当严重。

与国外先进国家相比，环渤海区域仍具有一定节水潜力，区域用水效率指标还存在较大差距。例如，2000 年北岸产业带万元 GDP 用水量分别是日本的 13.1 倍、以色列的 9.6 倍、韩国的 3.7 倍、美国的 3.5 倍，与泰国水平相当。从主要用水部门来看，农业用水效率与节水水平有较大的提高余地；工业用水效率与节水水平有一定提高的余地；建筑业及第三产业用水、生活用水效率与节水水平提高的空间不大。

社会经济用水严重挤占河道生态环境用水，水生态问题堪忧。生态环境需水是指为了维持给定目标下生态环境系统一定功能所需要保留的自然水体和需要人工补充的水量，分河道内生态环境需水和河道外生态环境需水。在此主要以河道内生态环境需水为评价对象。由于环渤海沿海地区经济社会快速发展，加之上游地区对水资源的高度开发利用，大量河道生态用水被挤占，造成入海淡水量减少。其中，海河流域中下游 4 000 多 km 河道断流，断流 300 d 以上占 65.3%，部分河道甚至全年断流。生态用水的缺乏，直接导致了河流水生态系统、海陆交汇带生态系统、近岸海域生态系统的破坏，降低了水环境容量，加重了水环境污染，造成海岸线一带的复杂生态环境问题。

地下水超采严重，河道常年断流，入海水量大量减少，甚至导致沿海地区海水入侵等，如滨州、东营、潍坊、烟台地下水超采严重，地下水位持续下降，漏斗区不断扩大，在沿海地区海咸水入侵严重，由于大量超采地下水，滨海平原区出现了大面积地下水位低于海平面的负值区，2000 年地下水位负值区已达 2 100 多 km^2，使咸淡水界面的平衡遭到破坏，造成海水和原生地下咸水侵染淡水含水层，致使海咸水入侵。1993—2000 年辽河区海水入侵调查结果表明，2000 年海水入侵主要发生在沿渤海西部诸河，入侵面积 339.2 km^2，平均入侵速度 6.98 km^2/a；太子河及大辽河干流入侵面积 33.5 km^2，平均入侵速度 1.65 km^2/a；辽东沿黄渤海诸河入侵面积 174.2 km^2，平均入侵速度－ 7.94 km^2/a。据初步统计，2000 年时，辽河流域海水入侵岸线长 54 km。沿海城市因超采地下水造成海水入侵达 546.9 km^2，其中，大连海水入侵面积 174.0 km^2，营口海水入侵面积 33.5 km^2，锦州海水入侵面积 202.0 km^2，葫芦岛海水入侵面积 137.2 km^2。葫芦岛地区海水入侵速度较快，年平均增长 7 km^2；大连地区由于引碧入连、引英入连等调水工程的启用，缓解了对地下水的开采，同时地下水也得到较好的补充，海侵区面积由 20 世纪 90 年代初的 230 余 km^2 缩小到目前的 170 多 km^2，缩减速度约为 8 km^2/a；锦州、营口地区属基本稳定区。

二、土地资源及土地利用状况

土地是承载人类生存与发展各项活动的基础资源。土地资源的开发程度，是反映区域经济社会发展规模和水平的重要标志。对重点产业发展来说，土地资源是不可或缺的空间场所。分析区域土地资源利用现状及演变特征，摸清土地资源数量、布局、结构和开发利用中存在的问题，判断区域土地利用变化的驱动力，探究影响区域土地利用变化的主导经济社会因素，有利于合理开发、利用和保护区域土地资源。

近年来环渤海沿海地区在环渤海三省一市的经济地位逐步提升，尤其是海岸带地区已经逐渐成为区域产业布局的重点区域。环渤海沿海地区经济社会和重点产业的持续协调发展，必须以土地利用结构和布局的时空优化为基础。

环渤海沿海地区土地总面积 12.9 万 km^2，占全国国土面积的 1.4%，人口密度为 427.6 人 / km^2，是全国平均水平的 3 倍以上，是我国人口和产业的高度密集区，也是我国基础性、战略性产业的主要布局区。目前环渤海沿海地区突出的土地问题表现为：随着城镇化和工业化进程的加速，建设用地扩张过快，优质耕地大量减少，尤其是海岸带地区土地利用缺乏合理性安排，出现资源浪费与紧缺的双重问题，由此导致的生态环境问题突出。

1. 数据来源及预处理

土地资源评价专题的数据来源主要包括三大类：环渤海沿海地区土地利用变更调查数据、土地利用遥感监测数据、环渤海十三地市地方政府产业用地规划数据。

（1）土地利用变更调查数据

该数据来自国土部门每年进行的土地利用变更调查成果，时间年度为1996—2007年。2002年以前土地利用变更调查采用1984年发布的《土地利用现状分类及含义》（俗称“八大类”）。从2002年开始，土地利用变更调查采用《全国土地分类（试行）》标准，为使分类标准更具可操作性，针对全国城镇与村庄地籍调查尚未全面完成的现实情况，国土资源部在这个基础上又制定了《全国土地分类（过渡期间适用）》的过渡分类标准，沿用至今。在本项目研究中，为统一数据分类，将2002年以前的土地利用变更调查数据转化为《全国土地分类（过渡期间适用）》标准。根据《全国土地分类（过渡期间适用）》标准，土地利用变更调查数据包括农用地、建设用地和未利用地三类。其中，农用地包括耕地、林地、园地、牧草地和其他农用地；建设用地包括居民点及独立工矿用地、交通运输用地和水利设施用地；未利用地包括荒草地、盐碱地、沼泽地、沙地、裸地、裸岩石、河流水面、湖泊水面、苇地、滩涂和其他未利用地。

（2）土地利用遥感监测数据

土地利用遥感监测数据是土地资源评价研究的基础数据，通过遥感解译，对环渤海沿海地区，尤其是海岸带地区进行土地利用布局和结构及其变化趋势进行分析。

① 数据来源。遥感影像数据包括1995年和2007年两期。其中1995年的数据为Landsat TM影像数据，下载于马里兰大学和国际科学数据镜像网站，共19景，成像日期多数为1995年6月，有部分数据为1993年数据，分辨率为28.5 m，为通用横轴墨卡托投影（Universal Transverse Mercatol Projection，UTM）；2007年的数据为北京一号小卫星影像，成像时间为2007年2月，分辨率32 m，按省界分为4幅影像，均为Lambert投影。遥感影像数据的坐标系统统一采用WGS-1984。

② 遥感数据处理。遥感数据处理包括几何纠正、镶嵌和裁剪。

几何纠正：2007年的北京一号小卫星影像已做过正射校正，可作为一幅标准地图，为1995年TM影像的精校正做参考。具体步骤如下：a. 选取地面控制点：在两期遥感影像上选择明显的、清晰的定位标志，并使控制点均匀地分布在整幅图像内；b. 多项式模型：由于数据量较大，考虑计算速度，本次校正选用的是二次多项式校正模型；c. 重采样：对1995年的原始影像按一定规则进行重采样，采用双线性内插法进行亮度值的插值计算。由此得到经过几何校正的1995年遥感影像。

镶嵌：由于1995年的影像有多幅，根据影像的投影和坐标系统进行镶嵌，得到整个环渤海沿海地区的遥感影像图。

裁剪：分别利用1995年研究区边界和2007年研究区边界对两期影像进行裁剪，得到研究区域影像。

③ 遥感数据解译。海岸线提取及研究区范围确定：以滩涂（或者人工建筑物）与海水之间的界线为环渤海沿海地区海岸线，此界线向陆地一侧包含滩涂、沙滩、港口码头等。以沿海行政区划线为陆地部分界线，所提取的海岸线为海陆界线，由此分别确定 1995 年和 2007 年的研究区范围。

建立分类系统：根据研究需要及影像地物特征，将研究区地物分为 9 类：耕地、草地、林地、建设用地、水体、盐田、其他、沼泽苇地、滩涂。同时参考 1995 年研究区部分土地利用现状图及其他参考资料，确定各地类在影像上所反映出的形状、大小、纹理特征等，由此建立遥感影像解译标志。

遥感数据解译：在 ArcGIS 中，根据解译标志，分别获得 1995 年、2007 年两期数据不同地类的边界，然后进行拓扑检查，并生成面状地类图斑，对比 1995 年部分研究区域的土地利用现状图，进行图斑纠正，编辑图斑属性，赋予图斑类别，重点核查海岸带地区及城镇地区的分类情况，最终得到 1995 年和 2007 年研究区域的土地利用现状图。

④ 遥感数据解译成果。1995 年和 2007 年环渤海沿海地区土地利用现状图。

1995—2007 年环渤海沿海地区填海新增建设用地分布图：根据所解译的 1995 年和 2007 年环渤海沿海地区土地利用现状图，提取 1995—2007 年沿海各地区填海新增的建设用地位置及面积。

1995—2007 年环渤海沿海建设用地转化图：根据 1995 年和 2007 年环渤海沿海地区土地利用现状图，统计 1995—2007 年由滩涂、盐田和水域转化为建设用地的面积，以此为依据制作沿海重点区域其他土地类型转化为建设用地的专题图。

1995 年和 2007 年环渤海 10 km 宽海岸带土地利用现状图：分别根据 1995 年、2007 年环渤海土地利用现状图，向内陆划定 10 km 宽作为海岸带，获得 1995 年和 2007 年环渤海 10 km 宽海岸带土地利用现状图。

2．土地利用现状及变化特征

分析 1996—2007 年区域土地利用，尤其是耕地、建设用地以及生态用地数量、结构、布局与变化特征，分析土地利用中存在的突出问题。

（1）土地利用现状基本特征

根据 2007 年度土地利用变更调查数据，环渤海沿海地区土地总面积为 12.9 万 km^2，与 1996 年度土地利用变更调查总面积一致，占全国土地总面积 950.9 万 km^2 的 1.4%。沿海三大产业带土地面积大体相当，北岸、西岸、南岸产业带的土地面积占全区域的比例分别为 33.5%、30.4%、36.1%。唐山、沧州、大连、烟台和潍坊 5 个地级市土地

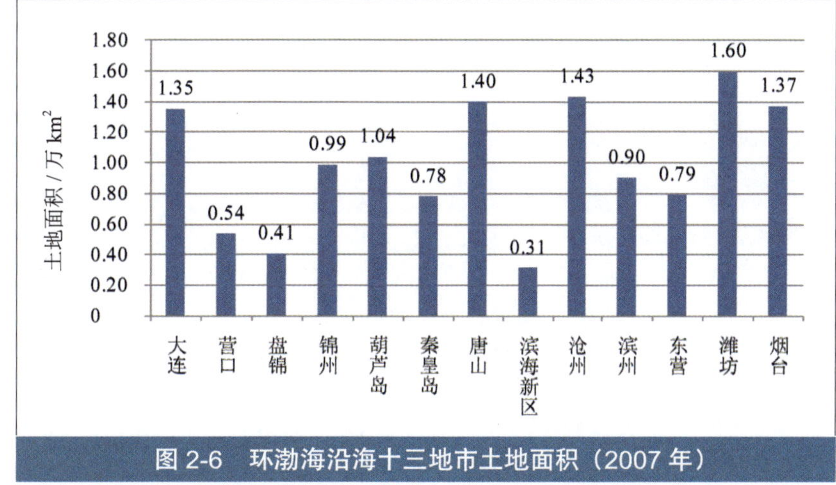

图 2-6　环渤海沿海十三地市土地面积（2007 年）

数据来源：2007 年土地利用变更调查成果。滨海新区包括天津市塘沽区、汉沽区、大港区、东丽区、津南区。

表 2-4 环渤海沿海地区土地利用结构（2007 年） 单位：%

地　区	农用地	建设用地	未利用地
大　连	70.1	16.3	13.7
营　口	73.1	16.8	10.1
盘　锦	47.4	14.1	38.5
锦　州	63.7	9.5	26.8
葫芦岛	69.8	8.1	22.1
秦皇岛	67.5	10.2	22.3
唐　山	63.7	16.3	20.0
滨海新区	32.0	49.0	18.9
沧　州	69.9	17.8	12.4
滨　州	68.6	16.5	14.9
东　营	47.4	14.4	38.2
潍　坊	72.3	18.3	9.4
烟　台	80.3	12.6	7.1
环渤海沿海地区	67.1	15.4	17.5
天津市	58.7	30.2	11.1
河北省	69.4	9.5	21.1
辽宁省	75.8	9.4	14.8
山东省	73.7	15.8	10.5
全　国	69.1	3.4	27.5

数据来源：2007 年土地利用变更调查成果。

表 2-5 环渤海沿海地区农用地结构（2007 年） 单位：%

地　区	耕地	园地	林地	牧草地	其他
大　连	38.1	15.2	40.8	0.1	5.9
营　口	28.9	13.6	51.3	0.0	6.1
盘　锦	66.8	0.7	3.9	1.4	27.2
锦　州	62.0	8.6	19.7	3.1	6.5
葫芦岛	31.1	15.0	42.5	8.6	2.9
秦皇岛	34.6	17.3	42.4	0.0	5.8
唐　山	61.8	5.2	17.1	0.0	15.9
滨海新区	46.5	5.3	0.6	0.3	47.3
沧　州	75.8	10.1	3.0	0.0	11.1
滨　州	72.1	5.2	2.7	1.0	19.0
东　营	58.5	2.2	6.4	6.9	26.0
潍　坊	67.7	7.8	9.0	0.0	15.4
烟　台	40.4	22.9	21.5	0.0	15.2
环渤海沿海地区	53.7	11.4	21.0	1.4	12.5
天津市	63.5	5.2	5.2	0.1	26.1
河北省	48.3	5.4	33.8	6.1	6.4
辽宁省	36.4	5.3	50.8	3.1	4.5
山东省	64.9	8.8	11.8	0.3	14.3
全　国	18.5	1.8	35.9	39.9	3.9

数据来源：2007 年土地利用变更调查成果。

面积都超过 1.3 万 km^2，约占整个研究区域土地面积的 55.4%（图 2-6）。

A. 土地利用结构

环渤海沿海地区农用地比例为 67.1%，比全国平均水平略小；建设用地比例为 15.4%，超过全国平均水平 12 个百分点；未利用地比例为 17.5%，低于全国平均水平 10 个百分点（表 2-4）。与环渤海三省一市相比，环渤海沿海地区建设用地比例远大于三省一市平均水平，而农用地和未利用地比例低于三省一市平均水平。这一结果表明相对于全国以及环渤海三省一市，环渤海沿海地区城镇化和工业化发展水平都处于较高水平，是经济发展活跃的区域。但是，城镇及工业用地扩张占用了大量农用地，在连续十年的耕地总量动态平衡原则下，开垦大量后备耕地资源（未利用地）将其转化为农用地，致使未利用地减少过快，尤以天津滨海新区、唐山、大连等地区最为突出。

① 农用地结构。环渤海沿海地区各地市多处于平原地带，农业生产条件优越，农用地以耕地为主，面积 4.7 万 km^2，占农用地比例的 53.7%，高于全国平均水平 35 个百分点，是全国重要的粮食及其他农副产品生产基地。其次为林地，面积 1.8 万 km^2，占农用地比例的 21.0%，低于全国平均水平 15 个百分点。园地面积 1.0 万 km^2，占农用地比例的 11.4%，比全国平均水平高近 10 个百分点。牧草地稀少，除葫芦岛和东营外，其他地区没有或只有极少数量的牧草地。

环渤海沿海十三地市农用地结构差异较大（表 2-5）。唐山、沧州、锦州、盘锦、东营、潍坊和滨州的农用地以耕地为主，占农用地比例的 65%

左右。秦皇岛、大连、营口、葫芦岛和烟台以林地和园地为主，占农用地比例分别在 15% 和 40% 左右。

② 建设用地结构。环渤海沿海地区建设用地结构与全国、环渤海三省一市结构一致，表现为居民及独立工矿用地为主（占 4/5 以上）。比较特殊的是东营市，居民点及独立工矿用地比例偏小，只有 61.2%，低于全国平均水平 20 个百分点，但水利设施用地比例高于全国平均水平 19 个百分点，主要原因是东营水库水面多，占建设用地的 19.8%（表 2-6）。

表 2-6 环渤海沿海地区建设用地结构（2007 年） 单位：%

地 区	居民点及独立工矿用地	交通运输用地	水利设施用地
大 连	85.6	5.7	8.8
营 口	89.2	5.1	5.7
盘 锦	73.3	8.6	18.1
锦 州	86.8	9.1	4.1
葫芦岛	84.1	9.0	6.9
秦皇岛	84.0	8.7	7.3
唐 山	84.8	6.1	9.1
滨海新区	77.8	4.5	17.7
沧 州	82.4	6.9	10.7
滨 州	84.8	5.2	10.0
东 营	61.2	8.1	30.7
潍 坊	84.6	5.0	10.4
烟 台	83.7	8.5	7.8
环渤海沿海地区	82.5	6.6	10.9
天津市	76.2	5.7	18.1
河北省	86.1	6.7	7.2
辽宁省	82.8	6.5	10.7
山东省	83.3	6.5	10.2
全 国	81.4	7.5	11.1

数据来源：2007 年土地利用变更调查成果。

环渤海沿海地区现有建设用地 2.0 万 km^2，占区域总面积的 15.4%，比全国平均水平高 12 个百分点。其中居民及独立工矿用地 1.6 万 km^2，占建设用地的 82.5%，半数是农村居民点用地；水利设施用地 0.3 万 km^2，占建设用地的 10.9%。

就地域分布而言，除葫芦

表 2-7 环渤海沿海地区居民点及独立工矿用地结构（2007 年） 单位：%

地 区	城市	建制镇	农村居民点	独立工矿用地	盐田	特殊用地
大 连	15.7	2.8	39.1	17.6	18.7	6.1
营 口	16.8	3.6	43.5	11.0	24.2	1.0
盘 锦	12.4	7.5	55.3	21.2	2.3	1.4
锦 州	11.5	3.0	69.0	12.0	1.0	3.6
葫芦岛	5.9	5.4	67.2	10.7	1.8	9.1
秦皇岛	12.6	6.1	60.9	17.1	0.0	3.3
唐 山	6.6	5.8	50.5	16.2	18.9	2.1
滨海新区	5.4	7.2	12.6	39.3	33.7	1.9
沧 州	4.0	5.2	56.3	15.6	15.6	3.3
滨 州	1.8	5.9	51.3	14.2	25.9	0.8
东 营	12.4	6.4	45.7	27.3	7.1	1.2
潍 坊	6.1	5.6	47.8	13.7	19.2	7.6
烟 台	21.7	7.8	45.0	19.3	4.1	2.1
合 计	9.5	5.5	48.0	17.6	15.7	3.7

数据来源：2007 年土地利用变更调查成果。

岛、锦州外，各地市的建设用地比例普遍超过 10%，滨海新区达到了 49.0%。北岸产业带建设用地比例相对较低，占区域建设用地的 27.4%，西岸产业带和南岸产业带比例大体相当，分别为 35.9%、36.6%。

居民点及独立工矿用地包括城市、建制镇、农村居民点、独立工矿用地、盐田和特殊用地。与全国平均水平相比，环渤海沿海地区独立工矿用地和盐田占区域比例较高，分别为 17.6% 和 15.7%（表 2-7）。

③ 环渤海未利用地结构。环渤海沿海地区未利用地以荒草地、盐碱地、河流水面、苇地和滩涂等易于开发利用的土地类型为主，占未利用地比例高达 80% 以上，尤其是生态价值极高的河流水面、滩涂及苇地都占有很大比例，分别为 9.5%、8.2% 和 25.4%。而其他难以开发利用的未利用地类型如沙地、砾地和裸岩石等只占较小比例（表 2-8）。

环渤海沿海十三地市未利用地结构差异显著。滨海新区、大连和唐山以滩涂为主，秦皇岛、锦州、营口、葫芦岛、烟台、潍坊和滨州以荒草地为主，沧州、东营以盐碱地为主，盘锦苇地比例大。

B. 土地利用布局

根据 2007 年遥感影像解译，土地利用布局特征主要表现为：海岸带地区土地利用类型多样化，分布着大量的水体、沼泽、滩涂和盐田等；内陆地区土地利用类型单一，主要为耕地和林地（图 2-7）。根据土地利用布局特点，可以把环渤海沿海地区分为两个区域：

① 唐山以北区域。包括秦皇岛、葫芦岛、锦州、盘锦、营口和大连 6 个地级市。环渤海沿海地区的林地主要集中分布于该区域，尤其是秦皇岛北部、葫芦岛西部和北部以及营口南部；耕地相对较少；建设用地主要集中在沿海市辖区。海岸带地区土地利用类型较少，在盘锦沿海城市分布有苇地、滩涂等。

② 唐山以南区域。包括唐山、滨海新区、沧州、滨州、东营、潍坊和烟台。环渤海沿海地区的耕地主要集中于该区域；林地较少，集中分布在潍坊西南部以及烟台中部；建设用地

表 2-8 环渤海沿海地区未利用地结构（2007 年） 单位：%

地区	荒草地	盐碱地	河流水面	苇地	滩涂	其他
大连	25.4	1.8	12.2	0.5	50.3	9.8
营口	50.8	1.7	10.1	1.6	22.3	13.5
盘锦	5.9	0.1	8.2	46.1	39.4	0.2
锦州	54.5	2.9	5.0	4.2	14.8	18.7
葫芦岛	69.7	0.1	3.6	0.1	19.1	7.5
秦皇岛	83.0	0.3	7.9	0.1	4.7	4.0
唐山	38.7	0.8	5.9	9.1	38.7	6.8
滨海新区	10.6	9.3	12.9	16.6	50.1	0.6
沧州	10.2	44.1	15.0	4.2	15.0	11.5
滨州	40.4	19.9	11.1	6.5	16.2	5.9
东营	10.4	41.7	5.3	13.7	28.4	0.6
潍坊	35.8	11.5	21.5	3.4	18.6	9.4
烟台	44.9	1.6	24.9	1.1	16.5	11.0
合计	37.4	11.9	9.5	8.2	25.4	7.7

数据来源：2007 年土地利用变更调查成果。

除集中于市辖区外，县级行政中心所在地、乡镇等均零散分布着较大规模的建设用地。同时，海岸带地区也是整个环渤海沿海地区土地利用类型较丰富的，分布着大量的滩涂、沼泽、苇地、盐田、养殖水面等土地利用类型。

（2）土地利用变化总体特征

A. 农用地变化特征

环渤海沿海地区农用地以耕地和园地为主，所占比例远高于全国平均水平，因此，重点分析耕地和园地的变化特征。

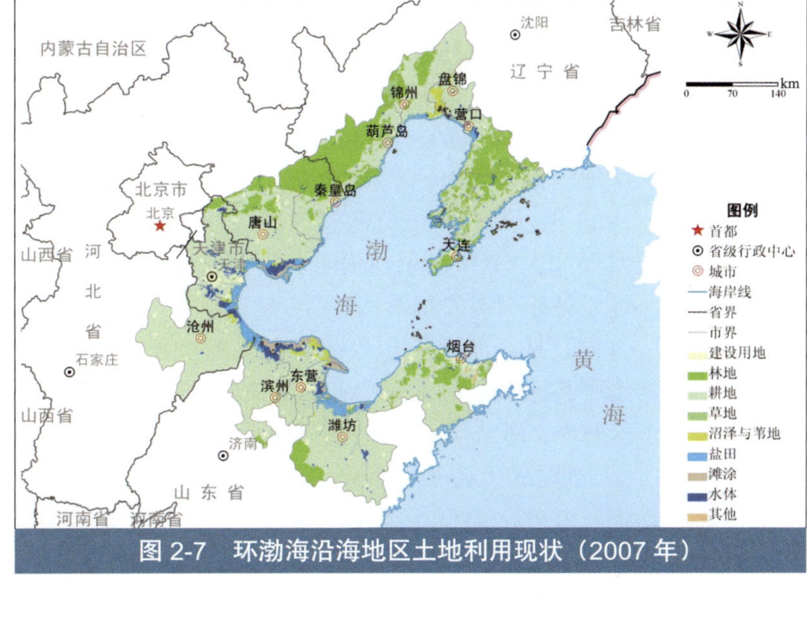

图 2-7　环渤海沿海地区土地利用现状（2007 年）

① 耕地变化特征。1996—2007 年，环渤海沿海地区耕地总

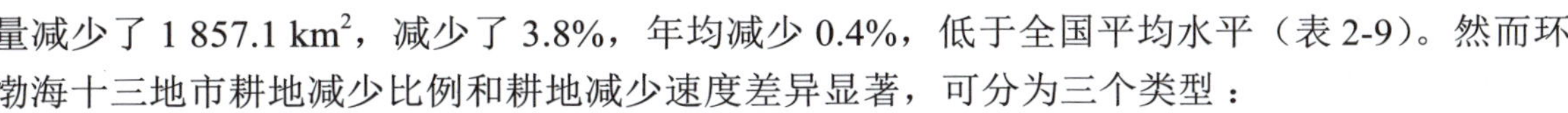

量减少了 1 857.1 km^2，减少了 3.8%，年均减少 0.4%，低于全国平均水平（表 2-9）。然而环渤海十三地市耕地减少比例和耕地减少速度差异显著，可分为三个类型：

第一类以西岸产业带中的滨海新区、秦皇岛和沧州为代表，该类地区耕地减少数量和速度惊人，远远高于全国和省平均水平。尤以滨海新区最为突出，耕地减少比例为 29.5%，高于全国平均水平 23 个百分点，年均减少 3.1%，分别高于区域平均水平、全国平均水平 2.7、2.5 个百分点。秦皇岛、沧州耕地减少比例和年均变化率也分别达到 8.5% 和－0.8% 左右。

第二类以大连、锦州、营口、东营和烟台为代表，该类地区耕地减少数量和速度远低于全国平均水平，但略高于省平均水平，耕地减少比例和年均变化率分别在 3.5% 和－0.3% 左右。

第三类地区以唐山、盘锦、葫芦岛、潍坊和滨州为代表，该类地区耕地略有减少，有的甚至有所增加。其中唐山虽然耕地减少比例和速度也较大，但相对远低于省平均水平，故归类为第三类地区。

环渤海沿海地区耕地数量在

表 2-9　环渤海沿海地区耕地变化（1996—2007 年）　单位：km^2

地　区	1996 年	2007 年	总变化率 / %	年均变化率 / %
大　连	3 736.7	3 610.9	－ 3.4	－ 0.3
营　口	1 190.2	1 134.4	－ 4.7	－ 0.4
盘　锦	1 294.5	1 288.7	－ 0.5	－ 0.04
锦　州	4 040.6	3 909.7	－ 3.2	－ 0.3
葫芦岛	2 252.2	2 259.1	0.3	0.03
秦皇岛	1 988.6	1 819.1	－ 8.5	－ 0.8
唐　山	5 681.9	5 501.0	－ 3.2	－ 0.3
滨海新区	659.4	464.7	－ 29.5	－ 3.1
沧　州	8 314.3	7 594.0	－ 8.7	－ 0.8
滨　州	4 467.6	4 468.9	0.03	0.003
东　营	2 278.1	2 197.4	－ 3.5	－ 0.3
潍　坊	7 848.7	7 838.2	－ 0.1	－ 0.01
烟　台	4 650.4	4 460.0	－ 4.1	－ 0.4
环渤海沿海地区	48 403.2	46 546.1	－ 3.8	－ 0.4
天津市	4 856.0	4 436.8	－ 8.6	－ 0.8
河北省	68 833.5	63 151.4	－ 8.3	－ 0.8
辽宁省	41 747.9	40 851.7	－ 2.2	－ 0.2
山东省	76 892.9	75 070.6	－ 2.4	－ 0.2
全　国	1 300 392.3	1 217 352.0	－ 6.4	－ 0.6

数据来源：1996 年和 2007 年土地利用变更调查成果。

2001 年以前基本保持不变。此后为推动环渤海区域经济快速发展，加之农业结构调整频繁，工业化、城镇化进程加快，投资规模逐年加大，致使各项建设用地的需求量增大，建设占用耕地的数量增加。同时，不少地区还出现投资过热、低水平重复建设和圈占土地、乱占耕地的势头，因而在 2001—2005 年出现耕地大规模减少的现象，尤其以天津滨海、秦皇岛和沧州三个地区最为突出。

2005 年以后，国土资源管理部门加强了土地宏观调控，严把土地闸门，在支持经济社会快速发展和生态环境建设的同时，遏制了乱占滥用耕地的势头，耕地面积下降的速度得以减缓，逐步处于平衡发展阶段。

目前，环渤海地区作为国家重要的粮食生产基地，耕地占土地面积的 36.0%，远高于全国全国平均水平（12.8%），但各地市差异明显，沧州、滨州、潍坊、锦州和唐山的耕地比例高于区域平均水平，而滨海新区耕地减少趋势明显，耕地比例已接近全国平均水平。

② 园地变化特征。1996—2007 年，环渤海沿海地区园地增加 909.0 km^2，增长 10.1%，年均增长 0.9%，略低于全国平均水平。大部分地级市园地都有大规模的增长，尤以滨海新区、沧州和秦皇岛最为突出，增长比例分别为 48.3%、197.4% 和 44.7%（表 2-10），这反映了沿海地级市城镇化发展过程中土地利用结构调整的特点，即郊区大量土地向园地转变，此类变化多为农民自发的农业生产结构调整。

B. 建设用地变化特征

建设用地包括居民点及独立工矿用地、交通运输用地和水利设施用地。其中，环渤海沿海地区的居民点及独立工矿用地占建设用地总面积的 82.5%，因此，下文只分析居民点及独立工矿用地变化特征。

1996—2007 年，环渤海沿海地区居民点及独立工矿用地增加 1 668.1 km^2，增长 11.3%，年均增长 1.0%，略大于全国平均水平。环渤海沿海十三地市均呈增长趋势，滨海新区、秦皇岛、东营、烟台和滨州等地区增长速度极快，增长比例平均为 20% 左右，高于全国平均水平 10 个百分点，年均增长率平均为 2% 左右，规模扩张速度是全国平均水平的 2 倍（表 2-11）。

居民点及独立工矿用地又可分为城市、建制镇、农村居民点、独立工矿用地、盐田和特殊用地。其中，城市、建制镇和独立工矿用地（统称城镇建设用地）是

表 2-10　环渤海沿海地区园地变化趋势（1996—2007 年）　单位：km^2

地　区	1996 年	2007 年	总变化率 / %	年均变化率 / %
大　连	1 603.5	1 437.5	− 10.4	− 1.0
营　口	497.2	534.1	7.4	0.7
盘　锦	15.7	13.2	− 15.9	− 1.6
锦　州	484.4	544.9	12.5	1.1
葫芦岛	1 088.9	1 087.2	− 0.2	− 0.01
秦皇岛	628.4	909.1	44.7	3.4
唐　山	454.6	461.8	1.6	0.1
滨海新区	35.4	52.5	48.3	3.6
沧　州	338.8	1 007.7	197.4	10.4
滨　州	285.4	319.5	12.0	1.0
东　营	70.1	82.4	17.6	1.5
潍　坊	965.4	907.6	− 6.0	− 0.6
烟　台	2 506.5	2 525.8	0.8	0.1
环渤海沿海地区	8 974.3	9 883.3	10.1	0.9
天津市	373.2	363.0	− 2.7	− 0.3
河北省	5 425.0	7 044.9	29.9	2.4
辽宁省	5 928.9	5 969.5	0.7	0.1
山东省	10 333.9	10 122.6	− 2.0	− 0.2
全　国	100 237.8	118 131.0	17.9	1.5

数据来源：1996 年和 2007 年土地利用变更调查成果。

城镇居住和产业发展的最主要载体，是地区社会经济活动的集中区域，故需重点分析。

1996—2007 年，环渤海沿海地区城镇建设用地增加 1 576.9 km^2，增长 41.9%，也就是说，短短十年间，环渤海沿海地区城镇建设用地规模扩张了 2/5，以年均 3.2% 的速度扩张。同时，各地区规模扩张速度差异明显，滨海新区、秦皇岛、东营、烟台和滨州等地区扩张极快，年均增速在 4.3% 以上（表 2-12）。

环渤海沿海地区城镇建设用地皆呈现明显的上升趋势，根据城镇增长速度和幅度特点可以大致分为三类：

第一类地区主要以葫芦岛、盘锦、锦州和唐山为代表，该类地区城镇建设用地变化趋势特点为增长速度平缓、增长幅度不大；

第二类地区主要以滨海新区、沧州、东营、滨州、营口和秦皇岛为代表，该类地区城镇建设用地变化趋势特点为前期（2002 年以前）增长速度平缓、增长幅度不大，到 2002 年以后陡然呈现大幅度增长，且增长速度加快；

第三类地区主要以烟台、大连和潍坊为代表，该类地区城镇建设用地变化趋势特点为增长速度极快、增长幅度大，且增长趋势愈演愈烈。

C. 未利用地变化特征

1996—2007 年，环渤海沿海地区未利用地减少 2 249.3 km^2，减少 9.0%，高于全国平均水平 8.5 个百分点，年均减少 0.9%，高于全国平均水平 0.8 个百分点。各

表 2-11　环渤海沿海地区居民点及独立工矿用地变化趋势（1996—2007 年）

单位：km^2

地　区	1996 年	2007 年	总变化率 / %	年均变化率 / %
大　连	1 698.1	1 882.7	10.9	0.9
营　口	769.8	805.7	4.7	0.4
盘　锦	393.1	422.0	7.4	0.6
锦　州	796.3	816.5	2.5	0.2
葫芦岛	680.4	709.1	4.2	0.4
秦皇岛	534.8	666.6	24.6	2.0
唐　山	1 821.1	1 936.9	6.4	0.6
滨海新区	971.3	1 191.2	22.6	1.9
沧　州	2 006.3	2 099.8	4.7	0.4
滨　州	1 008.6	1 266.2	25.5	2.1
东　营	588.4	697.9	18.6	1.6
潍　坊	2 267.0	2 475.7	9.2	0.8
烟　台	1 221.8	1 454.7	19.1	1.6
环渤海沿海地区	14 756.9	16 425.0	11.3	1.0
天津市	2 183.4	2 745.3	25.7	2.1
河北省	14 072.4	15 345.6	9.1	0.8
辽宁省	10 730.4	11 523.6	7.4	0.7
山东省	18 267.1	20 720.7	13.4	1.2
全　国	240 752.9	266 472.0	10.7	0.9

数据来源：1996 年和 2007 年土地利用变更调查成果。

表 2-12　环渤海沿海地区城镇建设用地变化趋势（1996—2007 年）

单位：km^2

地　区	1996 年	2007 年	总变化率 / %	年均变化率 / %
大　连	485.6	678.8	39.8	3.1
营　口	198.3	252.2	27.2	2.2
盘　锦	142.1	173.5	22.1	1.8
锦　州	196.5	215.8	9.8	0.9
葫芦岛	134.2	155.5	15.9	1.4
秦皇岛	150.1	238.2	58.7	4.3
唐　山	466.4	553.5	18.7	1.6
滨海新区	385.7	617.4	60.1	4.4
沧　州	381.0	521.7	36.9	2.9
滨　州	173.8	278.3	60.1	4.4
东　营	202.8	321.1	58.3	4.3
潍　坊	437.3	628.3	43.7	3.4
烟　台	412.8	709.2	71.8	5.0
合　计	3 766.6	5 343.5	41.9	3.2

数据来源：1996 年和 2007 年土地利用变更调查成果。

表 2-13 环渤海沿海地区未利用地变化趋势（1996—2007 年）
单位：km²

地 区	1996 年	2007 年	总变化率 / %	年均变化率 / %
大 连	1 989.3	1 849.6	－7.0	－0.7
营 口	564.3	539.8	－4.4	－0.4
盘 锦	1 673.1	1 566.5	－6.4	－0.6
锦 州	2 700.4	2 647.0	－2.0	－0.2
葫芦岛	2 347.8	2 300.4	－2.0	－0.2
秦皇岛	2 161.6	1 735.1	－19.7	－2.0
唐 山	2 918.1	2 799.3	－4.1	－0.4
滨海新区	677.9	591.3	－12.8	－1.2
沧 州	1 924.6	1 773.7	－7.8	－0.7
滨 州	1 956.7	1 344.5	－31.3	－3.4
东 营	3 212.2	3 029.4	－5.7	－0.5
潍 坊	1 693.0	1 505.9	－11.1	－1.1
烟 台	1 089.2	976.4	－10.4	－1.0
环渤海沿海地区	24 908.3	22 659.0	－9.0	－0.9
天津市	1 595.6	1 324.1	－17.0	－1.7
河北省	43 450.6	39 828.4	－8.3	－0.8
辽宁省	22 698.6	21 854.1	－3.7	－0.3
山东省	18 673.7	16 517.9	－11.5	－1.1
全 国	2 622 980.5	2 609 385.0	－0.5	－0.05

数据来源：1996 年和 2007 年土地利用变更调查成果。

表 2-14 环渤海沿海地区滩涂变化情况（1996—2007 年）单位：km²

地 区	1996 年	2007 年	总变化率 / %	年均变化率 / %
大 连	977.6	930.7	－4.8	－0.4
营 口	133.6	120.2	－10.0	－1.0
盘 锦	666.6	617.8	－7.3	－0.7
锦 州	396.5	391.7	－1.2	－0.1
葫芦岛	459.6	440.1	－4.2	－0.4
秦皇岛	96	82.2	－14.4	－1.4
唐 山	1 110.7	1 082.2	－2.6	－0.2
滨海新区	297	296	－0.3	0.0
沧 州	321.5	266.5	－17.1	－1.7
滨 州	495.9	218.4	－56.0	－7.2
东 营	1 018.5	859.5	－15.6	－1.5
潍 坊	287.7	279.5	－2.9	－0.3
烟 台	202.4	161.2	－20.4	－2.0
合 计	6 463.6	5 746	－11.1	－1.1

数据来源：1996 年和 2007 年土地利用变更调查成果。

地市未利用地减少比例及速度都远高于全国平均水平，尤以滨海新区、秦皇岛、烟台、潍坊和滨州最为突出（表 2-13）。

1996—2007 年，环渤海沿海地区滩涂减少 717.6 km²，减少 11.1%，年均减少 1.1%。可以看出，环渤海整个地区滩涂面积都呈现明显的减少趋势，且大部分地区滩涂减少比例都超过 10%。尤以滨州和烟台最为突出，其滩涂减少比例超过 20%，滨州滩涂减少比例甚至超过 50%（表 2-14）。

D. 生态用地变化特征

生态用地一般是指具有相对较强的生态服务功能的土地，土地分类中包括：林地、牧草地、坑塘水面、水库水面、沼泽地、河流水面、湖泊水面、苇地、滩涂。以上这些土地类型中除了林地和牧草地，其他统称湿地。

① 生态用地发展较稳定。1996—2007 年，环渤海沿海地区生态用地增加 364.3 km²，占 1996 年生态用地的 1.1%。总体来说，整个环渤海地区生态用地并没有出现较大幅度变化，大部分地市生态用地或略有增长，或略有减少，变化率都在 2% 左右。比较突出的是沧州生态用地大幅度减少，减少比例为 10.2%，而秦皇岛生态用地大幅度增长，增长比例为 7.3%。

② 湿地发展呈现减少趋势。1996—2007 年，环渤海沿海地区湿地减少 16.7 km²，占 1996 年湿地的 0.12%。总体来说，大部分地市湿地呈现出减少趋势，尤以沧州、烟台和滨州最为突出，湿

地减少比例都超过 5%，沧州甚至达到 12.5%。而大连、营口和东营湿地面积较大，且有较大幅度增长（表 2-15）。

（3）环渤海沿海地区土地资源开发利用的主要问题

A. 建设用地扩张过快，优质耕地大量减少

近几年，环渤海地区工业化和城镇化水平快速提高，促使建设用地规模扩张过快。短短十年间，居民点及独立工矿用地增长 1 668.1 km^2，占全国增长总量的 6.5%。用地扩张速度远远高于全国平均水平，其中滨海新区、秦皇岛、东营、烟台和滨州等建设用地扩张速度是全国平均水平的 2 倍。环渤海地区凭借后备耕地资源较多，特别易于开发利用的荒草地、苇地、滩涂等未利用地占有较大比例，在耕地占补平衡下，耕地减少速度低于全国平均水平。但是，城镇用地建设多处于平原三角洲地带，占用了大量优质耕地，致使整个区域耕地质量呈现下滑趋势。

B. 后备耕地资源始现匮乏

在耕地占补平衡原则下，环渤海地区大量未利用地开垦作为补充耕地。短短十年间，环渤海沿海地区未利用地减少 2 249.3 km^2，占全国减少总量的 12.3%，年均减少率为 0.9%，是全国平均水平的 18 倍。尤其是易于开垦的荒草地、苇地和滩涂等未利用地类型减少数量惊人，其中，滨海新区、大连和沧州等减少数量超过一半，这些未利用地皆具有重要的生态价值，过度开发会导致生态环境的破坏。另外，还未开垦的这些未利用地，一般质量较差，土壤熟化程度低，灌溉水源缺乏或不足，交通不便，垦殖难度大、成本高、效益低，需经长期建设方可有较大成效。

C. 居民点及独立工矿用地发展不平衡

居民点及独立工矿用地主要集中于农村居民点和独立工矿用地，两者所占比例分别为

表 2-15　环渤海沿海地区生态用地变化情况（1996—2007 年）　单位：km^2

地　区	生态用地			其中：湿地		
	1996 年	2007 年	总变化率 / %	1996 年	2007 年	总变化率 / %
大　连	5 249.1	5 479.3	4.4	1 445.4	1 603.2	10.9
营　口	2 320.4	2 320.9	0.0	287.5	307.1	6.8
盘　锦	1 702.8	1 730.8	1.6	1 633.7	1 628.3	− 0.3
锦　州	2 126.4	2 204.5	3.7	774.2	767.2	− 0.9
葫芦岛	4 349.5	4 322.7	− 0.6	628.1	607	− 3.4
秦皇岛	2 401	2 575.2	7.3	356.3	343.5	− 3.6
唐　山	3 265.5	3 355.5	2.8	1 866.9	1 829.7	− 2.0
滨海新区	941.1	959.6	2.0	932.8	950	1.8
沧　州	1 292.5	1 160.1	− 10.2	985.7	862.2	− 12.5
滨　州	1 110.4	1 079.8	− 2.8	917.9	851.3	− 7.3
东　营	2 524.5	2 521.3	− 0.1	1 909.5	2 022.4	5.9
潍　坊	2 263.4	2 245.9	− 0.8	1 213	1 203.8	− 0.8
烟　台	3 190.1	3 145.4	− 1.4	820.5	779.1	− 5.1
合　计	32 736.7	33 101	1.1	13 771.5	13 754.8	− 0.1

数据来源：1996 年和 2007 年土地利用变更调查成果。

48%和17.6%，而建制镇用地比例只有5.5%。1996—2007年，农村居民点用地只减少了0.91%，说明农村土地整理工作依然面临很多问题，同时也制约着城镇化发展。建制镇用地虽然增长34.9%，但相对于农村居民点用地来说，建制镇用地规模极度偏小。独立工矿用地增长47.14%，年均增长率为3.6%，独立工矿用地的过快增长在促进区域经济发展、推动工业化进程的同时，也带来生态用地减少、环境污染等急需解决的问题。

D. 湿地减少趋势越发明显，且生态功能逐渐降低

近十年来，虽然环渤海沿海地区生态用地变化趋势较稳定，但作为生态用地中占据重要地位的湿地，在大部分地市呈现明显的减少趋势。以沧州、烟台和滨州最为突出，湿地减少比例都超过5%，沧州甚至达到12.5%。虽然，环渤海沿海地区湿地总体数量相比1996年只减少了16.7 km^2，但是必须注意到的是大量开发苇地、滩涂等未利用地，造成天然湿地的绝对减少，而后人工建造的水库、坑塘和沟渠等，虽然发挥着湿地的生态功能，也补偿了湿地的减少量，但是其功能性远不及天然湿地。

三、能源消费特征

1. 能源储量与生产

（1）地区能源储量较不丰富

环渤海沿海地区是我国能源储量较不丰富的区域。从内部能源分布上看，唐山的煤炭和石油资源相对丰富，山东东营、辽宁盘锦因为区域内的胜利油田、辽河油田而著称。

唐山是全国焦煤主要产区，境内开滦煤田已探明煤炭保有量60亿t以上，主要赋存在4个含煤构造盆地石炭二叠系地层中，即开平构造盆地、荆各庄构造盆地、车轴山构造盆地、蓟玉构造盆地。其中以开平含煤构造盆地最大。此外，唐山的石油资源也较为丰富。从1964年开展石油地质勘察，已发现5个油气田，含油层系较多是冀东油田石油地质的特征之一，已发现的油气资源有常规油、凝析油、稠油和天然气。

胜利油田是我国第二大油田，主体位于东营境内，累计探明石油地质储量47亿t、天然气地质储量2 300亿 m^3。经过近50年的开发，累计生产原油9亿t，约占新中国成立后全国原油总产量的1/5；累计生产天然气518亿 m^3。目前胜利油田已进入后稳定期，原油年产量稳定在2 700万t左右。辽河油田位于盘锦境内，累计探明石油储量24亿t，天然气2 000亿 m^3，是我国第三大油田。经过近40年的开发，累积生产原油3.8亿t，原油产量于1995年达到峰值1 552万t，近年来产量以年均2%的速度递减，2007年为1 206万t，现有资源储量仅能维持10年左右。

环渤海沿海地区风能资源集中在辽宁和山东沿海。水能资源主要集中在唐山北部山区和半山区的大中河流上，经估算，唐山全市共有水能理论蕴藏量70.3万kW。

（2）区域可再生能源比重偏低

目前可再生能源在地区一次能源生产总量的比重低于全国平均水平。随着《中国新能源和可再生能源发展纲要（1996—2010）》的执行，特别是近年来新能源振兴规划的提出，环渤海地区可再生能源将会得到逐步发展。表2-16给出环渤海沿海地区近年来已经投资或者正在进行的新能源建设。

表 2-16 环渤海沿海地区可再生能源与新能源建设项目

省（市）	可再生能源与新能源项目
天 津	天津风电产业基地、天津太阳能产业基地
河 北	唐山首个电力发电站投产、秦皇岛建立新能源沼气物业服务站
辽 宁	大连世界级新能源装备制造业基地、锦州光伏产业
山 东	山东打造太阳能产业双核、东营拟建国际新能源产品基地

2．能源利用及其演变趋势

（1）能源供需矛盾突出，能源消费结构不合理

随着环渤海地区经济增长，能源消费同步增加。能源消费结构多年维持不变，主要以煤炭和石油为主，二者的消费比例占一次能源消费总量的 90% 以上。同时，化石燃料的大量消耗，使地区碳排放量不断增加，环境污染严重。

近年来，环渤海地区能源消费呈现快速增长趋势。鉴于环渤海沿海十三地市能源消费历史数据缺乏，以天津、河北、辽宁、山东三省一市能源消耗总量为例，说明地区能源消费演变趋势。

从表 2-17 可以看出，1990—2007 年，环渤海三省一市能源消费总量从 22 981 万 t 标准煤上升到 74 417 万 t 标准煤，增长了 2 倍多。从总量上和增速上看，山东省能耗都位居环渤海三省市的前列。环渤海三省一市能源消费总量占全国比重较大，从 1990 年至今，比重一直维持在 20% 以上，进入 2000 年以后，比重逐步超过 25%，2007 年更是增长到 28.0%。

从能源消费总量年增长率上看，环渤海三省一市逐年持续增加。1990—1995 年环渤海能耗年增长率在 5.5%，进入 2000 年后，能耗年增长率在 10.5% 左右，2005—2007 年这三年间，能耗年增长率达到 11.5%。从整体上说，环渤海三省一市能源消费增长速度要高于全国 0.4～2.1 个百分点，1995—2000 年高出全国约 5 个百分点（图 2-8）。

表 2-17 环渤海三省一市历年能源消费总量 单位：万 t 标准煤

年份	天津	河北	辽宁	山东	环渤海三省一市合计
1990	2 071	6 124	7 856	6 930	22 981
1995	2 569	8 990	9 671	8 780	30 010
2000	2 794	11 196	10 656	11 362	36 008
2004	3 697	17 348	13 074	19 624	53 743
2007	4 994	23 490	17 379	28 554	74 417

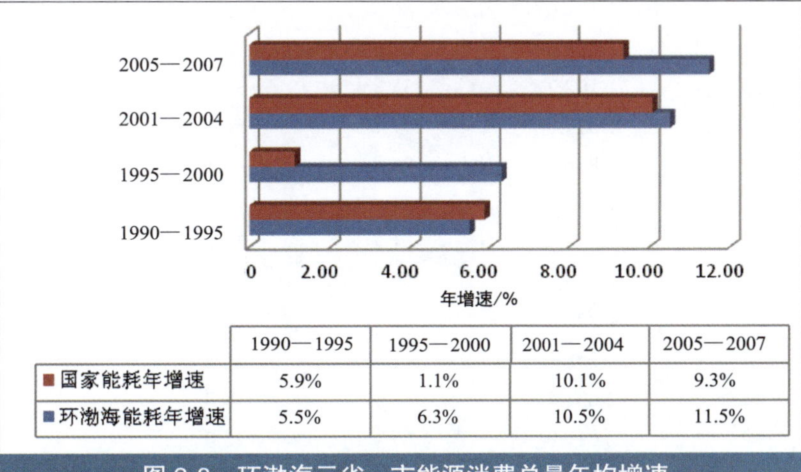

	1990—1995	1995—2000	2001—2004	2005—2007
■国家能耗年增速	5.9%	1.1%	10.1%	9.3%
■环渤海能耗年增速	5.5%	6.3%	10.5%	11.5%

图 2-8 环渤海三省一市能源消费总量年均增速

根据十三地市统计数据，2007 年环渤海沿海十三地市能源消费总量是 27 390.4 万 t 标准煤，占同期全国能耗总量的 10% 左右，比 2005 年增长 31%，年均增速在 14.6% 左右，高于同期全国年均增速近 5 个百分点。

北岸产业带、西岸产业带、南岸产业带的能源消耗量分别占

辽宁省、天津市和河北省、山东省同期能源消费总量的47.0%、42.1%、26.0%。分地市看，唐山占地区能源消费量的26.8%，其他比重较高的地市有大连、潍坊、烟台和天津滨海新区，这5个地市的能源消费占评价区总能源消费的64.9%。

环渤海沿海地区能源供需矛盾突出，除个别城市外，大部分地区的一次能源依赖进口。根据各地市统计数据，大连、秦皇岛、滨州没有一次能源生产；烟台和潍坊只有极少量能源自给；盘锦、锦州、葫芦岛和营口总体有25%的本地能源供给；天津本地能源供应量约占其能源消费量的59%；而唐山和东营依赖其丰富的煤炭和石油资源，能够实现能源的自给。从整体看，环渤海沿海地区2007年能源供需比为0.55（不包括沧州），表明整个区域中超过一半一次能源依赖外区域输入（表2-18）。

一次能源消费以煤为主，占总消费量的65.7%，低于同期全国平均水平；石油占总消费量的28.7%，比同期全国平均水平高出约8个百分点；而其他清洁能源和可再生能源如水电、天然气等的消耗量，仅占一次能源消费总量的5.1%左右，低于6.5%的全国平均水平。除了盘锦、葫芦岛、沧州和东营外，各个城市煤炭消费都占本市能源消费总量的一半以上。营口、秦皇岛、唐山以及滨州的煤炭消费占本市能源消费总量的80%以上（表2-19）。

表2-18　2007环渤海沿海地区能源供需概况

地　区	能源生产 / 万t标准煤	能源消费 / 万t标准煤	能源供需比
大　连	一次能源全部从区外调入	2 911.5	0
秦皇岛	一次能源全部从区外调入	8 76.7	0
滨　州	一次能源全部从区外调入	1 226.0	0
潍　坊	85.7	2 631.7	0
烟　台	433.3	2 510.0	0.2
盘锦、锦州、葫芦岛、营口	1 208	4 772.1	0.3
天　津	2 915.6	4 944.5	0.6
唐　山	一次能源全部自己生产	7 342.0	＞1
东　营	4 061.6	1 258.1	＞1
沧　州	缺数据	1 474.6	—
合　计	—	27 390.4	0.6

数据来源：根据十三地市统计年鉴、能源平衡表整理。

表2-19　环渤海沿海地区能源消费量与消费结构　　单位：%

城　市	现状消耗量 / 万t标准煤	煤比重	石油比重	其他能源比重
大　连	2 911.5	77.5	17.4	5.1
营　口	1 174.0	86.3	3.3	10.4
盘　锦	1 418.4	11.6	78.3	7.1
锦　州	1 102.7	53.8	38.9	7.4
葫芦岛	1 077.0	41.1	54.8	4.2
秦皇岛	876.7	86.4	8.8	1.4
唐　山	7 342.0	81.7	17.4	0.9
滨海新区	2 387.7	51.7	34.7	13.7
沧　州	1 474.6	39.0	56.3	4.7
滨　州	1 226.0	85.3	13.3	1.5
东　营	1 258.1	41.3	48.8	8.3
潍　坊	2 631.7	73.1	19.8	4.5
烟　台	2 510.0	67.4	25.0	7.6
合　计	27 390.4	65.7	28.7	5.1

（2）能源利用效率较低，区域差异显著

能源利用效率即单位GDP能源消耗量。2007年，环渤海沿海地区能源利用效率为1.4 t标准煤 / 万元，同期全国平均水平为1.2 t标准煤 / 万元，地区能源利用效率低于全国平均水平。

根据统计数据，环渤海十三地市的能源利用效率差别较大。按照城市能耗与全国平均水平、区域平均水平的比较，十三地市能源利用效率可划分为三个等级，第一等级地市的能源利用效率优于同期全国平均水平，包括大连、烟台、东营、滨海新区和沧州；第二等级地市的能源利用效率优于区域平均水平，包括潍坊、滨州和秦皇岛；第三等级地市的能源利用效率劣于区域平均水平，包括盘锦、锦州、葫芦岛、唐山和营口。其中，能源利用效率最小的是东营（0.77 t 标准煤 / 万元），能源利用效率最大的是唐山（2.78 t 标准煤 / 万元）。

3．重点产业能源利用

（1）工业能源消费量贡献率大，高耗能产业集中度高

环渤海沿海地区处于工业化中期阶段，以重化工行业为主导产业，2007 年其工业能源消费量 18 672.3 万 t 标准煤，占全社会总消费量的 68.2%（表 2-20），占同期全国工业行业能源消费量的 10% 左右。其中，北岸、西岸、南岸产业带工业能源消费量分别占相应地区全社会总消费量的 57.4%、73.5%、70.6%，除大连、沧州外，其余地市的能源消费量有 50% 以上用于工业消费，滨海新区有超过 80% 以上的能源用于工业消费。

工业能源消费量最大的城市是唐山，2007 年唐山工业能源消费量占区域工业总消费量的 29.9%，其次是滨海新区和潍坊，这三个城市工业能源消费量占区域工业能耗的 50.6%。

2007 年环渤海沿海地区重点行业综合能源消费量为 18 537.0 万 t 标准煤，占地区工业总消费量的 99.3%（表 2-21）。其中，传统高耗能产业有冶金、石油、能源和化工行业，这 4 个行业能源消费量占工业总消费量的 81.1%，冶金行业能源消费量比重最高，其次是石油行业，两者共同贡献了超过区域一半的工业能源消费量。

高耗能产业主要分布在唐山、滨海新区、潍坊、大连、烟台。5 个城市石油、冶金、能源、化工行业能

表 2-20　环渤海沿海地区各地市工业能源消费量及其比重（2007 年）

城　市	工业能源消费量 / 万 t 标准煤	工业能源消费占全社会总消费量比重 / %
大　连	1 317.9	45.3
营　口	872.5	74.3
盘　锦	989.7	69.8
锦　州	610.3	55.4
葫芦岛	619.3	57.5
秦皇岛	645.5	73.6
唐　山	5 579.8	76.0
滨海新区	2 051.9	85.9
沧　州	603.6	40.9
滨　州	972.6	79.3
东　营	1 008.0	80.1
潍　坊	1 810.0	68.8
烟　台	1 591.3	63.4
合　计	18 672.3	68.2

表 2-21　重点行业综合能源消费量及其占工业能源消费量比重

行业	能源消费量 / 万 t 标准煤	占工业能源消费量比重 / %
石油行业	3 865.6	20.7
冶金行业	6 319.8	33.9
装备制造业	581.4	3.1
能源行业	2 966.2	15.9
化工行业	1 997.7	10.7
非金属产业	1 029.1	5.5
食品加工产业	419.8	2.3
纺织及纺织品制造业	825.2	4.4
造纸及纸制品业	532.2	2.9
重点行业合计	18 537.0	99.3
工业行业合计	18 672.3	100.0

源消费量分别占区域同行业总消费量的 31%、84%、80%、62%。其中唐山冶金行业能源消费量占区域冶金行业总消费量的 60% 左右，潍坊化工行业能源消费量占区域化工行业总消费量的 25%。

（2）高耗能产业能源利用效率总体水平低，地区差异显著

2007 年环渤海沿海地区工业能源利用效率整体水平劣于同期全国平均水平。2007 年地区工业产值能耗为 0.54 t 标准煤 / 万元，而同期全国工业产值能耗为 0.47 t 标准煤 / 万元。环渤海沿海地区 9 大重点产业单位工业产值能耗为 0.55 t 标准煤 / 万元，也劣于同期全国平均水平。

从 4 大高耗能行业能源利用效率上看，除化工行业外，其他 3 个高耗能行业能源利用效率均低于全国平均水平。特别是能源行业，其单位工业产值能耗是全国能源行业平均水平的 4.2 倍（表 2-22）。

各个地市重点行业能源利用效率差异显著。除了能源行业能源利用效率水平较为平均之外，石油、化工和冶金行业中，

表 2-22 环渤海沿海地区高耗能行业能源利用效率与全国平均水平比较（2007 年） 单位：t 标准煤 / 万元

高耗能产业	区域单位工业产值能耗	全国单位工业产值能耗
石油行业	0.72	0.64
冶金行业	1.12	1.08
能源行业	2.29	0.54
化工行业	0.45	0.67
重点产业平均能耗	0.55	0.47
工业行业平均能耗	0.54	0.47

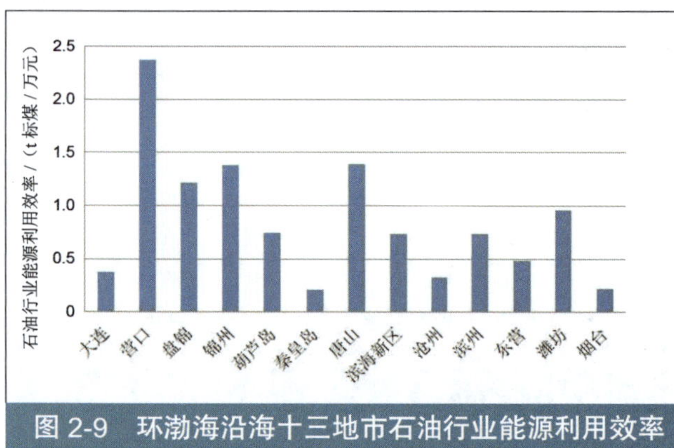

图 2-9 环渤海沿海十三地市石油行业能源利用效率（2007 年）

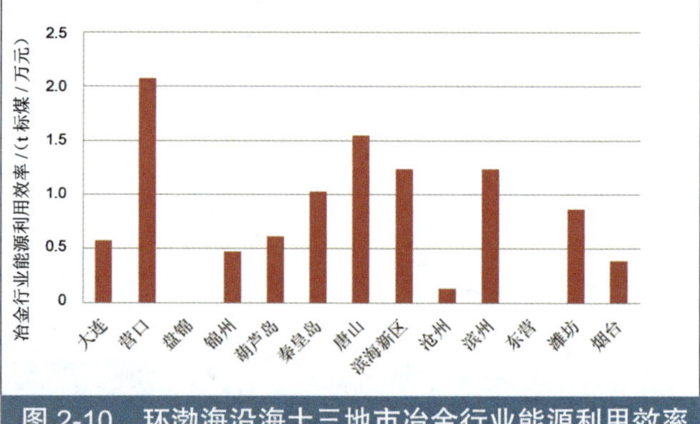

图 2-10 环渤海沿海十三地市冶金行业能源利用效率（2007 年）

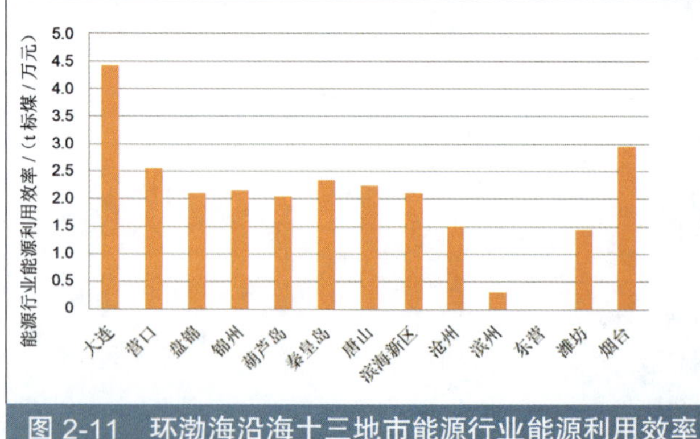

图 2-11 环渤海沿海十三地市能源行业能源利用效率（2007 年）

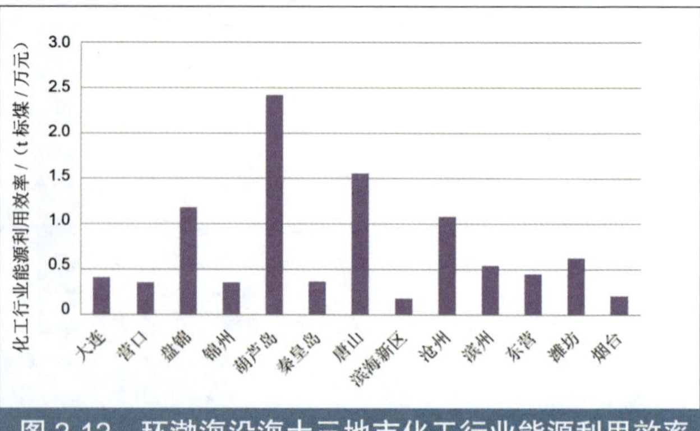

图 2-12 环渤海沿海十三地市化工行业能源利用效率（2007 年）

能源利用效率最高和最低地市单位产值能耗相差 10 倍以上（图 2-9 至图 2-12）。

四、岸线资源及其利用特征

1. 岸线资源及其演变趋势

目前环渤海沿海地区岸线[1]总长 2 743.2 km，岸线类型包括基岩岸线、砂质岸线和淤泥质岸线，丰富的岸线类型为滩涂养殖、滨海旅游和港口开发提供了可资利用的空间资源。近年来随着环渤海经济圈的高速发展，岸线资源的开发利用也趋于白热化，人工岸线[2]由2000年的307.3 km增加到2008年的 664.9 km，占岸线总长的 24.2%，其长度比 2000 年增长了 1 倍以上，年均增速 10.1%（图 2-13）。西岸产业带岸线人工化程度最高，人工岸线长 225 km，达到 36.5%，且自 2005 年来年均增速达 25.5%；北岸产业带和南岸产业带的岸线人工化比例约为 1/5。滨海新区、秦皇岛、烟台、唐山、营口的岸线人工化比例超过所在城市岸线总长的 1/3；大连和烟台的人工岸线达到渤

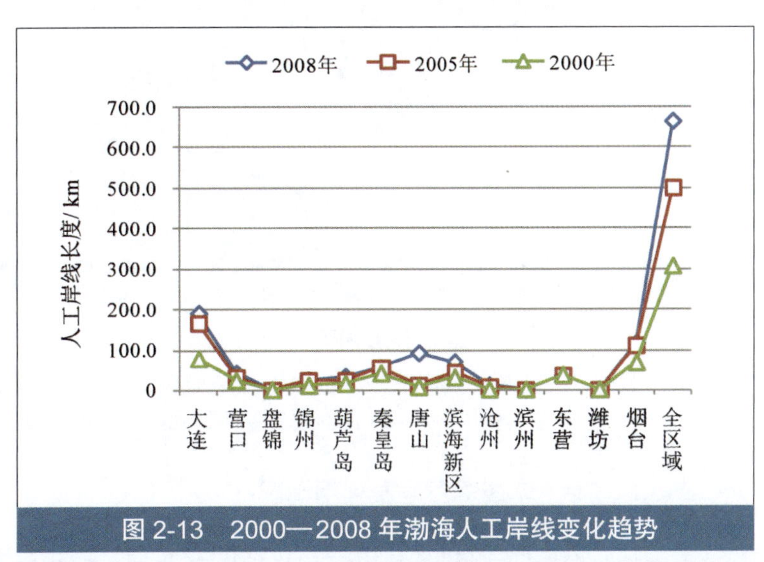

图 2-13 2000—2008 年渤海人工岸线变化趋势

表 2-23 2008 年渤海岸线状况 单位：km

城　市	人工岸线	自然岸线			重点保护岸线
		砂质岸线	淤泥质岸线	基岩岸线	
大　连	189.9	85.9	195.8	187.9	133.3
营　口	41.7	23.4	46.9	7.4	23.6
盘　锦	0.0	0.0	142.3	0.0	111.0
锦　州	23.7	3.4	121.3	2.8	3.4
葫芦岛	32.7	88.1	64.3	35.8	88.1
秦皇岛	54.2	74.7	2.0	4.0	74.7
唐　山	91.3	16.1	141.0	0.0	16.1
滨海新区	10.7	0.0	99.1	0.0	7.0
沧　州	69.2	0.0	55.0	0.0	0.0
滨　州	0.0	0.0	91.5	0.0	8.1
东　营	35.7	0.0	322.7	0.0	210.8
潍　坊	0.0	0.0	136.8	0.0	0.0
烟　台	115.7	90.6	29.9	9.7	156.4
全区域	664.9	382.2	1 448.6	247.6	832.5

数据来源：2008 年 TM、CBERS 影像解译结果。

1 岸线长度仅统计大陆岸线，不包括岛屿岸线。
2 人工岸线指具有人工构筑物，且其包括的土地大部分被开发利用为建筑用地（区别于防波堤与大陆之间的滩涂等自然状态的土地）的岸线，不包括盐田、养殖、旅游等利用岸线。

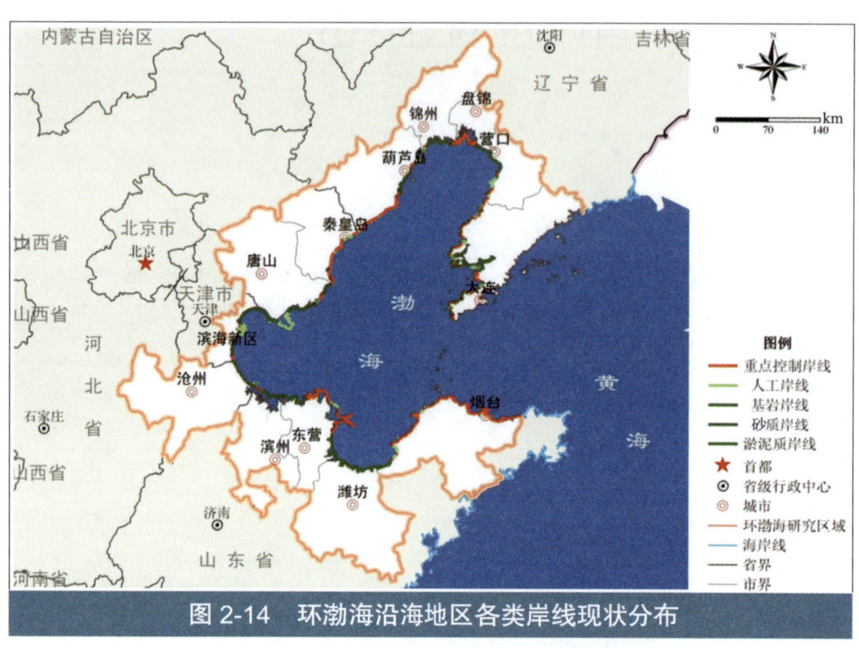

图 2-14　环渤海沿海地区各类岸线现状分布

海人工岸线总长度的 46.0%。

渤海自然岸线总长 2 078.3 km，占岸线总长度的 75.8%。相比 2000 年，渤海自然岸线长度减少了 10.8%，年均减少 1% 以上。自然岸线中砂质岸线占 18.4%，主要分布在大连渤海侧、葫芦岛南部至秦皇岛大部、烟台渤海侧；淤泥质岸线占 69.7%，主要分布在营口北部至锦州、唐山至潍坊一带；基岩岸线比例最小约为 11.9%，主要在大连渤海侧、葫芦岛北部分布。

根据自然保护区分布、自然岸线类型，重点保护岸线总长应达到 832.5 km，占目前岸线总长的 30.3%（表 2-23）。重点保护岸线主要分布在大连渤海侧、盘锦辽河口湿地、葫芦岛南部至秦皇岛一带、天津滨海湿地保护区、滨州北部古贝壳堤、东营黄河三角洲湿地以及烟台渤海侧大部分砂质岸线(图 2-14)。

2．岸线资源开发利用情况

岸线资源开发利用主要包括产业布局、城市建设、港口设施、海水养殖、生态保护、旅游开发等。产业布局、城市建设对岸线资源开发利用的主要表现形式为围填海，在此主要分析海水养殖、港口设施对岸线资源的利用情况（表 2-24）。

表 2-24　渤海岸线资源开发利用情况　　单位：km

地　区	人工岸线	海水增养殖利用岸线	港口开发利用岸线
大　连	190.0	113.2	246.0
营　口	41.7	23.9	53.0
盘　锦	0	97.6	5.0
锦　州	23.7	80.5	8.0
葫芦岛	32.7	22.4	12.0
秦皇岛	54.2	1.3	24.6
唐　山	91.4	78.7	35.8
滨海新区	10.7	79.8	26.3
沧　州	69.2	21.9	27.7
滨　州	0	48.0	7.7
东　营	35.7	161.7	8.5
潍　坊	0	76.1	8.1
烟　台	115.8	13.6	30.4
合　计	664.9	854.2	493.1

海水增养殖是对淤泥质类岸线开发利用的主要形式。渤海地区海水增养殖方式主要为滩涂养殖、浅海养殖和底播养殖，主要利用渤海的浅海资源和滩涂资源开展生产活动。目前渤海地区包括浅海和滩涂在内的海水适养面积为 16 223 km^2，已开发利用了 8 360 km^2，岸线利用总长度为 854.2 km，占岸线总长度的 28.5%。

渤海沿岸的港址资源在我国沿海地区占有突出优势，港口密度居全国首位。对于港口建设的要求，根据《海港总平面设计规范》（JTJ 211—99）和《海港水文规范》（JTJ 213）的规定，要求具有天然海湾湾口的岬角、河口段深槽、潟湖和有利的避风条件等；港区岸线稳定，无强泥沙回淤或侵蚀；有稳定的腹地，交通条件好，有充足的客货源。在渤海沿岸的海岸类型中基岩海岸最适宜建港，砂质海岸次之。大连—山海关岸段为基岩海岸，建港条件优越，山海关—山东省虎头崖岸段为平原砂质和淤泥质海岸，不适于深水港口建设，而虎头崖—蓬莱岸段以砂质海岸和基岩岬角海岸为主，岸线稳定，适宜建港。据统计，目前渤海沿岸已开发大小港口 70 多处，开发岸线总长度为 493.1 km，占岸线总长度的 16.4%。

第三节　水环境质量评价

一、水环境系统识别

区域水环境系统识别分别从水系核心要素组成（主要分为河流和湖库型集中饮用水水源地两类水体）、陆域污染控制单元组成以及水质断面与陆域污染控制单元的响应关系识别三个方面开展工作。

1．区域内河流水环境系统结构组成与功能目标

本研究涉及的十三地市汇入渤海的河流分别属于辽河、海河、黄河和山东半岛诸河 4 个流域。

在十三地市的辖区范围内，以《渤海碧海行动计划》中确定的入海控制河流作为本专题开展区域水环境系统识别工作的基础。按照是否直接入渤海为依据对其进行干支流划分，识别系统中的河流结构组成，将干流与一级支流作为本专题中区域地表水水环境系统内的河流类重点研究对象。对于河流上的水质断面，则重点关注干流入境断面（指进入环渤海沿海地区）和入海断面（环渤海区域出境断面）。

按上述原则，研究区域内十三地市最终汇入渤海的主要干流有 49 条，其空间分布如图 2-15 所示。

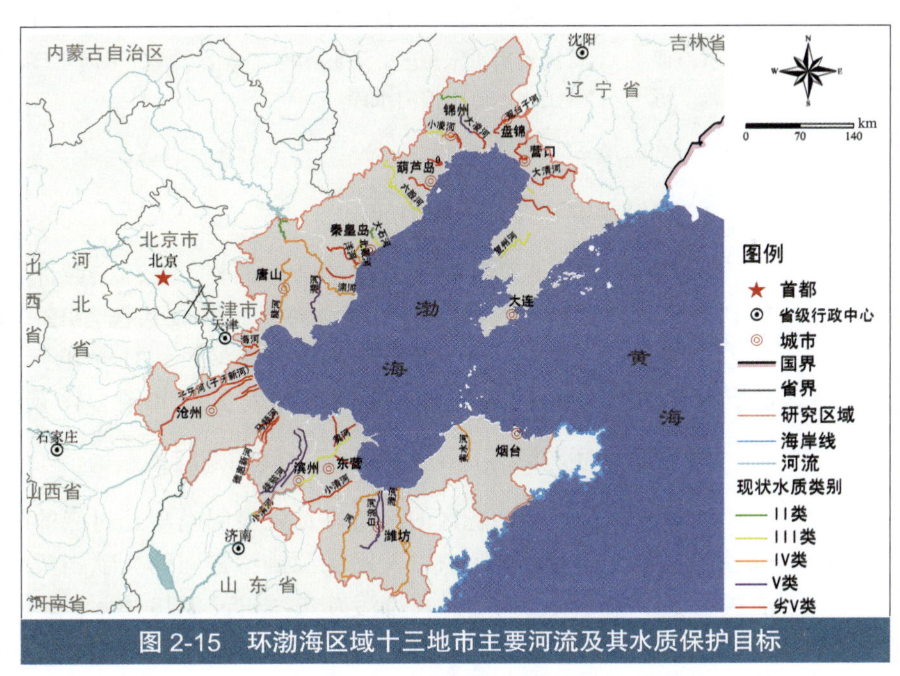

图 2-15　环渤海区域十三地市主要河流及其水质保护目标

辽河流域共计 13 条干流，全部分布在辽宁省。包括复州河、大清河、熊岳河、沙河、大辽河、辽河、大凌河、小凌河、五里河等，分别经由大连、营口、盘锦、锦州、葫芦岛入渤海。

海河流域共计 29 条干流。包括河北省的石河、洋河、戴河、汤河、滦河、陡河、宣惠河、沧浪渠、北排河等 15 条，分别经由秦皇岛、唐

山、沧州3市入海；天津的海河干流、永定新河、独流减河、大沽排污河、子牙新河等7条，均经由天津滨海新区入海；山东省的马颊河、徒骇河、德惠新河、潮河、挑河等7条，分别经由滨州和东营入海。

黄河流域共计黄河干流1条，经由山东东营入海。

山东半岛诸河流域共计6条干流，全部在山东省，包括广利河、支脉河、小清河、白浪河、弥河、潍河等，分别经由东营、潍坊和烟台入海。

区域内各流域主要河流组成、水质控制断面和保护目标如表2-25所示。

2. 区域内集中式地表水饮用水水源地概况

环渤海沿海地区地表水饮用水水源地如表2-26所示。

表2-26 环渤海沿海地区地表水饮用水水源地汇总

省/市	市	地表水饮用水水源地
辽宁	大 连	碧流河水库、英那河水库
	锦 州	无
	营 口	玉石水库、石门水库、周家水库、三道岭水库
	盘 锦	无
	葫芦岛	平山水源
河北	唐 山	陡河水库、大黑汀水库、邱庄水库
	秦皇岛	桃林口水库、洋河水库、北戴河、汤河上游饮用水区、石河水库
	沧 州	大浪淀水库水水源地
天津	滨海新区	海河天津饮用水水源区、北塘水库、北大港水库
山东	滨 州	蒲城水库、东郊水库、秦台水库、龙吟水库、西海水库、南海水库、纯化水库、孙武湖水库、李庄水库、黛溪湖、于印水库、台头水库、马庄花盘水库、月湖水库、幸福水库、仙鹤湖水库、思源湖水库、三角洼水库、芦家河子水库、打渔张渠首水库、韩店平原水库、码头平原水库、清风湖水库
	东 营	黄河饮用水水源区、胜利水库、城南水库、孤河水库、辛安水库、耿井水库、南郊水库
	潍 坊	峡山水库、白浪河水库
	烟 台	门楼水库

3. 陆域污染源控制单元组成

为了实现对未来产业发展方案的合理调整，在污染源评价、预测中，原则上将陆域污染控制单元划分到县级行政单位。环渤海研究区域共包含13个城市，划分为77个控制单元。其中，辽宁5个城市，18个单元；河北3个城市，31个单元；天津滨海新区1个单元；山东4个城市，27个单元。各省市控制单元如表2-27和图2-16所示。

4. 地表水质与陆域污染控制单元之间的响应关系

为了改善各个水功能区的水质，首先要明确与之对应的陆域污染源，然后在此基础上予以控制。经过对入河排污口以及污染源排污去向的文献与实地调查，可以获得各功能区所对应的主要陆域污染控制单元及排污方式，如表2-28所示。以干流入境、出境断面之间水体为研究对象，以对海域的影响为依据，根据各陆域污控单元排污去向、影响距离，就可以确定

表 2-25　区域水环境系统构成及其功能区划目标

序号	水系	河流	区划河段	环境区划	控制断面				河段接纳的主要支流
				功　能	名称	所属城市	水质目标	断面性质	
1		复州河	源头至入海口	饮用水水源地	三台子	大连	Ⅲ	入海	岚崮河、九道河
2		大清河	源头虎头山至石门水库入口	饮用水水源地		营口	Ⅱ	源头	大旱河
			水库出口至大清河桥	饮用水水源地		营口	Ⅲ		
			大清河桥至入海口	农业用水	大清河口	营口	Ⅴ	入海	
3		熊岳河	源头至熊岳镇	饮用水水源地		营口	Ⅲ	源头	无
			熊岳镇至入海口	农业用水	杨家屯	营口	Ⅴ	入海	
4		沙　河	源头至芹菜洼	饮用水水源地			Ⅱ	源头	无
			芹菜洼至入海口	饮用水水源地	入海口	营口	Ⅲ	入海	
5		大辽河	入境魏家塘至黑英台	工业用水	黑英台	营口	Ⅳ	入境 / 国控	无
			黑英台至入海口	农业用水	辽河公园	营口	Ⅴ	入海 / 国控	
6	辽河	辽　河	九台子至入海口	农业用水	盘锦兴安	盘锦	Ⅴ	入境 / 国控入海	螃蟹沟、饶阳河、小柳河、太平河、清水河、一统河
				农业用水	赵圈河	盘锦	Ⅴ	入海	
7		大凌河	源头至王家沟	饮用水水源地	王家沟	锦州	Ⅲ	入境 / 国控	细河、大定河、大业河
			王家沟至张家堡	工业用水	张家堡	锦州	Ⅳ	国控	
			张家堡至西八千	工业用水	西八千	锦州	Ⅳ	入海 / 国控	
8		小凌河	源头至何家信子	饮用水水源地	何家信子	锦州	Ⅲ	入境	北小河、女儿河、百股河等
			何家信子至西树林	工业用水	西树林	锦州	Ⅳ	入海	
9		连山河	源头至入海口	农业用水	沈山铁路桥下	葫芦岛	Ⅴ	入海	
10		五里河	源头至入海口	工农业用水	茨山桥南	葫芦岛	Ⅴ	入海	
11		茨山河	源头至入海口	农业用水	锌厂铁路桥	葫芦岛	Ⅴ	入海	
12		兴城河	源头至入海口	工农业用水	红石碑	葫芦岛	Ⅳ	入海	郭家河、兴城东河
13		六股河	源头至入海口	工农业用水	小渔场	葫芦岛	Ⅳ	入海	黑水河、宽邦河、王宝河
14		石　河	源头至石河水库入口（里峪）	饮用水水源地	石河水库里峪	秦皇岛	Ⅲ	源头	
			石河水库库区（里峪至大坝）	饮用水水源地	石河水库大坝	秦皇岛	Ⅱ		
			石河水库大坝至石河入海口	饮用水水源地	石河口	秦皇岛	Ⅲ	入海	
15	海河	新开河	源头至入海口	工业用水	新开河河口	秦皇岛	Ⅲ	入海	
16		汤　河	源头至汤河桥	饮用水水源地	汤河桥	秦皇岛	Ⅲ	源头	
			汤河桥至汤河入海口	工业用水	汤河口	秦皇岛	Ⅳ	入海	
17		戴　河	源头至戴河入海口	饮用水水源地	戴河口	秦皇岛	Ⅳ	入海	

续 表

序号	水系	河流	区划河段	环境区划功能	控制断面				河段接纳的主要支流
					名称	所属城市	水质目标	断面性质	
18	海河	洋河	源头至洋河水库	饮用水水源地	洋河水库出口	秦皇岛	III	源头	
			洋河水库出口至洋河入海口	饮用水水源地	洋河口	秦皇岛	III	入海 / 国控	
19		饮马河	王店子至歇马台	工农业用水	歇马台	秦皇岛	V	源头	
			歇马台至大蒲河口	工业用水	大蒲河口	秦皇岛	IV	入海	
20		滦河	潘家口水库出口至大黑汀水库	饮用水水源地	大黑汀水库	唐山	II	入境 / 国控	青龙河
			大黑汀水库坝下至滦县大桥	工业用水	滦县大桥	唐山	V		
			滦县大桥至滦河河口	农业用水	姜各庄	唐山	V	入海 / 国控	
21		陡河	源头至陡河水库中心	饮用水水源地	陡河水库	唐山	II	源头	石榴河、李各庄河、龙王庙河
			陡河水库出口至涧河口入海	工业用水	涧河口	唐山	V	入海 / 国控	
22		宣惠河	源头景庄桥至入海口	工业用水	大口河口	沧州	IV	入海 / 国控	龙王河、沙河、宣南干沟、宣北干沟
23		石碑河	源头至入海口	工业用水	李家堡桥	沧州	IV	入海	
24		沧浪渠	源头至入海口	农业用水	沧浪渠河口	沧州	V	入海	
25		北排河	源头至歧口防潮闸	工业用水	歧口防潮闸	沧州	IV		
			歧口防潮闸至入海口	农业用水	齐家务	沧州	V	入海	
26		廖家洼河	源头至入海口	工业用水	李家堡二	沧州	IV	入海	
27		南排河	源头至入海口	工业用水	李家堡一	沧州	V	入海	
28		蓟运河	滨海新区入境至入海口	农业用水	蓟运河防潮闸	滨海新区	V	入海	
29		永定新河	金钟河闸至永定新河防潮闸	农业用水	永和桥	滨海新区	V	入滨海新区	北塘排污河、潮白新河、蓟运河、金钟河、黑猪河、北排明渠
					塘汉公路大桥	滨海新区	V	出境入海 / 国控	
30		海河	滨海新区入境至入海口	过渡区*	二道闸下	滨海新区	V	入滨海新区	
					海河大闸	滨海新区	V	入海 / 国控	
31		大沽排污河	咸、密泵站至东大沽泵站	排污控制区**	东大沽泵站	滨海新区	一级B[1]	入海	
32		独流减河	万家码头至十里横河	饮用水水源区	万家码头	滨海新区	日常V；饮用水输水期间III	入滨海新区	
			十里横河至工农兵闸	工农业用水	工农兵防潮闸	滨海新区	V[2]	入海 / 国控	

续　表

序号	水系	河流	区划河段	环境区划功能	控制断面				河段接纳的主要支流
					名称	所属城市	水质目标	断面性质	
33	海河	北排水河	翟庄子西至北排水河防潮闸	农业用水	北排水河翟庄子	滨海新区	Ⅴ	入滨海新区	
					北排水河防潮闸	滨海新区	Ⅴ	入海	
34		子牙新河	沧州上游段	工农业用水	献县闸	沧州	Ⅴ		滏阳河、滹沱河
			沧州下游段	工业用水	阎辛庄	沧州	Ⅳ	出沧州 / 国控省界	
			滨海新区段	农业用水	马棚口防潮闸	滨海新区	Ⅴ	入海	
35		漳卫新河	西齐周务至入海口	工业用水	小泊头桥	滨州	Ⅳ	津—冀断面，国控入海断面	
36		马颊河	无棣段：任家桥至入海口	工业用水	胜利桥	滨州	Ⅳ	入境 / 国控入海	
					唐坊桥	滨州		入海	
37		德惠新河	阳信段：崔家楼村至王坤兮村	农业用水	王杠子闸	滨州	Ⅴ	入境	
			无棣段：王杠子闸至入海口	工业用水	大山	滨州	Ⅳ	入海	
38		潮河	河东马家至入海口	农业用水	邵家	滨州	Ⅴ	入海	褚官河、太平河、西沙河、新立河、秦台干沟、朝阳河
39		徒骇河	惠民段：淄角镇郑家至胡集镇丁家道口	工业用水	申桥	滨州	Ⅳ	入境	沙河、胡营河、秦口河（勾盘河）
			滨城段：尚集大辛庄至滨北崔家楼	工业用水	富国	滨州	Ⅳ	国控入海	
			沾化段：张课干沟至入海口	工业用水		滨州	Ⅳ	出境	
40		草桥沟	利津县北岭乡永阜村至入海口	农业用水		东营	Ⅴ	出境	
41		挑河	利津县薄扣村至刁口乡入海口	农业用水	刁口桥	东营	Ⅴ	入海	
42	黄河	黄河	利津县北宋镇董王庄至垦利县建林乡	饮用水水源地		滨州	Ⅲ	入境	
				饮用水水源地	利津水文站	东营	Ⅲ	入海 / 国控	

续 表

序号	水系	河流	区划河段	环境区划功能	控制断面				河段接纳的主要支流
					名称	所属城市	水质目标	断面性质	
43	山东半岛诸河	广利河	垦利县王营村至入海口	一般景观区	广利港	东营	V	入海	溢洪河、东营河、老广蒲河、五六干合排、六干排
44		支脉河	博兴段：道旭渡至陈桥	农业用水	陈桥	滨州	V		
			广饶段	农业用水		东营	V	入海	
45		小清河	邹平段：魏桥五龙堂至孙镇安庄	农业用水	孙镇	滨州	V	入境	杏花河、孝妇河、预备河、淄河、阳河、织女河、塌河、北阳河、张僧河
			博兴段：西闸至樊李	农业用水	大肖	滨州	V		
			东营上游段：广饶县石村镇至丁庄镇王道村	农业用水		东营	V		
			东营下游段：丁庄镇王道村至丁庄镇三岔村	混合区 ***		东营	V		
			潍坊段：刘旺庄至侯辛	农业用水	侯辛	潍坊	Ⅳ	入海	
			潍坊段：侯辛至羊口	渔业用水	羊口	潍坊	Ⅲ		
46		弥　河	源头至入海口	农 / 渔业用水	杨家庄	潍坊	Ⅳ	入海	南阳河、丹河
47		白浪河	源头至入海口	农 / 渔业用水	央子桥	潍坊	Ⅲ	入海	
48		潍　河	墙夼水库出口至入海口	农 / 渔业用水	金口坝	潍坊	Ⅲ	入海	汶河、渠河、百尺河
49		北胶莱河	谭家至入海口	农业用水	潍石桥	潍坊	V	入海	

说明：滨州辖区水体水质目标按 2008 年的滨州市地表水环境功能区调整方案确定。

1. 按照《城镇污水处理厂污染物排放标准》（GB 18918—2002）的相应标准进行控制。

2. 天津市的入海河道、河口防潮闸上河段只监测高锰酸盐指数、氨氮、总磷、石油类四项指标，并按相应的水质目标评价。

* 过渡区：指为使水质要求有差异的相邻功能区顺利衔接而划定的水域，其区划条件为下游用水要求高于上游水质状况，其长度和水质标准按上下游区划性质而定。

** 排污控制区：指接纳生活、生产废污水比较集中，接纳的废污水对水环境无重大不利影响的水域。

*** 混合区：在排污口附近划为混合区，在混合区内不执行任何地表水水质标准。保护目标为地表水环境质量五类标准。

表 2-27 环渤海沿海地区陆域污染源控制单元

省/市	市	单元	单元数
天津	滨海新区	滨海新区	1
河北	唐山	市辖区、丰南区、丰润区、滦县、滦南县、乐亭县、迁西县、玉田县、唐海县、遵化市、迁安市	11
	秦皇岛	市辖区、青龙满族自治县、昌黎县、抚宁县、卢龙县	5
	沧州	市辖区、沧县、青县、东光县、海兴县、盐山县、肃宁县、南皮县、吴桥县、献县、孟村回族自治县、泊头市、任丘市、黄骅市、河间市	15
辽宁	大连	市辖区、瓦房店市、普兰店市	3
	营口	市辖区、盖州市、大石桥市	3
	锦州	市辖区、黑山县、义县、凌海市、北镇市	5
	盘锦	市辖区、大洼县、盘山县	3
	葫芦岛	市辖区、绥中县、建昌县、兴城市	4
山东	东营	市辖区、垦利县、利津县、广饶县、河口区	5
	烟台	市辖区、龙口市、莱州市、蓬莱市、招远市、栖霞市	6
	潍坊	市辖区、临朐县、昌乐县、青州市、诸城市、寿光市、安丘市、高密市、昌邑市	9
	滨州	市辖区、惠民县、阳信县、无棣县、沾化县、博兴县、邹平县	7

水质断面与陆域污染控制单元之间的响应关系。

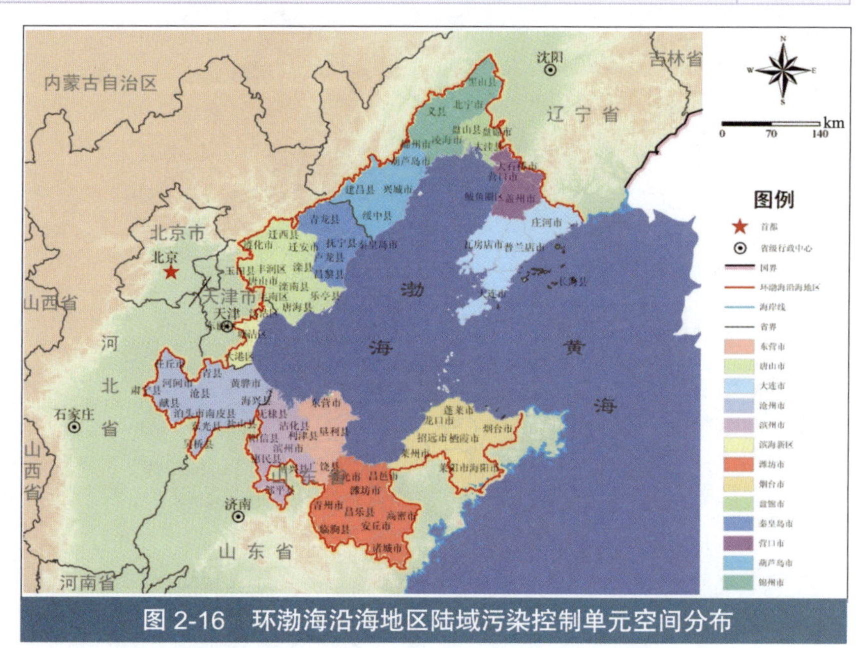

图 2-16 环渤海沿海地区陆域污染控制单元空间分布

二、水质现状评价

1. 区域内各流域国控断面水质评价

环渤海沿海地区 16 条主要干流的 18 个国控断面中，共有入境断面 4 个（其中 2 个为饮用水水源地），入海断面 14 个。本次评价所采用的数据来自 2007 年中国环境统计年鉴。采用的评价标准为《地表水环境质量标准》(GB 3838—2002)。评价指标包括：pH 值、溶解氧、高锰酸盐指数、五日生化需氧量、氨氮、石油类、挥发酚、汞、铅等 9 项常规污染物指标。评价方法为单因子评价法。采用 2007 年全年平均值和表 2-25 列出的水质目标进行评价。评价结果如表 2-29 所示。

环渤海沿海地区所属三个流域的 18 个国控断面中，海河流域 12 个断面有 3 个达标，达标率为 25%；辽河流域 5 个断面有 1 个达标，达标率为 20%；黄河流域 1 个断面，达标率为 100%。三个流域中，辽河流域污染最为严重，整体达标率最低，劣Ⅴ类断面比例最高，尤其是入海断面，劣Ⅴ类水体比例占到了 100%，与入境断面相比水质明显恶化。海河流域污染

表 2-28 各水环境功能区对应的陆域污染控制单元

序号	河 流	城 市	陆域污染单元	排污方式
1	复州河	大 连	瓦房店市	直排，排入支流
2	大清河	营 口	盖州市	直排，排入香水河，排入大旱河
3	熊岳河	营 口	盖州市	直排
4	沙 河	营 口	盖州市	直排
5	大辽河	营 口	上游（辽宁中部城市群），营口市	直排
6	辽 河	盘 锦	上游（新民，台安），盘锦市、盘山县	直排，排入支流
7	大凌河	锦 州	上游（阜新，通过细河排入），义县、凌海市	直排，排入细河
8	小凌河	锦 州	锦州市、凌海市	直排，排入支流
9	连山河	葫芦岛	葫芦岛市（部分）	直排
10	五里河	葫芦岛	葫芦岛市（部分）	直排
11	茨山河	葫芦岛	葫芦岛市（部分）	直排
12	兴城河	葫芦岛	兴城市（部分）	直排
13	六股河	葫芦岛	绥中县	直排，排入支流
14	石 河	秦皇岛	抚宁县、秦皇岛市	直排
15	新开河	秦皇岛	秦皇岛市	直排
16	汤 河	秦皇岛	抚宁县，秦皇岛市	直排
17	戴 河	秦皇岛	秦皇岛市	直排
18	洋 河	秦皇岛	抚宁县、秦皇岛市	直排
19	饮马河	秦皇岛	昌黎县、卢龙县	直排
20	滦 河	唐山	唐山市、迁西县、迁安市、滦县	直排，排入青龙河
		秦皇岛	卢龙县	
21	陡 河	唐山	唐山市、丰南市	直排，排入支流
22	宣惠河	沧州	吴桥县、东光县、南皮县、孟村回族自治县、盐山县、海兴县	直排，排入支流
23	石碑河	沧州	黄骅市	直排
24	沧浪渠	沧州	黄骅市	直排
25	北排河	沧州	上游（衡水），河间市、青县、献县、沧县、黄骅市	直排
26	廖家洼河	沧州	沧县、黄骅市	直排
27	南排河	沧州		
28	蓟运河	天津	滨海新区	直排
29	永定新河	天津	滨海新区	直排，排入支流
30	海 河	天津	滨海新区	直排
31	大沽排污河	天津	滨海新区	直排
32	独流减河	天津	滨海新区	直排
33	北排水河	天津	滨海新区	直排
34	子牙新河	沧州	献县、河间市、青县、黄骅市	
		天津	滨海新区	直排
35	漳卫新河	沧州	上游，吴桥县、东光县、南皮县、盐山县、海兴县	
36	马颊河	滨州	上游（聊城、德州），本区域无	
37	德惠新河	滨州	上游（德州市），本区域无	

续　表

序号	河　流	城　市	陆域污染单元	排污方式
38	潮　河	滨州	阳信县（部分）、沾化县（部分）	直排，排入支流
		东营	东营市（部分）	
39	徒骇河	滨州	上游（聊城、德州、商河），沾化县（部分）、惠民县（部分）	直排，排入秦口河，排入沙河
40	草桥沟	东营	利津（部分）、河口（部分）	直排
41	挑　河	东营	利津县、河口区、东营市	直排
42	黄　河	东营	上游，本区域无	
43	广利河	东营	垦利县、东营市	直排，排入支流
44	支脉河	滨州	滨州博兴，东营广饶（部分）	直排
45	小清河	滨州	上游（济南、淄博），邹平（部分）、博兴（部分）	直排，排入支流
		东营	广饶县（部分）	
46	弥　河	潍坊	临朐县（部分）、青州市、寿光市	
47	白浪河	潍坊	昌乐县、潍坊市	直排
48	潍　河	潍坊	昌邑市、高密市、诸城市、安丘市	
49	北胶莱河	潍坊		

状况也不容乐观。有 3/4 的断面不能达到规划要求，入海断面中，劣Ⅴ类的比例超过了 2/3，水质污染严重。黄河流域的一个断面水质情况良好。

表 2-29　2007 年环渤海区域十三城市国控断面水质评价结果

序号	断面性质	河流	断面名称	2007 年现状水质	是否达标
1	入境	大辽河	黑英台	劣Ⅴ	否
2		大凌河	王家沟	Ⅱ	是
3		滦河	大黑汀水库	Ⅱ	是
4		子牙新河	阎辛庄	劣Ⅴ	否
5	入海	大辽河	辽河公园	劣Ⅴ	否
6		辽河	盘锦兴安	劣Ⅴ	否
7		大凌河	西八千	劣Ⅴ	否
8		洋河	洋河口	劣Ⅴ	否
9		陡河	涧河口	Ⅳ	是
10		永定新河	塘汉公路大桥	劣Ⅴ	否
11		海河	海河大闸	劣Ⅴ	否
12		独流减河	工农兵防潮闸	Ⅴ	是
13		宣惠河	大口河口	劣Ⅴ	否
14		南排河	李家堡一	劣Ⅴ	否
15		漳卫新河	小泊头桥	劣Ⅴ	否
16		徒骇河	富国	Ⅴ	否
17		马颊河	胜利桥	劣Ⅴ	否
18		黄河	利津水文站	Ⅲ	是

18 个国控断面中，4 个入境断面的水质呈现两极分化现象：滦河的大黑汀水库和大凌河的王家沟两个断面位于饮用水水源地保护区，水质较好，能达到规划目标要求（以下简称达标）；而子牙新河的阎辛庄与大辽河的黑英台 2 个断面是跨界断面，由于接纳了大量上游城市的污水，因此污染较为严重，达不到规划水质目标要求（以下简称未达标或超标），水质超过Ⅴ类标准。其中，又以子牙新河的阎辛庄断面污染更为严重，其作为天津和河北的省界断面，接纳了上游河北沧州等城市的大量污水，溶解氧、高锰酸盐指数、五日生化需氧量、氨氮、挥发酚、汞和铅等多项指标超标，氨氮超标倍数高达 34.27，是所有 18 个断面中超标倍数最大的。大辽河的黑英台断面也由于容纳了上游辽宁中部城市群工业和生活污水，导致入境断面水质已超过Ⅴ类标准。

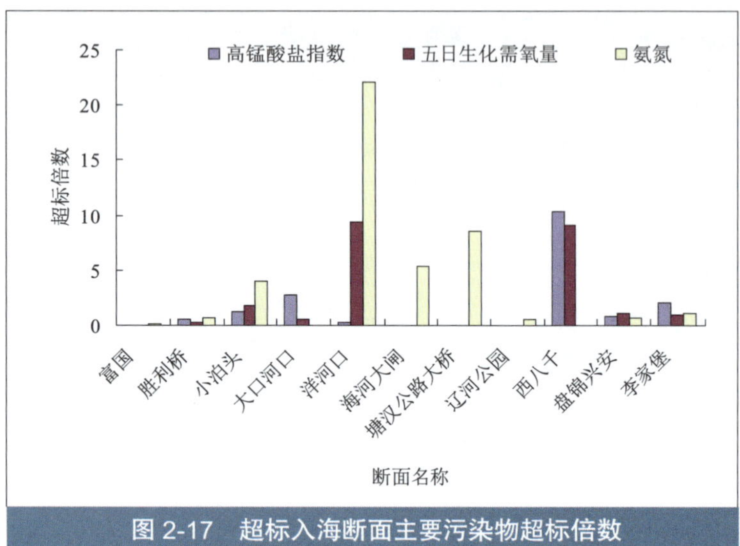

图 2-17 超标入海断面主要污染物超标倍数

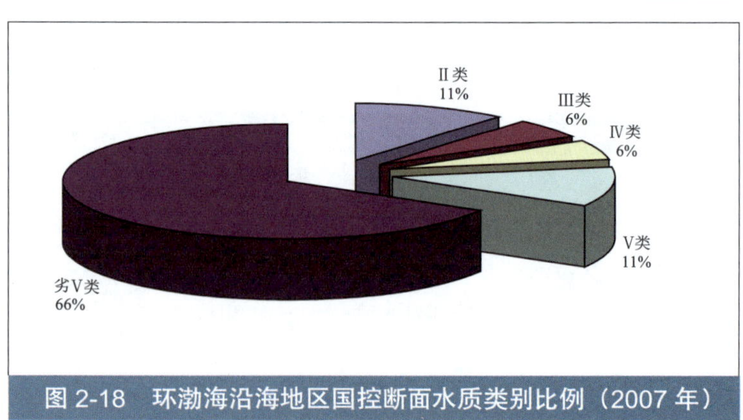

图 2-18 环渤海沿海地区国控断面水质类别比例（2007 年）

18 个国控断面中，14 个出境 / 入海断面中，仅 3 个断面达标，其余 11 个断面各指标存在不同程度的超标情况，超标率近 80%；且在 11 个超标断面中，有 10 个断面的水质为劣Ⅴ类，占到了近 90% 的比例，污染相当严重。主要超标污染物为高锰酸盐指数、五日生化需氧量和氨氮等。其他跟工业污染相关的指标中，石油类、铅、汞均未超标，个别断面（大凌河口的西八千断面和洋河的洋河口断面）挥发酚超标（超标倍数分别为 3.2、6.8）。工业污染在主要污染指标上与生活污染没有显著差异。

根据各断面的水质规划目标，选取高锰酸盐指数、五日生化需氧量和氨氮三项主要超标指标开展进一步分析，各断面三类污染物的超标倍数见图 2-17，11 个入海超标断面的三个主要污染物指标中，海河的海河大闸和永定新河的塘汉公路桥 2 个断面均仅有一个指标超标，但超标倍数都大于 5，污染较为严重；大辽河的辽河公园和徒骇河的富国，仅有氨氮超标，超标倍数分别为 1.6 和 1.2；宣惠河的大口河口和大凌河的西八千分别有两个指标超标，其中，西八千断面的高锰酸盐指数超标 10 倍以上，五日生化需氧量也接近 10 倍，污染严重；剩余 5 个断面，三项指标均有不同程度的超标，污染十分严重，其中又以洋河的洋河口断面污染最甚，氨氮超标超过 20 倍，漳卫新河的小泊头桥次之。

由此可见，区域内 14 条主要入海干流的入海水质不容乐观，仅 3 条干流的入海水质能够达到规划目标要求；其余 11 个断面均有超标情况，向渤海不同程度地输入了过量污染物，对渤海水质直接造成了影响。

总体来说，18 个断面中，达到或优于Ⅲ类水质标准的断面共有 3 个，占评价总数的 17%；Ⅳ类 1 个，占 6%；Ⅴ类 2 个，占 11%；其余 12 个断面水质为劣Ⅴ类，占到了总数的 66%，近 2/3 被严重污染（图 2-18）。在这 18 个断面中，有 5 个断面达标，占评价断面总数的 28%，13 个断面未达标，占 72%，超标率较严重。

2．区域内地表饮用水水源地水质评价

2007 年度环渤海区域内三省市十三地市的地表水水源地中，2007 年除了河北省秦皇岛市戴河饮用水水源区超标，全年水质为Ⅳ类，主要超标污染物为硫化物之外，其余全部达标。

3．分区地表水水质现状评价

环渤海沿海地区地表水水质总体状况很差，恶化严重。

2007 年，十三地市 49 条河流参评的 79 个监测断面中，有 1 个断面断流。其余 78 个断面中，达到水环境功能区划目标的仅有 15 个断面，占 19%；80% 以上水质断面不达标。达到Ⅱ类、Ⅲ类、Ⅳ类、Ⅴ类的断面分别为 5 个、5 个、6 个、8 个，其余 54 个断面均为劣Ⅴ类，占 69%。主要超标污染物集中在有机好氧物质和营养物质上，具体指标包括 COD、NH_3-N、TN、TP 等。

48 个入海监测断面中，达到水质目标的仅有 8 个，占 17%。80% 以上河流以超标水质入海。水质优于或等于Ⅴ类的有 14 个，占 29%。70% 以上超标河流以劣Ⅴ类水质入海。

十三地市中水质较好的有唐山、秦皇岛和大连。水质较差的是盘锦、滨海新区、沧州和滨州，水质为劣Ⅴ类的河流占 95% 以上。

4．地表水体和底质中特殊有机物补充监测评价

针对环渤海区域重点产业（石油、化工）生产过程中可能产生的特殊有毒有害有机污染物种类制订了相应的补充监测计划。通过补充监测获得了研究区域内滨海新区、沧州、滨州、东营、潍坊境内主要河流入境断面和出境 / 入海断面上特殊有机物（多环芳烃类，包括萘、苊、二氢苊、芴、菲、蒽、荧蒽、芘、苯并 [*a*] 蒽、䓛、苯并 [*b*] 荧蒽、苯并 [*k*] 荧蒽、苯并 [*a*] 芘、茚并 [1,2,3-*c*,*d*] 芘、二苯并 [*a*,*h*] 蒽、苯并 [*g*,*h*,*i*] 苝；苯系物，包括苯、甲苯、二甲苯、乙苯；苯胺类）的浓度数据。

本次评价工作针对上述污染物采用美国 EPA 给出的多介质环境目标值（Multimedia Environmental Goals，MEG）作为评价标准来判断环境中特殊有机污染物对环境的影响以及人体健康的危害（由于暂缺二氢苊的 AMEG 值，故此次环评暂未计算该项）。其中，水环境的 AMEG（Ambient MEG）值指水体中某物质不会引起危害作用的最高浓度，用于评价水体中的有机污染物；陆地环境的 AMEG 值则用于评价底质中的有机污染物危害水平。如果实际浓度与 AMEG 值之比小于 1，则不会发生明显的危害，该比值称为环境影响度（Ambient Severity，即 AS），其计算式为：

$$\mathrm{AS}_i = c_i / \mathrm{AMEG}_i$$

式中：AS_i 为化合物 i 的环境影响度；c_i 为化合物 i 在环境中的浓度；AMEG_i 为化合物 i 的环境目标值。考虑到环境中各有机化合物之间的协同作用和拮抗作用，上式可增加修正项为：

$$\mathrm{AS}_i = c_i / \mathrm{AMEG}_i + KC_{im} / (2\times \mathrm{AMEG}_{im})$$

式中：C_{im} 为环境中摩尔浓度较低的物质 i 或 m 的浓度；AMEG_{im} 为 i 与 m 间协同或拮抗效应下的 AMEG 值。K=0 时，表明无协同拮抗作用；K=1 时，存在协同作用；K= －1 时，存在拮抗作用。

两物质存在协同或拮抗作用时，AMEG 值不能直接相加。由于两物质之间的协同或拮抗作用机理相当复杂，尚未制定出考虑该种效应的 AMEG 值，故本次评价暂不考虑这种因素。评价时假定所有化合物只要是 AS 值相同，则对人和环境的潜在危害相同，此外还假定 AS 值大小与潜在危害呈线性关系，并且各种化合物的效应是可以加和的。这样，某一水体的 AS 值可用水体中各组分 AS 值之和近似表示，此值称为地表水总环境影响度（WTAS）：

$$\mathrm{WTAS} = \sum \mathrm{AS}_i$$

水体中有害化合物种类越多，表明其潜在危害越大；而 WTAS 值越高，则水体受有机物的影响就越大，对人体健康存在的潜在威胁就越大。一般认为，当 WTAS 小于 1 对人体不会产生危害作用；而当 WTAS 大于 1 则水体具有潜在危害性。类似地，可以获得底质的总环境影响度 LTAS。

河流中补充监测的评价结果如表 2-30 所示。23 个监测断面上有 4 个断面的 WTAS 值超过 1，即此 4 处断面附近地表水体对人体健康存在潜在危害。分别是海河流域滨州境内的漳卫新河、徒骇河和马颊河，以及黄河东营段。其他 19 处监测点附近的地表水体中的多环芳烃和苯系物对人体健康不构成危害作用。

进一步分析表明，造成上述断面 WTAS 超过 1 的主要有害有机物均为苯并 [*a*] 芘，尤其黄河利津水利站的监测结果为标准值的 69 倍。苯并 [*a*] 芘作为一种五环多环芳香烃类化合物，是一种常见的高活性间接致癌物和突变源，也是多环芳烃中毒性最大的特强致癌物。这种物质在 300 ～ 600℃的不完全燃烧状态下产生。苯并 [*a*] 芘在工业上无生产和使用价值，一般存在于煤焦油、各类炭黑和煤、石油等燃烧产生的烟气、香烟烟雾、汽车尾气中，及焦化、炼油、沥青、塑料等工业污水中。地表水中的苯并 [*a*] 芘除了工业排污外，还可能源自洗刷大气的雨水汇入。

苯并 [*a*] 芘在大气中的化学半衰期在有日光照射下少于 1 天，没有日光照射时要数天，水体表层中的苯并 [*a*] 芘在强烈照射下半衰期为几小时至十几小时，在土壤中 8 d 降解 53% ～ 82%。微生物能促使苯并 [*a*] 芘降解速度加快，在河口底泥中 3 h 为 71%，在无阳光照射下水中苯并 [*a*] 芘的生物降解速度为 35 ～ 40 d 降解 80% ～ 95%。由此可见，苯并 [*a*] 芘在水体中的残留时间一般不太长，特别是在阳光和微生物影响下，数小时内就可以被代谢和降解。根据苯并 [*a*] 芘的迁移转化特性，结合监测数据和监测断面位置可知，环渤海区域水体中的苯并 [*a*] 芘除了与上游输入有关外，本地的重点产业无疑应是贡献源之一。

表 2-30 河流中特殊有机物补充监测评价结果

河流名称	断面名称	断面性质	所属城市	水环境影响度 WTAS
蓟运河	蓟运河防潮闸	出境断面 / 入海断面	滨海新区	0.000
永定新河	永和大桥	滨海新区入境断面	滨海新区	0.000
永定新河	塘汉公路桥	出境断面 / 入海断面	滨海新区	0.000
海河	二道闸下	入境断面	滨海新区	0.000
海河	海河大闸	出境断面 / 入海断面	滨海新区	0.000
子牙新河	献县闸	沧州入境断面	沧州	0.001
子牙新河	阎新庄	沧州出境断面	沧州	0.001
子牙新河	五星	滨海新区入境断面	滨海新区	0.000
子牙新河	马棚口防潮闸	滨海新区出境断面 / 入海断面	滨海新区	0.000
沧浪渠	岐口	出境断面 / 入海断面	沧州	0.001
漳卫新河	沟店铺大桥	沧州入境断面	沧州	0.001
漳卫新河	辛集闸	沧州出境断面	沧州	0.048
漳卫新河	小泊头桥	滨州出境断面 / 入海断面	滨州	1.814
徒骇河	申桥	滨州入境断面	滨州	0.001
徒骇河	富国	滨州出境断面 / 入海断面	滨州	1.547
马颊河	大店闸	滨州入境断面	滨州	2.081
马颊河	胜利桥	滨州出境断面 / 入海断面	滨州	0.001
小清河	辛丰庄	滨州入境断面	滨州	0.000
小清河	羊口	潍坊出境断面 / 入海断面	潍坊	0.000
（北）胶莱河	潍石桥	潍坊入境断面	潍坊	0.001
（北）胶莱河	新河闸	烟台出境断面 / 入海断面	潍坊	0.000
广利河	广利港	东营出境断面 / 入海断面	东营	0.000
黄河	利津水文站	东营出境断面 / 入海断面	东营	77.921

底质中补充监测的评价结

果如表 2-31 所示。28 个监测断面上有 15 个断面的 LTAS 值超过 1，即此 15 处附近底质对人体健康存在潜在危害。分别是海河流域滨海新区境内的蓟运河、永定新河、潮白新河、子牙新河、北塘排污河、大沽排污河以及山东半岛流域的小清河和广利河。其他 13 处监测点附近的底质中的多环芳烃和苯系物对人体健康不构成危害作用。

表 2-31 底质中特殊有机物补充监测评价结果

河流名称	断面名称	断面性质	所属城市	底质环境影响度 LTAS
蓟运河	大田	入境	滨海新区	4 632.861
蓟运河	蓟运河防潮闸	出境 / 入海	滨海新区	91.265
永定新河	永和大桥	入境	滨海新区	92.131
潮白新河	于家岭南	入境	滨海新区	1 045.123
北塘排污河	贯庄	入境	滨海新区	8 248.085
永定新河	塘汉公路桥	出境 / 入海	滨海新区	74.901
海河	二道闸下	出境 / 入海	滨海新区	1 015.767
海河	海河大闸	出境 / 入海	滨海新区	2 000.092
大沽排污河	辛庄子桥	入境	滨海新区	127.014
大沽排污河	东大沽泵站	出境 / 入海	滨海新区	2 729.332
子牙新河	献县闸	入境断面	沧州	0.000
子牙新河	阎新庄	出境断面	沧州	0.000
子牙新河	五星	入境	滨海新区	6.071
子牙新河	马棚口防潮闸	出境 / 入海	滨海新区	93.263
沧浪渠	岐口	沧州出境断面 / 入海断面	沧州	0.000
漳卫新河	沟店铺大桥	沧州入境断面	沧州	0.000
漳卫新河	辛集闸	沧州出境断面	沧州	0.000
漳卫新河	小泊头桥	滨州出境断面 / 入海断面	滨州	0.000
徒骇河	申桥	滨州入境断面	滨州	0.001
徒骇河	富国	滨州出境断面 / 入海断面	滨州	0.001
马颊河	大店闸	滨州入境断面	滨州	0.001
马颊河	胜利桥	滨州出境断面 / 入海断面	滨州	0.001
小清河	辛丰庄	滨州入境断面	滨州	1 838.073
小清河	羊口	潍坊出境断面 / 入海断面	潍坊	100.137
（北）胶莱河	潍石桥	潍坊入境断面	潍坊	0.000
（北）胶莱河	新河闸	烟台出境断面 / 入海断面	潍坊	0.001
广利河	广利港	东营出境断面 / 入海断面	东营	26.014
黄河	利津水文站	东营出境断面 / 入海断面	东营	0.002

进一步分析表明，与地表水情况类似，造成上述 15 个断面 LTAS 超过 1 的原因主要是苯并 [*a*] 芘严重超标，而且这 15 个断面中有 13 个存在不同程度的二苯并 [*a,h*] 蒽超标。

此处补充监测的滨海新区境内 7 条河流 12 个断面中，底质均存在苯并 [*a*] 芘超标问题，超标倍数在 69 ～ 8 067；其中 11 个断面还同时存在二苯并 [*a,h*] 蒽超标问题，超标倍数在 2 ～ 296。大沽排污河是天津市的主要排污河流之一，其贯庄断面和东大沽泵站断面的苯并 [*a*] 芘超标分别高达 8 066 倍和 2 672 倍。另外，滨海新区的主要河流蓟运河、海河底质也存在苯并 [*a*] 芘严重超标的现象，大田、海河大闸断面的苯并 [*a*] 芘超标倍数分别为 4 332 和 1 939。二苯并 [*a,h*] 蒽超标最为严重的断面仍然是北塘排污河的贯庄断面和蓟运河的大田断面，超标倍数分别高达 296 和 177。滨海新区不论是入境断面还是出境断面，不论是一般水体还是专门的排污河流，底质都存在严重的多环芳烃健康威胁。这与上游城区和本地区工业发展带来的环境风险的长期积累密切相关，尤其是重点产业的发展。

此处补充监测的山东 4 市 7 条河流 11 个断面中，小清河辛丰庄、小清河羊口和广利河广利港三处苯并 [*a*] 芘浓度分别为标准值的 1 673 倍、100 倍和 26 倍。另外，小清河辛丰庄的二苯并 [*a,h*] 蒽浓度也大大超标，为标准值的 163 倍。二苯并 [*a,h*] 蒽也是致癌物。根据监测数据和监测断面位置，结合超标有机物的迁移转化特性可知，小清河的超标原因以上游输入为主，广利河超标原因以本地贡献为主。

综合考察底质监测数据和对应断面水质监测数据，在底质苯并 [a] 芘和二苯并 [a,h] 蒽超标倍数很高的小清河和广利河断面上，同期相应水体断面中并未检出上述物质，也反映出环渤海区域存在特殊有机物长期累积性环境影响和潜在环境风险。

综上所述，环渤海区域局部地区存在着较为严重的上游与本地、过去与当前重点产业排污共同造成的特殊有机物超标问题。

5．底质中重金属和营养物质补充监测与评价

据文献报道，国际泥沙研究培训中心和清华大学的刘成、王兆印等人于 2001 年 6 月实地采集了环渤海湾诸河口 19 处泥样，进行了汞、铜、锌、铅、砷、总氮、总磷和有机质含量分析。结果表明，环渤海湾诸河口底泥中基本无重金属（及砷）污染，但与历史资料相比，近年来重金属含量普遍增加，特别是铅和锌含量增加幅度较大。大多数河口底泥中的总氮和总磷含量较高，尤其是海河口附近的河口总氮和总磷含量高达 0.14% 和 0.09%，通过与水体的交换，将对水体营养状态产生影响。

① 各河口所采集的底泥及疏浚淤泥重金属（及砷）含量均符合土壤环境二级标准，其中锌含量大多数样品超过土壤环境一级标准，其他重金属（及砷）含量大多符合土壤环境一级标准；沿程诸河口进行比较，重金属含量由北向南呈逐渐下降趋势，海河口附近的河口重金属（及砷）含量较高。

② 与 20 世纪 80 年代资料相比，20 年间重金属含量的分布规律基本一致，底泥中汞含量没有明显增加，其他重金属含量在全程或局部有一定幅度的增加；锌含量和铅含量增加幅度最明显，在海河口和蓟运河处增加了约 1 倍。

③ 大多数河口底泥中的总氮和总磷含量高于“第二次全国海洋污染基线调查技术规程”指定沉积物标准，其含量自北向南呈下降趋势；海河口附近的河口底泥中的总氮、总磷和有机质含量高达 0.14%、0.09% 和 5.3%，这些污染物通过与水体的交换，将对水体的营养状态产生影响。

④ 黄河口底泥污染程度低，历年河口底质基本达到土壤环境质量一级标准。但近年来重金属（及砷）、总氮和有机质含量均有大幅度提高，特别是汞含量增加幅度更快。应加强黄河口及其上游的污染防治工作，防患于未然，避免底质污染继续增加。

⑤ 底泥中和上覆水中的污染物含量在沿程分布上多较为相似，说明这些污染物在上覆水和底泥间存在相互交换，存在一种动态平衡。

针对环渤海区域重点产业（冶金钢铁、装备制造）生产过程中可能产生的重金属类污染物制订了相应的补充监测计划。通过补充监测获得了研究区域内秦皇岛、沧州、滨海新区、滨州、东营、潍坊境内主要河流入境断面和出境 / 入海断面底质中重金属（包括铜、锌、硒、砷、汞、镉、六价铬、铅）含量数据。

本次评价工作针对上述污染物采用我国现行的《土壤环境质量标准》（GB 15618—1995）作为评价标准来判断底质中重金属对环境的影响以及人体健康的危害。该标准将土壤质量分为三级，本次环评分别就维护人体健康（二级）和植物正常生长（三级）进行详细计算。对该标准中未涉及的重金属硒，参考国外相关标准，给出评价标准值。

首先采用二级标准开展评价。除小清河辛丰庄和羊口断面出现锌超标（监测值分别是标

准值的 1.26 倍和 1.36 倍）、汤河河口断面和饮马河河口断面出现镉超标（监测值分别是标准值的 1.30 倍和 1.04 倍）、永定新河的永和大桥和塘汉公路桥断面出现砷超标（监测值分别是标准值的 1.67 倍和 2.46 倍）、子牙新河的五星断面出现砷超标（监测值是标准值的 1.23 倍）、海河的海河大闸和二道闸下断面出现砷超标（监测值分别是标准值的 2.23 倍和 2.34 倍）、蓟运河的蓟运河防潮闸出现砷超标（监测值是标准值的 1.93 倍）之外，其他断面各项指标均能达到二级标准。再采用三级标准开展评价，结果表明除蓟运河的蓟运河防潮闸断面、永定新河的永和大桥和塘汉公路桥断面、海河的海河大闸和二道闸下断面仍存在砷超标现象外，其余断面均能达到三级标准要求。

由此可知，总体上看，以滨海新区的砷超标为主，区域内底质中重金属含量在一定程度上会威胁人体健康，对植物正常生长也有一定危害。

针对环渤海区域产业发展过程中可能产生的污染物制订了相应的补充监测计划。通过补充监测获得了研究区域内沧州、滨海新区、滨州、东营、潍坊境内主要河流入境断面和出境/入海断面底质中有机质、总氮、总磷的含量数据。

本次评价参考《土壤肥力分级参考指标》中对水田中各项目的分级标准，同时采用有机指数法对底质肥力状况进行评价。通过肥力参考指标，可对各断面有机质、总氮和总磷浓度对应的土壤肥力级别分别进行评价，该参考指标将土壤肥力由肥到贫分为 3 级（肥为 1 级，中为 2 级，贫为 3 级）。根据底质有机指数的计算，可把各断面底质相应分为 3 级：肥污染（1 级）、中清洁（2 级）和贫清洁（3 级）。

底质有机指数等于有机质和有机氮含量的乘积，计算方法如下：$w_{有机碳}=w_{有机质}/1.24$；$w_{有机氮}=w_{总氮}\times 0.95$；有机指数 $=w_{有机碳}\times w_{有机氮}$。上述计算式中各物质质量分数的单位均为%。

单项肥力级别中，有机质肥力为 1 级（肥）断面有 6 个，2 级（中）3 个，3 级（贫）14 个；而总氮肥力为 1 级的断面有 9 个，2 级 3 个，3 级 11 个；总磷肥力为 2 级的有 1 个，其余 22 个为 3 级（表 2-32）。可见有机质和总氮在部分断面的底泥中含量偏高，底泥中有机物质的释放对水体质量有一定的影响。

从有机指数上更可以明显地看出，除（北）胶莱河的两个断面和永定新河的塘汉公路桥断面为 3 级（贫清洁）、子牙新河五星断面为 2 级（中清洁）外，其余各断面监测结果均为肥污染，进一步说明底泥中有机物质含量偏高，水体存在一定的富营养化风险（表 2-32）。

三、水质历史回顾评价

历史回顾主要从污染控制的角度出发，在入境断面中选取典型断面，根据其水质随时间的变化，综合分析上游水质对本区域水质的影响变化趋势；在出境入海断面中选取典型断面，根据其水质随时间的变化，识别本区域对水质污染的贡献以及河流对渤海水质的影响。

根据数据收集情况，对辽河、海河、黄海以及山东半岛诸河四个流域的 29 条河流共 39 个断面在 2000—2007 年的水质变化进行了回顾分析。其中包括 9 个入境断面和 30 个出境断面，如表 2-33 所示。

对于 9 个入境断面，2000—2007 年，大凌河的王家沟、小凌河的何家信子、滦河的大黑汀水库水质断面有好转趋势，在近几年水质先后达标；大辽河的黑英台断面水质虽然一直未达标，但是污染物浓度降低明显，也有好转趋势；其余河流如辽河、北排河、徒骇河的盘锦

表 2-32 底泥中有机物质补充监测评价结果

河流	断面	断面性质	所属城市	有机质肥力级别	总氮肥力级别	总磷肥力级别	有机指数
蓟运河	蓟运河防潮闸	出境断面 / 入海断面	滨海新区	3	3	3	1
永定新河	永和大桥	入境断面	滨海新区	3	3	3	1
永定新河	塘汉公路桥	出境断面 / 入海断面	滨海新区	3	3	3	3
海河	二道闸下	入境断面	滨海新区	1	1	3	1
海河	海河大闸	出境断面 / 入海断面	滨海新区	1	1	3	1
子牙新河	献县闸	沧州入境断面	沧州	2	1	3	1
子牙新河	阎新庄	沧州出境断面	沧州	2	1	3	1
子牙新河	五星	滨海新区入境断面	滨海新区	3	3	3	2
子牙新河	马棚口防潮闸	滨海新区出境断面 / 入海断面	滨海新区	3	1	3	1
沧浪渠	岐口	出境 / 入海断面	沧州	3	3	3	1
漳卫新河	沟店铺大桥	沧州入境断面	沧州	2	2	3	1
漳卫新河	辛集闸	沧州出境断面	沧州	3	3	3	1
漳卫新河	小泊头桥	出境断面 / 入海断面	滨州	3	1	3	1
徒骇河	申桥	入境断面	滨州	3	1	3	1
徒骇河	富国	出境断面 / 入海断面	滨州	3	2	3	1
马颊河	大店闸	入境断面	滨州	3	2	3	1
马颊河	胜利桥	出境断面 / 入海断面	滨州	3	1	2	1
小清河	辛丰庄	入境断面	滨州	1	1	3	1
小清河	羊口	出境断面 / 入海断面	潍坊	1	3	3	1
（北）胶莱河	潍石桥	入境断面	潍坊	3	3	3	3
（北）胶莱河	新河闸	出境断面 / 入海断面	潍坊	3	3	3	3
广利河	广利港	出境断面 / 入海断面	东营	1	3	3	1
黄河	利津水文站	出境断面 / 入海断面	东营	1	3	3	1

兴安、京开公路桥、申桥断面水质变化不大，而德惠新河的王杠子闸水质则有变差趋势。

30 个出境断面中，2000—2007 年，仅有大连复州河的三台子、滨海新区独流减河的工农兵防潮闸、唐山陡河的涧河口、东营黄河的利津站与广利河的广利港等 5 个断面水质逐渐变好，最终达标或接近达标。其中，黄河利津站水质在回顾评价期间的所有年份均达标。其他 25 个断面水质随时间波动，没有明显变化趋势，且均未达标。

各断面的主要污染指标一般为 COD、NH_3-N。较为特殊的有：大、小凌河的王家沟与何家信子在评价初期的污染指标为石油类，随着石油类污染的降低，两断面水质在评价后期达到目标水质；大黑汀水库早期的污染仅为金属离子污染，但在评价后期也达到了目标水质。除去 COD、NH_3-N 污染外，红石碑、献县闸、马棚口防潮闸、阎辛庄、李家堡桥、李家堡一、李家堡二、沧浪渠河口、岐口防潮闸、胜利桥等断面还存在不同程度的 TN、TP 污染。

从流域来看，研究区域中黄河流域仅有黄河利津站断面在评价年份内均达到了目标水质，状况最好。辽河流域入境断面水质变好趋势明显，但是出境断面水质仍然较差，流域中污染突出的西八千、西树林断面 COD 浓度降低较为明显。海河流域河流多而复杂，在区域涉及的四个流域中水质情况最差，入境与出境断面水质总体都在变差，流域除了存在严重的

COD、NH_3-N 污染外，TN、TP 污染也非常明显。山东半岛流域的三条河流中，仅有广利河存在变好趋势，小清河与北胶莱河存在污染加重趋势。

表 2-33　历史回顾评价的断面情况

水系	省份	河流名称	断面	
			入境	出境
辽河	辽宁	复州河	—	三台子
		大清河	—	大清河口
		大辽河	黑英台	辽河公园
		辽河	盘锦兴安	赵圈河
		大凌河	王家沟	西八千
		小凌河	何家信子	西树林
		五里河	—	茨山桥南
		兴城河	—	红石碑
海河	滨海新区	永定河	—	塘汉公路大桥
		海河	—	海河大闸
		独流减河	—	工农兵防潮闸
		子牙新河*	—	马棚口防潮闸
海河	河北	滦河	大黑汀水库	姜各庄
		陡河	—	涧河口
		南排河	—	李家堡一
		宣惠河	—	大口河口
		子牙新河*	献县闸	阎辛庄
		石碑河	—	李家堡桥
		廖家洼河	—	李家堡二
		沧浪渠	—	沧浪渠河口
		北排河	京开公路桥	岐口防潮闸
	山东	漳卫新河	—	小泊头桥
		马颊河	—	胜利桥
		德惠新河	王杠子闸	大山
		潮河	—	邵家
		徒骇河	申桥	富国
黄河		黄河	—	利津站
山东半岛诸河		广利河	—	广利港
		小清河	—	羊口
		北胶莱河	—	潍石桥

注：* 子牙新河先由河北献县闸→河北阎辛庄→滨海新区马棚口防潮闸。

四、水环境污染源分析

1．农业非点源污染物排放

农业非点源污染无法从直接统计数据获得，根据已有研究成果对本区域 2007 年农业非点源污染物潜在流失量（扣除回用后向环境的直接排放量。此处的环境包括水环境和土壤环境。该排放量在不同降雨条件下向水环境的流失量不同）进行估算，结果如下。

全区域非点源污染物产生量，COD 为 36.73 万 t，TN 量为 37.29 万 t，TP 量为 3.60 万 t。三省一市中，非点源污染物产生量较大的是山东与河北这两个农业较发达省份，非点源 COD、TN、TP 产生总量占到区域非点源总量的 70% 以上。滨海新区农业产值很低，城镇化程度和工业发展水平高，农业非点源污染物量非常低。各污染控制单元的农业非点源污染物估算量如图 2-19 所示。

各个城市非点源污染物潜在流失量如图 2-20 所示，非点源污染物排放量较大的城市有：唐山、大连、沧州、潍坊、滨州。各个城市的污染物特征不同，例如，滨州的 TN 量较大，而 COD 量较低；潍坊 COD 总量较大，但是 TN 值也不低。这与各个城市的非点源污染来源不同有关。部分城市农业主要发展养殖业，而部分城市一产中种植业占主导地位。

2．点源污染物排放

（1）点源排放现状分析

根据河流水质评价结果，环渤海沿海地区地表水质超标因子主要是有机污染类指标。结合我国环境管理和总量控制需求，以及考虑统计数据的可得性，下文的水污染物排放状况分

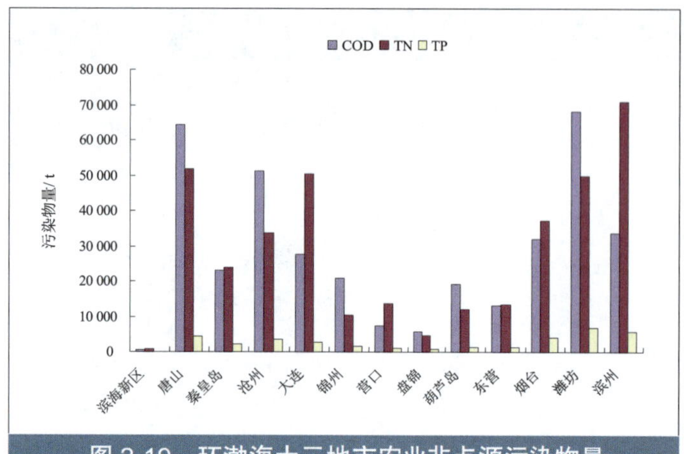

图 2-19 环渤海十三地市农业非点源污染物量（2007 年）

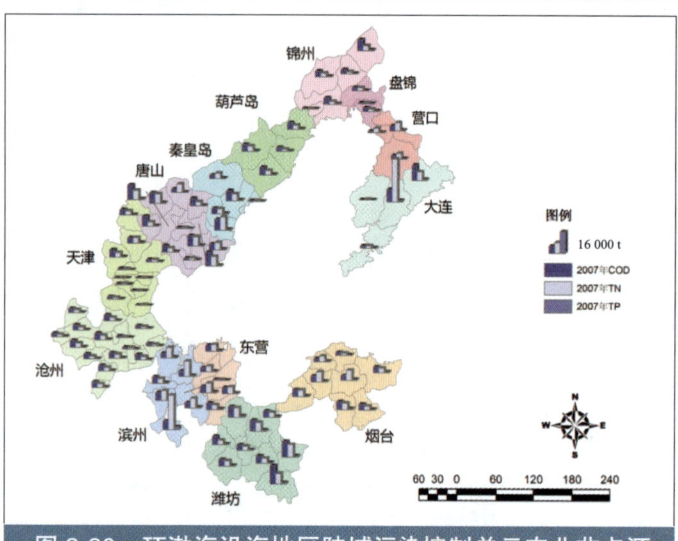

图 2-20 环渤海沿海地区陆域污染控制单元农业非点源污染物潜在流失量（2007 年）

析集中在 COD、氨氮指标上。

根据 2007 年污染源普查数据（表 2-34），2007 年环渤海沿海地区点源排放 COD 总量为 79.7 万 t，来自工业的 COD 排放量占点源排放量的 54.2%，生活 COD 排放量占点源总量的 45.8%；点源排放 NH_3-N 总量为 7.3 万 t，主要来源于生活污水排放（约占 80.7%）。

其中，北岸产业带点源排放的污水与污染物量最大，占总量的 33% 以上，其次是河北 3 市，占总量的 31% 左右。具体到区域内各个城市，点源排放 COD 量较高的是唐山、大连、锦州，点源排放 NH_3-N 量较高的是潍坊、大连、烟台。

区域内河流入海断面水质目标大多数为Ⅴ类水，而水质现状评价结果表明国控断面 66% 水质为劣Ⅴ类，可见Ⅴ类水可以代表该区域内地表水质的总体情况。因此采用《地表水环境质量标准》（GB 3838—2002）中的Ⅴ类水质标准作为参比标准，对区域内的 COD、NH_3-N 排放量进行等标量计算。计算方法如下：

$$P_i = \frac{c_i}{c_{Oi}} \times Q \times 10^{-6}$$

式中：P_i 为 i 污染物等标污染负荷；c_i 为 i 污染物实测浓度平均值，mg/L；c_{Oi} 为 i 污染物的评价标准，mg/L；Q 为含 i 污染物的废水排放量，m^3/a。

某区域的等标负荷：$P_n = \sum_{i=1}^{n} P_i$（i=1，2，…，n），n 为污染物种类数。

经计算，全区域等标污染物排放量为 565.7 亿 m^3/a，其中 COD 等标量为 199.3 亿 m^3/a，占总量的 35.2%；NH_3-N 等标量为 366.5 亿 m^3/a，占总量的 64.8%，全区域主要污染物为 NH_3-N。

从污染物等标量来看，南岸产业带贡献最大，占 35%；天津滨海新区贡献最小，占 6%。具体到十三地市，如图 2-21 所示，大连的污染物等标排放量最大，其次是潍坊、烟台等城市。

（2）点源排放历史回顾分析

鉴于数据序列完整性，利用大连、锦州、天津、唐山、秦皇岛、滨州、东营、潍坊、烟台等九个城市 2002—2007 年的环境统计数据对区域污染物排放总量的历史变化进行分析。以 2007 年为例，对九城市污染物排放量与全区域污染物排放量进行比较，可知九个城市废水、COD、NH_3-N 排放量占区域废水、COD、NH_3-N 排放总量的 79%、69%、73%。因此认为九

表 2-34 环渤海沿海地区点源排放污水和污染物量（2007 年）

区 域	污水排放量		点源 COD 排放量		点源 NH_3-N 排放量	
	万 t/a	比例 / %	t/a	比例 / %	t/a	比例 / %
大 连	57 321	20.2	85 269	10.7	10 331	14.1
营 口	9 374	3.3	59 757	7.5	2 895	3.9
锦 州	12 546	4.4	80 233	10.1	4 028	5.5
盘 锦	8 484	3.0	39 730	5.0	3 544	4.8
葫芦岛	8 691	3.1	25 593	3.2	3 077	4.2
辽宁五市小计	**96 417**	**33.9**	**290 583**	**36.5**	**23 874**	**32.6**
滨海新区	16 404	5.8	40 285	5.1	5 160	7.0
天津一区小计	**16 404**	**5.8**	**40 285**	**5.1**	**5 160**	**7.0**
秦皇岛	19 194	6.8	51 601	6.5	3 888	5.3
唐 山	52 683	18.6	112 332	14.1	5 448	7.4
沧 州	16 349	5.8	77 902	9.8	6 375	8.7
河北三市小计	**88 226**	**31.1**	**241 835**	**30.3**	**15 710**	**21.4**
滨 州	17 118	6.0	46 330	5.8	3 942	5.4
东 营	13 566	4.8	44 015	5.5	4 602	6.3
潍 坊	30 121	10.6	66 691	8.4	10 583	14.4
烟 台	22 149	7.8	67 282	8.4	9 426	12.9
山东四市小计	**82 954**	**29.2**	**224 317**	**28.1**	**28 554**	**39.0**
总 计	**284 000**	**100.0**	**797 021**	**100.0**	**73 298**	**100.0**

数据来源：环渤海十三地市污染源普查数据（2007 年）。

个城市的污染物排放历史变化基本可以代表整个区域的污染物排放变化。

区域内九个城市污水排放量在 2002—2007 年逐年增长，2002 年区域废水排放总量为 19.9 亿 t，2007 年增长到 28.4 亿 t。工业废水排放量从 2006 年起呈下降趋势，这与工业的节水技术进步相关。而生活污水排放量则是逐年上升，保持 6% ～ 8% 的增长率（图 2-22、图 2-23）。一方面是城市污水收集处理率不断提高，另一方面是城市化率增加，导致城市人口数量增加，生活用水总量增加。

2002—2007 年，九个城市 COD 与 NH_3-N 排放总量在上升之后从 2006 年开始下降，COD 与 NH_3-N 来源的结构均未发生明显的变化，工业与生活 COD 排放量均占 COD 排放总量的 50%，而生活 NH_3-N 排放量约占 NH_3-N 排放总量的 80%。

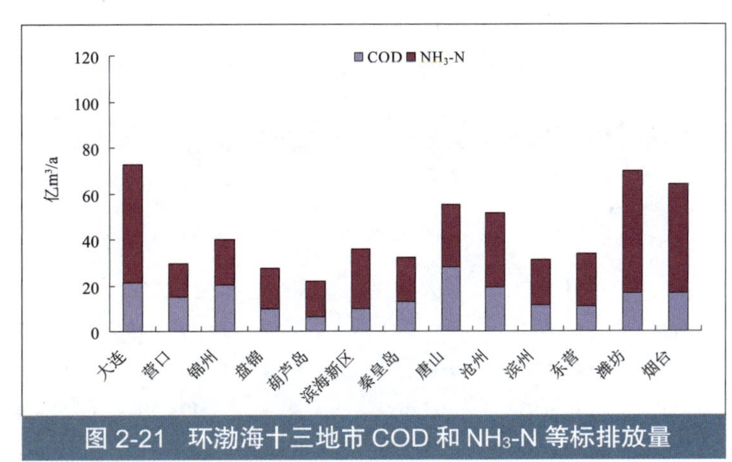

图 2-21 环渤海十三地市 COD 和 NH_3-N 等标排放量

以秦皇岛和锦州为例，分析城市污染随时间变化的关系。

2002—2007 年，秦皇岛废水排放总量逐年上升，但污染物 COD 以及 NH_3-N

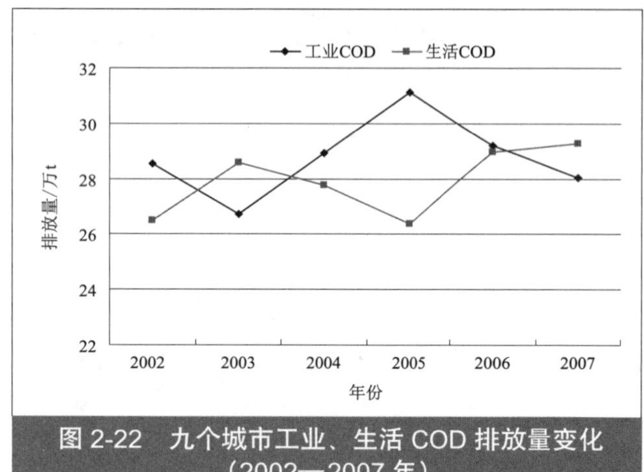

图 2-22 九个城市工业、生活 COD 排放量变化（2002—2007 年）

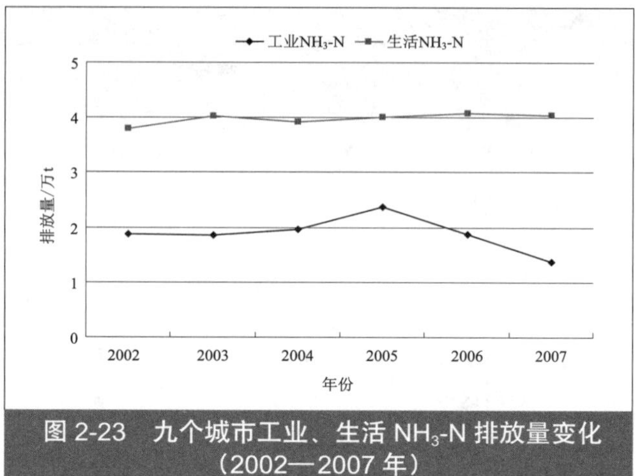

图 2-23 九个城市工业、生活 NH_3-N 排放量变化（2002—2007 年）

排放量呈下降趋势。秦皇岛 COD 排放量中，生活来源高于工业来源；生活 NH_3-N 排放量占总量的 90% 左右，污染物来源结构变化较小。

2002—2007 年，锦州市废水排放量逐年上升，这与锦州社会发展程度密切相关，锦州正处于工业发展的初期阶段，大量新增工业导致了用水量以及废水量的增加。锦州点源 COD 排放量主要来源于工业，占 60% 左右，其污染结构与秦皇岛有较大差别。锦州 NH_3-N 排放结构在此期间有较大的变化。工业 NH_3-N 排放量所占总量比例由 2002 年的 40% 左右下降到 2007 年的不到 10%。

总体来看，区域污染物排放量在逐年上升，这与区域水环境质量恶劣状况是相符的。进入“十一五”以来，污染物排放总量略有下降。

3. 点源排污对流域污染的贡献分析

研究区域涉及的流域有辽河流域、海河流域、黄河流域以及山东半岛流域。其中，环渤海十三地市的主要排污去向为辽河流域、海河流域和山东半岛流域。本节从流域层次分析区域的污染贡献，数据来源为《环境统计年报》，数据序列为 2003—2007 年。

（1）对辽河流域的贡献

辽河流域包含的省份有内蒙古、辽宁和吉林。对 2003—2007 年辽河流域纳污量分析，辽河流域纳污量逐年增加，辽宁省对辽河流域的纳污贡献达到 80% 以上（表 2-35）。

北岸产业带排放的污染物中，除了直接排海的部分以及大连进入黄海河流的部分污染物

表 2-35 辽宁省对辽河流域纳污贡献（2003—2007 年）

年份	废水量 / 万 t			COD/t			NH_3-N/t		
	辽宁省	辽河流域	纳污贡献率 / %	辽宁省	辽河流域	纳污贡献率 / %	辽宁省	辽河流域	纳污贡献率 / %
2003	101 587	114 850	88.5	325 723	398 844	81.7	37 963	45 539	83.4
2004	116 682	131 221	88.9	395 093	473 730	83.4	44 579	52 807	84.4
2005	143 938	160 155	89.9	488 749	569 183	85.9	67 319	78 290	86.0
2006	145 650	163 469	89.1	498 501	584 421	85.3	52 232	63 216	82.6
2007	144 670	162 926	88.8	496 410	575 729	86.2	50 354	59 455	84.7

之外，各市污染物全部进入辽河水系。2007年北岸产业带进入辽河水系的污染物排放量占辽宁省总量的45%左右，也就是说，北岸产业带对辽河流域的污染物贡献率达到40%左右，对未来辽河流域水体水质改善有不可推卸的责任。

（2）对海河流域的贡献

向海河流域排污的省市有：北京、天津、河北、山西、内蒙古、山东、河南。2003—2007年海河流域纳污量逐年增加。1995年和2000年数据来自《海河流域水污染防治“十五”计划》，其余来自《环境统计年报》，数据序列为2003—2007年（表2-36）。

表2-36　海河流域总纳污量（2003—2007年）

年份	废水/万t	COD/t	NH_3-N/t
1995	—	2 906 000	—
2000	—	1 577 000	—
2003	367 670	1 133 837	107 912
2004	442 277	1 919 440	131 126
2005	469 822	1 263 816	139 392
2006	524 603	1 446 663	143 748
2007	554 356	1 396 198	132 898

评价区内向海河流域排污的城市有：滨海新区、唐山、秦皇岛、沧州、滨州。除少量污染物直排入海外，上述城市污染物都进入了海河水系。经计算，五个地市对海河流域污染贡献为25%左右。区域内水质恶化除了本区域贡献外，还受到上游较大影响。

4．工业污染源排放贡献及其特征

（1）区域COD排放结构与工业源的贡献

评价区中水污染来源包括点源和非点源，前者又包括工业点源与生活点源。选取COD这一项指标对污染物总量的结构进行分析。环渤海沿海地区2007年COD排放总量为116.4万t，其中点源排放量为79.7万t，占COD排放总量的68.5%，非点源排放量为36.7万t，占COD排放总量的31.5%。虽然该区域仍以点源污染为主，需要进一步加强控制，但是非点源污染所占的比例较高，带来的潜在压力不容忽视，尤其是潍坊、唐山、沧州等城市。综合考虑点源与非点源影响，十三地市中COD排放量大的有唐山、潍坊、沧州、大连、锦州，较大的有烟台、滨州、秦皇岛、营口，排放量较小的是滨海新区、葫芦岛和盘锦（表2-37）。

根据2007年污染源普查数据，工业点源、生活点源和农业非点源的COD排放量分别占总量的37.1%、31.4%、31.5%，基本上可以认为三种污染源的排放量各占1/3。

从表2-38和图2-24中可以看出，唐山、潍坊、滨州、营口、锦州、秦皇岛、盘锦的点源COD排放量主要来自工业，葫芦岛、大连、烟台、滨海新区、东营、沧州的点源COD排放量主要来自生活。就工业源排放的COD而言，区域内主要的污染贡献城市为唐山、潍坊、锦州。

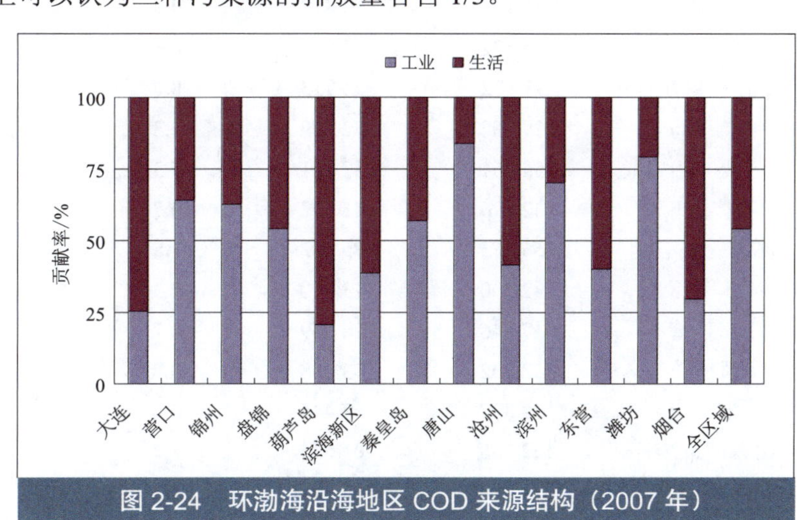

图2-24　环渤海沿海地区COD来源结构（2007年）

（2）区域NH_3-N排放结构与工业源的贡献

对氨氮指标，由于农业非点源

表 2-37 环渤海沿海地区 COD 排放情况（2007 年）

城市	工业和生活点源排放 COD		农业非点源排放 COD		点源与非点源 COD 排放总量 / t
	排放量 / t	占总量比例 / %	排放量 / t	占总量比例 / %	
大连	85 269	75.5	27 614	24.5	112 883
营口	59 757	88.8	7 534	11.2	67 291
锦州	80 233	79.4	20 787	20.6	101 020
盘锦	39 730	87.3	5 776	12.7	45 506
葫芦岛	25 593	57.0	19 274	43.0	44 867
滨海新区	40 285	98.8	475	1.2	40 760
秦皇岛	51 601	69.0	23 137	31.0	74 738
唐山	112 332	63.5	64 432	36.5	176 764
沧州	77 902	60.3	51 205	39.7	129 107
滨州	46 330	58.0	33 588	42.0	79 918
东营	44 015	76.9	13 221	23.1	57 236
潍坊	66 691	49.4	68 227	50.6	134 918
烟台	67 282	67.8	32 000	32.2	99 282
合计	797 021	68.5	367 270	31.5	1 164 291

数据来源：环渤海十三地市污染源普查数据（2007 年）。

表 2-38 环渤海沿海地区工业源对 COD 排放的贡献（2007 年）

地区	工业 COD 排放量 / t	生活 COD 排放量 / t	工业排放量：生活排放量	工业排放量占区域点源排放总量比例 / %	工业排放量占区域点源和非点源排放总量比例 / %
大连	21 726	63 543	0.3	2.7	1.9
营口	38 260	21 497	1.8	4.8	3.3
锦州	50 326	29 907	1.7	6.3	4.3
盘锦	21 598	18 132	1.2	2.7	1.9
葫芦岛	5 260	20 333	0.3	0.7	0.5
辽宁五市小计	**137 171**	**153 413**	**0.9**	**17.2**	**11.8**
滨海新区	15 572	24 713	0.6	2.0	1.3
天津一区小计	**15 572**	**24 713**	**0.6**	**2.0**	**1.3**
秦皇岛	29 502	22 099	1.3	3.7	2.5
唐山	94 461	17 871	5.3	11.9	8.1
沧州	32 190	45 712	0.7	4.0	2.8
河北三市小计	**156 153**	**85 682**	**1.8**	**19.6**	**13.4**
滨州	32 500	13 830	2.3	4.1	2.8
东营	17 646	26 369	0.7	2.2	1.5
潍坊	52 802	13 888	3.8	6.6	4.5
烟台	19 837	47 445	0.4	2.5	1.7
山东四市小计	**122 785**	**101 533**	**1.2**	**15.4**	**10.5**
合计	**431 680**	**365 341**	**1.2**	**54.2**	**37.1**

的情况比较复杂且缺乏数据，仅讨论点源的情况。由图 2-25 和表 2-39 可以知道，就全区域平均状况而言，生活源排放 NH_3-N 是城市点源 NH_3-N 的主要来源，占区域点源排放总量的 80.7%，约是工业源排放的 4 倍。以 NH_3-N 来源的全区域平均比例为分界线，滨州、东营、滨海新区、潍坊和沧州的 NH_3-N 排放中，工业源排放的比例高于区域平均水平。就工业源排放的 NH_3-N 而言，区域内主要的污染贡献城市为潍坊、滨州、东营、滨海新区、大连、沧州。

5. 重点产业污染源排放贡献及其特征

根据对水环境的影响程度和未来区域产业发展的方向，本研究选定的重点行业为：造纸行业（即造纸及纸制品业）、石油行业（即石油加工炼焦及核燃料加工业）、化工行业（包括化学原料及化学制品制造业、医药制造业、化学纤维制造业、橡胶制品业、塑料制品业）、钢铁行业（即黑色金属冶炼及压延加工业）、装备制造业（包括金属制品业、通用设备制造业、专用设备制造业、

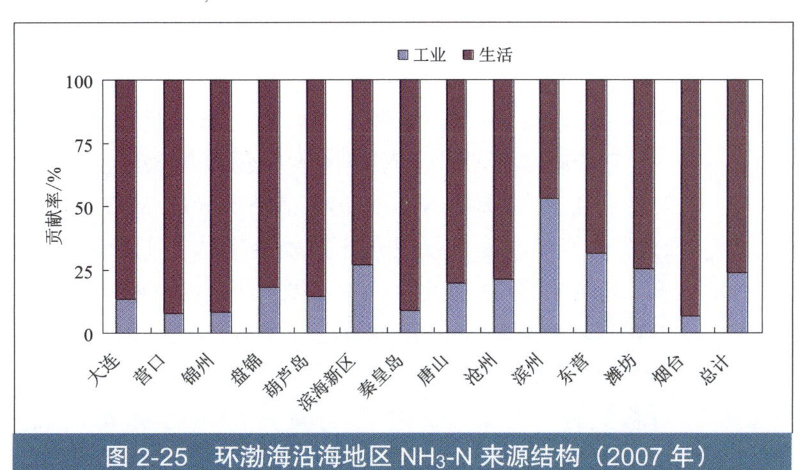

图 2-25　环渤海沿海地区 NH_3-N 来源结构（2007 年）

表 2-39　环渤海沿海地区工业源对 NH_3-N 排放的贡献（2007 年）

地　区	工业 NH_3-N 排放量 / t	生活 NH_3-N 排放量 / t	工业排放量：生活排放量	工业源排放量占区域点源排放总量比例 / %
大　连	1 378	8 952	0.2	1.9
营　口	228	2 666	0.1	0.3
锦　州	323	3 705	0.1	0.4
盘　锦	643	2 901	0.2	0.9
葫芦岛	450	2 628	0.2	0.6
辽宁五市小计	**3 023**	**20 852**	**0.1**	**4.1**
滨海新区	1 385	3 775	0.4	1.9
天津一区小计	**1 385**	**3 775**	**0.4**	**1.9**
秦皇岛	479	3 409	0.14	0.7
唐　山	1 057	4 391	0.2	1.4
沧　州	1 353	5 021	0.3	1.8
河北三市小计	**2 889**	**12 821**	**0.2**	**3.9**
滨　州	2 092	1 850	1.1	2.9
东　营	1 450	3 152	0.5	2.0
潍　坊	2 687	7 895	0.3	3.7
烟　台	614	8 813	0.1	0.8
山东四市小计	**6 843**	**21 710**	**0.3**	**9.3**
合　计	**14 140**	**59 157**	**0.2**	**19.3**

交通运输设备制造业、电气机械及器材制造业、通信设备、计算机及其他电子设备制造业、仪器仪表及文化、办公用机械制造业等)、纺织行业(包括纺织业和纺织服装、鞋、帽制造业)、食品加工行业(包括农副食品加工业、食品制造业、饮料制造业)。以下如不特别说明,所指的重点行业就是上述 7 个行业,它们也是本次战略环境评价工作的主要评价对象。

① 2007 年区域重点产业水污染物排放贡献。2007 年,整个环渤海研究区域 7 个重点行业合计 COD 排放量为 37.8 万 t,占整个区域工业排放总量的 87.5%,占点源排放总量的 47.39%;NH_3-N 排放量为 1.3 万 t,占整个区域工业排放总量的 92.1%,占点源排放总量的 17.77%。

7 个重点行业中,COD 污染物排放对总量贡献最为突出的是造纸行业。2007 年,该行业共排放 COD 近 21 万 t,占到了全区域工业排放总量的 47.8%;其次是食品加工和化工两个行业,分别占到了 15.3% 和 13.5%;三个行业合计贡献超过 75%(表 2-40)。

7 个重点行业中,NH_3-N 污染物排放最为突出的是化工、石油和食品加工行业,2007 年三个行业分别排放 NH_3-N 污染物 5 268 t、3 526 t 和 2 877 t,占全区域工业排放总量的 37%、25% 和 20%,三个行业合计排放量超过了工业排放总量的 80%(表 2-41)。

综合来看,重点行业中主要的污染行业是造纸、化工、食品加工和石油行业;重点行业中对水环境影响小的则是装备制造业和钢铁行业。

全区域重点产业的等标污染物排放量为 159.6 亿 m^3/a,其中 COD 等标量为 94.4 亿 m^3/a,占总量的 59.2%,NH_3-N 等标量为 65.1 亿 m^3/a,占总量的 40.8%,全区域重点产业的主要污染物为 COD。

② 2007 年各城市重点产业水污染物排放贡献。分别看区域内各城市中重点产业水污染物排放情况。

十三个地市中,重点产业 COD 排放量在全区域贡献量大的城市有唐山、锦州、营口、沧州等市,4 市重点产业排放量合计超过全区域重点产业的 50%。辽宁 5 市以及河北 3 市共 8 个城市中,重点产业排放的 COD 占到了各自工业排放量的 90% 以上。滨海新区重点产业排放 COD 接近其工业排放量的 90%。山东 4 市重点产业排放 COD 均超过其工业排放量的 50%(表 2-42)。

十三地市中,重点产业 NH_3-N 排放量在全区域贡献量大的城市有潍坊、滨州、沧州、东营、

表 2-40 环渤海沿海地区重点行业 COD 排放量及其贡献(2007 年)

行业	排放量 / t	占工业排放总量比例 / %	占点源排放总量比例 / %
石油	12 846	2.98	1.61
钢铁	7 215	1.67	0.91
造纸	206 330	47.80	25.89
化工	58 272	13.50	7.31
装备制造	9 392	2.18	1.18
食品加工	65 938	15.27	8.27
纺织	17 744	4.11	2.23
合计	377 737	87.50	47.39

表 2-41 环渤海沿海地区重点行业 NH_3-N 排放量及其贡献(2007 年)

行业	排放量 / t	占工业排放总量比例 / %	占点源排放总量比例 / %
石油	3 526	24.94	4.81
钢铁	139	0.98	0.19
造纸	577	4.08	0.79
化工	5 268	37.25	7.19
装备制造	263	1.86	0.36
食品加工	2 877	20.35	3.93
纺织	375	2.65	0.51
合计	13 025	92.11	17.77

表 2-42　环渤海沿海地区重点行业 COD 排放总量及其贡献比例（2007 年）

地　区	重点行业排放量 / t	占本市工业排放总量比例 / %	占本市点源排放总量比例 / %	占全区域重点产业排放总量比例 / %
大　连	20 937	96.37	24.55	5.54
营　口	37 666	98.45	63.03	9.97
锦　州	48 816	97.00	60.84	12.92
盘　锦	16 227	75.13	40.84	4.30
葫芦岛	4 229	80.41	16.53	1.12
辽宁五市小计	**127 874**	**93.22**	**44.01**	**33.85**
滨海新区	13 910	89.33	34.53	3.68
天津一区小计	**13 910**	**89.33**	**34.53**	**3.68**
秦皇岛	28 816	97.67	55.84	7.63
唐　山	88 788	93.99	79.04	23.51
沧　州	30 898	95.99	39.66	8.18
河北三市小计	**148 502**	**95.10**	**61.41**	**39.31**
滨　州	29 978	92.24	64.71	7.94
东　营	12 798	72.53	29.08	3.39
潍　坊	27 539	52.16	41.29	7.29
烟　台	17 136	86.38	25.47	4.54
山东四市小计	**87 451**	**71.22**	**38.99**	**23.15**
合　计	**377 737**	**87.50**	**47.39**	**100.00**

大连、滨海新区 6 地市，6 市重点产业 NH_3-N 排放量合计超过全区域重点产业的 70%。除了滨海新区、唐山、滨州、东营的重点产业排放 NH_3-N 占各自工业源排放的比例不足 90% 外，其余城市的该比例均超过了 90%（表 2-43）。

2007 年 COD 排放总量大的造纸行业主要分布在唐山、锦州和营口，分别占到了全行业的 34%、22% 和 16%，合计超过全行业的 70%。2007 年 COD 排放总量大的食品加工行业主要分布在秦皇岛、大连、烟台和唐山，分别占到了全行业的 37%、12%、11% 和 10%，合计超过全行业的 70%。2007 年 COD 排放总量大的化工行业主要分布在潍坊、沧州、滨海新区和唐山，分别占到了全行业的 28%、18%、11% 和 10%，合计占全行业的 66%。

2007 年 NH_3-N 排放总量大的化工行业主要分布在潍坊、滨海新区、沧州和大连，分别占到了全行业的 34%、16%、10% 和 10%，合计占全行业的 70%。2007 年 NH_3-N 排放总量大的石油行业主要分布在东营、葫芦岛、沧州，分别占到了全行业的 33%、30%、12%，合计占全行业的 75%。2007 年 NH_3-N 排放总量大的食品加工行业主要分布在潍坊、秦皇岛、大连和沧州，分别占到了全行业的 20%、14%、13% 和 12%，合计超过全行业的 70%。

综合来看，对水污染贡献大的城市及其重点行业分别是唐山、锦州、营口的造纸行业，潍坊的化工、食品加工行业，东营和滨州的石油行业，滨海新区的化工行业，秦皇岛的食品加工，沧州的化工、食品加工行业。

表 2-43 环渤海沿海地区重点行业 NH_3-N 排放总量及其贡献比例（2007 年）

地　区	重点行业排放量 / t	占本市工业排放总量比例 / %	占本市点源排放总量比例 / %	占全区域重点产业排放总量比例 / %
大　连	1 324	96.04	12.82	10.16
营　口	211	92.60	7.30	1.62
锦　州	316	97.82	7.84	2.43
盘　锦	643	100.00	18.15	4.94
葫芦岛	445	98.85	14.45	3.41
辽宁五市小计	**2 939**	**97.23**	**12.31**	**22.57**
滨海新区	1 179	85.13	22.85	9.05
天津一区小计	**1 179**	**85.13**	**22.85**	**9.05**
秦皇岛	472	98.52	12.14	3.63
唐　山	861	81.45	15.80	6.61
沧　州	1 278	94.44	20.05	9.81
河北三市小计	**2 611**	**90.36**	**16.62**	**20.04**
滨　州	1 850	88.41	46.93	14.20
东　营	1 274	87.86	27.68	9.78
潍　坊	2 586	96.23	24.44	19.85
烟　台	586	95.51	6.22	4.50
山东四市小计	**6 296**	**92.00**	**22.05**	**48.34**
合　计	**13 025**	**92.11**	**17.77**	**100.00**

6．重点产业污染源排放强度比较

（1）区域重点产业水污染物排放强度总体水平

2007 年，除了造纸行业的 COD 和石油行业的 NH_3-N 外，环渤海区域各重点产业的 COD、NH_3-N 排放强度普遍优于全国平均水平，尤其是 NH_3-N 排放强度。其中，钢铁和纺织两个行业相比全国水平而言最为清洁。

对于石油行业，区域平均 COD 排放强度比全国平均值要低 10%，而 NH_3-N 排放强度则比全国平均值要高 30%。

对于钢铁行业，区域平均 COD、NH_3-N 排放强度均明显低于全国平均值，降低幅度分别达 74% 和 94%。

对于装备制造行业，区域平均 COD 和 NH_3-N 排放强度明显优于全国平均水平，降低幅度分别达 50% 和 80%。

对于化工行业，区域 COD 排放强度与全国水平相比要低大约 20%，NH_3-N 则低了大约 63%。

对于食品加工行业，区域 COD、NH_3-N 排放强度与全国平均水平相比均低了近 40%。

对于纺织行业，区域 COD 和 NH_3-N 排放强度与全国平均水平相比明显要低，COD 低 70%，NH_3-N 则低 90% 左右。

对于造纸行业，区域平均 COD 排放强度较高，是全国平均水平的 1.3 倍；NH_3-N 排放强度则较低，比全国平均值低 80% 左右。

（2）区域重点产业水污染物排放强度空间差异

虽然整体上看，环渤海沿海十三地市重点产业的水污染物平均排放强度远远优于全国水平，但是十三地市之间存在较大差异。这一点由表 2-44 和表 2-45 中的数据可以看出，区域内最优水平和最差水平之间差距较大。以下对造成水环境污染贡献大的行业逐个进行细化分析。

首先看造纸行业，造纸行业是区域内的 COD 排放大户。在区域内，不同城市间的排放强度差距很大。以 COD 为例，最低的仅为 3.29 kg/ 万元产值，而最高的达到了 694.20 kg/ 万元产值，最高与最低 COD 排放强度比值可以达到 200 以上，地区水平差异十分明显。造纸行业污染物总量贡献大的唐山、锦州、营口等几个城市，排放强度基本上也是最高的，COD 排放强度远远高于全国平均水平和区域平均水平。

表 2-44 环渤海沿海地区重点产业 COD 污染物排放强度（2007 年）

单位：kg/ 万元

行 业	区域平均水平	区域最优水平	区域最差水平	2007 全国平均水平
石油行业	0.47	0.05	2.05	0.53
钢铁行业	0.16	0.03	3.85	0.61
造纸行业	53.68	3.29	694.20	40.00
装备制造行业	0.14	0.08	0.38	0.28
化工行业	2.10	0.51	8.54	2.60
食品加工产业	4.05	0.35	18.97	7.19
纺织行业	1.60	0.32	7.02	5.20

再看化工行业，化工行业是区域内 COD 和 NH_3-N 的排放大户。虽然区域内的差异没有造纸行业那么突出，但是不论是 COD 还是 NH_3-N 的排放强度，最优水平和最差水平的差距也在 10 倍以上。化工行业排放总量贡献较大的潍坊、沧州、滨海新区、唐山等城市中，除滨海新区排放强度较低外，沧州、唐山和潍坊的排放强度都要比区域平均水平高出 40% 以上，且 COD 排放强度比全国平均水平要差。

表 2-45 环渤海沿海地区重点产业 NH_3-N 污染物排放强度（2007 年）

单位：kg/ 万元

行 业	区域平均水平	区域最优水平	区域最差水平	2007 全国平均水平
石油行业	0.08	0.000 8	0.47	0.06
钢铁行业	0.003	0.000 2	0.03	0.051
造纸行业	0.15	0.002 4	2.23	0.76
装备制造行业	0.004	0.000 1	0.01	0.02
化工行业	0.19	0.027 8	0.70	0.52
食品加工产业	0.18	0.035 1	1.03	0.30
纺织行业	0.03	0.014 4	0.08	0.25

接下来看石油行业，石油行业是区域内的 NH_3-N 排放大户。不论是 COD 还是 NH_3-N 的排放强度，石油行业排污最优水平和最差水平的差距都在 40 倍以上。石油行业污染物排放总量贡献较大的大连、东营、滨州、沧州、滨海新区等几个城市中，滨州的排污强度要比区域平均水平高出 2 倍左右，且比全国平均水平差，其余城市，尤其是滨海新区的排污强度较低。

最后看一下食品加工行业的情况，食品加工行业是区域内 COD 和 NH_3-N 的排放大户。与其他几个重点产业一样，排污强度也存在较大地区差异。食品加工行业排放总量贡献较大的潍坊、秦皇岛、沧州、烟台、大连等几个城市中，潍坊、大连、烟台的排污强度较低，均优于区域平均，尤其是潍坊；沧州、秦皇岛的排污强度较高，都比区域平均水平高，尤其是秦皇岛高出区域水平数倍，且比全国平均水平还差。

综合来看，区域内水污染物排放总量贡献大的造纸、化工、石油、食品加工等几个行业都存在排污强度地区差异大的问题。虽然各行业的区域平均水平总体上优于全国水平，但区域内参差不齐。重点行业污染贡献大的城市中，除了大连、滨海新区、烟台的排污强度低于区域平均水平外，唐山的造纸、化工，营口的造纸，沧州的化工、食品加工，滨州的石油、化工，潍坊的化工，秦皇岛的食品加工等行业的排污强度都高于区域平均水平和全国平均水平。

第四节 大气环境质量评价

一、气候特征分析

环渤海沿海地区虽濒临渤海，但因其为内海，所以主要为大陆性气候，沿海地区有时表现出海洋气候特点。整个环渤海沿海地区四季分明，气候特征冬季寒冷干燥；春季风大而少雨，回暖迅速，气候干燥；夏季高温多雨，雨水集中；秋季温和，属典型的温带大陆性季风气候。

受到东亚季风的影响，该区域风向随季节性变化明显。10 月至翌年 3 月，盛行偏北风，北部多为西北风，平均风速为 6 ～ 7 m/s；南部多北风，平均风速为 8 ～ 9 m/s。期间常有冷空气或寒潮入侵，强冷空气能使沿岸气温下降 10 ～ 15℃。4 月为季风交替季节，风向不稳定。5 月，偏南季风开始出现。6—8 月，盛行南到东南风，平均风速 5 ～ 6 m/s。期间常受来自北上的台风侵袭，大风主要随台风而产生。6 级（10.8 ～ 13.8 m/s）以上的大风，四季都有出现，但以冬季强度大，春季次数多。大风区多位于渤海海峡至山东半岛顶端成山角一带、千里岩和济州岛等附近海域。风向和风速对于污染物的扩散和输送具有重要作用。夏季和秋季的偏南风或西南风给海面带来了新鲜空气，海面的空气受污染小且湿度较大，有利于污染物的清除。冬、春季的主导风是来自大陆，受到北方采暖期污染物排放量显著增长的影响，空气较为污浊且干燥。综上所述，夏季和秋季的空气污染程度远小于冬季和春季。此外，环渤海沿海地区另一个明显的局地气候特征是海陆风的影响。海陆风多出现在夏半年和弱天气系统时，海陆风有着明显的风环流和日变化特征。探测实验表明风环流平均状况为高度 500 ～ 600 m 以下为海风，其上为陆风。形成海风吹向陆地，抬升后上层陆风又吹向海洋的海陆风环流。海陆风环流日变化特征主要表现出：海风生成在近中午时，并随时间增加高度抬升，向内陆推进；14—15 时达最强，高度 400 m，深入内陆 60 km；傍晚 17 时减弱，海风层高度降低至 200 m，并退回到近海 10 km；至 20 时左右，只有海边 50 m 以下存在微弱海风；23 时起全为陆风。这种海陆风环流及其日变化特征，会使沿海陆地受到再次的空气污染。

环渤海沿海地区四季气温有明显不同，春季平均气温为 6 ～ 12℃，呈现明显的南高北低的情况，南北温差达 6℃；夏季平均气温最高，全海区 25 ～ 27℃。呈现西高东低的情况，高温区主要集中在河北东南、山东西北部，平均气温在 27℃左右；秋季平均气温为 10 ～ 15℃，呈现明显的海洋高而陆地低的情况。冬季平均气温在－10 ～ 2℃，同秋季类似，呈现明显的海洋高而陆地低的情况。

二、空气质量现状评价

从整体上看，现阶段环渤海沿海地区的大气环境状况有如下特征：

PM_{10} 是首要污染物，PM_{10} 和二氧化硫超标依然严重。以大中型城市为代表，环渤海沿海地区的污染在非采暖期以 PM_{10} 为影响环境空气质量的首要污染物，采暖期则为 PM_{10} 和二氧化硫。

冬季是污染物浓度超标的主要季节，春季污染也不容忽视。环渤海沿海地区冬季各类污染物的浓度明显高于其他季节，多数城市 PM_{10} 和二氧化硫在冬季超过国家二级标准；春季各污染物浓度虽低于冬季，但在四个季节中成为各污染物浓度超标的重要季节。

特殊的地理位置使得该地区受多种类型污染过程综合影响。由于环渤海沿海地区独特的地理位置，其同时受到多种污染过程的综合作用，包括春季来自新疆及内蒙古的沙尘影响、夏秋季光化学污染、冬季采暖影响等。

1．空气质量季节变化

环渤海沿海十三地市 2007 年各种特征污染物季节均值和年均值的结果见表 2-46。表中深色区域表示超过国家二级标准，其中季节均值的超标标准以年均值标准为准，即各类污染物的二级标准分别为：PM_{10} 为 0.10 mg/m^3，SO_2 为 0.06 mg/m^3，NO_2 为 0.08 mg/m^3。

环渤海沿海地区 PM_{10} 冬季和春季均有部分区域超标。冬季营口、盘锦、锦州、唐山、滨海新区、沧州、潍坊的 PM_{10} 浓度超过国家二级标准；春季大连、盘锦、锦州、沧州的 PM_{10} 浓度超过二级标准；秋季仅潍坊浓度超标。

环渤海沿海地区 SO_2 冬季污染更为严重，除了盘锦和东营之外，其他城市均出现不同程度的超标，春季唐山 SO_2 浓度也超过了国家二级标准，滨州和潍坊秋季的 SO_2 也出现了超标现象。

环渤海沿海地区 NO_2 浓度整体较低，四季浓度均值均未超过国家二级标准。

表 2-46　2007 年环渤海沿海地区污染物季节均值和年均值　　单位：mg/m^3

	PM_{10}					SO_2					NO_2				
	春季	夏季	秋季	冬季	年均	春季	夏季	秋季	冬季	年均	春季	夏季	秋季	冬季	年均
大　连	**0.107**	0.071	0.080	0.088	0.086	0.040	0.018	0.035	**0.098**	0.049	0.041	0.039	0.044	0.047	0.043
营　口	0.083	0.072	0.084	**0.117**	0.089	0.019	0.007	0.021	**0.075**	0.031	0.021	0.011	0.020	0.032	0.021
盘　锦	**0.108**	0.076	0.096	**0.122**	0.099	0.035	0.015	0.034	0.041	0.029	0.026	0.016	0.026	0.027	0.021
锦　州	**0.110**	0.080	0.088	**0.114**	0.098	0.036	0.016	0.024	**0.061**	0.034	0.029	0.019	0.023	0.025	0.024
葫芦岛	0.073	0.062	0.062	0.098	0.074	0.057	0.036	0.059	**0.118**	**0.067**	0.043	0.031	0.042	0.045	0.040
秦皇岛	0.080	0.070	0.072	0.097	0.080	0.044	0.020	0.034	**0.102**	0.050	0.026	0.020	0.019	0.037	0.026
唐　山	0.088	0.076	0.083	**0.129**	0.094	**0.083**	0.037	0.046	**0.163**	**0.082**	0.045	0.027	0.034	0.065	0.043
滨海新区	0.095	0.078	0.090	**0.117**	0.095	0.051	0.035	0.042	**0.101**	0.057	0.038	0.028	0.040	0.068	0.043
沧　州	**0.114**	0.085	0.090	**0.143**	**0.108**	0.039	0.025	0.026	**0.066**	0.039	0.028	0.019	0.019	0.053	0.030
滨　州	0.082	0.070	0.083	0.096	0.083	0.040	0.039	**0.061**	**0.085**	0.056	0.032	0.015	0.048	0.042	0.035
东　营	0.086	0.083	0.077	0.083	0.082	0.041	0.042	0.053	0.051	0.047	0.012	0.014	0.018	0.020	0.016
潍　坊	0.077	0.061	**0.109**	**0.108**	0.089	0.052	0.017	**0.066**	**0.110**	**0.066**	0.045	0.026	0.031	0.050	0.039
烟　台	0.087	0.057	0.063	0.078	0.071	0.046	0.029	0.044	**0.068**	0.047	0.042	0.030	0.041	0.048	0.040

2. 空气质量空间特征

2007 年，环渤海沿海地区 PM_{10}、SO_2、NO_2 的年均浓度显示，沧州的 PM_{10} 年均浓度最高，年均浓度值为 0.108 mg/m^3，超过国家二级标准；盘锦、锦州、唐山和滨海新区的年均浓度也较高，分别为 0.099 mg/m^3、0.098 mg/m^3、0.094 mg/m^3 和 0.095 mg/m^3，接近国家二级标准；葫芦岛和烟台的 PM_{10} 年均浓度分别为 0.074 mg/m^3 和 0.071 mg/m^3，在环渤海沿海地区十三地市中相对较低。

环渤海沿海地区十三地市中唐山、葫芦岛和潍坊三个城市的 SO_2 年均浓度超过了国家二级标准，其中以唐山的浓度最高，为 0.082 mg/m^3，其次为葫芦岛和潍坊，其浓度分别为 0.067 mg/m^3 和 0.066 mg/m^3。其他城市年均浓度均符合国家二级标准，营口、盘锦和锦州的 SO_2 浓度相对较低。

环渤海沿海十三地市的 NO_2 年均浓度均未超标，从其年均浓度空间分布来看，大连、唐山和滨海新区的 NO_2 浓度相对较高，而营口、盘锦、锦州和东营四城市的 NO_2 浓度在十三地市中较低。

三、空气质量变化趋势分析

表 2-47 列出了环渤海沿海地区十三地市 2001—2007 年 PM_{10} 年均浓度值。图 2-26 中给出了 2001—2007 年十三地市的 PM_{10} 年均浓度的变化，由该图中可以看出，营口、盘锦、锦州、葫芦岛、唐山、滨海新区、滨州、潍坊、烟台 PM_{10}（TSP）年均浓度的变化总体呈下降趋势，其中营口、葫芦岛、唐山、滨海新区等地 2001—2005 年 PM_{10} 浓度均呈逐年下降趋势，2006 年略有回升，2007 年有显著下降，烟台 2007 年浓度较之 2005 年和 2006 年有一定的波动上升，但总体趋势仍为下降；大连、秦皇岛、沧州、东营 PM_{10} 的年均浓度呈波动变化，变化趋势不甚明显，其中大连、秦皇岛、东营从 2003—2007 年总体呈微弱的上升趋势，但 2007 年浓度

表 2-47 环渤海沿海地区 PM_{10} 年均浓度变化（2001—2007 年） 单位：mg/m^3

地 区	2001 年	2002 年	2003 年	2004 年	2005 年	2006 年	2007 年
大 连	0.079	0.090	0.081	0.086	0.085	0.094	0.086
营 口	0.270	0.240	0.190	0.170	0.093	0.095	0.089
盘 锦	0.236	0.209	0.184	0.182	0.119	0.099	0.099
锦 州	0.312	0.290	0.287	0.270	0.113	0.104	0.098
葫芦岛	0.303	0.117	0.097	0.092	0.093	0.099	0.074
秦皇岛	0.124	0.090	0.068	0.075	0.077	0.082	0.080
唐 山	0.163	0.157	0.127	0.112	0.095	0.101	0.094
滨海新区	0.134	0.124	0.106	0.094	0.089	0.118	0.095
沧 州	—	0.116	0.135	0.121	0.108	0.122	0.108
滨 州	0.248	0.336	0.132	0.123	0.086	0.086	0.083
东 营	0.083	0.090	0.074	0.081	0.084	0.087	0.082
潍 坊	0.177	0.186	0.092	0.090	0.088	0.086	0.089
烟 台	0.088	0.076	0.073	0.068	0.060	0.055	0.071

注：阴影区域值为 TSP。

均略有下降，沧州 PM_{10} 浓度变化有微弱的下降趋势，但总体浓度变化不显著。

表 2-48 中列出了环渤海十三地市 2001—2007 年 SO_2 年均浓度值。图 2-27 则给出了环渤海沿海十三地市的 SO_2 浓度的变化情况。从图中可以发现，大连、盘锦、葫芦岛、秦皇岛、滨海新区、潍坊的 SO_2 浓度虽然偶有波动，但总体呈现上升的趋势；而锦州、唐山、沧州三市则呈现明显的下降趋势；营口、滨州、东营、烟台在 2001—2007 年变化波动较大，其中营口、滨州、东营表现为先降后升的变化趋势，而烟台则表现为大体的先升后降的趋势。

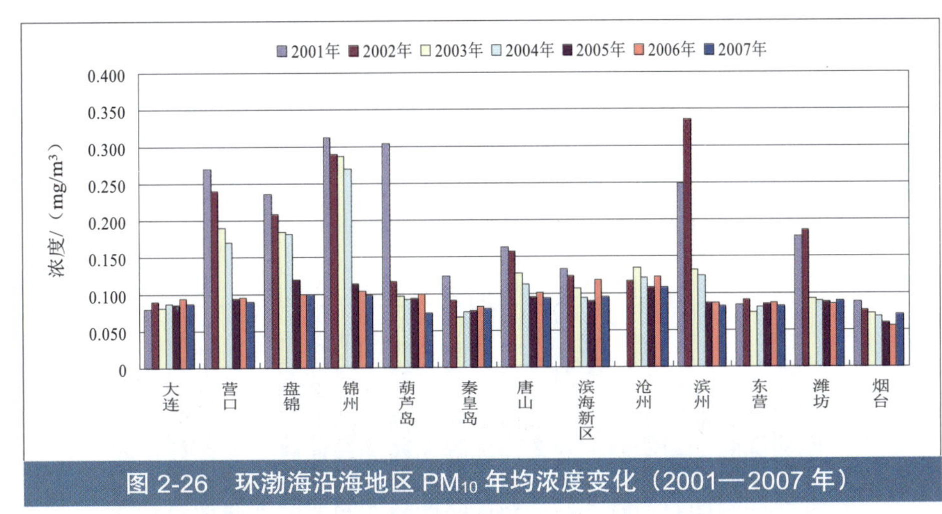

图 2-26　环渤海沿海地区 PM_{10} 年均浓度变化（2001—2007 年）

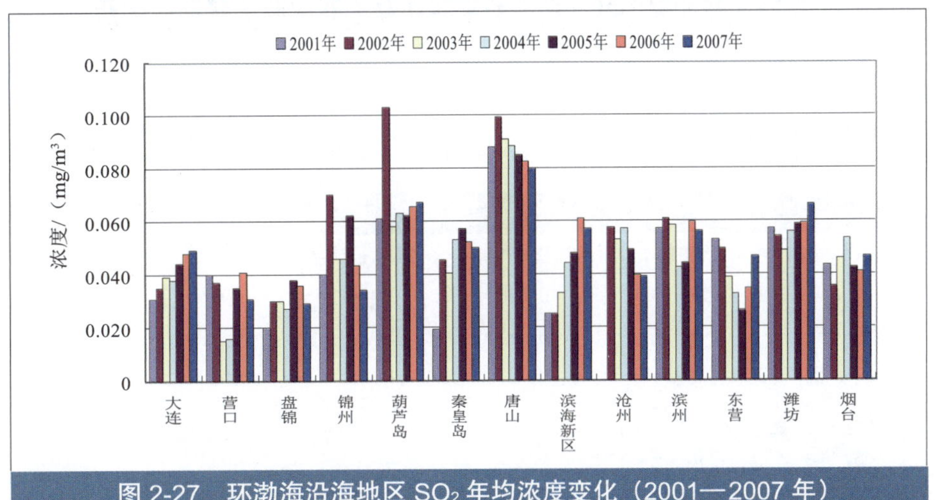

图 2-27　环渤海沿海地区 SO_2 年均浓度变化（2001—2007 年）

表 2-48　环渤海沿海地区 SO_2 年均浓度变化（2001—2007 年）　单位：mg/m³

地　区	2001 年	2002 年	2003 年	2004 年	2005 年	2006 年	2007 年
大　连	0.031	0.035	0.039	0.038	0.044	0.048	0.049
营　口	0.040	0.037	0.015	0.016	0.035	0.041	0.031
盘　锦	0.020	0.030	0.030	0.027	0.038	0.036	0.029
锦　州	0.040	0.070	0.046	0.046	0.062	0.043	0.034
葫芦岛	0.061	0.103	0.058	0.063	0.062	0.065	0.067
秦皇岛	0.019	0.045	0.040	0.053	0.057	0.052	0.050
唐　山	0.088	0.099	0.091	0.088	0.085	0.082	0.080
滨海新区	0.025	0.025	0.033	0.044	0.048	0.061	0.057
沧　州	—	0.058	0.053	0.057	0.049	0.040	0.039
滨　州	0.057	0.061	0.058	0.042	0.044	0.060	0.056
东　营	0.053	0.050	0.039	0.033	0.026	0.035	0.047
潍　坊	0.057	0.054	0.049	0.056	0.059	0.059	0.066
烟　台	0.043	0.035	0.046	0.053	0.043	0.041	0.047

表 2-49 中列出了环渤海沿海十三地市 2001—2007 年 NO_2 年均浓度值。图 2-28 给出了十三地市的 NO_2 浓度的变化情况。从图 2-28 中可以直观地看出大连、秦皇岛、滨海新区、东营、烟台 NO_2 浓度呈现明显的上升趋势；营口、盘锦、锦州则表现为前几年上升，而在近两三年间略有下降的趋势；葫芦岛在 2002—2006 年呈逐年下降的趋势，而在 2007 年 NO_2 年均浓度则大幅度上升；唐山在 2002 年 NO_2 浓度较 2001 年略有上升，2003 年有一定程度的降低，而在此后的四年内，则呈现平缓的上升趋势；沧州 NO_2 浓度变化幅度较大，在 2003 年最高，此后两年明显下降，而在 2006 年再次上升，2007 年又有一定程度的降低；滨州在前五年呈逐年下降趋势，而从 2006 年开始 NO_2 浓度迅速回升。

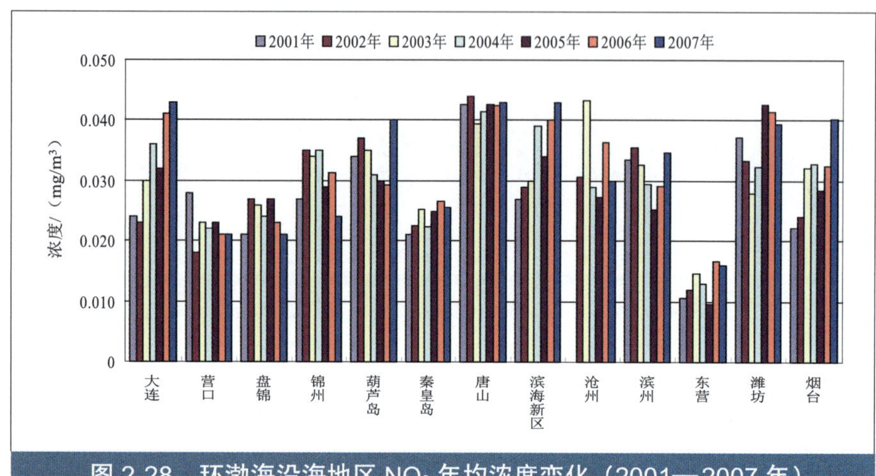

图 2-28　环渤海沿海地区 NO_2 年均浓度变化（2001—2007 年）

表 2-49　环渤海沿海地区 NO_2 年均浓度变化（2001—2007 年）　单位：mg/m^3

地　区	2001 年	2002 年	2003 年	2004 年	2005 年	2006 年	2007 年
大　连	0.024	0.023	0.030	0.036	0.032	0.041	0.043
营　口	0.028	0.018	0.023	0.022	0.023	0.021	0.021
盘　锦	0.021	0.027	0.026	0.024	0.027	0.023	0.021
锦　州	0.027	0.035	0.034	0.035	0.029	0.031	0.024
葫芦岛	0.034	0.037	0.035	0.031	0.030	0.029	0.040
秦皇岛	0.021	0.023	0.025	0.022	0.025	0.027	0.026
唐　山	0.043	0.044	0.039	0.041	0.043	0.042	0.043
滨海新区	0.027	0.029	0.030	0.039	0.034	0.040	0.043
沧　州	—	0.031	0.043	0.029	0.027	0.036	0.030
滨　州	0.033	0.036	0.033	0.029	0.025	0.029	0.035
东　营	0.011	0.012	0.015	0.013	0.010	0.017	0.016
潍　坊	0.037	0.033	0.028	0.032	0.043	0.041	0.039
烟　台	0.022	0.024	0.032	0.033	0.028	0.033	0.040

四、大气污染物排放评价

1. 大气污染物排放现状

根据 2007 年污染源普查数据，2007 年环渤海沿海地区各污染物排放量分别为二氧化硫 161.7 万 t、氮氧化物 84.9 万 t、粉尘 58.6 万 t、烟尘 74.8 万 t。三个产业带中，西岸产业带各污染物排放量均最大，占区域排放总量的 44.9% ～ 77.2%，南岸、北岸排放量相当（图 2-29）。分城市看，唐山各污染物排放量远远大于其他城市污染物排放量，二氧化硫、氮氧化物、粉尘、烟尘占环渤海沿海地区污染物排放比重分别为 28.4%、29.2%、64.2%、37.0%（表 2-50）。

表 2-50　环渤海沿海地区大气污染物排放量（2007 年）　单位：万 t

地　区	SO_2	NO_x	粉尘	烟尘
大　连	11.9	7.6	1.3	5.5
营　口	7.5	3.1	2.7	5.2
盘　锦	3.0	1.3	0.3	2.1
锦　州	7.9	4.0	1.2	6.1
葫芦岛	9.0	5.9	1.2	2.8
秦皇岛	7.9	5.2	3.3	3.0
唐　山	45.9	24.8	37.6	27.7
滨海新区	11.9	5.1	0.9	2.3
沧　州	6.8	3.9	3.5	4.0
滨　州	11.0	4.8	0.7	3.1
东　营	12.0	3.8	0.2	1.6
潍　坊	15.2	9.6	3.5	8.1
烟　台	11.6	5.7	2.3	3.2
合　计	161.7	84.9	58.6	74.8

数据来源：2007 年环渤海十三地市污染源普查数据。

2．大气污染物排放历史趋势

2001—2007 年，环渤海沿海地区二氧化硫、烟尘、工业粉尘排放量呈现出先升后降趋势，在 2005 年出现拐点（图 2-30）。工业源排放 SO_2 占总排放量的 83% 以上、烟尘占总排放量的 70% 以上，是影响区域大气质量的主要污染源。

区域内九城市污水排放量在 2002—2007 年逐年增长，2002 年区域废水排放总量为 19.9 亿 t，2007 年增长到 28.4 亿 t。工业废水排放量从 2006 年起呈下降趋势，这与工业的节水技术进步相关。而生活污水排放量则是逐年上升，保持 6% ～ 8% 的增长率。一方面是城市污水收集处理率不断提高，另一方面是城市化率增加，导致城市人口数量增加，生活用水总量增加。

2002—2007 年，九城市 COD 与 NH_3-N 排放总量在上升之后从 2006 年开始下降，COD 与 NH_3-N 来源的结构均未发生明显的变化，工业与生活 COD 排放量均占 COD 排放总量的 50%，而生活 NH_3-N 排放量约占 NH_3-N 排放总量的 80%。

2001—2007 年环渤海十三地市工业源排放的二氧化硫、粉尘和烟尘的变化趋势如图 2-30 所示。唐山与滨海新区的大气污染物排放量始终位于区域前列，两者占区域各类大气污染物排放量的 30% 以上。

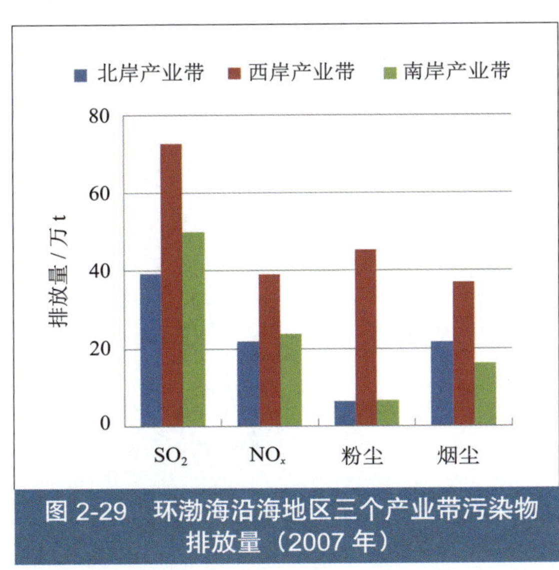

图 2-29　环渤海沿海地区三个产业带污染物排放量（2007 年）

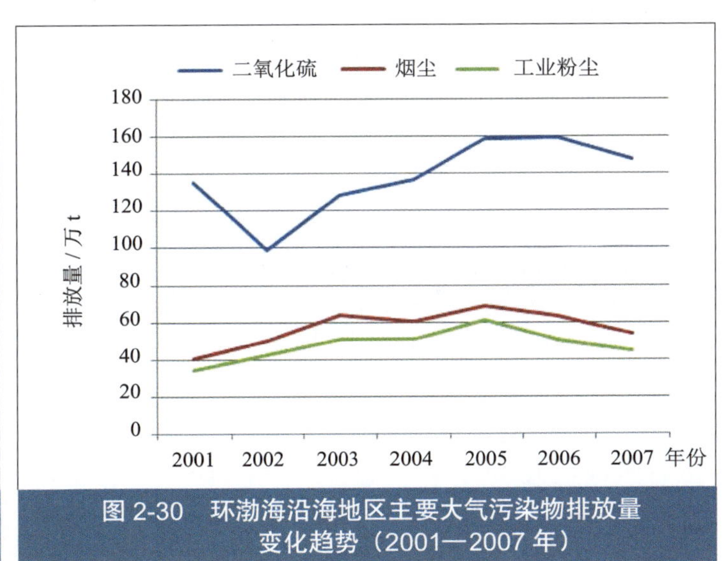

图 2-30　环渤海沿海地区主要大气污染物排放量变化趋势（2001—2007 年）

第五节 海域环境质量

一、陆源污染物入海通量分析

从空间分布上讲，渤海化学污染物主要来源于陆源、海源和气源三大途径。陆源和海源又可分为点源和面源，陆源点源主要包括入海河流、排污口等；陆源面源包括村镇、地表径流。海源污染源也分为点源和面源，点源包括船舶、钻井采油平台的污水排放和海上溢油等；面源主要是指海水养殖。气源污染源包括大气干沉降和湿沉降。本研究中基于数据资料可获性及评价重点，仅对陆源入海河流携带的污染物入海通量进行测算。

渤海沿岸河流众多。按流域可分为辽河流域、海河流域、滦河流域和黄河流域，具体又可分为辽东半岛诸河水系、辽河水系、辽西沿海诸河水系、滦河水系、海河水系、黄河水系和山东半岛诸河水系等 7 个水系。百余条河流自辽宁、河北、天津、山东汇入渤海。其中，多年平均径流量在 10 亿 m^3 的河流有大辽河、辽河、大凌河、滦河、陡河、蓟运河、永定新河、海河、黄河和潍河等 10 余条。六股河、独流减河、漳卫新河、徒骇河、小清河等的多年平均径流量也在 5 亿 m^3。以上河流的多年平均径流量占全部河流入海径流量的 90% 以上。其中黄河的径流量最大，多年平均径流量 338.5 亿 m^3，占全部河流入海径流量的一半以上。

由于受到本区域和上游区域发展的共同影响，这些河流每年携带了大量来自陆域的污染物进入渤海，入海河流和排污口水质污染严重。2007 年 14 个入海国控断面中仅 3 个断面达标，水质超标率近 80%；11 个超标断面中，有 10 个断面的水质为劣Ⅴ类。在实施监测的 100 个渤海沿岸入海排污口中，91.0% 排污口超标排放，超标率居渤海、黄海、东海和南海四大海区之首，主要超标污染物为 NH_3-N、COD、石油类和磷酸盐等。2009 年，仍然有 75% 的监测排污口超标。

根据《碧海行动计划》和《中国环境统计年报（2003—2007 年）》（表 2-51），2005 年渤海接纳陆域污染量高于 2004 年，2006 年渤海纳污量开始有缓慢的减少。这有两个方面的原因：一方面，环渤海地区在加速工业发展，产生大量污染物；另一方面，国家实施的污染减排计划以及渤海碧海行动计划等，采取各种方法控制污染排放，使得渤海纳污量存在缓慢下降。但是由于渤海污染已经存在较长的时间，改善渤海水质，需要付出更大的努力。

根据测算，2007 年渤海接纳陆域输入污染物 COD 总量为 152.4 万 t、总氮（以下简称 TN）17.9 万 t（表 2-52）。与碧海行动计划中 1998 年渤海接纳陆域 COD 142.5 万 t、陆域 TN 17.5 万 t 相比，TN 基本持平，但 COD 入海量 10 年来增加了 11% ～ 12%，年平均增幅超过 1%。

表 2-51 2003—2007 年渤海接纳陆域污染物量

年份	废水总量 / 万 t	COD 量 / t	NH_3-N 量 / t	石油类 / t
1980	—	544 600	—	—
1998	—	1 425 448	—	15 218
2003	48 972	218 021	15 157	568
2004	55 766	209 138	15 018	517
2005	97 771	331 661	26 951	905
2006	92 986	313 512	25 837	728
2007	98 754	309 425	25 018	971

以 COD 为例，分析环渤海各省（市）对渤海的污染贡献。从图 2-31 中可以看出，2007 年三省（指全省，包括本区域外的上游城市）一市（指全天津市）

对渤海污染 COD 贡献中，辽宁最大，占 40%；山东、河北基本相当，分别占 27% 和 25%；天津贡献最小，为 8%。

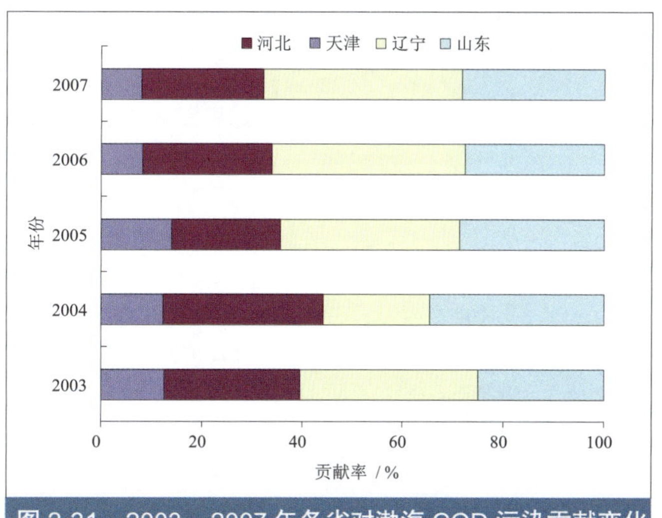

图 2-31　2003—2007 年各省对渤海 COD 污染贡献变化

为分析环渤海沿海地区对渤海入海污染物的贡献，按以下原则测算各地市排放的污染物入河量：各城市点源排放量中分为直接入海与入河两部分，入河的污染物从排放口排出后在区域的河流中衰减。根据区域内平均河流长度、流速和污染物衰减速度常数，设定平均衰减量为排放量的 15%，剩余部分随河流进入海洋中。另外，部分城市污染物最终去向中包括进入黄海（例如大连和烟台）的部分，因此也需要予以扣除。

根据上文所述污染物入河量测算原则，2007 年环渤海沿海地区排放 COD 入海量为 60.8 万 t，排放 NH_3-N 入海量为 5.4 万 t（表 2-54），分别占污染物入海量的 40% 和 36%，可见 60% 以上的入渤海污染物来自于上游。北岸产业带排放 COD 和 NH_3-N 入海量占辽河流域入渤海污染物通量的 56% 和 41%；西岸产业带及滨州对海河流域入渤海 COD 和 NH_3-N 通量的贡献率为 47% 和 38%；黄河流域污染物入海量均来自上游，沿海地区没有贡献；南岸产业带中东营、潍坊、烟台 3 市排放污染物入海量占山东半岛诸河水系入渤海通量的近 3/4。对渤海 COD 污染贡献较大的城市有唐山、锦州、沧州、潍坊等，对渤海 NH_3-N 污染贡献较大的城市有潍坊、烟台、沧州、唐山、滨海新区等。

表 2-52　渤海接纳陆源污染物量（2007 年）　单位：t

流　域	COD	NH_3-N	TN	污染去向
辽河流域	399 600	19 980	27 424	辽东湾
海河流域	325 397	30 252	41 522	渤海湾
黄河流域	601 827	53 440	73 348	莱州湾
山东半岛流域	196 998	26 900	36 921	莱州湾
合　计	1 523 822	130 572	179 215	渤　海

表 2-53　渤海汇入陆源污染物量（2007 年）　单位：t

海　湾	COD	NH_3-N	TN
辽东湾	325 397	30 252	41 522
渤海湾	601 827	53 440	73 348
莱州湾	596 598	46 880	64 345
合　计	1 523 822	130 572	179 215

大连：扣除进入黄海的污染物。根据 2007 年大连市污染物普查数据，归纳污染物排放去向，获得废水进入黄海与渤海的比例。2007 年大连市 2.69% 的工业废水直接排入渤海，0.45% 的工业废水通过复州河进入渤海，并且污染物去向的比例与废水去向比例相同。大连生活污水处理厂中 12.13% 的退水流入复州河进入渤海，其余进入黄海，根据污水处理厂退水去向确定污染物去向。

烟台：按各个县市 2007 年对烟台市的 GDP 贡献比例拆分烟台各县污染物产生量，莱阳市与海阳市污染物排入黄海，将这两个市的污染物贡献扣除。莱阳与海阳两市 2007 年 GDP 贡献占烟台的 13.17%。

表 2-54 各城市污染物入渤海量估算值（2007 年）

地 区	COD		NH_3-N	
	入海量 / t	比例 / %	入海量 / t	比例 / %
大 连	7 290	1.20	883	1.65
营 口	51 090	8.40	2 475	4.61
盘 锦	33 968	5.58	3 030	5.65
锦 州	68 595	11.28	3 444	6.42
葫芦岛	21 881	3.60	2 631	4.90
北岸产业带小计	**182 823**	**30.06**	**12 462**	**23.23**
秦皇岛	44 117	7.25	3 324	6.20
唐 山	96 038	15.79	4 657	8.68
滨海新区	34 442	5.66	4 411	8.22
沧 州	66 602	10.95	5 450	10.16
西岸产业带小计	**241 199**	**39.65**	**17 842**	**33.26**
滨 州	39 609	6.51	3 370	6.28
东 营	37 631	6.19	3 935	7.33
潍 坊	57 017	9.37	9 048	16.86
烟 台	49 947	8.21	6 998	13.04
南岸产业带小计	**184 204**	**30.29**	**23 350**	**43.52**
合 计	**608 227**	**100.00**	**53 656**	**100.00**

二、渤海水环境质量评价

渤海污染主要集中在近岸海域，中部海域水质较好。根据海洋环境质量公报，2007 年，渤海近岸海洋功能区水质达标面积约 52.5%，Ⅰ类、Ⅱ类海水面积比例仅占 63.3%。排污口邻近海域水质普遍超标，2008 年，83% 的排污口邻近海域水质不能满足所处的海洋功能区水质要求，44% 的排污口邻近海域水质为Ⅳ类和劣Ⅳ类。根据 2009 年渤海海洋环境公报，在渤海 16 个国家级海洋自然保护区和特别保护区中，仅有 4 个自然保护区海水环境质量符合海洋功能区环境质量要求。

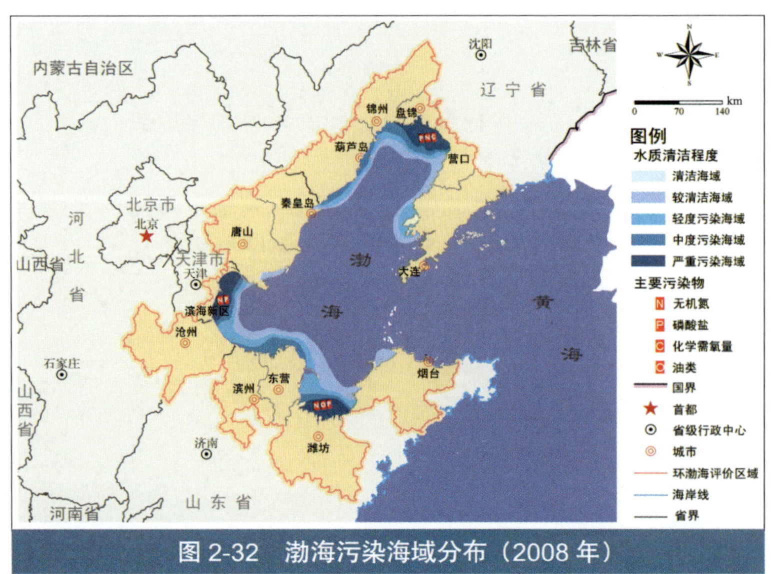

图 2-32 渤海污染海域分布（2008 年）

数据来源：根据《2008 年渤海海洋环境公报》绘制。

近岸污染海域自岸向海呈带状分布，平均宽度约 10 km（轻度及以上污染海域）。辽东湾、渤海湾和莱州湾三大湾海水环境质量明显劣于渤海中部海域，湾内基本都受到污染，污染宽度超过 30 km。从污染海域面积比例来看，由于黄河入海水量大、污染物输入量高，夏季莱州湾污染程度最为严重；渤海湾水动力条件最差，且西岸产业带污染排放强度高，污染程度也相当严重；辽东湾水域面积相对较大，污染程度相对较轻（图 2-32）。

2001—2007 年，渤海近岸海域水质污染呈加重趋势，清洁海域和较清洁海域面积呈递减趋势，分别从 5.8 万 km^2、1.6 万 km^2 降至 5.3 万 km^2、0.7 万 km^2；中度污染海域和严重污染海域的面积亦呈现递增趋势，分别从 0.07 万 km^2、1.9 万 km^2 增加至 0.5 万 km^2、2.4 万 km^2。辽东湾和莱州湾中严重污染海域的面积有明显增加，渤海湾近岸污染亦无减缓趋势。2009 年，渤海严重污染海域面积较上年有所减小，但近岸海域污染依然较重，其中莱州湾海和天津近岸海域水环境污染程度较重。

第六节　海陆生态状况

一、陆地生态状况评价

1. 区域生物多样性

（1）国家级保护及珍稀濒危物种资源丰富

根据 1989 年《国家重点保护野生动物名录》、1995 年世界自然保护联盟（IUCN）《濒危物种名录》以及 1998 年的《中国濒危动物红皮书》，环渤海沿海十三地市共有国家级保护动物 74 种，其中国家 Ⅰ 级保护动物 16 种，国家 Ⅱ 级保护动物 58 种；IUCN 保护物种 29 种，其中濒危 7 种，易危 15 种，稀有 5 种，受威胁 2 种；红皮书保护物种 52 种，其中濒危 13 种，易危 20 种，稀有 11 种，需予关注 2 种，渐危 3 种，依赖保护 1 种，未定 2 种（附录 3）。

从种类组成上看，环渤海区域 91 种国家保护和珍稀濒危动物中，兽类 3 种，两栖爬行类 8 种，鸟类 80 种，以鸟类占绝大多数，占国家保护和珍稀濒危动物种类的 87.9%。从鸟类的迁徙类型上看，旅鸟 28 种，夏候鸟 12 种，冬候鸟 13 种，留鸟 13 种。候鸟和旅鸟占了 80.3%，说明环渤海沿海地区位于鸟类迁徙的重要通道上，是鸟类南迁北移的重要中转站。

根据《国家重点保护野生植物名录》（第一批、第二批）及 1984 年国家环保局公布的《珍稀濒危保护植物名录》，环渤海沿海地区共有国家保护植物 42 种，珍稀濒危植物 13 种。国家 Ⅰ 级保护植物 3 种，国家 Ⅱ 级保护植物 39 种。珍稀濒危植物中一级 1 种，二级 1 种，三级 11 种；濒危 1 种，稀有 1 种，渐危 11 种（附录 3）。保护植物中河北梨（*Pyrus hopeiensis*）分布区域较为有限，仅限于河北、山东两省海拔 100 ～ 800 m 的山坡丛林边，为国家 Ⅱ 级保护植物。

珍稀濒危动植物种数在环渤海区域十三地市的分布情况如图 2-33 所示。其中，珍稀濒危动物在大连市范围内种类最多（59 种），其次为盘锦（39 种）、秦皇岛（36 种）和东营（32 种）。珍稀濒危植物除河北 3 市合计 37 种外，大连、烟台分布的珍稀植物种数较多。

环渤海沿海地区是我国北方重要的滨海湿地分布区，从而形成鸟类迁徙的重要廊道，是珍稀濒危鸟类重要繁殖地和栖息地。这里汇集了辽河、滦河、海河、黄河等水系及众多河流的入海口，拥有辽河三角洲、黄河三角洲、唐海湿地、南大港、北大港等众多湿地功能单元，已成为丹顶鹤、黑嘴鸥等鸟类迁徙的重要停留栖息地，在此停留或过境的鸟类有 170 多种，

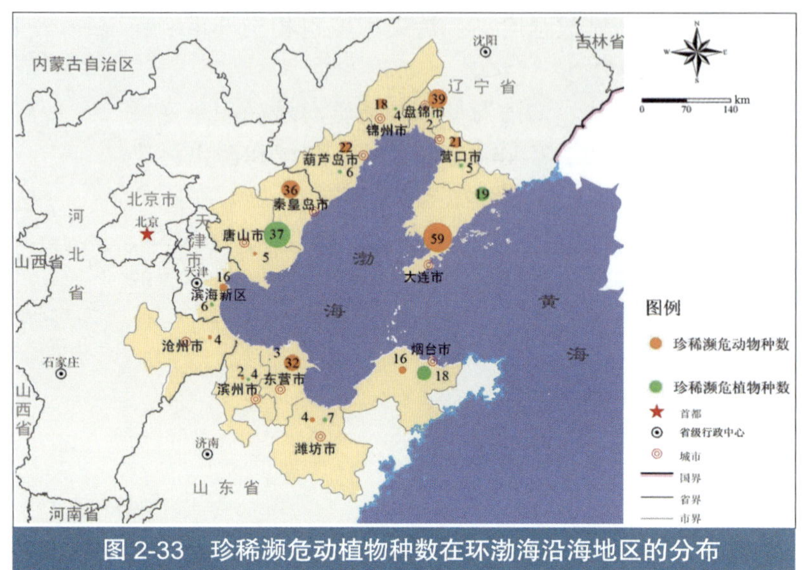

图 2-33 珍稀濒危动植物种数在环渤海沿海地区的分布

注：由于缺少分市数据，河北 3 市珍稀濒危植物只给出总数量。

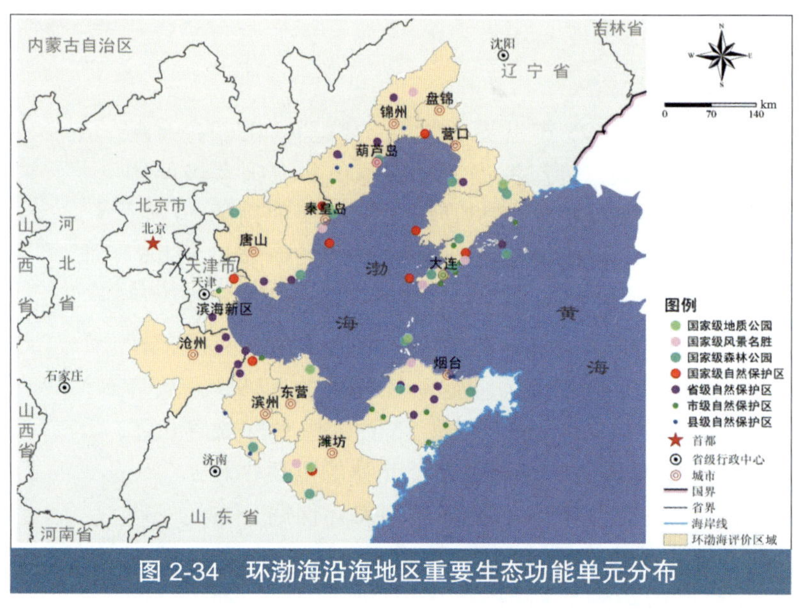

图 2-34 环渤海沿海地区重要生态功能单元分布

是东亚—澳大利亚鸟类迁飞的重要中转站和停歇繁殖地，享有“鸟类的国际机场”的美誉，在湿地保护和生物多样性保护方面均具有战略意义。

（2）重要生态功能单元众多，保护区数量增加迅速

生态功能单元是生态系统中在某方面具有重要服务价值的区域，这些区域在生态服务功能保护方面具有重要意义。加强对此类区域的保护可以花费较小的经济代价获得较大的保护收益。

环渤海沿海地区是典型的海陆过渡地带，陆域与地表水、地下水与海水相互渗透、相互作用形成了独特的生境和生物群落分布特征。由于受海洋影响，该区域大部分地区降水丰沛，地势低洼，河网密布，森林和湿地资源丰富。良好而独特的生境，不仅具有较高的生态价值，而且汇集了多种多样的野生动植物，如朱鹮、斑海豹、蝮蛇等。

为了更好地保护动植物资源、自然和人文景观以及典型的地质地貌特征，环渤海沿海地区建立了众多生态功能单元。目前已有自然保护区 59 处（图 2-34），其中国家级保护区 13 处，省级保护区 19 处，市级保护区 16 处，县级保护区 11 处（附录 4）；国家级地质公园 6 处，国家级风景名胜 7 处，国家级森林公园 20 处，城市水源地 31 处。

生态功能单元中保护区作为生态环境效益较明显的功能单元在生态保护上具有重要意义。1980 年以后环渤海沿海地区开始建立保护区，1980—1995 年建立的速度相对平缓，1995—2000 年保护区建立发展迅速，2000 年后新建保护区速度有所减缓，区域保护区总数量进入相对稳定的阶段（图 2-35）。

在保护区管理方面，随着环保意识的提高，大量管理办法和法律条文的出台，政府在监督执行方面的管理加强以及大量资金和人员的投入，目前环渤海沿海地区生态功能单元的管理已经基本形成较为完善的体系结构，并可以从保护区植被和物种多样性的变化中看到初步成效。但由于保护区建立时间长短不同，且不同级别的保护区在资金投入、人员引进、制度

建设方面都存在较大差异，因此自然保护区管理水平参差不齐。个别保护区的管理仍停留在简单的看护水平上，影响到自然保护区功能和效益的发挥。

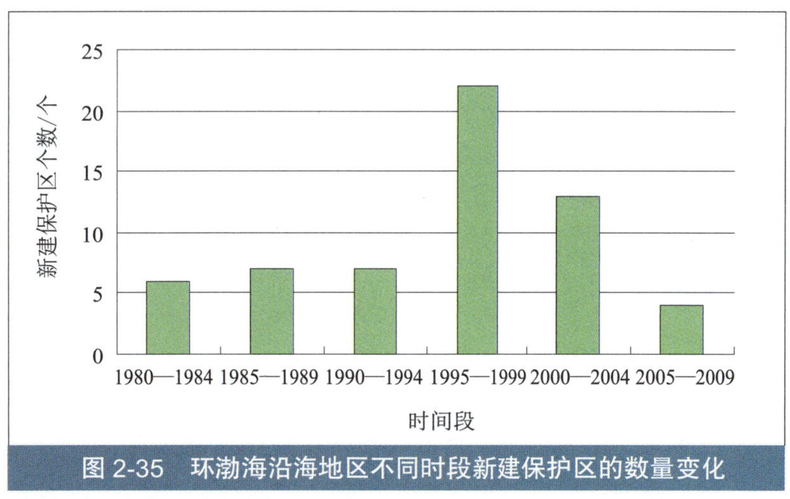

图 2-35 环渤海沿海地区不同时段新建保护区的数量变化

（3）陆域生态系统生物丰度呈波动变化

环渤海区域生物丰度指数呈波动性变化，生物多样性有所降低。产业发展过程中的道路修建、湿地占用对鸟类迁移廊道产生一定影响，进而导致地区的生物多样性呈现下降的趋势。

生物丰度指数是评价区域内生物多样性的丰贫程度的指标。本文中生物丰度指数的计算方法是在《生态环境状况评价技术规范（试行）》（HJ/T 192—2006）规定的基础上做了简单修改。具体计算方法如下：

生物丰度指数＝（0.35 林地＋ 0.21× 草地＋ 0.28× 水域湿地＋ 0.11× 耕地＋ 0.04× 建设用地＋ 0.01× 未利用地）/ 区域面积

报告中生物丰度是区域内生物丰贫程度的相对值，用以将研究区内生物保护重要性较高的区域凸显出来。

1980 年、1995 年、2000 年生物丰度指数图（图 2-36）说明环渤海沿海地区高生物丰度值主要分布在辽宁、河北两省海拔较高、离海岸相对较远的区域。这一区域保存着较为良好的森林植被，因此生物丰度指数也较高。此外，沿海区域中，生物丰度指数较高的地区多出现在自然保护区，尤其是湿地自然保护区所在地及其周边，如大连市、盘锦双台河口、天津北大港湿地、沧州南大港湿地等。将这些区域与环渤海珍稀濒危物种的分布状况做比较，可以看出二者具有较强的一致性，表明这些区域对维持整个环渤海沿海地区的生物多样性、维持生态系统的结构和功能发挥着重要作用。

从整体上说，环渤海沿海地区生物丰度指数在过去的 20 年中经历了先升高后下降的过程。与 1980 年相比，1995 年生物丰度较高的区域面积明显增加，增加较为显著的区域主要

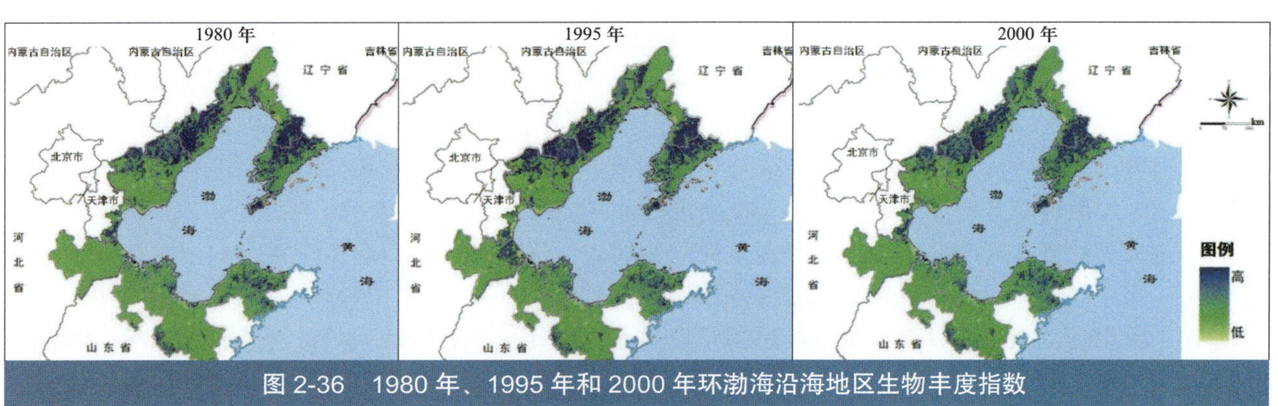

图 2-36 1980 年、1995 年和 2000 年环渤海沿海地区生物丰度指数

集中在辽宁、河北交界处和河北沧州的沿岸地区，表明环渤海区域的生物多样性在这一时期有较大提高。而到2000年，上述两处生物丰度变好、丰度较高的区域面积又大幅减少，甚至与1980年的情况较为接近，表明整个环渤海区域生物多样性有所下降。

（4）重要物种数量呈减少趋势、迁移廊道受阻

环渤海沿海地区历史上具有良好的天然植被，由于气候的变化，植被类型在时间和空间上发生了显著变化；在区域开发过程中，天然植被受到越来越严重的人为破坏，如锦州医巫闾山森林覆被率降低，使得许多物种的栖息地受到影响，甚至威胁物种生存，造成了生态系统脆弱化（辽宁省生态功能区划研究，2005），给区域环境带来不良后果（《京津渤地区污染规律和环境质量研究》综合组，1984）。对重要物种及迁移廊道的变化评价有助于确定优先保护对象和区域，减轻人类活动对重要物种的影响。

现对环渤海沿海地区重要淡水经济物种、区域特有种和典型的珍稀濒危鸟类的历史状况及产业发展对这些重要物种的影响按照时间顺序进行回顾性评价。

中华绒螯蟹是本区特有的水产资源。据记载，20世纪50—60年代资源十分丰富，辽宁省中华绒螯蟹年产量500～1 000 t。60年代由于辽河大闸的修建阻断了中华绒螯蟹的洄游通道，使其迁移廊道被切断，加之农药、化肥的大量施用，工业“三废”的排放，1978年后产量急剧下降，最低年已不足100 t，下降了80%以上。1985年、1987年人工养殖技术获得突破后，数量回升（辽宁省环保局，2005）。

盘锦双台河口20世纪50年代鱼产量平均870 t，此后由于河闸的相继建成使用，河床淤塞，水质污染，河口生物受到严重影响。如河刀鱼原来年产500～1 000 t，因系逆河性鱼类，河闸建成后资源随即衰减，河刀鱼近年已经消失。

1957年，辽宁蛇岛特有种——蛇岛蝮（*Gloydius shedaoensis*）数量约为5万条。1980年，由于人为捕杀，辽宁蛇岛上蝮蛇数量减少到1万条左右。蛇岛老铁山自然保护区成立后，蝮蛇数量有所恢复。2003年，辽宁蛇岛上蝮蛇数量增至25 000余条（辽宁省环保局，2005）。

环渤海沿海地区珍稀濒危鸟类众多，是鸟类迁徙的重要廊道。但过去几十年中，由于辽河三角洲芦苇单产约下降40%，鸟类营巢和栖息地缩小近50%，主要鸟类的数量减少一半以上。20世纪80年代以前雁鸭群可达千只以上，现在只有300～500只。珍稀鸟类丹顶鹤（*Grus japonensis*）和黑嘴鸥（*Larus saundersi*）也处于严重受威胁状态。位于盘锦市的辽河三角洲是我国野生丹顶鹤（*Grus japonensis*）繁殖的最南限，是丹顶鹤南北迁徙路线上的重要停歇地，在国家鹤类保护中占有重要地位。据多年观察统计，每年迁来本区的丹顶鹤数量为400只左右，1997年春季到达500只，在此繁殖的丹顶鹤种群数量为50余只（肖笃宁等，2001）。由于道路开发和油井开采，1989—1998年双台河口自然保护区丹顶鹤繁殖生境面积逐年减少。1989—1994年，丹顶鹤繁殖生境面积减少2 718.03 hm^2，1994—1998年丹顶鹤繁殖生境面积又减少了2 728.93 hm^2。繁殖容量也随之逐年下降，1989年保护区内可以繁殖的丹顶鹤数量可达到36对，1994年下降到24对，1998年仅能繁殖22对（胡远满等，2004）。

黑嘴鸥是世界濒危鸟类，目前全球黑嘴鸥数量为3 000～5 000只。已知的四大繁殖地中有三处都在环渤海区域内，分别是河北滦河口、辽宁双台河口和山东黄河口湿地地区。据研究，1996—1997年滦河口的黑嘴鸥繁殖群体呈明显下降趋势。2003年的多次野外考察均未发现黑嘴鸥在滦河口湿地筑巢。原因是繁殖地受人为因素影响而生境改变（孙立汉等，2005）。1998年，山东滨州、东营、潍坊共调查到黑嘴鸥1 299只。调查中发现，水体污染、开采石

油以及黄河入海口的改变是影响黑嘴鸥繁殖的重要因素。石油开采过程中在滩涂上筑堤建坝会从根本上改变附近区域的滩涂环境，改变海水的流动趋势及对滩涂的冲刷和泥沙的淤积，使滩涂环境不再适合黑嘴鸥筑巢繁殖。胜利油田为了使黄河泥沙的淤积向着油田较为丰富的区域发展，于 1997 年在河口地区强行改道。结果使河口两侧大片适宜黑嘴鸥栖息繁殖的碱蓬地被淹没，整个河口地区的植被呈萎缩状态，适宜黑嘴鸥繁殖地消失（钱法文等，2000）。据 1998—2004 年调查，黄河三角洲黑嘴鸥数量在 1 200 ～ 1 500 只，数量较为稳定。但黄河改道、海岸侵蚀以及部分区域开采石油时修建道路造成的栖息地破碎化已经成为威胁黑嘴鸥生境的重要因素（赵长征等，2004）。

工业园区的建设大量占用海岸湿地，海岸湿地被占用和破坏的现象较为严重（辽宁省环境科学研究院，2007）。除直接占用土地和破坏生境以外，产业发展过程中意外事故对生物的影响也不可小视。1980—1996 年，辽河油田发生井喷 400 余次，油气污染大面积滩涂，使沿海湿地受到严重影响。芦苇单产下降约 40%，鸟类营巢和栖息地缩小近 50%，主要鸟类的数量减少一半以上（国家环境保护总局，2005）。此外，产业发展对环境的改变也会间接威胁到物种的生存。据统计，由于淡水截流、盐度梯度增高、污染物质高强度汇集，2000—2002 年，辽宁省约 2/3 的河口区自然生态环境严重失衡，致使河口生态系统全面衰退，生物多样性指数明显降低，水生野生物种几近绝迹，经济鱼类等水产生物量大幅下降（辽宁省环境科学研究院，2007）。可见，产业发展过程中的道路修建及污染物排放等已经对鱼类的种类和产量以及鸟类的迁移廊道产生了一定影响。

2. 植被覆盖状况

（1）局部区域植被覆盖状况好转

植被覆盖状况是反映植被茂密程度和植被进行光合作用面积大小的重要因子，是描述植被群落及生态系统状况的重要参数。植被状况的变化对于水文、生态、全球变化等方面均有较大影响。本文中选取了 NDVI 作为反映植被覆盖状况的指标，主要数据来源于中国西部环境与生态科学数据中心提供的“中国地区长时间序列 SPOT Vegetation 植被指数数据集”。

数据显示河北、辽宁、天津的森林覆盖率在第三次（1988 年）和第五次森林普查（1998 年）期间均呈增长趋势（全国生态状况调查与评估，2006）。辽宁省森林覆盖率由 26.8% 提高到 31.84%；河北省森林覆盖率增高 65%；天津森林覆盖率也从 5.42% 提高到 7.59%。遥感数据分析也得到了相同的结果：1998—2007 年环渤海沿海地区年均 NDVI 呈现波动性增高趋势，并且 2000 年以后的 NDVI 总体状况显著好于 2000 年以前（图 2-37）。近 10 年中，2000 年的 NDVI 值最低，仅为 0.59，2004 年和 2007 年最高，均达到 0.71。

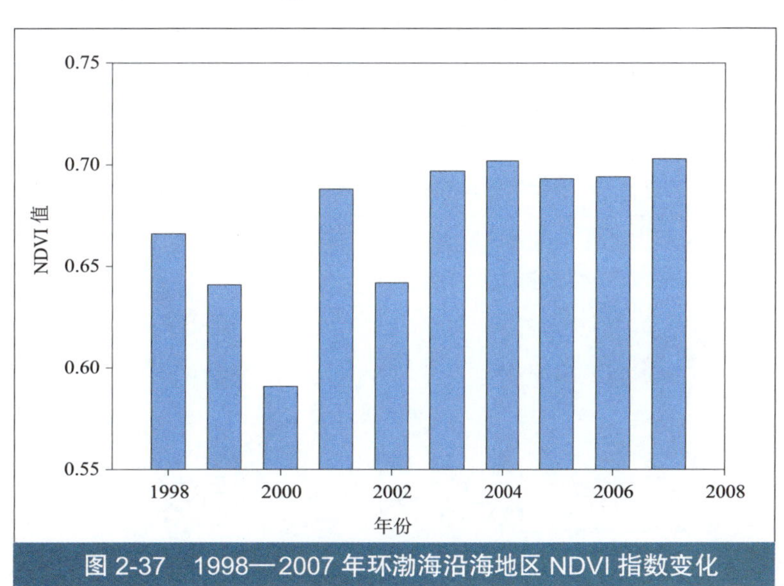

图 2-37　1998—2007 年环渤海沿海地区 NDVI 指数变化

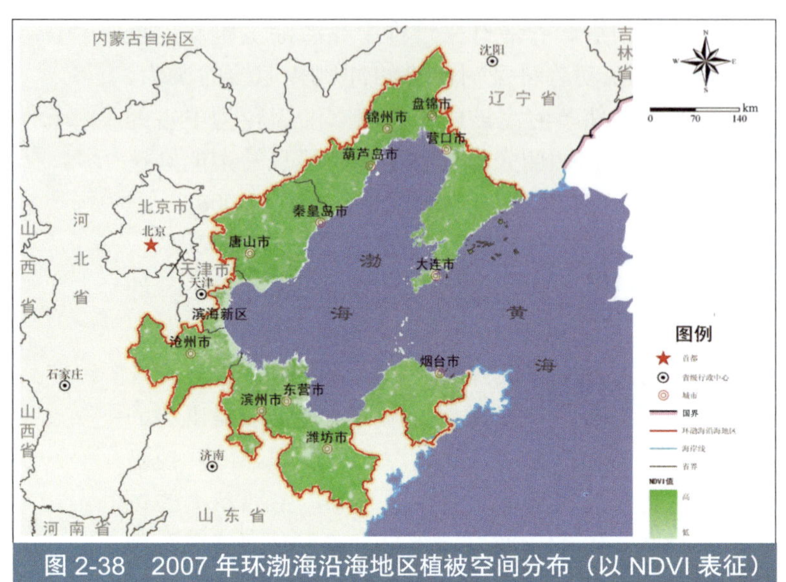

图 2-38　2007 年环渤海沿海地区植被空间分布（以 NDVI 表征）

植被覆盖状况的增加，并不代表该区域生态状况的的良性变化。在森林覆盖率增大的同时，生态系统结构、类型和分布的不合理性影响了生态系统功能的增大。仅以天津为例，第五次森林普查结果中，天津森林生态系统中幼龄林占 48.7%，而中龄林只占 28.9%，近熟林占 14%，成熟林占 7.5%，森林结构严重不合理。而从森林系统类型看，1998 年天津地区经济林占了 50%，防护林为 45.3%，森林类型的不同直接决定了生态功能的差异。

环渤海沿海地区 2007 年整体上植被状况良好（图 2-38），区域平均 NDVI 值为 0.70，主要生态系统类型包括森林、草原、农田、湿地等。环渤海沿海地区 NDVI 低于 0 的区域主要分布在河北、天津和山东的沿海一带，辽宁除大连南部、营口局部植被覆盖较低以外，整体上植被状况较好。

（2）城市和产业区周围植被状况有降低趋势

图 2-39 是 2007 年 NDVI 与 1998 年 NDVI 差值空间分布和不同生态因子的叠加。红色的部分代表十年间 NDVI 有减少趋势；绿色部分代表有增多趋势，偏黄色的则代表变化很小或接近于零。

植被指数的变化与河流、开发区、城市及居民点的分布均具有一定的关系。在城市和产业区密集的区域周围均出现了植被覆盖降低的趋势，而大型河流中除滦河流域外，其他流域均出现植被状况变好的趋势。1998—2007 年沧州、锦州、滨州、东营、潍坊、烟台的大部分地区植被状况逐渐变好，少数地区呈下降趋势。葫芦岛、秦皇岛、唐山、天津一线整体呈明显下降趋势。刘德义等（2008）对天津地区植被的研究也显示 1982—2003 年天津年均 NDVI 有降低趋势，主要原因是年平均降水量总体上有所减少，地区暖干化趋势加重。

3. 景观格局

景观空间格局主要是指大小和形状不一的景观斑块在空间上的排列，是景观异质性的体

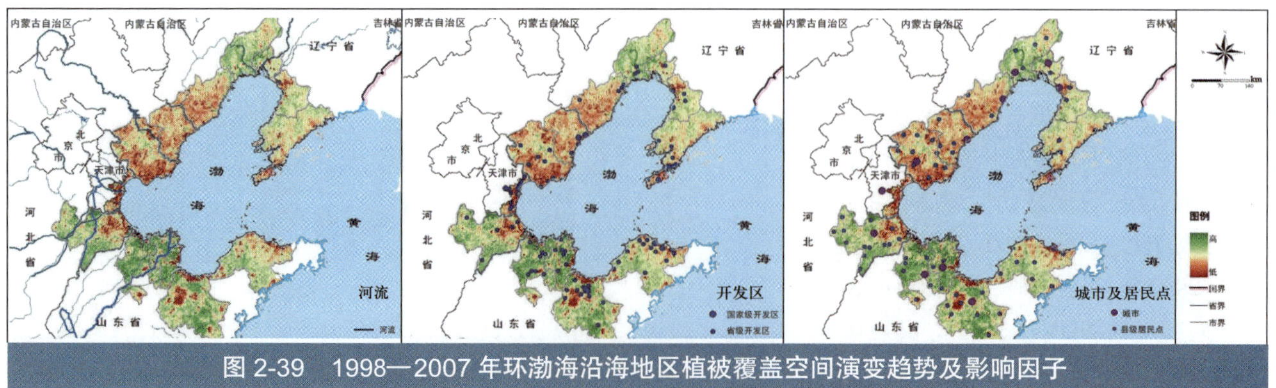

图 2-39　1998—2007 年环渤海沿海地区植被覆盖空间演变趋势及影响因子

现，又是各种生态过程在不同尺度上相互作用的结果。景观空间格局的形成是在一定地域内各种自然环境条件与社会因素共同作用的产物，研究其特征可了解其形成原因与作用机制，以准确把握景观结构及功能的变化情况。因此，了解某区域景观格局的变化，可以揭示该区域生态状况及空间变异特征，为今后的生态建设和土地资源的合理利用提供科学依据，为人类定向影响生态环境并使之向良性方向演化提供依据。

（1）森林面积增加，但仍低于全国平均水平

20 世纪 70—80 年代，区域森林覆盖率很低，滨海平原区受海潮影响，土壤盐渍化严重，地下水位和矿化度都很高，多为生长耐盐植物的荒地。自然植被大多为受到不同程度人类活动影响的次生植被。主要植被类型为灌丛、草丛、草甸、草本沼泽和水生植被。天津平原地区洼地为芦苇、香蒲为主的沼泽植被。由于垦洼务农，将海河流域上游地区拦河筑坝截断了水源，使洼地干涸，沼泽植被遭到破坏，一些经济作物被消灭。

1996—2007 年，环渤海沿海十三地市林地面积增加 46 350 hm^2，占 1996 年林地总量的 2.62%，年均变化率为 0.235%，略低于全国平均水平和省平均水平。大部分地级市林地数量基本保持不变。其中，秦皇岛市林地面积增加最多，达到 1.87 万 hm^2；唐山林地面积增加量仅次于秦皇岛，达到 1.27 万 hm^2；锦州和大连林地面积增加量分别为 8 540 hm^2、6 890 hm^2（图 2-40）。

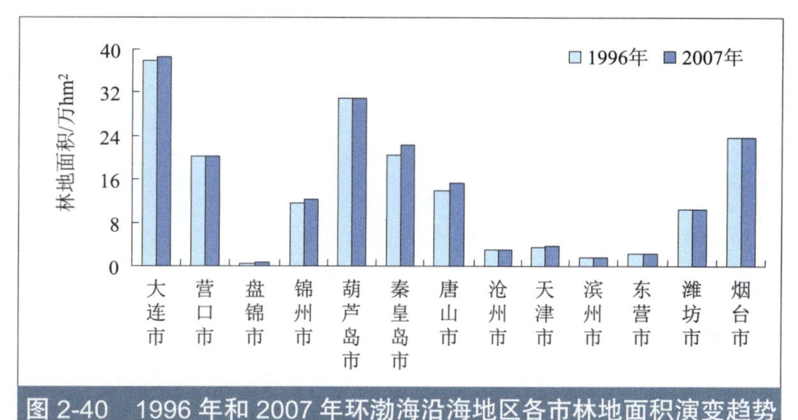

图 2-40 1996 年和 2007 年环渤海沿海地区各市林地面积演变趋势

环渤海沿海地区森林资源集中分布于大连、营口、锦州、葫芦岛、秦皇岛、唐山、烟台等地，尤其是大连市分布最多。截至 2005 年，大连市森林覆盖率为 41.5%，城市绿化覆盖率为 42.3%。

（2）天然湿地萎缩严重，人工湿地面积增大

湿地是一种非常脆弱的生态系统，同时有着调节水分循环、调节小气候、维持生物多样性等重要的生态功能。因此，湿地保护已受到全球性的关注，而且湿地生态系统一旦被破坏，会引起一系列生态环境问题。

20 世纪 90 年代，渤海沿岸特别是辽河三角洲和黄河三角洲是我国主要芦苇产区之一。辽河三角洲芦苇区形成了盐沼—芦苇—草地—鸟类生态系统。但由于违背自然规律和经济规律的毁苇开垦，把本来长得很好的芦苇毁掉，种植粮食作物，结果芦苇资源破坏，粮食也没有收成，造成苇粮两空，也使海岸带湿地生态系统遭到严重破坏。

近些年来，大规模的围海造地工程、高密度兴建的渔港和小型码头，以及沿岸采矿和岸滩采砂，工业园区建设，海岸湿地被大量占用和破坏的现象比较严重，造成湿地生态系统失衡。

葫芦岛市历史上人为活动对自然环境的破坏较重，基本处于盲目无序化开发状态，大量原始天然湿地被开垦种田、养殖，或进行拦海造地、小渔港开发等建设。到 20 世纪 90 年代初，葫芦岛市部分海岸天然湿地已消失，有些湿地环境质量差、生物量低、生态功能变差。锦州港建港后 10 年来，著名的自然生态景观“笔架山天桥”的象鼻洞被淤泥填满，“天桥”变成了“断桥”，“天桥”与港堤之间基本上成了“静水区”，淤泥淤积迅速。

秦皇岛毗邻海域古泻湖沉积——古砾石堤，随着秦皇岛油码头和其他海岸工程对海洋动力环境的改变，部分石堤被冲刷露出滩面，有的已完全遭到破坏。

自 1992 年来，黄河三角洲河口湿地景观表现出较为显著的变化。20 世纪 90 年代末期，黄河口来水来沙急剧减少，断流期不断增加，河口湿地干旱化趋势明显，芦苇沼泽湿地和翅碱蓬滩涂湿地萎缩严重，河口淤积扩展趋势减缓。

（3）区域景观多样性增加，破碎度增大，连通性下降

通过对研究地区不同时期景观的组成结构、斑块特征及景观要素空间分布格局运用数量化方法加以描述并进行动态分析，有效地揭示了研究地区景观整体变化规律和可能的影响因素。

景观多样性是景观异质性的体现，而景观异质性与景观稳定性有着密切的联系。景观指数作为分析景观格局特征的定量化指标，由于能够高度浓缩景观格局信息，反映其结构组成和空间配置某些方面的特征，在过去 20 余年的时间里得到了迅速的发展（杨国靖等，2004；欧立业等，2004；常学礼等，1998；马克明等，2000；肖笃宁，1990）。斑块数和破碎度指数可以用来衡量景观要素的破碎化水平；多样性指数可以用来描述景观的异质程度；连通性指数可以用来表征景观的连通状况和格局分布，取值区间为 [0，100]；分维数表示了景观的受干扰程度，通常情况下，受干扰程度越大，分维数越趋近于 1，其取值区间为 [1，2]。

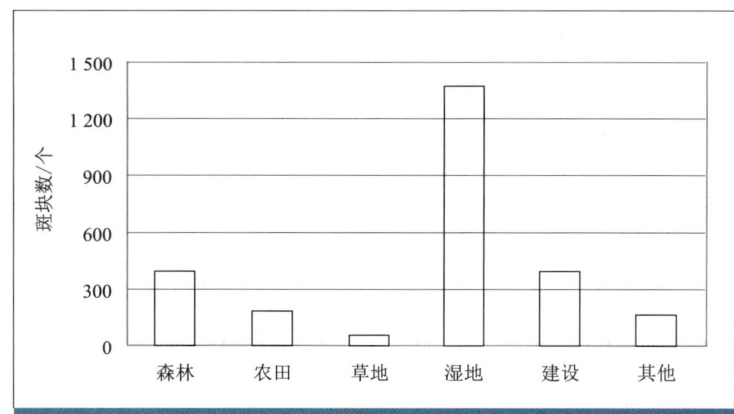

图 2-41 2007 年环渤海沿海地区景观斑块数量统计

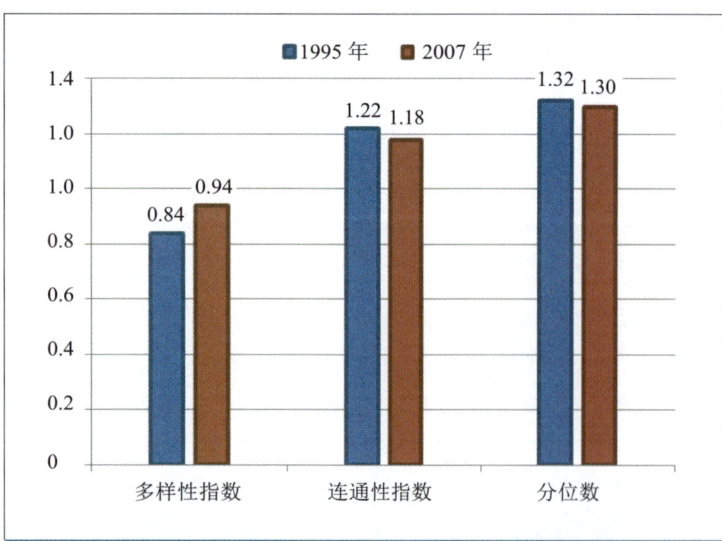

图 2-42 1995—2007 年环渤海沿海地区景观格局指数变化

环渤海沿海地区不同景观斑块数量差异较大，景观异质水平增大。各景观类型斑块数关系为：草地＜其他＜农田＜建设＜森林＜湿地，草地景观斑块数最少；湿地景观斑块数最多。斑块数在一定程度上反映了景观的破碎程度和受干扰程度，湿地景观的斑块数远远大于其他几类景观，这与环渤海区域近年来建设用地大量占用湿地资源有着密切关系。人类对湿地资源的占用，造成了湿地资源的丧失和景观的进一步破碎，这对于维护湿地生态系统安全和生态系统功能都是相当不利的（图 2-41）。1995—2007 年的 12 年中，景观多样性指数从 0.84 增大到 0.94，增幅达 11.9%（图 2-42）。景观多样性是景观异质性的反映，本区域多样性指数增大，表明景观异质水平增大，优势景观比例下降，这与本区域频繁的人类活动密不可分。

景观连通性反映了景观对生态流的

便利或阻碍程度，是衡量景观格局和功能的一个重要指标，维持良好的连通性是保护生物多样性和维持生态系统稳定性和整体性的关键因素之一。

环渤海区域高连通性区主要分布于辽宁东部山区和葫芦岛、秦皇岛、唐山一线。大连南部、天津滨海、烟台等地连通性稍低，可能与这些区域高密度的开发活动有关；盘锦、东营连通性不高，主要与人为活动引起的景观破碎化有关（图 2-43 中农田景观作为“本底”景观，未标示）。

连通性指数从 1995 年的 1.22 降为 2007 年的 1.18，降幅为 3%；分维数由 1.32 下降到 1.30，区域景观更加趋于规则化。由于产业的发展和建设景观的扩张，加剧了沿海湿地景观的破碎，新增的建设景观也趋于分散分布，没有形成规模，这对于环渤海整个区域的连通格局存在较大的影响。

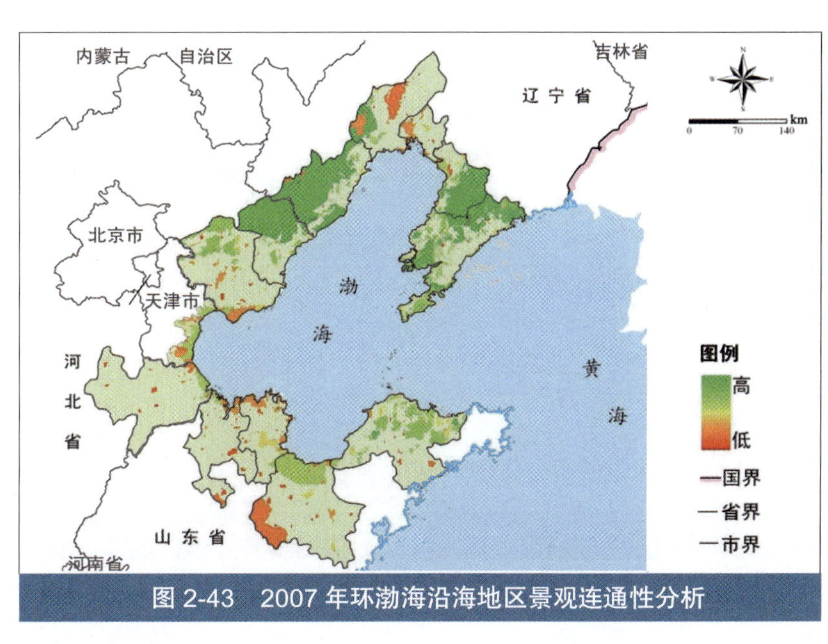

图 2-43　2007 年环渤海沿海地区景观连通性分析

4．污染物累积性生态影响

目前，国内开展的区域环评及污染物的总量控制体现了累积影响评价的思想，但总体上尚未针对累积影响评价提出法定的要求、技术导则、明确的评价步骤和文本格式的要求。

本研究中累积性影响指区域中重点产业发展造成的各种活动所导致的污染物排放，并且在生物体和土壤中这些主要污染物的累积状况评价，属于时间性累积影响。随着工业化的迅猛发展，其排放的主要污染物对生态环境产生了明显的负面影响，如土壤、动植物甚至人类也受到污染，并造成了不可挽回的后果。重点产业发展对环渤海区域生物体和土壤的累积性影响主要根据文献检索资料、部分城市土壤污染普查数据及环渤海典型工业集聚区补充监测结果分别与《土壤环境质量标准》（GB 15618—1995）中的二级标准、《食品中污染物限量标准》（GB 2762—2005）、《海洋生物质量标准》（GB 18421—2001）进行比较，依据其标准分别计算本区域各污染物超标倍数和超标率。

环渤海区域累积影响评价具有时空范围大的特点，对环境背景数据提出了较高的要求，由于历史环境监测资料积累时间短，所以针对本区域污染累积性影响评价涉及不多，在此，对已有成果进行归纳和总结，并对主要结论分析如下。

（1）土壤中污染物累积超标严重

通过土壤污染普查数据和文献检索数据，近几年来环渤海区域土壤中主要污染物累积情况如图 2-44 所示。其中葫芦岛、锦州是重污染区，天津其次。

2007 年在辽宁省的葫芦岛市、盘锦市、锦州市工业园区选择对生态环境影响较大的产业主要包括石油化工行业、有色金属冶炼加工业、加工制造业、电力热力生产等行业及企业的周边土壤采样，遵守全国土壤污染状况调查样品分析测试技术规定，分别检测出土壤中各重金属元素和石油烃含量，将其与国家土壤环境质量二级标准值对比，得出如下结论：

① 盘锦市重污染企业区、固体废弃物处理区、工业园区、采油区、蔬菜基地、畜禽养殖区周边土壤普遍存在 Cd 污染，Ni、Cu 略微超标，其他元素均未超标。其中，在采油区和重污染企业区周边土壤中 Cd 的超标率分别为 66.67% 和 33.33%，在双喜岭采油厂及周边地区出现 Cd、Ni、Cu 三种元素最大含量，其中 Cd 含量为 2.45 mg/kg，超标 7.167 倍；Ni、Cu 两元素分别超标 0.59 倍和 0.07 倍，其他元素均未超标。盘锦市镉污染比较严重，在 6 个典型区均有检出，超标率达到 40.8%，镉污染主要来源于电镀、触媒的工厂、钻井油泥、废旧电池、生活垃圾等。

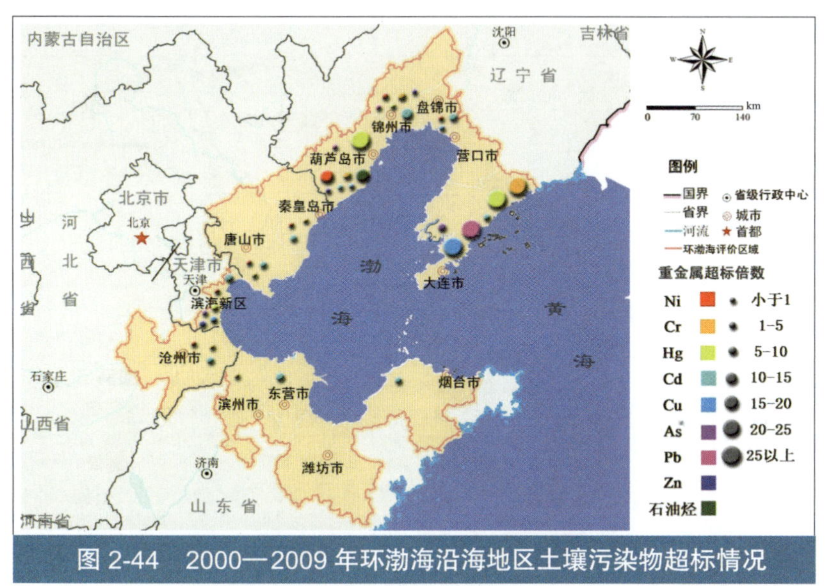

图 2-44 2000—2009 年环渤海沿海地区土壤污染物超标情况

注：潍坊市污染物含量未超标，营口市缺少相关数据。

② 锦州市工业园区普遍存在 Cd 轻度超标，超标率高达 76.47%；Zn、Ni、Cr 轻度超标，超标率均超过 15%；Hg、Pb 略有超标（2007 年锦州市土壤污染普查数据）。

石油化工企业周边土壤中普遍存在 Cd 轻度污染，超标率高达 80%；在锦州元成生化科技有限公司周边发现 Cd 最大含量，其超标 0.717 倍；在其他石化企业周边 Ni、Zn 两种元素略微超标，分别为 0.303 倍和 0.019 倍。

有色金属冶炼业周边土壤中也普遍存在 Cd 轻度污染，超标率高达 100%；Hg、Pb、Zn 略有超标；在锦州锦鑫有色金属有限公司周边发现 Cd、Hg、Pb 三种元素最大含量，其中 Cd 含量为 3.52 mg/kg，超标高达 10.733 倍；Hg、Pb 超标倍数均高于 0.65 倍；在锦州锦开电器集团有限责任公司周边出现 Zn 污染超标 0.54 倍。

加工制造业和电力热力生产行业企业周边土壤中普遍存在 Cd 轻度污染，超标率为 75%；其中 Cd 最大含量出现在金城造纸股份有限公司周边，超标 1.167 倍；其他元素未出现超标。

黑色金属冶炼及加工业企业周边普遍存在 Cd 轻度污染，超标率高达 100%；Cr、Ni 轻度超标，超标率 50%；其中 Cd 最大含量出现在锦州晨光铁合金集团有限公司周边，超标 1 倍；而 Cr、Ni 最大含量出现在锦州铁合金股份有限公司周边，分别超标 5.326 倍和 1.574 倍。

煤炭开采和洗选业周边土壤中存在 Cd、Cr、Zn 三种元素轻度污染，超标率均为 50%；但在凌海市大业金矿周边出现 Cd、Cr 最大值，分别超标 1 倍、1.244 倍；而在八道壕煤矿周边 Zn 略微超标。

③ 葫芦岛市工业园区 Ni 元素重度污染，超标率高达 64.7%；Cu、Cr、Zn、Hg 轻度污染，但前两者超标率均超过 30%；As、Pb 污染超标率较低（2007 年葫芦岛市土壤污染普查数据）。由于此处多年的污水灌溉，加之北方年降水量少，地表径流量小，对土壤的冲洗较弱，土壤受污染后较难恢复，造成该区域土壤中重金属含量高。

石油化工企业周边土壤中普遍存在 Ni、Cr 重度污染，部分企业出现 Ni 元素 100% 超标，

Cr 元素超标率也超过 60%；Hg、Cd 轻度污染，超标率均为 27.6%；在锦西化工（集团）有限责任公司周边发现 Ni、Cr、Hg、Cd 四种元素最大含量，其中 Hg 元素超标倍数高达 29.499 倍；石油烃污染仅出现在中石油锦西石化分公司附近一个采样土壤中，其含量是 9 478.00 mg/kg，超过国家标准（500 mg/kg）18.496 倍。

有色金属冶炼加工业周边土壤中普遍存在 Ni、Cu 重度污染，部分企业土壤出现 Ni 元素 100% 超标，Cu 元素超标率也高达 80%，Zn、Cr 元素轻度污染，但部分企业土壤超标率均超过 80%；在杨家杖子铅锌矿、钼矿区周边土壤中出现 Ni、Cu、Cr 三种元素最大含量，超标倍数均超过 6 倍；葫芦岛有色金属（集团）有限公司周边出现 Zn、As、Pb 三种元素最大含量，其中 Zn 含量是 12 819.87 mg/kg，超标高达 63.099 倍；Hg 元素在个别企业土壤超标接近 40%。

加工制造业周边土壤中普遍存在 Ni 元素重度污染，部分企业土壤出现 Ni 元素 75% 的超标率；Cu、Cr、Cd、Hg、Zn 轻度污染，但 Zn 在部分企业土壤中超标率高达 66.67%；在辽宁渤海水泥（集团）有限责任公司周边土壤中出现 Ni、Cu 两种元素最大含量，且超标倍数均超过 10 倍；中国核工业总公司七五四矿周边土壤中出现 Cr、Cd 两种元素最大含量，且 Cr 超标达 5.049 倍；在渤海船舶重工有限责任公司周边土壤中 Zn、Hg 两种元素含量最大，且 Zn 超标 3.662 倍。

电力热力生产业周边土壤中存在 Cu、Cr、Ni 三种元素轻度污染，其中 Cr、Ni 超标均为 20%，其超标倍数均超过 2.5 倍；但 Cu 超标率高达 60%，其最大含量是 135.53 mg/kg，超标 1.711 倍。

90 年代，大连市土壤中 Cu、As 含量分别为 183.9 mg/kg、26 mg/kg（陈涛，1992），超过土壤环境质量二级标准 1.84 倍、1.30 倍，Hg 含量为 0.717 mg/kg（陈涛，1992），超标 0.434 倍；而 2005 年和 2007 年大连市土壤中 Cu 含量已符合土壤环境质量一级标准，但是由于 As 和 Hg 含量缺失，未能比较这两种重金属在土壤中含量的变化情况。在大连市土壤污染中，将近 20 年不断污灌造成了土壤中 Hg 含量超标且 Hg 污染有一定的普遍性，以大连市区尤为突出，土壤中其他重金属和油污染相对于 Hg 污染面积较小，主要原因是大连市的机械、石油、化工业，虽排污量大，但绝大部分废水直接排海，因而这些行业对土壤污染较小。此外，大连市区土壤中的苯并 [*a*] 芘（BaP）含量的最高值是沈抚石油污水灌区和辽河平原城市中土壤中 BaP 含量的 6 ～ 12 倍，主要来源于北部大连湾沿海工厂造成的冬季煤烟型和油烟型污染，在气候影响下吹向市区，直接威胁到大连城市居民的身体健康水平。

80 年代，天津污灌区土壤中 Cd 含量为 0.588 mg/kg（京津渤综合组，1989），超过国家土壤环境质量二级标准 0.96 倍。

90 年代，天津近郊蔬菜园区土壤表层中 Cd、Hg 含量分别为 0.6 mg/kg、0.775 mg/kg（潘洁，1997），均超过国家土壤环境质量二级标准 1 倍和 0.55 倍。菜田中 Cd、Hg 重金属污染主要由污水灌溉和施用污泥所造成的。

21 世纪初，天津污灌区水田表层土壤中 Cd 和 Hg 的含量分别为 2.11 mg/kg、1.41 mg/kg（王祖伟，2005），与国家土壤环境质量标准相比较，超标 6.03 倍、3.7 倍，污灌区菜田表层土壤中 Cd 和 Hg 的含量分别为 1.15 mg/kg、1.35 mg/kg（王祖伟，2005），超标 2.83 倍和 1.7 倍。天津受汞污染的土壤，主要是使用受汞污染的河水进行农田灌溉和附近工厂大气中的汞污染，且土壤中汞含量因污染的时间、强度和污染源不同而有所差异。此外，天津市清静黄河口河岸的主要污染源为周边冶炼厂，各种重金属元素在冶炼厂附近土壤中发生明显累积，Cu 含量为 258.34 mg/kg、Zn 含量为 732.56 mg/kg、Cd 含量为 0.97 mg/kg、Ni 含量为 65.14 mg/kg（刘晓光，2006），分别超过国家土壤二级标准 1.58 倍、1.53 倍、2.23 倍、0.35 倍，对人体健康也存在影响。

2009 年在天津市油田土壤（天津市大港区滨海街）和水库土壤（天津市大港区北大港水库）分别采 5 个土壤样点，在油田附近土壤中，As 全部超过国家土壤环境质量二级标准，最大含量是 34.3 mg/kg，超标 0.143 倍，水库周边土壤虽未超标，但已经接近标准值。重金属 As 在土壤中的含量普遍偏高。

（2）生物体内出现重金属累积性超标现象

2009 年项目组在评价区选择了若干产业集聚区和自然保护区进行了生物体内累积性污染物补充监测，结果见表 2-55。在非产业聚集区的黄河三角洲采样的螃蟹体内重金属 As 的平均含量为 1.656 mg/kg，超标 0.656 倍，Cu 的平均含量是 64.67 mg/kg，超标 0.293 倍；在东营经济开发区内的螃蟹体内重金属 As 含量为 1.26 mg/kg，超标 0.26 倍，Pb 含量为 0.55 mg/kg，超标 0.1 倍。

在河北省沧州渤海新区采样的梭鱼体内 Cd 超标率为 36%，其最大值出现在养殖场南，含量为 3.9 mg/kg，超标 38 倍；F 含量的超标率为 4%，出现在养殖场中，其含量为 2.6 mg/kg，超标 0.3 倍。在非产业聚集区的南大港湿地采样的鲫鱼体内出现 Cd 和 F 两种元素超过国家食品污染物限量标准，其中 Cd 超标率为 36%，其最大值出现在南大港湿地南部，含量为 0.8 mg/kg，超标 7 倍；F 超标率为 8%，其最大值也出现在南大港湿地南部，含量为 2.3 mg/kg，超标 0.15 倍。

天津市提供的北大港水库和独流减河中鲤鱼体内各污染物均未超过限值。

表 2-56 显示了环渤海沿海地区重金属等累积性污染物在生物体内的富集情况，主要涵盖了粮食、蔬菜、鱼类和蟹类等，分别按照我国各类标准［《食品中污染物限量》（GB 2762—2005）、《海洋生物质量标准》（GB 18421—2001）、《食品中砷限量标准（海产食品中

表 2-55 植物体内累积性污染物补充监测结果 单位：mg/kg

各污染物限值和实际值 / 采样地点	植物类型	As	Cd	Pb	Cr	Cu	Zn	Ni	Hg
	玉 米	0.2	0.1	0.2	1	—	—	—	0.02
	赤碱蓬	0.05	0.2	0.3	0.5	—	—	—	0.01
辽宁锦州市翠岩镇	玉 米	—	0.006	—	—	1.39	—	—	—
辽宁锦州市新庄子	玉 米	—	0.005	—	—	1.60	10.10	—	—
天津大港区滨海街	油田植物	—	0.03	0.40	6.23	8.54	17.44	2.48	—
天津市北大港水库	水库植物	—	0.02	0.42	4.35	6.00	16.84	1.58	—
河北沧州市南大港	玉 米	—	—	0.72	1.56	—	—	—	—
河北沧州渤海新区	玉 米	—	—	0.64	1.57	—	—	—	—
黄河三角洲	赤碱蓬	0.32	0.20	1.76	1.25	8.53	71.73	4.28	0.04
黄河三角洲	棉 花	0.14	0.07	1.22	0.56	9.47	35.93	3.05	0.05
山东省东营开发区	赤碱蓬	0.45	0.33	1.88	1.63	20.47	60.67	4.56	0.04
山东省东营开发区	棉 花	0.31	0.07	1.35	1.23	15.67	50.87	3.93	0.04

注：颜色加深表示超过国家安全限值。

表 2-56　动物体内累积性污染物补充监测结果　单位：mg/kg

各污染物限值和实际值 / 采样地点	动　物	As	Cd	Pb	Cr	Cu	F	Zn	Ni	Hg
	螃　蟹	1.0	—	0.5	2.0	50	—	—	—	—
	梭　鱼	0.1	0.1	0.5	—	—	2.0	—	—	1.0
	鲤 / 鲫鱼	0.1	0.1	0.5	2.0	—	2.0	—	—	0.5
黄河三角洲	螃　蟹	1.66	0.04	0.41	0.99	64.67	—	42.56	2.63	0.034
山东省东营开发区	螃　蟹	1.16	0.03	0.49	0.37	30.67	—	39.22	1.80	0.025
天津市北大港水库	鲤　鱼	—	—	0.04	0.05	0.39	—	16.05	—	—
天津市独流减河	鲤　鱼	—	—	0.08	0.17	0.78	—	88.99	—	—
河北省沧州渤海新区	鲫　鱼	—	0.56	未检出	未检出	—	2.6	—	—	—
河北省沧州市南大港	梭　鱼	—	1.83	未检出	未检出	—	2.2	—	—	—

注：颜色加深表示超过国家安全限值。

无机砷允许限量标准）》（GB 4810—1994）、《农产品安全质量无公害水产品安全要求》（GB 18406.4—2001）］换算其超标倍数。

在非产业聚集区的黄河三角洲和产业集聚区的东营经济开发区采样的翅碱蓬体内 As、Hg、Pb、Cr 的超标率均高达 100%，其中黄河三角洲附近 As 最大含量是 0.534 mg/kg，超标 9.686 倍；Pb 最大含量是 3.222 mg/kg，超标 9.741 倍。Cd 超标率为 60%，其最大含量是 0.357 mg/kg，超标 0.786 倍。东营经济开发区附近 As 最大含量是 0.73 mg/kg，超标 13.608 倍；Pb 最大含量是 2.502 mg/kg，超标 7.341 倍；Cr 最大含量是 2.233 mg/kg，超标 3.467 倍。Cd 超标率为 80%，其最大含量是 0.53 mg/kg，超标 1.65 倍。

在非产业聚集区的南大港湿地玉米仅出现 Cr 超标，其超标率为 72%，最大值出现在南大港湿地闫家房子处，其含量为 2.01 mg/kg，超标 1.01 倍；在南大港的马营出现个别玉米 Pb 元素超标 2.6 倍；在产业区的沧州渤海新区，也出现 Cr 超标，其超标率为 64%，最大值出现在沧州渤海新区的大郭庄，其含量为 2 mg/kg，超标 1 倍；但是其检出限值为 1.3 mg/kg，也就是未检测出的玉米中仍可能有 Cr 超标；在沧州滨海新区的新庄子也出现个别玉米 Pb 元素超标 2.2 倍。

天津市提供的油田植物、水库植物均为挺水植物，暂无相关标准与之比较。辽宁省提供的玉米补充监测数据未超过国家标准。

环渤海沿海地区的石油化工、有色金属冶炼业、黑色金属冶炼业、加工制造业等行业是该区域超标污染物的主要来源，污染源周边的土壤和生物体内重金属、石油烃等污染物的累积明显，葫芦岛、锦州是重污染区，天津其次。东营在生物体内 As、Pb、Hg 严重污染，而盘锦、天津、沧州也存在不同程度的污染。

二、海洋生态状况评价

1. 入海水量显著减少，海水盐度普遍升高

入海淡水对于稳定河口三角洲盐度、基础生源物质输入、海底生境及海岸带生境等重要的基础生境条件发挥了至关重要的作用。由于径流性水资源的衰减及工农业用水对河流生态用水的挤占，自 20 世纪 70 年代以来入渤海水量迅速下降，到 20 世纪 90 年代入海的淡水总

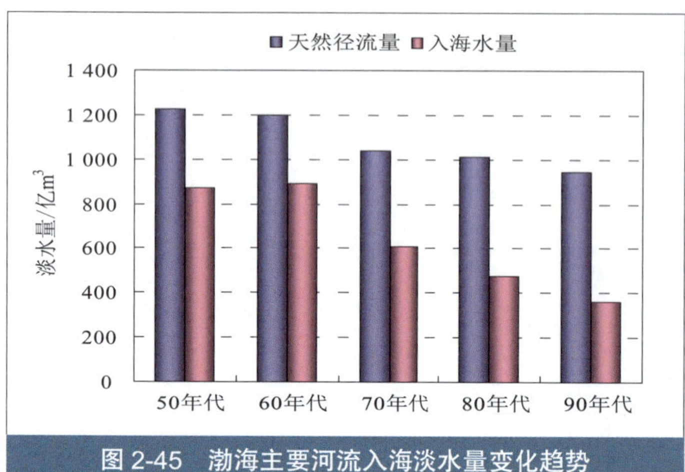

图 2-45 渤海主要河流入海淡水量变化趋势

量已不足 20 世纪 50 年代的一半（见图 2-45），2001—2008 年年均入渤海水量不足 300 亿 m^3，仅为 1956—2000 年年均入海水量的 60%。

入海水量显著减少不但导致了地表河流断流、海水入侵面积扩大、土壤盐渍化，而且改变了河口近岸区域沉积环境，改变了渤海和河口地区的生态基础条件，造成渤海盐度普遍提高。2008 年 8 月，渤海低盐区（<27‰）范围仅为 1 900 km^2，比 1959 年同期缩减 80%（图 2-46）。

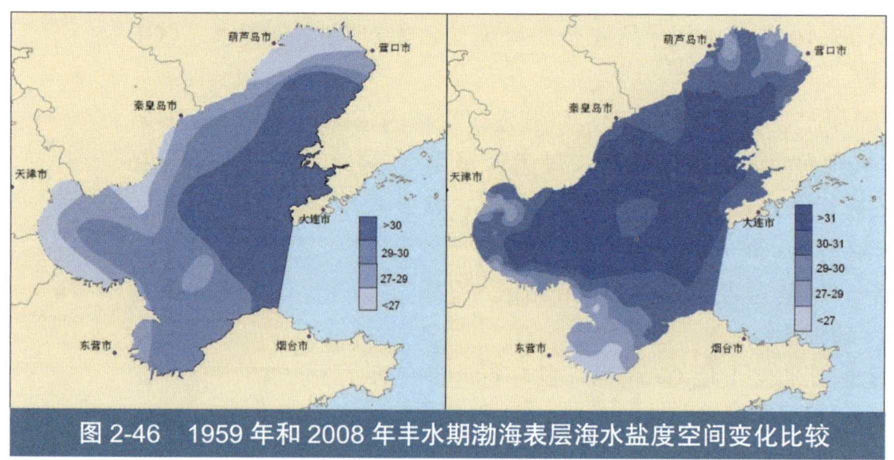

图 2-46 1959 年和 2008 年丰水期渤海表层海水盐度空间变化比较

2. 产卵场退化

渤海生态用水是指河流径流进入渤海河口区域和滨海湿地的淡水量。20 世纪 50 年代以来渤海主要河流淡水入海量变化趋势显示，20 世纪 70 年代以来渤海河流淡水入海量持续下降，20 世纪 90 年代的入海淡水总量已不足 20 世纪 50 年代的一半。由于入海淡水量锐减，渤海全区盐度普遍升高。2008 年 8 月渤海低盐区（盐度 <27‰）范围仅为 1 900 km^2，比 1959 年同期缩减了 80%，河口区的盐度升高非常显著，已经严重改变了河口区域的生态环境，致使多数产卵场退化或消失，是导致渤海优质渔业资源衰竭的主要原因之一。

滨海湿地淡水补给量的减少也是导致滨海湿地退化和海水入侵的重要原因。另外，渤海环流动力学研究表明，盐度对渤海夏季环流具有重要影响，因而盐度的改变也可能对渤海环流产生一定影响。

河流向渤海输送的泥沙是渤海维持海岸带淤、蚀动态平衡的主要物质来源。随着河流入海径流量的锐减，黄河、海河等主要河流的输沙量迅速降低，致使莱州湾、黄河口、秦皇岛沿岸等渤海多处岸段海岸侵蚀灾害严重。另外，河口泥沙输入的减少还改变了河口近岸区域的沉积环境，进而改变了底栖生物的群落结构。

3. 渔业资源波动显著

近岸海域与河口生态基础生境改变，导致渤海产卵场严重退化、营养级下降、多数经济种群缺失、食物网简单化、生物多样性降低，渤海生态系统总体脆弱。渤海传统优质渔业资源，如带鱼、小黄鱼和对虾等接近枯竭；近岸海域中文昌鱼栖息密度由 2000 年的 285 条 /m^2 下降到 2008 年的 71 条 /m^2。底栖生物生物量明显降低，近 20 年来下降为不到原来的一半。潮间带生物栖息密度及生物量降低明显，文蛤、青蛤和四角蛤蜊等大型经济种类的生物量明显下降。总体来看，渤海渔业“摇篮”地位降低，“渔仓”功能基本丧失，已严重削弱了渤海在我国北方海陆生态系统格局中的战略地位。

表 2-57 渤海主要经济种单位网产量的年际变化

单位：kg/（网·h）

鱼 种	1959 年	1982 年	1992 年	1998 年
小黄鱼	51	7.2	5.7	0.4
带 鱼	50.7	0.8	0.1	0.08
黄 鲫	—	8.2	18.0	8.0
鳀 鱼	—	6.8	25	0.2
斑 鰶	—	—	6.5	1.6
棱 鳀	—	—	2.6	7.2
蓝点鲅	—	3.8	0.2	0.8
对 虾	25.2	0.9	0.4	0
虾 蛄	—	3.7	4.8	0.5
梭子蟹	3.7	9.2	2.9	0.4
合 计	138.8	50.4	56.2	11.18

20 世纪 50 年代末渤海主要的经济鱼类是带鱼和小黄鱼、黄姑鱼、鳕鱼和牙鲆、高眼鲽、黄盖鲽、石鲽等底层优质鱼类。其中带鱼和小黄鱼的产量在渤海总捕捞量中占 50% ～ 90%。20 世纪 80 年代，小型低质鳀鱼、黄鲫、青鳞、枪乌贼等中上层鱼类替代了上述经济底层鱼类，而鲐鱼、蓝点马鲛等大中型的中上层鱼类，虾蟹类和头足类的产量则分别稳定在 15% 左右的水平上。优质渔业资源单位的捕获量（CPUE）急剧下降，资源严重衰竭。1959 年带鱼、小黄鱼和对虾单位网产量平均分别在 50.7 kg/（网·h）、51 kg/（网·h）和 25.2 kg/（网·h），1998 年上述三种资源单位网产量分别为 0.08 kg/（网·h）、0.4 kg/（网·h）和 0 kg/（网·h）。导致优质渔业资源衰竭的主要原因是酷渔滥捕和渔业资源的长期过度开发利用，而且从种群恢复的基本条件来看，由于种群的数量过低，这些优质渔业资源的恢复能力基本丧失。

4．近岸海域生态系统处于亚健康、不健康状态

渤海近岸典型生态系统主要包括河口和海湾两类，以双台子河口、滦河口、黄河口为代表的河口生态系统和以锦州湾、渤海湾、莱州湾为代表的海湾生态系统是渤海近岸生态系统的主要构成单元（图 2-47）。

2007 年渤海近岸大多数重点海域生态系统处于亚健康状态。锦州湾、莱州湾生态系统处于不健康状态，湾内潮间带生物种类和数量明显下降，底栖生物栖息密度和鱼卵的数量低于正常波动范围，围填海、筑路、兴建盐田和养殖池塘使滨海湿地面积严重萎缩，导致栖息地面积有所减小。2009 年，双台子河口、滦河口—北戴河和黄河口生态监控区的生态系统处于亚健康状态，锦州湾、渤海湾和莱州湾生态监控区的生态系统处于不健康状态。

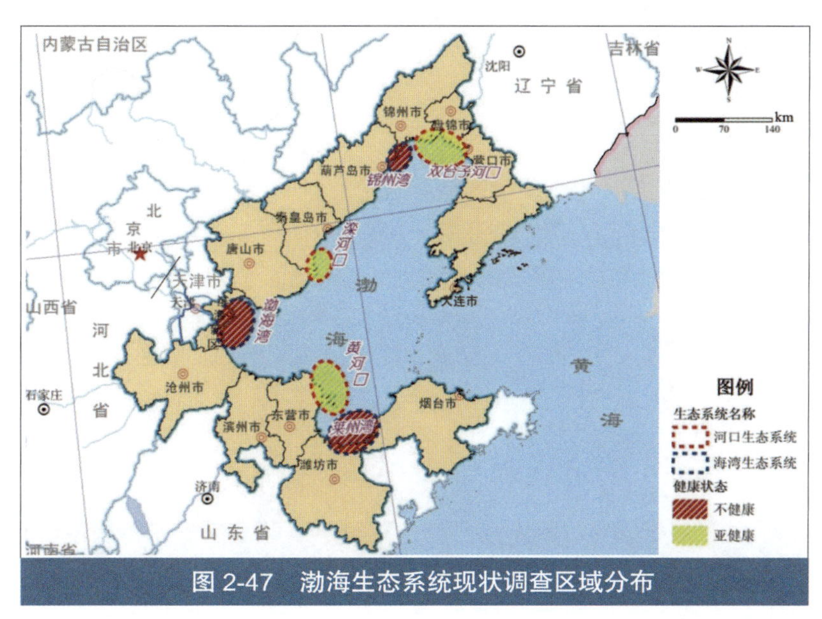

图 2-47 渤海生态系统现状调查区域分布

三、海陆交汇带生态状况评价

1. 建设用地扩张速度快，岸线形态不断变化

近十多年来，环渤海沿海地区海陆交汇地带（10 km 宽海岸带）最突出的特征就是大量易于开发利用的土地类型诸如滩涂、盐田和水域等被转化为建设用地，扩张速度远远高于全国平均水平。

根据 2007 年遥感影像解译，环渤海海陆交汇带总面积为 1.94 万 km^2，占评价区总面积 15.0%。其中，大连和烟台海岸带面积最大。耕地、滩涂、盐田、建设用地是主要土地利用类型，面积分别为 8 406 km^2、2 120 km^2、2 718 km^2、1 864 km^2，占海陆交汇带比例分别为 43.3%、10.9%、14.0%、9.6%（注：沧州、东营、潍坊和滨州的海陆交汇带中只存在极少零星分布的建设用地，在遥感解译中忽略不计）。耕地、建设用地和滩涂占评价区相应土地利用类型的 18.1%、34.9% 和 36.9%（表 2-58），是产业集中发展区域，同时又是生态敏感区域。

建设用地集中分布在大连、营口、烟台、秦皇岛、葫芦岛、滨海新区，这主要因为上述城市市辖区紧临渤海，有集中成片的建设用地。

耕地集中分布在大连、葫芦岛、烟台、秦皇岛；水体集中分布在唐山、大连和东营；滩涂集中分布在东营、滨州、营口、潍坊；盐田集中分布在滨海新区、大连和沧州；沼泽与苇地集中分布在东营。

根据 1995 年和 2007 年遥感影像解译（图 2-48）和土地利用变更调查数据，环渤海沿海地区海陆交汇带空间形态迅速变化，沿海滩涂、湿地、盐田和水面等生态敏感度高的土地大面积转化为建设用地。其中，天津滨海新区、秦皇岛、东营、烟台和滨州等地极为突出，建设用地扩张速度是全国平均水平的 2 倍。1995—2007 年，渤海海陆交汇带地区耕地面积减少了 1/4，新增建设用地 951 km^2，建设用地规模年均增加 6.1%（表 2-58），远远大于环渤海沿海平均水平和全国平均水平，大量沿海滩涂、盐田被占用。

近年来，环渤海沿海一带出现了大规模填海造地的热潮。根据遥感影像解译，2000—2008 年渤海填海造地总面积为 551.4 km^2，平均每年填海 68.9 km^2（图 2-49）。2009 年，渤海

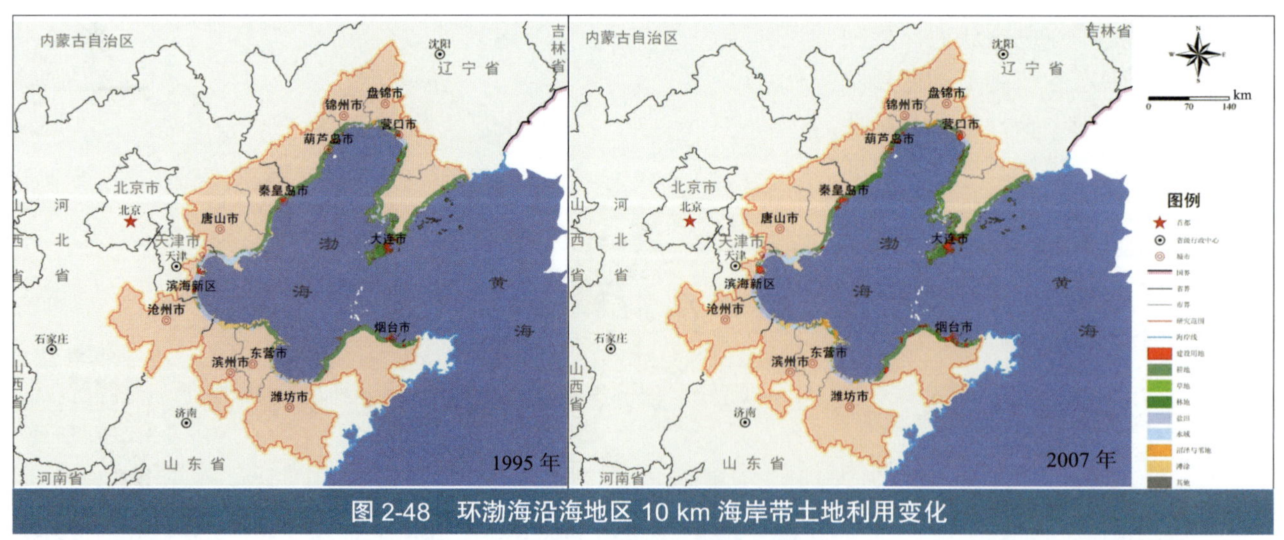

图 2-48 环渤海沿海地区 10 km 海岸带土地利用变化

数据来源：根据 1995 年 TM 影像、2007 年北京一号小卫星影像解译结果。

填海造陆工程占用海域总计 94.77 km²。海洋开发规模扩大，造成对海域的侵占、对局部生态环境的永久性改变和污染物排放的增加，对海洋生态环境产生了巨大压力。

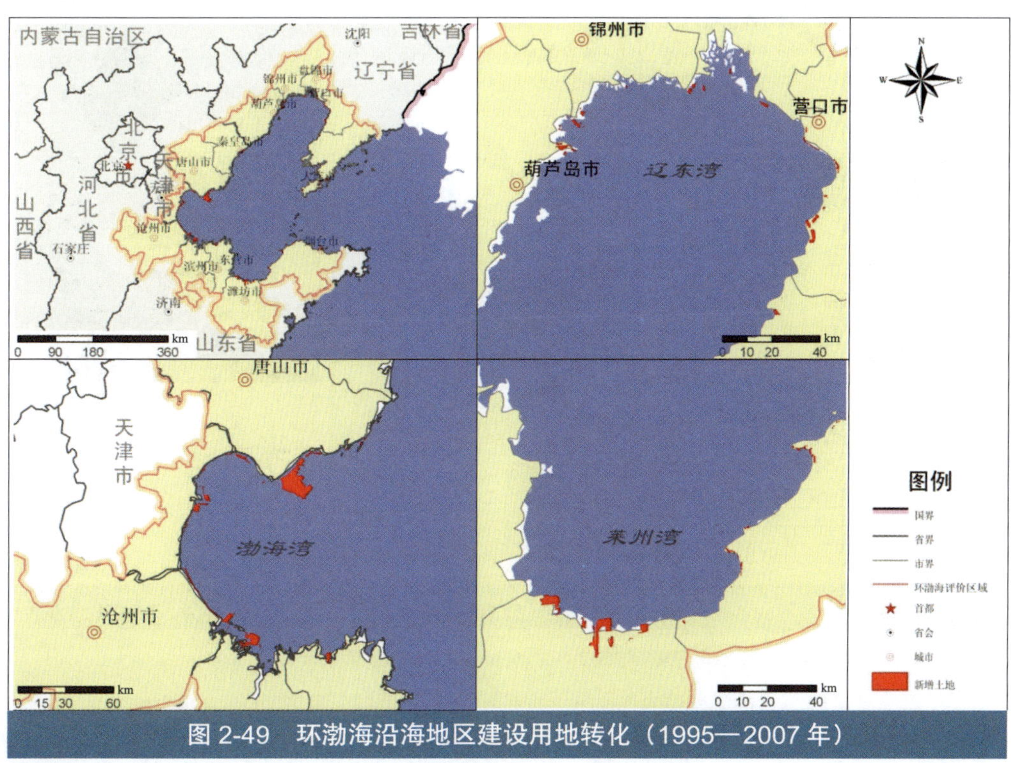

图 2-49　环渤海沿海地区建设用地转化（1995—2007 年）

数据来源：根据 1995 年 TM 影像、2007 年北京一号小卫星影像解译。

表 2-58　环渤海沿海地区海陆交汇带海岸带主要土地利用类型分布（2007 年）

地　区	面积 / 万 hm²	耕地 / 万 hm²	占全区耕地比重 /%	建设用地 / 万 hm²	占全区建设用地比重 /%	滩涂 / 万 hm²	占全区滩涂比重 /%
大　连	56.16	29.17	80.8	5.46	80.4	0.89	9.6
营　口	9.34	3.7	32.6	1.98	78.5	0.74	61.6
盘　锦	5.74	3.22	25.0	0.14	8.1	0.86	13.9
锦　州	5.85	3.51	9.0	0.17	7.9	0.64	16.3
葫芦岛	16.87	8.83	39.1	1.0	64.3	0.40	9.1
秦皇岛	9.56	6.27	34.5	1.69	70.9	0.04	4.9
唐　山	14.11	4.62	8.4	0.44	7.9	1.04	9.6
滨海新区	11.21	1.55	33.4	2.56	41.5	1.11	37.5
沧　州	5.23	0.47	0.6	0.00	0.0	0.44	16.5
滨　州	4.69	0.11	0.2	0.00	0.0	2.94	72.7
东　营	19.96	4.54	20.7	0.00	0.0	9.69	62.7
潍　坊	6.75	0.82	1.0	0.00	0.0	1.51	54.0
烟　台	28.49	17.27	38.7	5.20	73.3	0.92	57.1
合　计	193.98	84.06	18.1	18.6	34.9	21.20	36.9

注：表中数据来源于遥感影像解译。

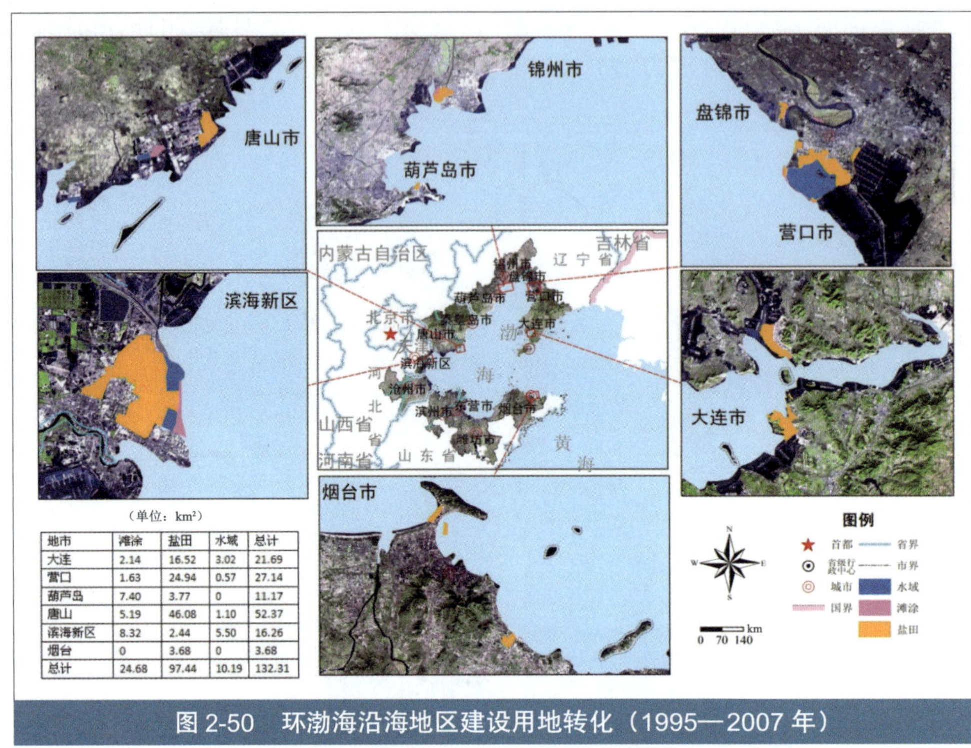

地市	滩涂	盐田	水域	总计
大连	2.14	16.52	3.02	21.69
营口	1.63	24.94	0.57	27.14
葫芦岛	7.40	3.77	0	11.17
唐山	5.19	46.08	1.10	52.37
滨海新区	8.32	2.44	5.50	16.26
烟台	0	3.68	0	3.68
总计	24.68	97.44	10.19	132.31

图 2-50 环渤海沿海地区建设用地转化（1995—2007 年）

数据来源：根据 1995 年 TM 影像、2007 年北京一号小卫星影像解译。

表 2-59 环渤海沿海地区海陆交汇带建设用地变化情况（1996—2007 年） 单位：10^3hm^2

	全区城镇建设用地				其中：10 km 宽海岸带建设用地			
	1996 年	2007 年	变化量	年均变化率 / %	1995 年	2007 年	变化量	年均变化率 / %
大　连	48.6	67.9	19.3	3.09	31.9	54.6	22.7	4.58
营　口	19.8	25.2	5.4	2.21	7.8	19.8	12.0	8.04
盘　锦	14.2	17.4	3.1	1.83	0.5	1.4	0.9	9.16
锦　州	19.7	21.6	1.9	0.86	1.4	1.7	0.2	1.29
葫芦岛	13.4	15.6	2.1	1.35	6.5	10.0	3.5	3.69
唐　山	46.6	55.4	8.7	1.57	0.4	4.4	3.9	21.29
秦皇岛	15.0	23.8	8.8	4.29	9.4	16.9	7.5	5.01
滨海新区	38.6	61.7	23.2	4.37	15.6	25.6	10.0	4.20
沧　州	38.1	52.2	14.1	2.90	0.0	0.0	0.0	—
滨　州	17.4	27.8	10.5	4.37	0.0	0.0	0.0	—
东　营	20.3	32.1	11.8	4.27	0.0	0.0	0.0	—
潍　坊	43.7	62.8	19.1	3.35	0.0	0.0	0.0	—
烟　台	41.3	70.9	29.6	5.04	17.8	52.0	34.3	9.37
合　计	376.7	534.4	157.7	3.23	91.4	186.4	95.1	6.12

注：1. 全区城镇建设用地数据来源于 1996 年和 2007 年土地利用变更调查成果，存在增减调整，不是新增建设用地，10 km 宽海岸带数据来源遥感解译，故会出现部分地区全区变化量小于 10 km 海岸带变化量，但不影响 10 km 宽海岸带建设用地扩张速率大于全区的分析结果。

2. 沧州、东营、潍坊和滨州 10 km 海岸带只存在极少零星分布的建设用地，故在遥感解译中忽略不计。

2．沿海滩涂湿地锐减，生态环境问题突出

近年来，环渤海沿海地区海陆交汇带受到产业发展影响变化显著，生态缓冲功能遭到严重破坏。1996—2007 年，环渤海沿海地区的滩涂湿地减少了 717.6 km^2，大部分地区滩涂湿地减少比例都超过 10%，年均减少 1% 以上，烟台、滨州减少比例分别超过了 20%、50%。10 km 的海岸带上仅滩涂就减少了约 350 km^2，占全区减少总量的近一半；大连、营口、葫芦岛、唐山、天津和烟台等尤为突出，总计 24.7 km^2 滩涂、97.4 km^2 盐田以及 10.2 km^2 水域转化为建设用地（图 2-50）。根据测算，近十年环渤海沿海地区减少的沿海滩涂湿地相当于减少了整个环渤海沿海地区年入海污染物 2% ～ 10% 的污染削减能力*。大量滨海天然湿地丧失，湿地植被大量永久性消失，湿地的净化能力严重削弱，导致向渤海排放的大量氮、磷、重金属、油类等污染物缺乏入海的最后屏障，进一步加剧了渤海的生态破坏和水质污染。

由于沿海地区地下水过量开采，滨海平原地表径流量减少，造成海岸带出现地面沉降、海水入侵、海岸侵蚀和土壤盐渍化等严重的生态环境问题（图 2-51）。其中，山东莱州湾南岸和烟台地区海咸水入侵已达 1 955 km^2，盘锦地区海水入侵最远距离达 68 km。

环渤海地区侵蚀海岸总长度约 1 200 km，占渤海大陆岸线长度的 46%，主要分布在北岸产业带的长兴岛—盖州、葫芦岛，西岸产业带的乐亭，以及南岸产业带黄河三角洲北岸（沾化 — 孤岛）、莱州湾等岸段（图 2-51）。其中，严重侵蚀岸段（>−20 m/a）长度 70 km，主要分布在老黄河入海口；重度侵蚀岸段（−10 ～ −20 m/a）长度 166 km，主要分布在葫芦岛六股河入海口、黄河入海口西南岸 — 老河入海口。

伴随着天然滩涂湿地面积减少，围海造地和人工岸线增加，海陆交汇带生态系统人工化趋势明显；海岸带生境趋于破碎化，植被状况趋于恶化，生态系统稳定性降低，导致生态系统服务功能降低，生态风险增加，自然生态系统总体趋于退化，“鸟类的国际机场”功能受到威胁。

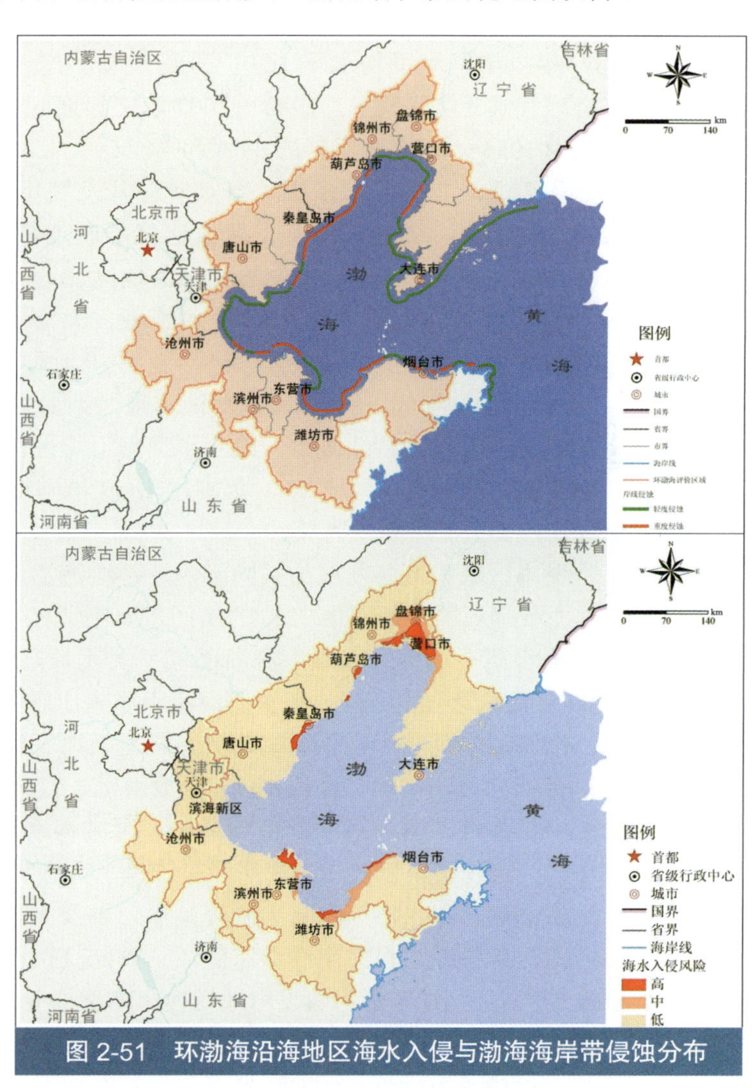

图 2-51　环渤海沿海地区海水入侵与渤海海岸带侵蚀分布

* 根据污染源普查数据，2007 年环渤海沿海地区点源排放 COD 总量为 79.7 万 t，点源排放 NH_3-N 总量为 7.3 万 t；十三地市入海 COD 总量为 60.8 万 t，入海 NH_3-N 总量为 5.4 万 t；根据大量文献和湿地试验，滨海滩涂湿地对 COD 的污染削减负荷在 0.05 ～ 0.4 g/（m^2·d），对 TN 的污染削减负荷在 0.01 ～ 0.1 g/（m^2·d）。

第七节　区域生态环境特征与关键问题

环渤海沿海地区地处三大流域下游，资源环境压力巨大，生态退化和环境污染问题堪忧。本地水资源紧缺，复合型水资源与水环境问题突出，生态用水和入海淡水量不足，海河、辽河、黄河三大流域地表河流和渤海近岸海域污染严重；大气煤烟型污染特征明显，复合型污染问题开始显现；沿海地区自然滩涂湿地锐减，海陆交汇带生态系统人工化趋势明显；近岸海域与河口生态基础改变，产卵场严重退化，渤海渔业“摇篮”地位降低，“渔仓”功能基本丧失。

环渤海沿海地区本地水资源紧缺，水资源衰减趋势严峻。环渤海沿海地区位于三大流域下游，区域内可利用的水资源量受到上游来水的制约，当地水资源开发利用过度，对外调水依赖大；人均水资源量 338 m^3/ 人，仅分别相当于东南沿海五省市和全国平均水平的 1/4 和 1/5，相当于世界平均水平 1/20，平均每 km^2 产水 15.5 万 m^3，仅为全国平均水平的 58.8%。在全球气候变化背景下，1980—2007 水文年期间，环渤海沿海地区平均降水量和水资源量仅分别为 1956—1979 水文年的 89% 和 74%。

环渤海沿海地区大多数城市水资源开发利用率超过 100%，水资源外部依赖程度过大，供需矛盾突出。随着陆域开发建设速度不断加快，用水量急剧增加，加上降水普遍减少等自然原因，河流生态用水缺乏，许多地区出现了河道断流、地下水超采、地面沉降、海水入侵等地质灾害现象，海岸侵蚀长度占渤海大陆岸线长度的 46%，海水入侵面积超过 1 300 km^2。

20 世纪 90 年代以后，渤海入海淡水量已不足 20 世纪 50 年代的一半，许多河流已出现断流，再加上泥沙输入的持续减少，改变了河口近岸区域沉积环境和生态基础条件，导致渤海盐度普遍提高，低盐区（$< 27‰$）范围比 1959 年同期减少了 80%。水资源不足又进一步加剧了地表河流与近岸海域的污染。

受本区域和上游发展的共同影响，环渤海沿海地区河流水质污染严重，长期处于超标状态。主要河流国控断面中 72% 的断面水质不达标，劣Ⅴ类比例达 66%；重点监控断面中 81% 的断面水质不达标；入海河流断面劣Ⅴ类水质超过了 70%。2007 年以后，环渤海沿海地区 COD 排放总量有所下降，但主要河流水质未出现明显好转。

渤海近岸海域污染呈加重趋势，轻度及以上污染海域面积不断扩大，受污染海域自岸向海呈带状分布，平均宽度约 10 km；渤海湾、辽东湾和莱州湾三大湾海水环境质量明显劣于渤海中部海域，湾内基本都受到污染，污染宽度超过 30 km；赤潮发生频率、溢油污染、贝类体内污染物富集以及近岸底质污染均呈上升态势。

生态用水和入海淡水量大幅度减少，以及大规模建设活动和围填海工程的实施，导致自然滩涂湿地锐减，自然岸线形态破坏，海陆交汇带生态系统持续退化。海陆交汇带开发活动强度加大，近 10 年来，建设用地规模年均增加 6.1%，滨岸滩涂湿地年均减少 1%，围海造地规模大大增加，1996—2007 年填海造地总面积为 551.4 km^2，平均每年填海 68.9 km^2，自然岸线长度减少了 10.8%，年均减少 1% 以上；重要生物栖息地面积锐减；自然生态系统总体趋于退化，“鸟类的国际机场”功能受到威胁。

环渤海沿海地区季节性煤烟型污染特征明显，常规大气污染物和碳排放量都较大。从

1995—2007 年，环渤海沿海地区能源消费持续增加，能源消费增长速度高于全国平均水平。煤和石油占一次能源消费总量的比例接近 95%，其他清洁能源和可再生能源仅占一次能源消费总量的 5% 左右，低于全国平均水平。能源结构落后直接导致了环渤海沿海地区大气的煤烟型污染特征明显，冬春季颗粒物、二氧化硫污染严重，氮氧化物污染态势严峻，碳排放量逐步提高，减排压力巨大。受春季沙尘天气以及长江以北酸雨污染等多种类型污染过程综合影响，空气质量达标率较低，主要城市大气污染物浓度仍然持续超标，北岸产业带、西岸产业带聚集了冶金、石油、化工等高污染行业，主要城市大气污染仍很严重。

环渤海沿海地区在煤烟型大气常规污染维持较高水平的同时，以臭氧和细粒子等为特征的二次污染的发生频次逐渐增加，区域大气复合型污染已经显现。环渤海沿海地区城区臭氧污染季节特征明显，通常在温度、湿度适宜的夏、秋季节达到高值。虽然大部分城市的可吸入颗粒物浓度呈现逐年下降的趋势，但环渤海沿海地区蓝天数并未增加，区域性灰霾天气显著增多，持续时间增长，区域能见度总体呈下降趋势。近 30 年，环渤海沿海地区能见度总体呈下降趋势，主要城市市区的能见度基本维持在 13 km 左右，但郊区能见度则从 1980 年的 18 km 左右下降到 2008 年的 14 km 左右。总体来看，由于区域输送以及地区间相互作用的增强，以及重污染企业分散布局等原因，造成环渤海沿海原本较为清洁的地区（尤其是城市近郊区）污染问题加重，区域性复合型污染特征突出。

第三章

区域经济社会和重点产业发展特征与趋势

环渤海地区是我国快速发展的重要经济集聚区之一，已经成为国家战略集中的重点地区。环渤海地区以5%土地承载全国大约1/6人口和近1/4经济总量，既是当前国家经济发展的重要增长极，又是未来国家经济发展的重要区域，具备较好的发展基础。作为环渤海地区的重要组成与依托，天津滨海新区、辽宁沿海经济带、河北曹妃甸地区、山东黄河三角洲等地区已经成为国家利用国际、国内市场，支持国家区域经济发展的重点战略地区，也是环渤海地区发展与振兴的集聚区域（图3-1）。

环渤海沿海地区基本具备了带动整个环渤海地区乃至全国发展的基础条件。环渤海沿海地区包括十三地市，是三省一市中发展最快的区域，2007年GDP占环渤海三省一市同期GDP的36.1%，2003—2007年，沿海地区年均GDP增长率超过20%，超过同期环渤海三省一市1.5个百分点，发展速度均已高于长三角、珠三角两大经济区，今后经济发展潜力巨大。环渤海沿海地区已经成为国家重化工业的基地之一。它是我国重要的钢铁生产基地，2007年钢材产量规模达6 000万t左右，占全国的1/7左右，粗钢和生铁产量超过全国10%；是我国重要石油生产、加工基地，全国七大石化基地有三个分布在本区，2007年产值占全国的21%，原油产量6 097.4万t，占全国1/3。

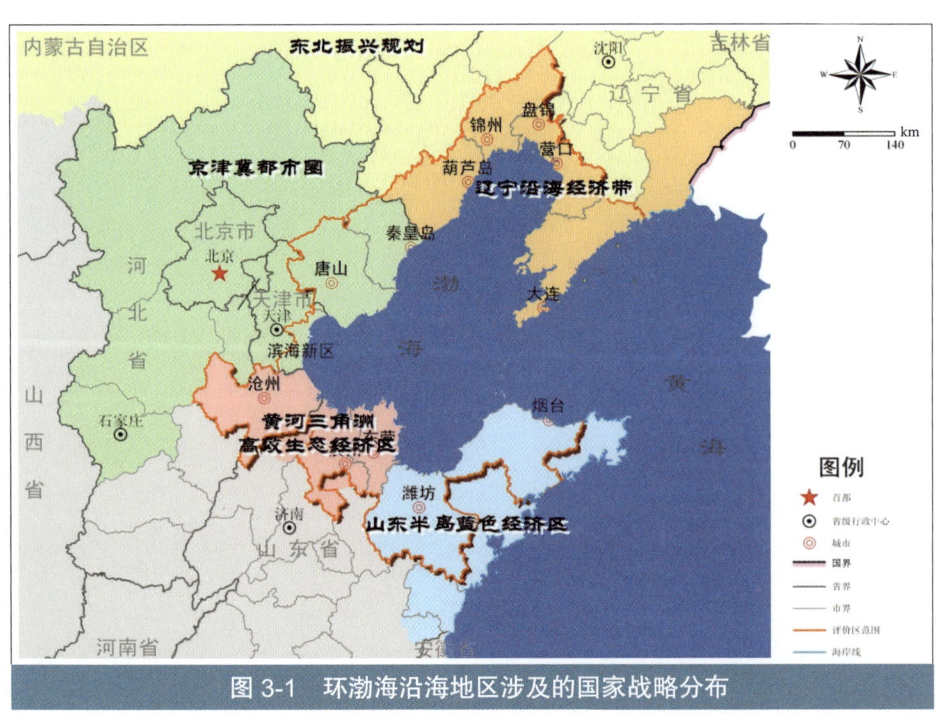

图3-1　环渤海沿海地区涉及的国家战略分布

第一节　区域经济社会与产业发展历程

一、区域经济社会发展历程

环渤海三省一市区域经济快速增长，在全国经济中的重要地位持续提高。自1980年来，环渤海三省一市经济总量在全国的比重总体呈上升趋势，从1980年来分四个阶段处于波动上升状态（图3-2）。第一阶段（1980—1985年）经济总量占全国比重小幅下降，从19.7%下降到19.6%；第二阶段（1986—1990年）经济总量占全国比重上升，从19.3%上升到20.3%；第三阶段（1991—1995年）经济总量占全国比重下降，从20.3%下降到19.0%；第四阶段（1996年至今）经济总量占全国比重持续上升，从1996年19.1%上升到2006年22.3%，且2001年小幅下降之后发展速度更快，这得益于国家层面对环渤海区域经济发展的重视。

环渤海三省一市与长三角经济总量相当，人均水平低于长三角、珠三角地区。但自2005年以来环渤海三省一市经济发展速度均高于长江三角洲地区，环渤海经济发展潜力巨大（表3-1）。2007年环渤海三省一市实现国内生产总值55 749亿元，经济总量已超过长三角、珠三角地区，但地区人均GDP、单元国土面积经济产出强度还相对较低（表3-1）。2007年环渤海沿海地区完成固定资产投资37 726.6亿元，比上年增长20.9%；2003—2007年均GDP增速达到19.2%，投资规模与发展速度均已高于长三角、珠三角两大经济区，今后经济发展潜力巨大。

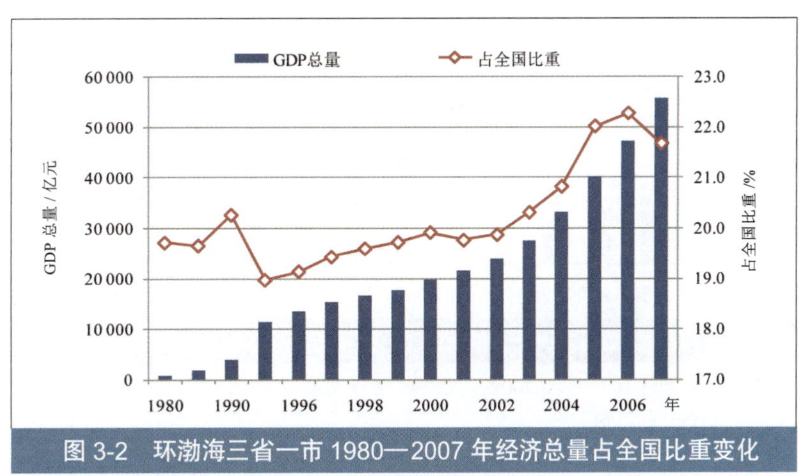

图3-2　环渤海三省一市1980—2007年经济总量占全国比重变化

数据来源：中国统计年鉴2008、天津统计年鉴2008、辽宁省统计年鉴2008、河北经济年鉴2008、山东省统计年鉴2008。

从环渤海三省一市内部各省市

表3-1　环渤海地区与长三角、珠三角区域特征的对比

	全　国	环渤海三省一市	环渤海沿海地区	长三角地区	珠三角地区
土地面积/万 km^2	960	50.4	12.9	11.0	5.5
常住人口/万人	132 129	21 723	5 516	8 876	4 680
GDP/万亿	25.0	5.6	2.0	4.7	2.6
人均GDP/万元	1.9	2.6	3.6	5.3	5.5
GDP增速/%	11.0	19.2	20.7	14.5	16.4

注：1. 上表中长三角地区包括上海、南京、无锡、常州、苏州、南通、扬州、镇江、泰州、杭州、宁波、嘉兴、湖州、绍兴、舟山、台州，共16个城市；珠三角地区包括广州、深圳、珠海、佛山、江门、肇庆、惠州、东莞、中山，共9个城市。

2. GDP增速为2003—2007年的年均值；其余均为2007年数据。

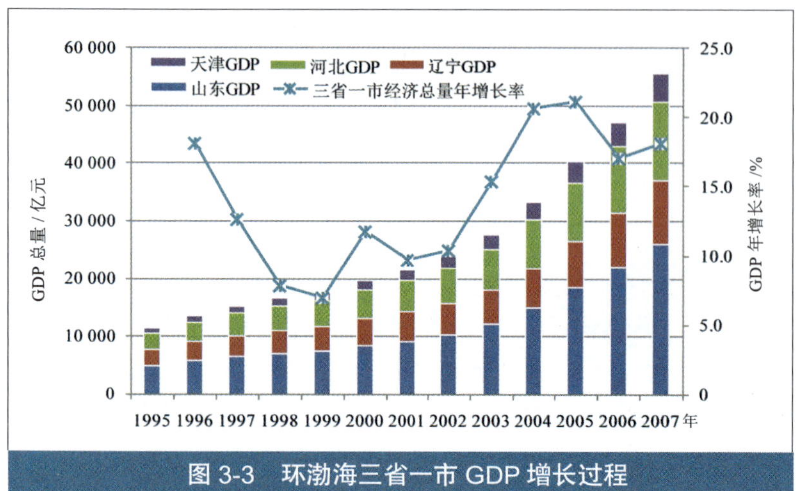

图 3-3 环渤海三省一市 GDP 增长过程

数据来源：天津统计年鉴 2008、辽宁省统计年鉴 2008、河北经济年鉴 2008、山东省统计年鉴 2008。

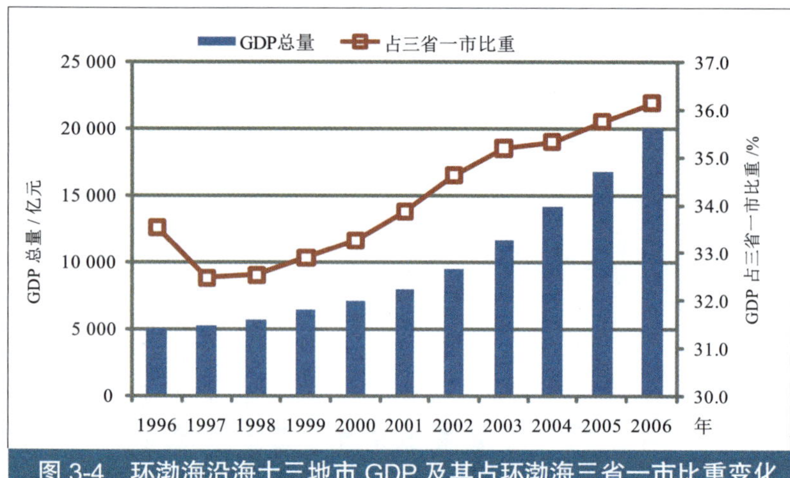

图 3-4 环渤海沿海十三地市 GDP 及其占环渤海三省一市比重变化

数据来源：天津统计年鉴 2008、辽宁省统计年鉴 2008、河北经济年鉴 2008、山东省统计年鉴 2008。

经济发展历史趋势看，山东省一直保持较快的发展速度；2001 年前天津、河北、辽宁三省市发展速度相当；2001 年以来，河北省增长速度有所提高，快于辽宁和天津。山东省的经济总量最大，占环渤海区域的比重不断上升，从 1980 年的 32.6% 上升至 2007 年的 46.6%。其他三省市，除辽宁省出现比较明显的下降外，河北和天津在全区的比重上下浮动，总体变化很小（图 3-3）。

环渤海沿海地区基本具备了带动整个环渤海地区乃至全国发展的基础条件。

环渤海沿海地区国土面积略大于长三角地区，人口规模、经济总量接近珠三角地区，发展基础较好。1996—2007 年，环渤海沿海地区在环渤海三省一市中的经济比重先降后升，1997 年较 1996 年有明显下降，而后开始缓慢上升，2007 年 GDP 达到 20 155.9 亿元，占环渤海三省一市同期 GDP 的 36.1%（图 3-4），占全国同期 GDP 的 8.2%。2003—2007 年，沿海地区年均 GDP 增长率超过 20%，超过同期环渤海三省一市 1.5 个百分点。随着环渤海三省一市沿海经济发展战略的实施，沿海地区地位逐步提升，地区生产总值比重持续上升。2009 年沿海地区经济增长速度仍高于同期三省一市平均水平，远高于全国平均水平，个别地市达到了 20% 以上。

沿海地区在所隶属省（市）的经济地位也不尽相同。GDP 比重最大的是辽宁沿海五市，在辽宁省的比重从 1996 年 42.4% 上升到 2007 年 47.5%，这与辽宁省率先开发沿海地区有密切关系；天津滨海新区占天津市的比重上升最快，从 1996 年 GDP 占全市 29.1%，上升到 2007 年的 46.8%；第三位的是河北沿海三市，在河北省的比重占到 32% ～ 37%，2007 年较 1996 年有所上升，但总体趋势较为平稳；山东沿海四市在山东省的比重最为平稳，除 1998 年、1999 年为 26.8%、26.9% 外，其余年份始终维持在 28% ～ 30%。

环渤海沿海地区十三地市经济总量处于全国大中城市的中游水平，但各地市发展不均衡（表 3-2）。其中，2007 年大连、烟台、唐山分列全国城市 GDP 排名 18 ～ 20 位，滨海新区 GDP 总量相当于第 27 位，是我国北方地区经济发展最快的城市和地区，形成环渤海沿海地

表 3-2　环渤海沿海地区主要社会经济指标（2007 年）

地　区	土地面积 / 万 km^2	人口 / 万人	GDP/ 亿元	人均 GDP/ 美元
大　连	1.4	578.2	3 130.7	7 118
营　口	0.5	232.5	570.1	3 223
盘　锦	0.4	128.2	562.9	5 772
锦　州	1	309.4	551.1	2 341
葫芦岛	1	278.7	417.5	1 969
秦皇岛	0.8	293.0	683.6	3 067
唐　山	1.4	739.0	2 779.4	4 944
滨海新区	0.3	114.4	2 364.1	27 166
沧　州	1.4	693.0	1 465.4	2 780
滨　州	0.9	367.1	1 030.3	3 689
东　营	0.8	199.1	1 664.8	10 992
潍　坊	1.6	883.6	2 056	3 059
烟　台	1.4	699.5	2 880	5 412
环渤海沿海地区	12.9	5 515.7	20 155.9	4 804

区的“经济高地”。与长三角、珠三角地区的龙头城市相比，这些“经济高点”对周边城市的辐射和拉动作用还不强，城市间联动关系较弱，且发展也明显不够均衡。其中，营口—秦皇岛、沧州—滨州一线经济总量还相对较低。

根据十三地市人均 GDP 及年均增长率，可将十三地市分成四组（图 3-5）。

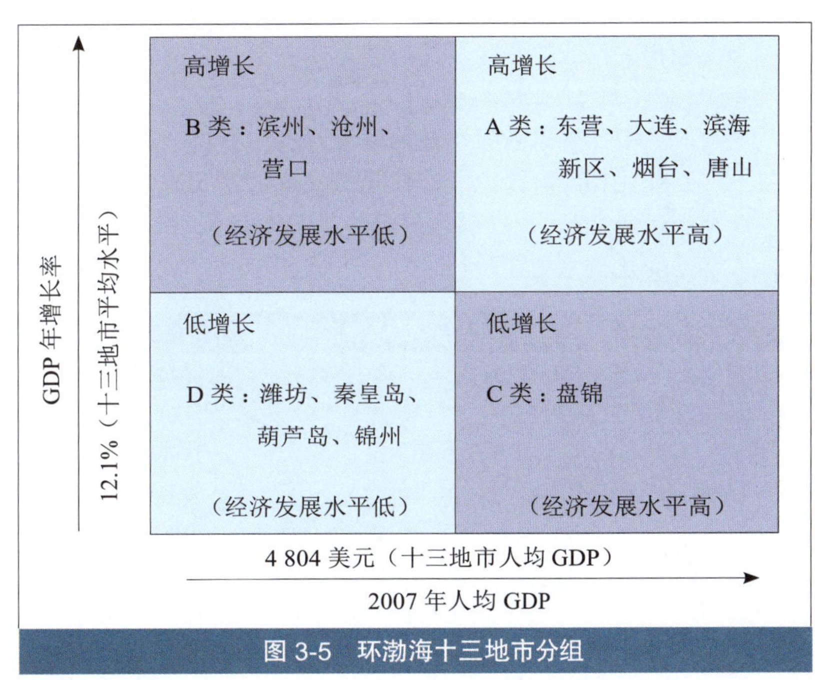

图 3-5　环渤海十三地市分组

A 类地区：经济发展水平高、发展速度快的区域，包括滨海新区、大连、烟台、东营、唐山。1997—2007 年 GDP 的平均年增长率均高于十三地市平均水平，且 2007 年人均 GDP 高于十三地市平均水平。这类地区经济发展水平高、持续保持较高增长速度。

B 类地区：经济发展水平低、发展速度快的区域，包括滨州、沧州、营口。1997—2007 年 GDP 年均增长率高于十三地市平均水平，而 2007 年人均 GDP 低于十三地市平均水平。这类地区是具有较大增长潜力的地区，目前经济发展水平不高，然而发展势头强劲。

C 类地区：经济发展水平高、发展速度低的区域，仅盘锦一市。1997—2007 年 GDP 年均增长率低于十三地市平均水平，而 2007 年人均 GDP 高于十三地市平均水平。表明盘锦市经济具有一定规模，但发展势头不足，这主要是由于盘锦市是以石油开采为主导产业的城市，经济收益高，然而产业结构单一。

D 类地区：经济发展水平、发展速度均低的区域，包括潍坊、秦皇岛、葫芦岛、锦州。2007 年人均 GDP、1996—2007 年 GDP 年均增长率均低于十三地市平均水平。

二、区域工业化发展阶段判定

1. 划分工业化发展阶段的有关理论

（1）钱纳里标准模型

人均 GDP 是国家或地区按人口平均的产出水平，是生产率水平的直接反映。目前大多沿用钱纳里（Chenery）等提出的人均 GDP 作为工业化阶段的判断标准。通过对 101 个发展中国家经济结构模型的分析，钱纳里和赛尔奎因按人均 GDP 水平将国家的经济结构转变过程分为三个阶段和六个时期（表 3-3），即为“钱纳里一般标准工业化模型”，钱纳里标准模型是目前最常用的工业化划分标准。根据 2009 年美元汇率和价格指数换算为 2009 年数值。经换算，2007 年环渤海十三地市人均 GDP 超过 3 000 美元，处于工业化的中期阶段。

已有的研究表明，人均 GDP 达到 3 000 美元时，居民消费结构会发生明显变化，对于住、行的需求会进一步提高。而对住房、汽车的高需求，会带动钢铁、机械、石化、建筑、建材等相关行业的发展，这势必会导致工业的重化工化。

（2）产业结构模型

根据赛尔奎因—钱纳里模型，在不同产业发展阶段，三次产业比重存在此消彼长的关系。工业化初级阶段，一产比重较高，二产比重较低。随着工业化推进，一产比重持续下降，二产迅速上升，三产缓慢提高。当一产降至 20% 以下，且二产高于三产，在 GDP 中比重最大时，工业化进入中期阶段；当一产降至 10%，二产升到最高，工业化进入后期阶段，此后二产相对稳定或有所下降（表 3-4）。

2007 年环渤海沿海地区三次产业比重为 8.4 ∶ 59.0 ∶ 32.6，是以第二产业为主导的发展区域，其二产比重比全国平均水平（11.7 ∶ 49.2 ∶ 39.1）高 10 个百分点（表 3-5），说明环渤海沿海地区整体处于工业化的中期，经济发展以第二产业为主要动力。

表 3-3 钱纳里一般标准工业化模型

阶段划分			人均 GDP/ 美元
第一阶段（初级产品生产）	农业阶段	一	770 ～ 1 540
第二阶段（工业化）	起步阶段	二	1 540 ～ 3 080
	起飞阶段	三	3 080 ～ 6 160
	加速阶段	四	6 160 ～ 11 550
第三阶段（发达经济）	成熟阶段	五	11 550 ～ 17 470
	后工业阶段	六	17 470 ～ 27 710

表 3-4 赛尔奎因和钱纳里产业结构模式

工业化阶段	人均 GDP / 美元	第一产业 / %	第二产业 / %	第三产业 / %
一	280	48	21	31
二	830	39.4	28.2	32.4
三	1 390	31.7	33.4	34.6
四	2 780	22.8	39.2	37.8
五	3 330	15.4	43.4	41.2
六	11 110	9.7	45.6	44.7

2. 基本判定

环渤海沿海地区以重化工业为主导的工业化中期阶段性特征明显。人均 GDP 和三次产业结构均反映了环渤海沿海地区处于工业化中期阶段，产业结构重工业化发展特色非常明显。2007 年，环渤海沿海地区轻重工业产值比重为 27.1 ∶ 72.9，重工业比重高出全国平均水平 2.4 个百分点。其中，黑色金属冶炼、石油加工、石油天然气开采、化学原料及化学制品制造等重化工行业比重均高于全国平均水平（表 3-6）。区域内十三地市中除滨州、潍坊外，重工业比重均高于轻工业，且十个城市的重工业比重超过全国平均水平。其中，滨海新区、盘锦、锦州、葫芦岛、东营的重工业比重超过 80%，属于极重型的产业结构（表 3-7）。过重的产业结构导致经济增长的单一性和抗市场风险能力的减弱，也增加了经济发展对资源环境的压力。

2000—2007 年，冶金、石油、化工、能源、装备等重化工业占工业比重持续提高，其中，东营化工、装备制造业和潍坊有色金属冶炼增长达 10 倍以上，唐山石油加工业、秦皇岛和烟台黑色金属冶炼加工业、潍坊交通运输设备制造业增长均超过 3 倍（表 3-8、表 3-9）。

根据环渤海十三地市的人均 GDP 与产业结构特征，又可将区域内十三地市划分为三类。

第一类：工业化后期阶段。滨海新区、大连进入工业化后期发展阶段。电子及通信设备制造业、交通运输设备制造业、通用机械制造业、电气机械及器材制造业等先进制造业比重大，并且不断上升。

表 3-5　环渤海沿海十三地市三次产业比重（2007 年）　单位：%

	第一产业	第二产业	第三产业
大　连	8.0	49.0	43.0
营　口	9.9	53.8	36.3
锦　州	20.4	39.4	40.2
盘　锦	9.9	74.1	16
葫芦岛	14.0	48.3	37.7
秦皇岛	11.4	38.9	49.7
唐　山	10.3	57.4	32.2
滨海新区	0.3	71.7	28.0
沧　州	11.4	51.8	36.8
滨　州	11.7	62.1	26.2
东　营	3.6	80.7	20.1
潍　坊	11.6	58.1	30.2
烟　台	8.3	61.0	30.7
环渤海沿海地区	8.4	59.0	32.6

数据来源：环渤海十三地市统计年鉴（2007 年）。

表 3-6　环渤海沿海地区工业内部重要行业比重与全国平均水平对比（2007 年）　单位：%

行　业	环渤海沿海地区	全国
黑色金属冶炼及压延加工业	10.70	7.70
石油加工、炼焦业及核燃料加工业	9.13	2.65
石油天然气开采	7.01	5.51
化学原料及化学制品制造业	6.98	6.27
食品加工业	6.70	0.49
交通运输设备制造业	6.55	5.96
纺织业	5.83	4.20

数据来源：环渤海十三地市统计年鉴（2007 年）、中国统计年鉴（2007 年）。

表 3-7　环渤海十三地市轻重工业比重（2007 年）　单位：%

地　区	轻工业	重工业	地　区	轻工业	重工业
全　国	29.5	70.5	葫芦岛	1.7	98.3
天津市	18.7	81.3	秦皇岛	25.5	74.5
辽宁省	17.1	82.9	唐　山	31.1	68.9
河北省	21.4	78.6	滨海新区	13.9	86.1
山东省	34.9	65.1	沧　州	25.7	74.3
大　连	21.8	78.2	滨　州	56.5	43.5
盘　锦	4.6	95.4	东　营	17.1	82.9
营　口	28.0	72.0	潍　坊	44.3	55.7
锦　州	14.5	85.5	烟　台	28.5	71.5

数据来源：环渤海十三地市统计年鉴（2007 年）。

表 3-8 环渤海沿海地区工业行业产业结构变动系数（2000—2007 年）

重点行业	结构变动系数	重点行业	结构变动系数
橡胶制品业	2.02	专用设备制造业	0.59
有色金属冶炼及压延加工业	1.85	电力热力的生产和供应	0.59
电子及通信设备制造业	1.76	纺织业	0.55
黑色金属冶炼及压延加工业	1.69	医药制造业	0.54
电气机械及器材制造业	1.57	非金属矿物制品业	0.28
有色金属矿采选业	1.50	金属制品业	0.21
普通机械制造业	0.97	非金属矿采选业	0.01
交通运输设备制造业	0.94	石油加工及炼焦业	0.01
黑色金属矿采选业	0.90	造纸及纸制品业	－0.05
煤炭采选业	0.88	塑料制品业	－0.26
化学原料及化学制品制造业	0.60	化学纤维制造业	－0.27
食品加工业	0.60	石油天然气开采业	－0.88

数据来源：环渤海十三地市统计年鉴（2000 年、2007 年）。

表 3-9 部分城市工业行业产业结构变动系数（2000—2007 年）

工业行业	大连	秦皇岛	唐山	天津	东营	潍坊	烟台	滨州
石油天然气开采业	—	—	0.20	—	－0.63	—	—	—
黑色金属矿采选业	—	6.77	0.68	—	—	－0.72	7.23	—
有色金属矿采选业	0.42	－0.88	－0.87	—	—	0.80	－0.42	－0.32
非金属矿采选业	－0.43	－0.92	－0.80	0.25	－0.24	－0.32	－0.44	－0.16
食品加工业	0.01	8.95	－0.42	－0.36	0.53	－0.13	0.21	－0.06
纺织业	－0.05	－0.75	－0.87	－0.71	1.73	－0.09	－0.53	0.14
造纸及纸制品业	0.13	－0.68	－0.69	－0.64	0.91	－0.22	－0.23	0.87
石油加工及炼焦业	0.28	－0.65	3.37	－0.75	1.27	2.53	3.14	－0.03
化学原料及化学制品制造业	－0.45	－0.36	－0.41	－0.32	7.11	0.39	0.30	0.39
医药制造业	－0.06	－0.96	－0.59	0.04	21.06	0.60	2.32	3.21
化学纤维制造业	－0.28	－0.93	－0.92	－0.79	—	－0.36	－0.94	－0.97
橡胶制品业	－0.59	－0.92	－0.14	－0.45	903.24	－0.05	—	—
塑料制品业	－0.25	－0.78	－0.43	－0.22	0.37	－0.37	－0.50	0.66
非金属矿物制品业	－0.12	1.97	－0.48	－0.26	2.42	－0.36	－0.26	－0.28
黑色金属冶炼及压延加工业	0.22	6.01	0.60	1.09	—	1.28	0.03	1.78
有色金属冶炼及压延加工业	2.53	－0.99	－0.40	－0.63	12.64	54.10	0.84	1.13
金属制品业	－0.30	－0.41	－0.34	－0.34	5.49	－0.23	－0.11	2.92
普通机械制造业	0.15	－0.41	0.18	0.62	8.25	0.08	－0.05	－0.41
专用设备制造业	1.23	0.18	－0.32	0.55	18.82	－0.55	－0.32	－0.62
交通运输设备制造业	0.25	1.22	－0.68	0.29	4.34	4.66	0.74	12.43
电气机械及器材制造业	－0.28	1.72	－0.49	－0.29	12.17	1.34	－0.11	3.80
电子及通信设备制造业	－0.22	－0.99	－0.83	－0.23	－0.97	0.17	2.12	－0.42
电力热力的生产和供应	－0.39	1.03	－0.09	0.73	1.70	－0.02	－0.16	0.53
燃气的生产和供应	－0.31	－0.99	－0.72	0.40	0.25	2.49	1.54	－1.00

数据来源：环渤海十三地市统计年鉴（2000 年、2007 年）。

第二类：工业化中期阶段。盘锦、锦州、葫芦岛、营口、秦皇岛、唐山、东营、烟台处于工业化中期阶段，冶金、石化、建材等重化工业比重大。

第三类：工业化初期向工业化中期过渡阶段。滨州、潍坊仍处于工业化初期向工业化中期过渡阶段。

三、区域空间布局特征

1. 初步形成“四点三带”的空间发展格局

滨海新区、大连、烟台、唐山成为区域增长极。2007 年大连、烟台、唐山分列全国城市 GDP 排名 18 ～ 20 位，滨海新区 GDP 总量相当于第 27 位，是我国北方地区经济发展最快的城市和地区，形成环渤海沿海地区的“经济高地”。“十一五”规划已确立了“以北京 — 天津 — 滨海新区为发展轴，以京津冀为核心，以辽宁、山东半岛为两翼的环渤海区域经济发展大格局”，意味着滨海新区将成为京津冀经济圈的重要发展引擎。1997 年来滨海新区经济持续快速增长，1997—2007 年 10 年间 GDP 年均增长率达到 20.0%，远高于同期天津市 GDP 14.9% 的年均增速，占天津市 GDP 的比重由 1997 年的 30.2% 上升到 2007 年的 46.8%，已成为天津市重要的经济增长点；大连市是辽宁沿海经济带的龙头，对辽宁沿海乃至辽宁省经济带动作用明显，GDP 占全省的比重从 1996 年 23.2% 上升到 2007 年 28.4%，辽宁沿海经济带发展战略提出以大连为龙头，这将为大连带来新的发展机遇，从而刺激大连经济进一步迅速发展；唐山曹妃甸工业区作为国家级循环经济示范区、重要的临港重化工基地，承接了北京钢铁业的转移，通过港口的进一步建设和产业、资源的进一步整合，曹妃甸工业区将成为京津冀乃至中国北方的重化工业发展基地，带动京津，尤其是河北的经济发展；烟台的经济总量、人均 GDP 均位于环渤海沿海地区前列，2000—2007 年 GDP 年均增速 18.5%，高于山东省平均水平，在山东城镇体系、半岛城市群规划中，烟台被定位为仅次于济南、青岛的区域副中心地位，但若将山东半岛与环渤海地区、东北亚经济圈等结合起来考虑，烟台则成为几大板块的“交接点”。

综合考虑区域行政区划、土地利用类型、经济社会发展水平、主导产业特征等，本项目将环渤海沿海地区划分为三个产业带（图 3-6）。

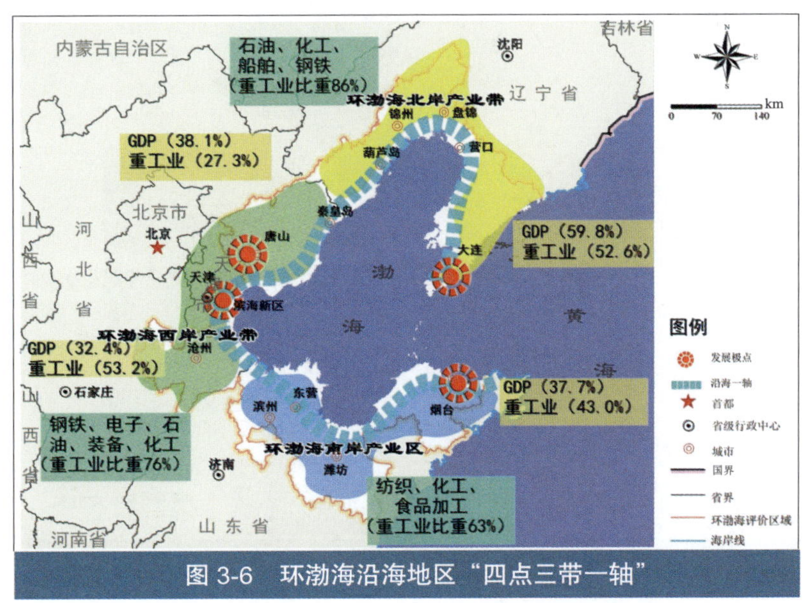

图 3-6　环渤海沿海地区“四点三带一轴”

以大连为核心城市的环渤海北岸产业带。是辽宁沿海经济带的核心组成部分，也是东北地区未来发展的重点区域，是促进老工业基地振兴、促进产业布局调整、产业结构升级的主要区域。该区域工业占 GDP 比重虽然不足 50%，但重点产业占工业总产值的比重超过 75%，产业结构重型化程度非常高，以石油、化工、造船、钢铁为主。其中，大连以石化、电子、装备制造业等产业为主，盘锦以石油天然气开采、石化、重型机械制造为主，营口、锦州、葫芦岛则以船舶制造、重型机械、石化、钢铁等为主。

以滨海新区和曹妃甸为重心的环渤海西岸产业带。是环渤海沿海地区重化工产业快速发展区域，也是京津冀都市圈重工业发展的重要承载区。该区域工业占 GDP 比重超过 50%，以钢铁、石油、化工、电子、交通运输设备制造业为主，重点产业产值占工业总产值的 60% 以上，工业结构偏重。滨海新区以电子、石油化工、钢铁、交通运输设备制造业等为主，唐山以钢铁、石油化工、交通设备制造等为主，秦皇岛以能源、农产品加工业等为主，沧州以石油、化工等为主。

以烟台为主要增长极点的环渤海南岸产业带。是黄河三角洲高效生态经济区和山东半岛蓝色经济区的重要组成部分。该区域工业占 GDP 比重超过 60%，重工业比重为 63%，重化工产业集中度相对较低，纺织、化学工业、农产品加工等轻工业比重较大。滨州以纺织、农副产品加工、石油化工、盐化工为主，东营以石油天然气开采、石油化工、化学原料、纺织为主，潍坊以化学原料、纺织、农产品加工、交通运输设备制造为主，烟台以电子、农产品加工、有色金属冶炼、化学原料、交通运输设备制造为主。

2. 重化工行业沿海布局的空间扩张态势突出

重化工行业向沿海一线推进态势突出。近年来，国家和环渤海三省一市均将沿海地区作为产业发展的重点区域。我国“十一五”规划已确立了“以北京 — 天津 — 滨海新区为发展轴，以京津冀为核心，以辽宁、山东半岛为两翼的环渤海区域经济发展大格局”。辽宁的沿海经济带开发战略，以大连为龙头、以多点为依托的开发格局已经形成。曹妃甸工业区在国家政策的鼓励下，已经成为京津冀乃至中国北方的重化工业发展基地。随着“黄河三角洲高效生态经济区规划”、“山东半岛蓝色经济区”通过国务院批复，上升为国家战略，山东沿海四市亦将成为未来发展的热点区域。在四大国家战略的推动下，重化工产业将依托海洋和岸线资源，进一步加快向沿海地区推进，海岸带地区已成为开发建设的重点和热点。

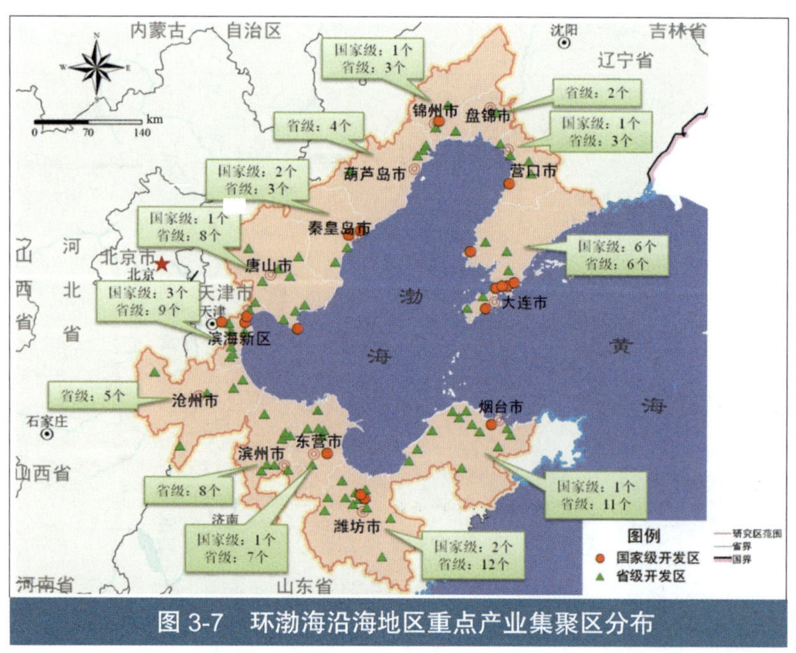

图 3-7 环渤海沿海地区重点产业集聚区分布

沿渤海一线已形成众多产业集聚区。环渤海沿海地区已经形成国家级产业集聚区 18 个，省级产业集聚区 81 个，近一半分布在海岸带地区（图 3-7）。2000 年以后新建的产业集聚区中有 90% 分布在海岸带地区。已经形成的产业集聚区有大连经济开发区、营口鲅鱼圈区、锦州湾、唐山市区、秦皇岛市区、天津滨海新区、沧州市区、滨州市区、东营市区、潍坊市区、烟台市区，各类型的经济技术开发区、工业园区多分布在这些区域，集中了石油加工和化工、绝大部分造船等重点产业，是本区域重化工产业的重要载体；正在形成的产业集聚区有河北唐山曹妃甸、辽宁沿海经济带各重点支持园区、河北沧州渤海新区、黄河三角洲高效生态经济区等各重点支持园区，这些产业集聚区的发展方向均是以重化工产业为主（表3-10）。

表 3-10　环渤海沿海地区重点产业集聚区评价对象筛选

名　称	规划重点产业发展重点
大连长兴岛临港工业区	规划 349.5 km^2，产业发展以重大装备制造、船舶制造及配套、精品钢材为特色的装备制造产业链为主，以化工产业链为辅，以仓储物流出口加工为补充。其中，规划精品钢材形成 500 万 t/a 的生产规模，年造船能力 1 000 万载重吨，6 台百万千瓦级核电机组、千万吨炼油、百万吨乙烯炼化一体化
营口产业沿海基地	仙人岛能源化工区：控制性规划面积 100 km^2，一期开发港区 15 km^2、产业区 25 km^2。重点建设原油码头、LNG 码头，原油、成品油、天然气、液体化工品等罐区；炼油、乙烯、芳烃及相关配套上下游产业以及发展石化产品贸易，打造国际级石化基地 冶金和重装备工业区：控制性规划面积 30 km^2，一期开发 12 km^2。重点产业发展钢铁及深加工产业、冶金及矿山重型机械等装备制造产业
盘锦辽滨沿海经济区	规划总面积 110 km^2，起步区面积 34.6 km^2，主要建设分港口、主体产业区、绿色轴线、黄金经济圈和大学城五个功能区。发展以船舶制造及配套产业为主的装备制造业，以石油炼制和石油深加工为主的石化产业，以高新技术为支撑的高新技术产业，以港口物流和商务金融等为重点的现代服务业，以主题媒体广场和创意文化产业为基础的现代文化产业 盘锦船舶工业基地：重点发展 5 万 t 级以下中小型船舶和游艇、快艇制造及相关配套产业集群；依托海港大力发展临港产业；依托辽河油田发展石油装备制造业
锦州西海工业区	发展石油化工、制造业、能源、煤化工等临港产业，建设锦州湾国家级炼化生产基地和国家石油储备基地，打造物流园区
葫芦岛北港工业区	打造以石化工业为主导的产业集群，发展船舶制造及配套、有色金属精深加工
唐山曹妃甸新区	规划总面积 1 943 km^2，其中产业规划面积 1 470 km^2。定位为能源、矿石等大宗货物集疏港、新型工业化基地、商业性能源储备基地、国家级循环经济示范区、北方商务休闲之都、生态宜居滨海新城。重点发展现代物流、钢铁、石化、装备制造、海洋化工和现代服务业。规划建设千万吨炼油、百万吨乙烯炼化一体化项目；钢铁工业设计规模 2 000 万 t，一期建设 1 000 万 t；建设曹妃甸港区煤码头续建工程和二期工程，使煤炭年装船能力达到 1.5 亿 t；建设华润电力曹妃甸二期 2×100 万 kW 超超临界发电机组；化工重点建设 5.6 万 t 氢氧化钾项目、8 万 t 黏胶短纤维项目。未来在曹妃甸新区将形成 2 000 万 t 钢铁，1 000 万 t 炼油和 100 万 t 乙烯，1 500 万 t 原油储备，400 万 kW 火力发电的产业能力
天津滨海新区	实施“一核双港、九区支撑、龙头带动”的发展策略，打造航空航天、石油化工、装备制造、电子信息、生物制药、新能源新材料、轻工纺织、国防科技等 8 大支柱产业。其中，中心商务区主要发展金融、贸易、商务、航运服务产业；临空产业区主要发展临空产业、航空制造产业；滨海高新区主要发展航天产业、生物、新能源等新兴产业；先进制造业产业区主要发展海洋产业、汽车、电子信息产业；中新生态城主要发展生态环保产业；海滨旅游区主要发展主题公园、游艇等休闲旅游产业；海港物流区主要发展港口物流、航运服务产业；临港工业区主要发展重型装备制造产业及研发、物流等现代服务业；南港工业区主要发展石化、冶金、装备制造产业

续 表

名 称	规划重点产业发展重点
沧州渤海新区	总面积 2 400 km^2，海岸线 130 km。重点发展石油化工、装备制造、电力能源、现代物流为主的临港产业，依托黄骅港建设 25 万 t 级多功能综合性港口。规划建设 260 km^2 产业园区。其中沧州大化 5 万 t TDI、中捷石化新启重油加氢、金牛化工 8 万 t 离子膜烧碱、沧东电厂二期 2×66 万 kW 机组竣工投产；加快建设中铁装备二期 400 万 t 特钢、伦特一期 210 万 t 重交沥青、达力普 100 万 t 特型锻铸、中钢 8 万 t 镍铁、金隅水泥；对渤海热电 2×66 万 kW 发电机组、正元化工 60 万 t 醇氨、旭阳焦化新型化工示范区进行前期研究。规划在渤海新区实现 2 000 万 t 炼油、2 000 万 t 装备新材料、1 000 万 kW 电的目标
滨州临港产业区	重点发展纺织、油盐化工、有色金属产业。依托滨化、鲁北、京博等骨干石化企业，重点发展高等级沥青、高指标环保型清洁汽油、柴油，提升炼油能力和水平；积极发展油田化学品、表面活性剂、农业中间体等精细化工。扩大盐、碱生产能力，搞好氯气、氢气和苦卤的综合利用。加快建设鲁北国家生态工业区、滨州沿海盐化工区、滨州北部化学工业园、京博工业园和港口化工区，重点抓好滨化集团 20 万 t/a 侧线油加氢、10 万 t/a 甲烷氯化物，路北集团 25 万 t/a 离子膜烧碱、2 万 t/d 反渗透海水淡化示范工程等项目，华润集团脂肪胺、脂肪酸扩建项目，沾化魏桥化工项目，龙威、海源等盐场开发项目
东营临港产业区	以东营经济开发区（高新技术开发区）、临港工业园、黄河三角洲高端产业园等园区为依托，重点发展石油化工、造纸、橡胶、盐化工、精细化工、现代物流等临港产业，引导石化等行业重点企业集聚发展。重点建设延迟焦化、催化裂解、催化重整等石油深加工项目及对二甲苯等化工原材料项目，形成以石油化工为主体的国家大型化工产业基地。重点建设卤析盐、氯碱、离子膜烧碱；华泰集团林浆纸一体化项目，推动实施 2×40 万 t/a 新闻纸和 20 万 t/a sc 纸项目，打造全国最大的新闻纸生产基地。实施好一批全钢、半钢子午线轮胎扩建项目，建成全国重要的子午线轮胎生产基地
潍坊临港产业区	依托临海开发带，重点发展重化工、机械制造、石油化工等产业。鼓励支持潍柴铸造中心及系列柴油发动机项目、福田重工机械项目、诸城北汽福田 30 万台发动机、海化集团石油化工、化工新材料及精细化工、煤焦油系列深加工项目、昌邑石化原油加工项目、山东海龙 60 万 t 聚酯及涤纶工程、中联鲁宏水泥熟料等项目
莱州临港产业区	加快推进规划面积 500 km^2 的临港产业区建设，形成“一港五区”的产业布局，着力做大做强“七大产业”。“一港”即莱州港，重点发展油品、液体化工品中转储运；“五区”即三山岛临港产业区、机电和装备制造业聚集区、化工产业循环经济区、滨海旅游度假区、高效生态农业示范区。临港物流业，加快推进莱州 — 潍坊 — 淄博输油管道建设，扩大铁精粉、盐等散杂货运输，建成区域性液体化工品物流中心、散杂货集散中心。电力工业，加快推进华电国际莱州电厂一期工程建设，争取二期工程列入国家“十二五”电力发展规划；大力发展浅海、山上风电和生物质发电、太阳能发电，争取核电项目列入国家“十二五”电力发展规划。机电和装备制造业，汽车零部件、园林机械、小型建筑机械等机电产业，积极发展大中型工程机械、风电设备等装备制造业。黄金业，增加黄金探矿储量，成为全国黄金储量第一市。化工业，依托银海工业区循环经济示范区，完善地下卤水综合开发利用体系。加强与国内外石化企业的合作，争取建立集石油储备、中转、加工为一身的综合性石油加工基地

第二节　重点产业识别及其发展特征

一、重点产业识别原则

按照以下原则确定重点产业评价范围：① 对区域经济贡献率较高，即工业产值占地区工业总产值比重大于等于 5% 的产业；② 对生态环境影响比较大的产业，综合考虑废气、废水、废渣等污染物排放和生态破坏；③ 各地区未来规划所确定的发展重点产业。

二、重点产业识别过程

1．基于产业贡献率的重点产业筛选

对环渤海三省一市、环渤海沿海地区、各地市三个层面的工业分行业产值占工业总产值的比重进行对比分析，经济总量中比重大于或等于 5% 的行业作为入选行业（表 3-11 至表 3-14）。

通过省（市）级范围的数据分析，黑色金属冶炼及压延加工业，石油加工、炼焦及核燃料加工业，通信设备、计算机及其他电子设备制造业，交通运输设备制造业，石油和天然气开采业，电气机械及器材制造业，化学原料及化学制品制造业，通用设备制造业，电力、热力的生产和供应业，农产品加工业等行业占有重要地位，对工业经济增长拉动作用明显。

2．基于生态环境影响显著的重点产业筛选

考察各行业对生态环境破坏的主要参考指标主要指废气、废水和固体废弃物排放量，选

表 3-11　环渤海三省一市工业产值比重大于 5% 的行业　　单位：%

天津市	比重	河北省	比重	辽宁省	比重	山东省	比重
通信设备、计算机及其他电子设备制造业	19.7	黑色金属冶炼及压延加工业	30.8	黑色金属冶炼及压延加工业	16.6	化学原料及化学制品制造业	9.0
黑色金属冶炼及压延加工业	16.8	电力、热力的生产和供应业	8.1	石油加工、炼焦及核燃料加工业	9.3	农产品加工业	8.8
交通运输设备制造业	10.4	化学原料及化学制品制造业	5.6	通用设备制造业	7.2	纺织业	6.9
石油和天然气开采业	7.1	—	—	电力、热力的生产和供应业	6.7	通用设备制造业	6.2
电气机械及器材制造业	5.4	—	—	石油和天然气开采业	6.6	非金属矿物制品业	5.7
石油加工、炼焦及核燃料加工业	5.2	—	—	交通运输设备制造业	6.2	黑色金属冶炼及压延加工业	5.5

注：表格中“—”表示该行业产值占该省（市）工业产值比重小于 5%。

表 3-12　环渤海沿海地区北岸产业带工业产值比重大于 5% 的行业

单位：%

重点产业	大连	营口	盘锦	锦州	葫芦岛
石油天然气开采业	—	—	49.8	—	—
石油加工、炼焦业及核燃料加工业	21.9	7.4	28	31.9	37.0
黑色金属冶炼及压延加工业	—	10.6	—	16.3	8.6
有色金属冶炼及压延加工业	—	7.0	—	—	17.7
金属制品业	—	6.2	—	—	—
通用设备制造业	13.8	—	—	—	—
专用设备制造业	5.2	—	—	—	—
交通运输设备制造业	11.6	—	—	—	10.4
电子及通信设备制造业	9.3	—	—	—	—
电力、煤及水的生产和供应业	—	—	—	—	6.7
化学原料及化学制品制造业	—	5	9.8	5.2	7.7
橡胶制品业	—	—	—	6.9	—
非金属矿物制品业	—	22.5	—	5.1	—
农产品加工业	6.4	—	—	11.8	—

注：表格中“—”表示该行业产值占该城市工业产值比重小于 5%。

表 3-13　环渤海沿海地区西岸产业带工业产值比重大于 5% 的行业

单位：%

重点产业	秦皇岛	唐山	滨海新区	沧州
石油天然气开采业	—	—	11.9	17.6
石油加工、炼焦业及核燃料加工业	—	—	8.2	19.8
黑色金属冶炼及压延加工业	25.0	56.4	10.7	7
有色金属矿采选业	—	6.1	—	—
金属制品业	—	—	—	7.8
交通运输设备制造业	8.2	—	11.8	—
电气机械及器材制造业	—	—	—	5.2
电子及通信设备制造业	—	—	29.3	—
电力、煤及水的生产和供应业	9.5	7.5	—	5.7
化学原料及化学制品制造业	—	—	5	6.2
非金属矿物制品业	8.5	—	—	—
农产品加工业	18.5	—	—	—

注：表格中“—”表示该行业产值占该城市工业产值比重小于 5%。

用全国层面的数据，将排放比重大于或等于 5% 的行业作为入选行业。

废水排放

造纸及纸制品业、化学原料及化学制品制造业、纺织业的废水排放所占比重最高，尤其造纸业对生态环境的污染最严重；其次，电力、热力的生产和供应业、黑色金属冶炼及压延加工业、农副产品加工业等行业有较高的排放比重；再次为石油加工炼焦业、煤炭采选业、饮料制造业、其他行业、化学纤维制造业、有色金属矿采选业、制药业、食品制造业、非金属矿物制品业、金属制品业、有色金属冶炼及加工业、计算机及电子设备、皮革毛皮制品业、交通设备制造业等产业（表 3-15）。

二氧化硫排放

电力热力生产业废气的排放比重最高，达 58.2%，对生态环境的污染最严重；其次，非金属矿物制品业、黑色金属冶炼及压延加工业、化学原料及化学制品制造业等行业有较高的排放比重，对生态环境的破坏较为严重；再次为有色金属冶炼及加工业、石油加工炼焦业、造纸业、纺织业等行业（表 3-16）。

烟尘排放

烟尘排放中，电力、热力的生产和供应业有最高的排放比重；非金属矿物制品业的烟尘排放比重很高；其次，黑色金属冶炼及压延加工业、化学原料及化学制品制造业、石油加工、炼焦业等行业有较高的排放比重；再次为造纸业、有色金属冶炼及压延加工业、农副产品加工业、纺织业、煤炭采选业、饮料制造业等行业（表 3-17）。

工业粉尘排放

非金属矿物制品业的粉尘排放比重最高，达70%；其次，黑色金属冶炼及压延加工业有较高的粉尘排放量，达16.2%；再次为石油加工炼焦业、煤炭采选业、化学原料及制品制造业、有色金属冶炼及压延加工业、非金属矿采选业等行业（表3-18）。

固体废弃物

电力、热力的生产和供应业、黑色金属冶炼及压延加工业、黑色金属矿采选业产生固体废弃物比重最高；其次，有色金属矿采选业、

表3-14 环渤海沿海地区南岸产业带工业产值比重大于5%的行业

单位：%

重点产业	滨州	东营	潍坊	烟台
石油天然气开采业	—	28.1	—	—
石油加工、炼焦业及核燃料加工业	7.5	18.6	—	—
有色金属冶炼及压延加工业	—	—	—	9.2
通用设备制造业	—	—	—	6.6
专用设备制造业	—	—	5.7	—
交通运输设备制造业	—	—	8	6.8
电气机械及器材制造业	—	6.2	—	5.4
电子及通信设备制造业	—	—	—	11.3
化学原料及化学制品制造业	9.6	10.8	12.8	7.4
农产品加工业	13.5	—	11.8	9.9
纺织业	33.9	5.9	12.4	—
造纸及纸制品业	—	—	5.8	—

注：表格中“—”表示该行业产值占该城市工业产值比重小于5%。

表3-15 各工业行业废水排放比重（2007年）

行　业	废水排放比重/%
造纸及纸制品业	19.2
化学原料及化学制品制造业	14.7
纺织业	10.2
电力、热力的生产和供应业	7.9
黑色金属冶炼及压延加工业	7.1
农副产品加工业	6.7

数据来源：根据《中国统计年鉴2008》整理。

表3-16 各工业行业SO_2排放比重（2007年）

行业名称	SO_2排放比重/%
电力、热力的生产和供应业	58.2
非金属矿物制品业	9.3
黑色金属冶炼及压延加工业	8.2
化学原料及化学制品制造业	5.7

数据来源：根据《中国统计年鉴2008》整理。

表3-17 各工业行业烟尘排放比重（2007年）

行　业	烟尘排放比重/%
电力、热力的生产和供应业	42.7
非金属矿物制品业	15.7
黑色金属冶炼及压延加工业	9.8
化学原料及化学制品制造业	6.9
石油加工、炼焦业及核燃料加工业	5.9

数据来源：根据《中国统计年鉴2008》整理。

表3-18 各工业行业工业粉尘排放比重（2007年）

行　业	粉尘排放比重/%
非金属矿物制品业	70.0
黑色金属冶炼及压延加工业	16.2

数据来源：根据《中国统计年鉴2008》整理。

表3-19 各工业行业固体废弃物排放比重（2007年） 单位：%

行业	固体废物排放比重	行业	危险废物排放比重
电力、热力的生产和供应业	23	化学原料及化学制品制造业	31.1
黑色金属冶炼及压延加工业	18.1	石油加工、炼焦业及核燃料加工业	10.7
黑色金属矿采选业	13.1	有色金属冶炼及压延加工业	10.1
有色金属矿采选业	12.8	有色金属矿采选业	9.6
煤炭开采和洗选业	11.4	黑色金属冶炼及压延加工业	5.7
化学原料及化学制品制造业	7.2	通信计算机及其他电子设备制造业	5.7

数据来源：根据《中国统计年鉴2008》整理。

煤炭开采和洗选业、化学原料及化学制品制造业等有较高的排放比重；再次，有色金属冶炼及压延加工业、非金属矿制品业、石油加工、炼焦业、造纸业及纸制品业、农产品加工业等有一定排放比重（表 3-19）。

通过综合分析，本研究确定对生态环境影响比较大的产业，主要包括煤炭采选业、电力热力生产业、黑色金属矿采选业、有色金属矿采选业、非金属矿物制品业、黑色金属冶炼及压延加工业、化学原料及制品制造业、纺织业、石油加工炼焦业、造纸业、有色金属冶炼及压延加工业、饮料制造业、农副产品加工业、食品制造业、医药制造业、化学纤维制造业等产业。其中，电力热力的生产和供应业、黑色金属冶炼及压延加工业、煤炭开采和洗选业、化学原料及制品制造业、有色金属冶炼及压延加工业、非金属矿物制品业、石油加工炼焦业的环境影响极其重大。

3. 基于地方规划发展原则的重点产业筛选

本次工作所梳理的规划主要包括省级综合性规划或工业规划、地市综合性规划和工业规划等、重要产业集聚区规划及其环境影响评价报告等，梳理结果见表 3-20。

表 3-20 基于规划原则筛选结果

区 域	筛选产业
大 连	石化、建材业、船舶制造业、通用设备制造、电子信息、食品加工、交通运输设备制造、优质钢材
营 口	盐业、交通运输设备、专用设备制造业、钢铁
盘 锦	石油开采加工、石油化工、船舶制造、装备制造业、造纸、农副产品加工
锦 州	盐业、石油开采、专用设备制造业、船舶制造
葫芦岛	石油化工、有色金属、船舶制造、机械加工、能源电力、建材工业、农产品加工
秦皇岛	石油化工、食品加工、装备制造业、船舶制造业、建材
唐 山	钢铁、装备制造业、石油开采、现代物流、石油化工、能源
沧 州	电力、重化工、装备制造业、建材
滨海新区	电子信息、汽车及装备制造业，钢铁、新能源和环保产业、石油化工、海洋化工
滨 州	纺织服装、石油化工、盐化工、造纸、有色金属冶炼加工、交通运输设备制造
东 营	石油及天然气开采、石油化工、建材、纺织服装、造纸、电气机械及器材制造
潍 坊	盐化工、石油化工、机械装备制造业、纺织服装、造纸、钢铁冶炼
烟 台	石油化工、有色金属冶炼、钢铁、船舶制造、交通运输设备制造

三、重点产业筛选结果

根据以上筛选方法，本项目中，环渤海沿海地区重点产业包括：黑色金属冶炼及压延加工业、石油天然气开采、石油加工炼焦业、交通运输设备制造业、通用设备制造业、电子及通信设备制造业、非金属矿物制品业、电力热力的生产和供应业、有色金属冶炼及压延加工业、化学原料及制品制造业、纺织业、农产品加工业、食品及饮料加工业、电气机械及器材制造业、造纸及纸制品业等。这些产业形成了石油、化工、冶金、装备制造、能源、非金属、食品加工、造纸、纺织等产业链和产业集群（表 3-21）。

表 3-21　环渤海沿海地区重点产业筛选结果

区　域	重点产业筛选结果
大　连	石油加工及炼焦业、通用设备制造业、交通运输设备制造业、农产品加工业、专用设备制造业、非金属矿物制品业、黑色金属冶炼及压延业
营　口	石油加工、炼焦及核燃料加工业、交通运输设备制造业、有色金属冶炼及压延业、建材产业、通用设备制造业、农产品加工业
盘　锦	石油天然气开采业、石油加工业及炼焦业、化学原料及化学制品制造业、专用设备制造业、农产品加工业、交通运输设备制造业
锦　州	农产品加工业、黑色金属冶炼及压延加工业、石油加工、炼焦及核燃料加工业、交通运输设备制造业
葫芦岛	石油加工、炼焦及核燃料加工业、有色冶炼及压延业、交通运输设备制造业、专用设备制造业、建材工业、农产品加工业
秦皇岛	黑色金属冶炼及压延加工业、交通运输设备制造业、煤及水的生产和供应业、农产品加工业、石油加工及炼焦业、化学原料及化学制品制造业、非金属矿物制品业
唐　山	黑色金属冶炼及压延加工业、电力热力的生产及供应业、非金属矿物制品业、专用设备制造业、交通运输设备制造业、化学原料及化学制品制造业、黑色金属矿采选业、石油加工及炼焦业、煤炭采选业
滨海新区	石油和天然气开采业、石油加工及炼焦业、黑色金属冶炼及压延加工业、交通运输设备制造业、通用机械制造业、化学原料及化学制品制造业
沧　州	石油加工及炼焦业、化学原料及化学制品制造业、通用设备制造业、纺织服装业、非金属矿物制品业、电力热力的生产及供应业、农产品加工业
滨　州	纺织业、石油加工及炼焦业、农产品加工业、化学原料及化学制品制造业、交通运输设备制造业、造纸及纸制品业、有色金属冶炼加工业
东　营	石油天然气开采业、石油加工及炼焦业、化学原料及化学制品制造业、纺织、非金属矿物制品业、橡胶制品业、造纸及纸制品业
潍　坊	化学原料及化学制品制造业、纺织业、农产品加工业、交通运输设备制造业、通用机械制造业、造纸及纸制品业、专用设备制造业
烟　台	通用设备制造业、有色金属冶炼业、石油加工及炼焦业、化学原料及化学制品、农产品加工业、交通运输设备制造业
环渤海沿海地区	黑色金属冶炼及压延加工业、石油天然气开采、石油加工炼焦业、交通运输设备制造业、通用设备制造业、非金属矿物制品业、电力热力的生产和供应业、有色金属冶炼及加工业、化学原料及制品制造业、纺织业、化学纤维制造业、农产品加工业、电气机械及器材制造业、造纸及纸制品业

四、重点产业发展及其空间布局特征

环渤海沿海地区已发展成为我国重要的重化工业基地之一。重要的石油生产、加工基地。胜利油田、大港油田、华北油田、辽河油田均位于环渤海沿海地区范围内。2007 年环渤海沿海地区原油产量达 6 097.4 万 t，占全国原油总产量的 32.7%，比重较 2000 年上升一倍（2000 年产量 2 683 万 t，占全国原油总产量的 16.5%）。全国七大石化基地有三个分布在本区域（图 3-8）。2007 年石油天然气开采实现总产值 2 346.6 亿元，占全国同行业总产值的比重高达

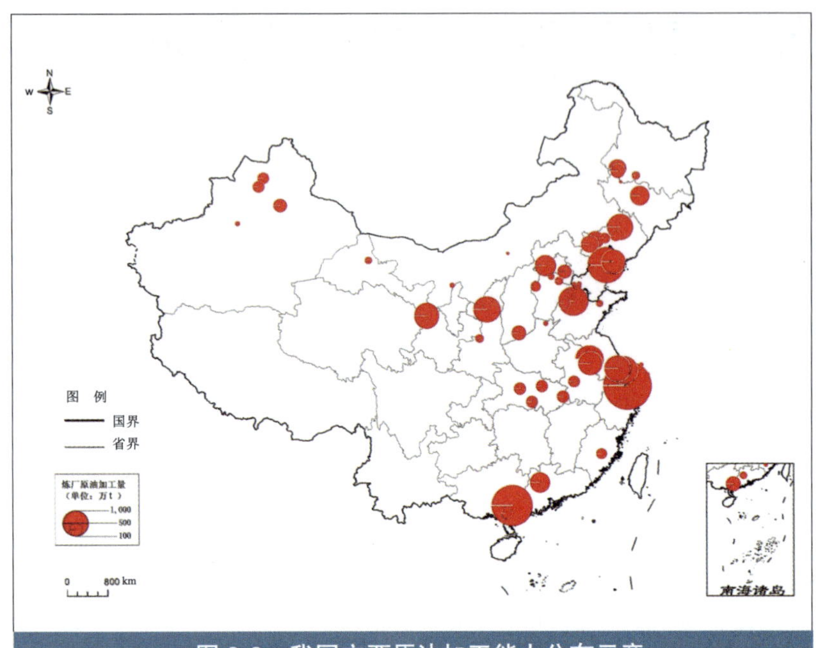

图 3-8 我国主要原油加工能力分布示意

数据来源：根据《中国石油化工集团公司年鉴》、《中国石油天然气集团公司年鉴》整理。

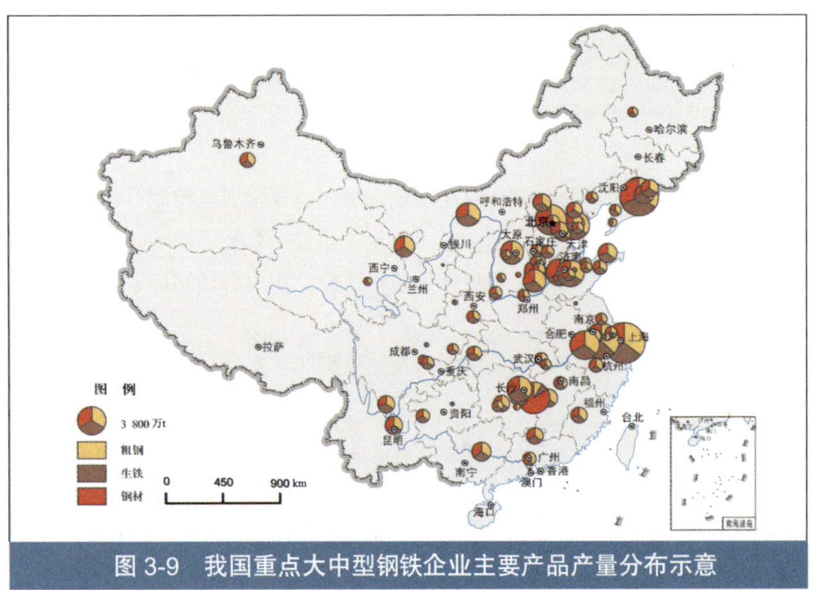

图 3-9 我国重点大中型钢铁企业主要产品产量分布示意

数据来源：根据《中国钢铁年鉴》整理。

28.3%，石油加工、炼焦及核燃料制造业实现总产值 3 642.1 亿元，占全国同行业总产值的比重高达 20.4%，原油加工量达 6 474.91 万 t，占全国的 19.8%。

重要的钢铁生产基地。2007 年环渤海沿海地区钢材产量规模达 6 000 万 t 左右，占全国的 1/7 左右，比 2000 年占全国的比重增加了近两倍（2000 年产量为 740 万 t，占全国的 5.6%）。生铁产量 5 877 万 t，占全国的 11.3%；粗钢产量 6 147 万 t，占全国的 11.9%（图 3-9）。

重要的重型装备制造基地。2007 年，环渤海沿海地区通用机械制造业、专用设备制造业、交通运输设备制造业三大类装备制造行业产值各占全国的 1/10 左右，主要产品包括重型机械、冶金矿山机械、化工设备、发电设备、采油设备、交通运输设备等。滨海新区、大连、潍坊、烟台等地是区域内主要的重型装备产业集聚区，其在全国的区位商都大于 1。装备制造业已经形成良好的基础，优势突出，发展潜力大，正成为环渤海沿海地区未来发展的主导产业之一。

化学工业初具规模。环渤海地区是我国重要的盐化工、碱化工、新兴海洋化工产业基地。2007 年环渤海三省一市烧碱、纯碱产量分别占到全国的 34.7%，农用氨、氮、钾化肥产量占全国的 19.3%。环渤海沿海地区化学原料及化学制品制造业总产值占全国的 9.1%，医药制造业总产值占全国的 6.3%，塑料制品业总产值占全国的 5.8%，均已形成一定规模效应。

港口物流业发达。2007 年环渤海沿海地区在全国前 10 大港口中占据 4 席，货物总吞吐量占全国同期的 20% 以上。全国铁海联运煤炭的 80% 以上经过本区域的港口。2007 年秦皇岛港、黄骅港、京唐港和曹妃甸港的煤炭运输量为 40 175 万 t，石油天然气运输量为 4 160 万 t，约占全国港口煤炭运输量的 41.5%，占北方七港煤炭吞吐量的 72%。

第三节　区域经济社会及重点产业发展趋势

环渤海沿海地区是我国重要的国家战略指向区。占全国 5% 的国土面积中集中了天津滨海新区、辽宁沿海经济带、河北曹妃甸地区、山东黄河三角洲四个国家战略，同时涉及东北振兴规划、京津冀都市圈、山东半岛蓝色经济区。环渤海沿海地区已经成为继珠江三角洲地区、长江三角洲地区的我国北方区域经济发展龙头。区域内基本形成以滨海新区、大连、烟台、唐山为区域增长极，以大连为核心城市的环渤海北岸产业带、以滨海新区和曹妃甸为重心的环渤海西岸产业带、以烟台为主要增长极点的环渤海南岸产业带，及环绕渤海的海陆交汇重化工产业集聚布局带。

根据工业化进程的一般规律，从国家和地方的相关发展战略可以判断，今后一段时期工业仍将是环渤海沿海经济发展的主要推动力。从区域经济发展的态势分析，区域 GDP、工业经济产出都将迅速增加。在地方规划意愿基础上，以 2007 年不变价计算，2015 年 GDP、工业增加值将分别达到现状的 1.9 ～ 2.8 倍、2.2 ～ 3.0 倍，2020 年将进一步增长为现状的 3.0 ～ 5.0 倍、3.3 ～ 5.6 倍，工业化进程将持续快速发展。

环渤海沿海地区产业结构重型化特征突出。环渤海沿海地区轻重工业比由 1995 年的 40 ： 60 演化为 2007 年的 27 ： 73，有 10 个市重工业比重超过全国平均水平，其中滨海新区、盘锦、锦州、葫芦岛、东营的重工业比重超过 80%，属于极重型的产业结构；冶金、石油加工、化学原料等主要重化工部门在区域工业产值中的比重分别为 10.7%、9.2%、7%，均高于全国平均水平。石油、化工、冶金、装备制造等主导产业在国内占据重要地位。环渤海沿海地区是我国重要的石油生产、加工基地，其原油产量占全国 1/3、原油加工量占全国 1/5；环渤海沿海地区是重要的钢铁生产基地，钢材产量占全国 1/7；环渤海沿海地区是我国重型装备制造基地，通用机械制造业、专用设备制造业、交通运输设备制造业三大类装备制造行业产值各占全国的 1/10 左右，主要产品包括重型机械、冶金矿山机械、化工设备、发电设备、采油设备、交通运输设备等。滨海新区、大连、潍坊、烟台等地是区域内主要的重型装备产业集聚区。

环渤海沿海地区仍处于重化工业发展阶段，冶金、石油、化工、装备制造等传统重化工行业优势将继续强化，产业重型化特征进一步凸显。

环渤海地区作为国家战略重点发展的石化产业集聚区，石化产业规模将快速扩大。《乙烯工业中长期发展专项规划》提出通过现有企业改扩建和炼油化工一体化项目的建设，形成具有国际竞争力的长三角、环渤海和珠三角乙烯产业区。《石化产业调整和振兴规划》提出长三角、珠三角、环渤海地区产业集聚度进一步提高，建成 3 ～ 4 个 2 000 万 t 级炼油、200 万 t 级乙烯生产基地。根据地方发展意愿，环渤海沿海地区炼油能力到 2020 年将增加到 1.8 亿～ 2.1 亿 t，乙烯生产能力将可能扩大 20 倍以上，达到 1 300 万 t（表 3-22）。

炼油、石化大项目将加快在环渤海沿海岸带一线布局。根据地方已有规划，拟建项目主要包括曹妃甸 2 000 万 t 级炼油、200 万 t 乙烯，大连 1 000 万 t 炼油、100 万 t 乙烯，营口 1 000 万 t 炼油、100 万 t 乙烯，滨海新区 3 000 万 t 炼油、200 万 t 乙烯，沧州 1 000 万 t 炼油，

表 3-22 环渤海沿海地区重点产业规划发展规模

行 业	2009 年	2015 年	2020 年
	产值 / 产量	产值 / 产量	产值 / 产量
原油加工量 / 亿 t	0.80	1.4 ～ 1.7	1.8 ～ 2.1
乙烯 / 万 t	42.2	—	1300
化学工业 / 万亿元	0.40	0.9 ～ 1.2	1.5 ～ 2.2
钢铁 / 万亿元	0.38	1.0 ～ 1.3	1.5 ～ 2.3
钢材产量 / 亿 t	0.60	1.1 ～ 1.2	1.2 ～ 1.4
装备制造 / 万亿元	0.63	1.5 ～ 2.0	2.5 ～ 4.0

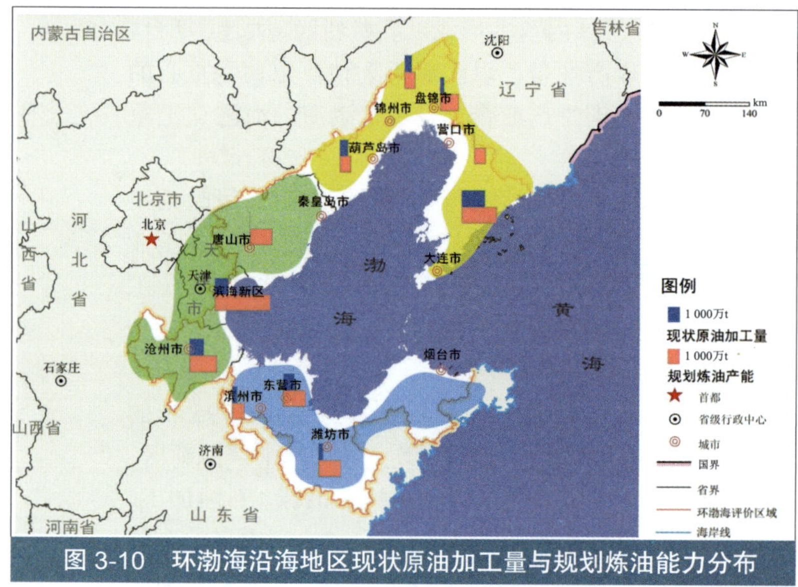

图 3-10 环渤海沿海地区现状原油加工量与规划炼油能力分布

中海油东营 1 000 万 t 炼油、100 万 t 乙烯，中海油潍坊 1 000 万 t 炼油、100 万 t 乙烯项目等（图 3-10）。除此之外，盘锦、锦州、葫芦岛、滨州等地市均在积极争取上马大型石化项目。总体来看，除秦皇岛、烟台外，大型石化项目环围渤海的局面正在形成。

钢铁产业规模进一步扩张，空间仍将基本维持相对集中的发展格局。国家《钢铁产业调整和振兴规划》提出“建设沿海钢铁基地。按期完成首钢搬迁工程，建成曹妃甸钢铁精品基地”。曹妃甸钢铁精品基地建设、营口鲅鱼圈钢铁基地的建设，将带动环渤海沿海地区钢铁行业持续发展，进一步提升环渤海沿海地区钢铁产业在全国的地位。根据地方发展意愿，到 2020 年，环渤海沿海地区炼钢能力将扩张至 1.2 亿～ 1.4 亿 t，比现状规模增加 1 倍以上，行业产值将可能达到现状的 4 ～ 6 倍。

装备制造业将成为区域重要的支柱产业。重点产业规模扩张趋势明显。1995—2007 年，环渤海沿海地区钢材产量扩张 19 倍，粗钢产量扩大近 15 倍，生铁产量扩大近 19 倍。根据地方发展意愿，石化、钢铁、装备等重化工业将保持持续快速扩张的发展势头，到 2020 年，原油加工量将达到 1.8 亿～ 2.1 亿 t，乙烯产量达到 1 300 万 t；炼钢能力将扩张至 1.2 亿～ 1.4 亿 t，比现状规模增加 1 倍以上，行业产值将可能达到现状的 4 ～ 6 倍；2020 年装备制造业产值将扩大 2.5 ～ 4.0 倍，占工业总产值的比重提高到 20% 左右。以电子设备、船舶工业、汽车零部件制造、整车生产、机床、发动机等产品为主的装备制造业将进一步快速发展，并将在滨海新区、大连、潍坊、烟台等地集中。2020 年装备制造业产值将扩大 2.5 ～ 4.0 倍，占工业总产值的比重提高到 20% 左右。滨海新区、大连等地船舶工业规模将进一步扩张，将带动钢铁、零配件等相关的发展；滨海新区的大飞机制造、汽车制造业将推动整条产业链的发展，带动环渤海沿海地区电子设备、机床、发动机等产业规模增长。

在地方强烈发展意愿的推动下，环渤海沿海地区炼油、石化、冶金、能源、化工、装备制造等新建项目密集上马，重化工产业空间分散布局、沿海推进态势将进一步强化（图 3-11）。重化工产业空间分散布局、沿海推进态势将进一步强化。如果将环渤海沿海地区国家级、省级、市级、县区级钢铁、石化、装备制造等重点行业布局进行空间叠加，各级各类产业集聚区环

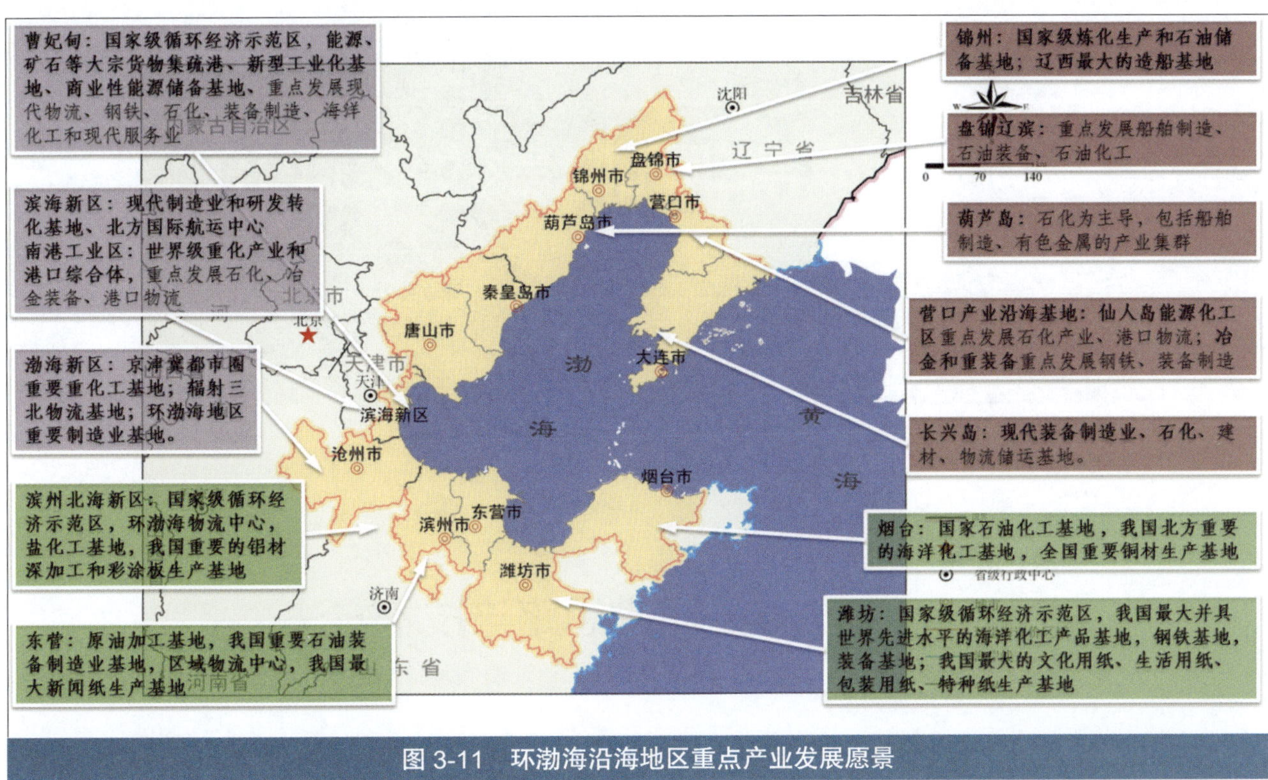

图 3-11 环渤海沿海地区重点产业发展愿景

围渤海沿岸全线扩散蔓延的局面即将形成。如果地区间缺少有效协调和分工统筹，势必造成三大产业带之间、十三个地市之间产业同构化问题加重，对水土资源、能源和环境容量的竞争加剧，将进一步加大污染控制和生态保护的难度和成本。

第四章

区域资源环境效率评价

第一节 研究思路与技术方法

一、研究思路

以环渤海沿海地区的经济技术开发区、高新技术开发区、工业园区等产业集聚区为评价对象，围绕重点产业集聚区发展所产生的资源环境影响，充分利用环境统计数据和污染源调查数据，结合补充调查的各类资源环境利用效率资料和补充监测的反映资源环境问题的特征性污染物指标、指示性生物指标，分析产业集聚区的资源环境单要素效率，继而构建重点产业集聚区发展的资源环境效率综合评价指标体系。以全国平均水平或特定地区的资源环境效率指标为基准，对环渤海地区产业集聚区发展带来的资源和能源消耗水平、污染排放和经济效率进行评价，结合清洁生产和循环经济要求，进行产业资源环境效率分析。

（1）重点产业集聚区发展历程与现状特征分析

依据重点产业的界定原则，确定评价的产业范畴；回顾分析产业发展的社会经济背景和发展历程，分析重点产业总量规模、结构层次、技术工艺水平及空间布局特征。

（2）重点产业集聚区资源环境现状、问题识别及其趋势分析

充分利用已有数据和成果，补充调查和监测反映研究区各种重点产业发展累积性资源环境效应的质量指标、特征性污染指标和指示性生物指标；辨识重点行业的资源消耗、污染排放特征规律和变化趋势，明晰研究区的资源和环境现状和特征；梳理其发展趋势及对重点产业发展造成的关键制约因素。

（3）重点产业发展的资源环境效率评价

充分利用环境统计数据和污染源调查数据，结合补充调查的各类资源环境利用效率资料，构建产业资源环境效率评价指标体系。以全国平均水平或特定地区的资源环境效率指标为基准，对研究区产业发展带来的资源和能源消耗、污染排放和经济效率进行评价，进行产业资源环境效率差距分析。

（4）重点产业发展的资源环境效率综合评价

进一步筛选并确定产业资源环境效率综合评价指标体系，对产业发展的资源环境效率水平进行评价，并与国内外先进水平进行对比分析，确定研究区未来产业发展资源环境效率指标的目标阈值和约束要求，提出重点产业中长期发展模式与战略调控方案。

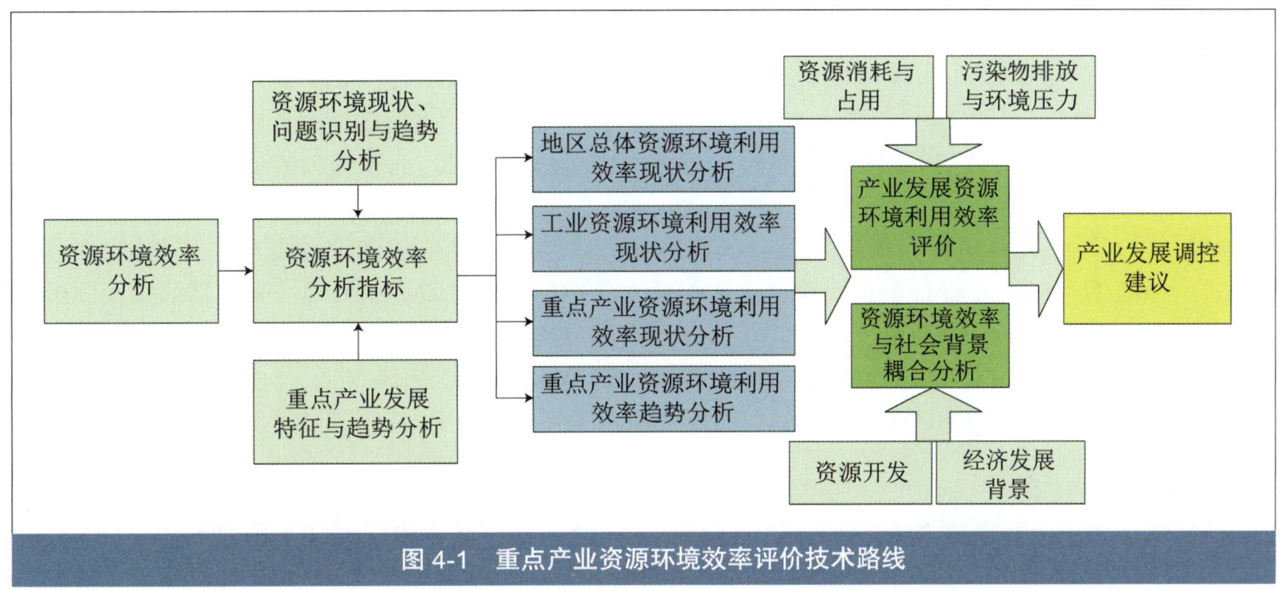

图 4-1　重点产业资源环境效率评价技术路线

二、数据来源

环渤海沿海地区资源环境效率现状数据主要来源为第一次全国污染普查数据（2007 年）；全国资源环境效率数据来自环境统计年鉴；环渤海沿海地区资源环境效率趋势数据来自环境统计数据库（2001—2007 年）。

其中能耗数据：天津滨海新区、锦州、葫芦岛和营口数据来自第一次全国污染普查数据（2007 年），其他城市来自 2007 年统计年鉴；水资源数据来自水资源公报（含附件），中国水利水电出版社，2005—2008 年。

三、技术方法

资源环境利用效率分析评价分为四个层次，第一个层次是分析社会总体的资源环境利用效率，以万元 GDP 资源消耗和污染排放作为评价指标，分析评价区内十三个地市的社会总体资源环境利用效率；第二个层次分析工业资源环境效率，以万元工业产值资源消耗和污染排放作为评价指标，分析评价区内十三个地市的工业资源环境利用效率；第三个层次分析重点行业资源环境效率，以万元工业产值资源消耗和污染排放作为评价指标，分析评价区内九大重点行业（石油行业、冶金行业、装备制造行业、能源行业、化工行业、非金属制造行业、食品行业、纺织行业、造纸行业）的资源环境利用效率；第四个层次分析重点产业资源环境利用效率趋势变化，以万元工业产值资源消耗和污染排放作为评价指标，分析评价区内九大重点行业2001—2007年资源环境利用效率的变化趋势。单要素资源环境效率的数据直接采用单位GDP或工业产值效率。

为消除各项指标单位不统一，无法直接比较的影响，采用以下数据归一化方法对各项指标进行处理，公式如下：

$$I_n/（I_{max}-I_{min}）$$

其中，I_n 为数据序列第 n 项；I_{max} 为数据序列最大项；I_{min} 为数据序列最小项。

社会总体资源环境利用效率综合评价方法：采用单位GDP能耗、碳排放、COD、NH_3-N、SO_2、烟尘排放强度6项指标，经过归一化处理，采用雷达图反映综合效率，雷达图的不同方向反映了不同指标的强度，面积反映了总体情况，面积较大的说明资源环境效率综合水平较差。

工业资源环境利用效率综合评价方法：采用综合单位工业产值能耗、碳排放、COD、NH_3-N、SO_2、NO_x、烟尘、粉尘排放强度8项指标，经过归一化处理，采用雷达图反映各地工业发展的资源环境综合效率。雷达图的不同方向反映了不同指标的强度，面积反映了总体情况，面积较大的说明资源环境效率综合水平较差。

环渤海沿海地区某重点行业的资源环境效率指数（EPI）按下式计算：

$$\mathrm{EPI}=\sum_{k=1}^{n}\omega_k\times\frac{\mathrm{EP}_k}{\mathrm{EP}_k^*}$$

式中，ω 为单指标权重（这里均取1）；EP为单一效率指标现状值；EP*为该效率指标对应的全国平均水平；k 为资源环境要素效率指标索引；n 为资源环境要素效率指标个数。

环渤海沿海地区重点产业集聚区（以城市为集聚区个体）i 的资源环境效率指数（EPI）按下式计算：

$$\mathrm{EPI}=\sum_{i=1}^{n}\mathrm{EPI}_i=\sum_{i=1}^{n}\sum_{k=1}^{m}\omega_k\times\frac{\mathrm{EP}_k}{\mathrm{EP}_k^*}$$

式中，ω 为单指标权重（这里均取1）；EP为单一效率指标现状值；EP^* 为该效率指标对应的全国平均水平；i 为评价重点行业索引；n 为评价重点行业个数；k 为自由环境要素效率指标索引；m 为资源环境要素效率指标个数。

第二节 评价指标

资源环境效率评价指标包括资源的利用效率和污染物的排放强度，资源环境指标包括土地资源、能源、水资源、水环境和大气环境，涉及的指标包括区域总体资源环境效率水平和工业资源环境效率（工业总体和重点行业的资源环境效率），区域总体资源环境效率以单位GDP的资源环境效率表示，工业的资源环境效率以单位工业产值的资源环境效率表示，详见表4-1。

表 4-1　环渤海沿海地区资源环境效率评价指标体系

类别	评价目标	评价指标	指标计算	单位	全国平均	评价区平均水平
土地资源	土地产出效率[1]	单位建设用地产出	GDP/ 建设用地面积	万元 / hm^2	801	1 031
		开发区单位土地产出	工业生产总值 / 开发区用地面积	万元 / hm^2	28 891（国家级）	4 058（国家级）1 780（省级）
能源	能源利用效率[2]	单位 GDP 能耗	能耗 /GDP	t 标煤 / 万元	1.672	1.4
		单位工业产值能耗	能耗 / 工业产值	t 标煤 / 万元	0.462	0.72
	碳排放强度	单位工业产值能耗	碳排放量 / 工业产值	t CO_2/ 万元	—	2.77
水资源	水耗强度[3]	单位 GDP 用水量	用水量 /GDP	m^3 / 万元	—	—
		单位工业产值新鲜水耗	工业新鲜用水量 / 工业产值	m^3 / 万元	34	174
	重复利用效率	工业重复用水效率	工业重复用水量 / 总用水量	%	82.53	71.14
水环境	COD 排放强度[4]	单位 GDP COD 排放量	COD 排放量 /GDP	kg / 万元	5.33	7.5
		单位工业产值 COD 排放量	工业 COD 排放量 / 工业产值	kg / 万元	2.53	1.14
	NH_3-N 排放强度[4]	单位 GDP 氨氮排放量	氨氮排放量 /GDP	kg / 万元	0.513	0.47
		单位工业产值氨氮排放量	工业氨氮排放量 / 工业产值	kg / 万元	0.173	0.044
大气环境	SO_2 排放强度[4]	单位 GDP SO_2 排放量	SO_2 排放量 /GDP	kg / 万元	94.33	73.3
		单位工业产值 SO_2 排放量	工业 SO_2 排放量 / 工业产值	kg / 万元	10.83	4.14
	NO_x 排放强度[4]	单位工业产值 NO_x 排放量	工业 NO_x 排放量 / 工业产值	kg / 万元	6.33	2.24
	工业粉尘排放强度[4]	单位工业产值粉尘排放量	工业粉尘排放量 / 工业产值	kg / 万元	3.53	1.54
	烟尘排放强度[4]	单位 GDP 烟尘排放量	烟尘排放量 /GDP	kg / 万元	37.73	30.74
		单位工业产值烟尘排放量	工业 SO_2 排放量 / 工业产值	kg / 万元	3.83	1.74

注：1. 数据来自 2007 年土地利用变更调查成果；2. 数据来自《中国能源统计年鉴》；3. 数据来自《中国环境统计年报》；4. 数据来自 2007 年污染源普查数据。其他来自相关专题研究成果。

第三节　区域资源环境效率综合评价

选择单位 GDP 能耗、碳排放、COD、NH_3-N、SO_2、烟尘排放强度等 6 项资源环境效率指标并作归一化处理，以雷达图反映综合效率指标，雷达图的不同方向反映了不同指标的强度，面积反映了总体情况，面积较大的说明资源环境综合排放强度较大。总体来看，环渤海沿海地区资源环境综合效率总体上略好于全国平均水平。其中，万元 GDP 用水强度为

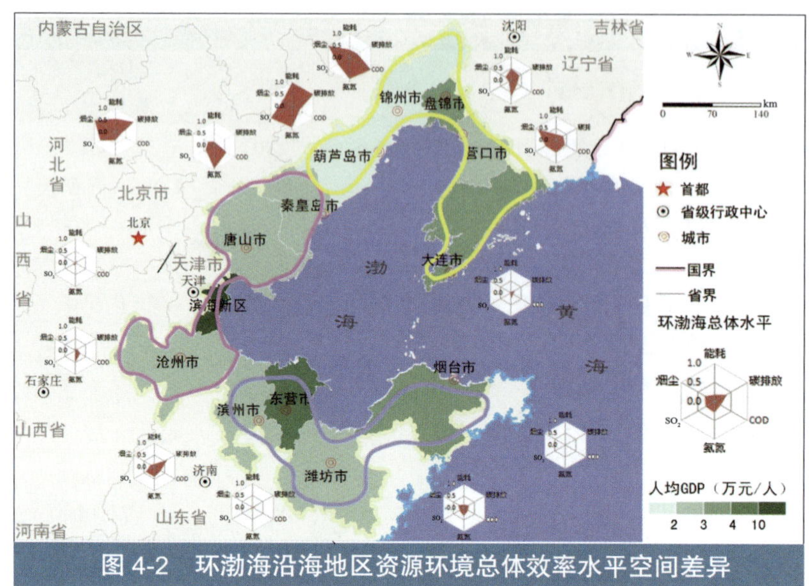

图 4-2 环渤海沿海地区资源环境总体效率水平空间差异

数据来源：各地污染源普查数据（2007 年）。

注：雷达图不同方向表示不同指标，所围成面积表示资源环境效率总体水平，面积越大表示资源环境效率水平越低。

77.5 m^3，仅为全国平均水平的 1/3；主要污染物排放强度大多低于全国平均值，NH_3-N、SO_2 排放强度为 0.37 kg/ 万元、8.02 kg/ 万元，分别为全国平均排放强度的 72%、85%，烟尘排放强度基本与全国平均水平持平。但是，单位 GDP 能耗 1.4 t 标煤 / 万元，为全国平均能耗强度的 1.2 倍；单位 GDP 碳排放 3.8 t/ 万元，高出全国平均水平 58%；COD 排放强度 7.6 kg/ 万元 GDP，高出全国平均水平 43%。

以唐山为分界，资源环境效率水平整体呈现“南高北低”的空间分异规律(图 4-2)。比较而言，大连、滨海新区、东营、烟台等地市资源环境效率水平相对较高，唐山（能耗、碳排放、大气污染物）、秦皇岛（水污染物）、锦州（能耗、碳排放、水污染物）、葫芦岛（能耗、碳排放、水污染物、大气污染物）、营口（能耗、碳排放、水污染物、大气污染物）效率水平相对较低。

一、资源利用效率

1. 土地资源利用效率

环渤海沿海地区单位建设用地 GDP 产出较高，为 103 万元 /hm^2，优于全国平均水平（80 万元 /hm^2）；各地区差异很大，三个产业带发展极点的单位建设用地产出较大，其中唐山、烟台、滨海新区、东营、大连单位建设用地万元产出较高，均高于环渤海总体水平；各地区的用地效率与经济发展存在一定的相关性，总体来讲，人均 GDP 较高的地区单位土地产出较高，人均 GDP 较低的葫芦岛、秦皇岛等市的用地效率较低（图 4-3）。

2. 能源利用效率

环渤海沿海地区单位 GDP 能耗平均水平是全国平均能耗强度的 1.2 倍，能源利用效率劣于全国平均水平，2007 年，环渤海沿海地区单位 GDP 能耗达到 1.4t 标煤 / 万元（全国 1.16 t 标煤 / 万元）；单位 GDP 碳排放达到 3.8 tCO_2/ 万元，高于全国碳排放强度（全国为 2.2 tCO_2/ 万元），见图 4-4 和图 4-5。

各个城市单位 GDP 能源强度差别较大，北岸产业带的盘锦、锦州、葫芦岛以及西岸产业带唐山的单位 GDP 能耗比较大，唐山的单位 GDP 能耗为全国的 2.4 倍，为地区平均强度的 2.0 倍，南岸的东营和烟台是单位 GDP 能耗较低的城市；评价区各市碳排放强度差异明显，营口、大连、唐山等北部地区碳排放强度较大。

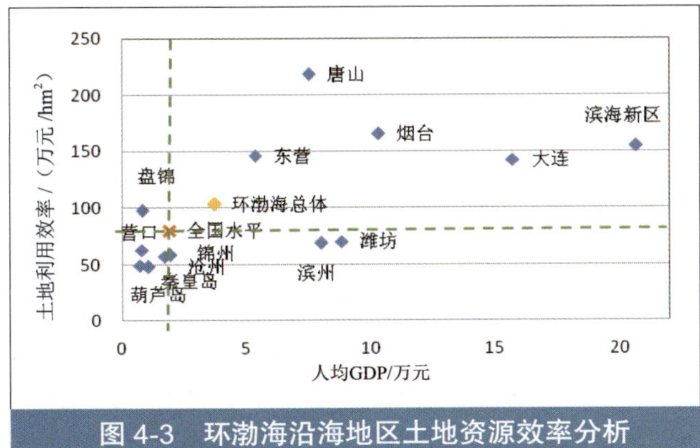

图 4-3　环渤海沿海地区土地资源效率分析

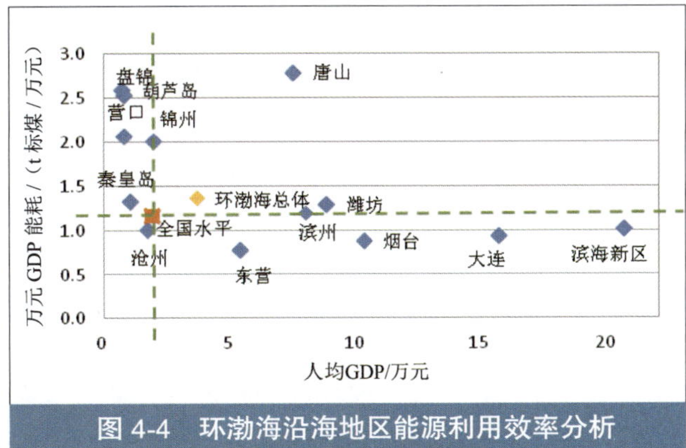

图 4-4　环渤海沿海地区能源利用效率分析

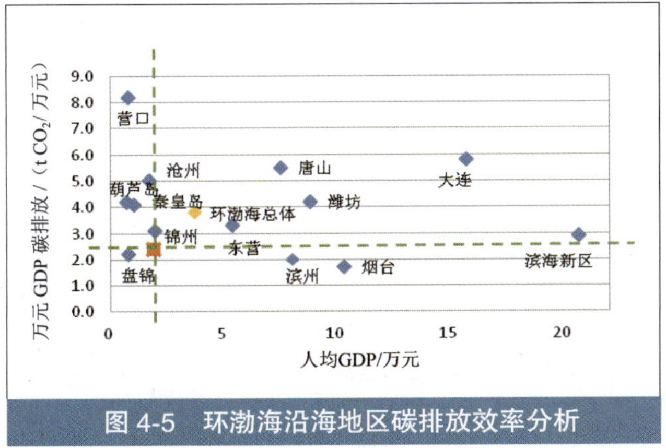

图 4-5　环渤海沿海地区碳排放效率分析

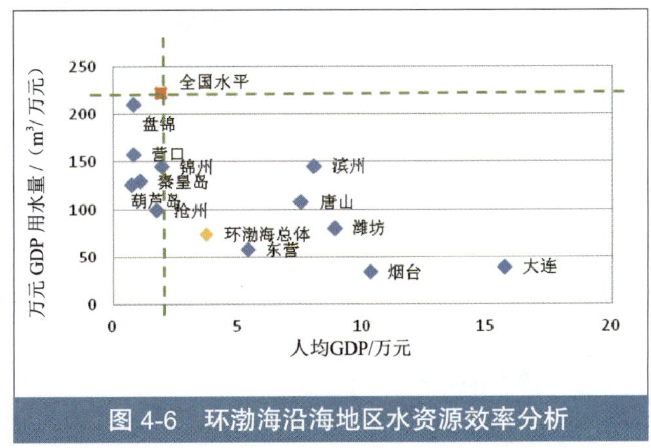

图 4-6　环渤海沿海地区水资源效率分析

能耗强度和碳排放强度与经济发展相关性较差，主要受到产业结构的影响。唐山能耗高产业的比重较大。

3．水资源利用效率

环渤海沿海地区万元 GDP 用水量低于全国平均水平；评价区各城市差异较大，北岸产业带的盘锦、营口、锦州及西岸产业带的秦皇岛、葫芦岛地区单位 GDP 水耗较高，南岸的烟台、东营及北岸的大连单位 GDP 水耗较低；总体来讲，人均 GDP 较小的城市，如盘锦、营口、锦州、秦皇岛等城市用水效率较差，单位 GDP 水耗较高（图 4-6）。

二、污染物排放强度评价

1．水环境污染物排放强度

环渤海沿海地区 COD 排放强度平均水平（7.6 kg/ 万元）超出全国平均水平（5.3 kg/ 万元），NH_3-N 排放强度平均水平（0.37 kg/ 万元）低于全国平均水平（0.51 kg/ 万元）。

区域内各地区 COD 和 NH_3-N 差异较大，人均 GDP 较低的地区 COD 和 NH_3-N 排放强度普遍较高。北岸产业带四市（除大连）以及西岸产业带的秦皇岛和沧州市人均 GDP 较低，且 COD、NH_3-N 排放强度较高。锦州 COD 排放强度最高，为环渤海总体水平的 4.0 倍，为全国水平的 5.7 倍；锦州、葫芦岛 NH_3-N 排放强度很高，为环渤海总体水平的 2.1 倍，为全国水平的 1.5 倍（图 4-7 和图 4-8）。

总体来讲，人均 GDP 较低于环渤海人均 GDP 水平的城市 COD、NH_3-N 排放强度均超出环渤海平均水平，经济的发展、技术的提升有利于降低污染物的排放强度。

2. 大气环境污染物排放强度

环渤海沿海地区 SO_2、工业烟尘排放强度低于全国排放强度，分别为 8.0 kg/ 万元、3.7 kg/ 万元，比全国水平（SO_2 排放强度 9.4 kg/ 万元、工业烟尘排放强度为 3.8 kg/ 万元）少 15.0%、1.5%；各地区排放水平差异较大，整体来讲，污染物排放强度北高南低，北岸产业带的葫芦岛、营口、锦州和西岸产业带的唐山、秦皇岛 SO_2、烟尘排放强度均超出全国强度，其中 SO_2 排放强度最高的为葫芦岛市（21.7 kg/ 万元），最低的为大连（3.8 kg/ 万元），工业烟尘排放强度最高的为锦州（11.1 kg/ 万元），最低的为滨海（0.9 kg/ 万元）；总体来讲，除唐山外，其他地区人均 GDP 较低的污染物排放强度较高，污染物排放强度除与工艺技术相关外，与产业结构也紧密相关（图 4-9 和图 4-10）。

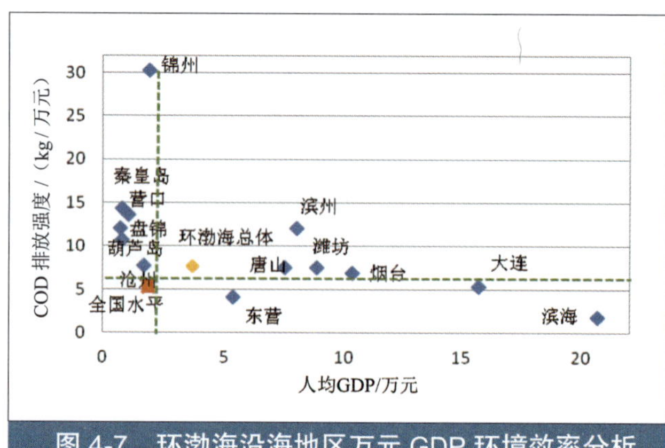

图 4-7 环渤海沿海地区万元 GDP 环境效率分析（COD 排放强度）

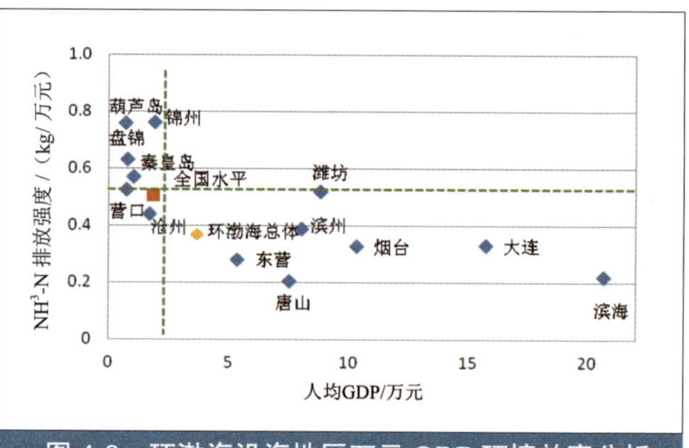

图 4-8 环渤海沿海地区万元 GDP 环境效率分析（NH_3-N 排放强度）

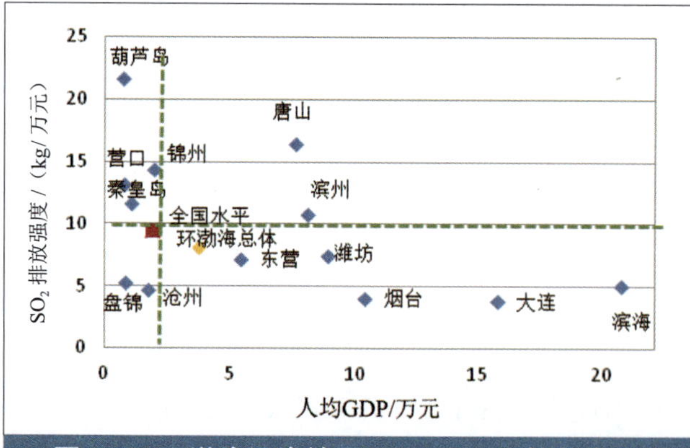

图 4-9 环渤海沿海地区万元 GDP 环境效率分析（SO_2 排放强度）

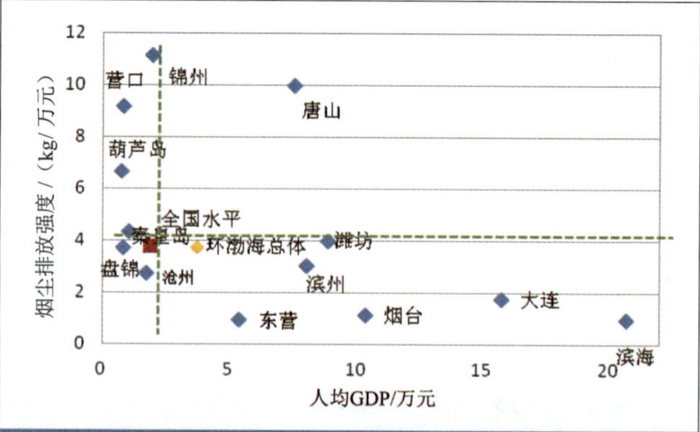

图 4-10 环渤海沿海地区万元 GDP 环境效率分析（烟尘排放强度）

第四节　工业资源环境效率评价

综合单位工业产值能耗、碳排放、COD、NH_3-N、SO_2、NO_x、烟尘、粉尘排放强度 8 项效率指标并作归一化处理。总体来看，环渤海沿海地区工业能源利用水平较低，工业用水效率和主要污染物排放强度均优于全国平均水平，但与长三角、珠三角等发达地区相比还有较大差距（表 4-2）。

表 4-2　环渤海沿海地区主要工业污染排放强度比较

单位：kg/ 万元

地　区	万元工业产值污染物排放量			
	COD	NH_3-N	SO_2	工业烟尘
北岸产业带	1.76	0.04	4.66	2.27
西岸产业带	1.39	0.03	5.39	2.62
南岸产业带	0.75	0.04	2.71	0.71
环渤海沿海地区	1.18	0.04	4.03	1.69
长三角地区	0.47	0.03	1.86	0.45
珠三角地区	0.35	0.01	1.17	0.31
全国平均	2.47	0.17	10.76	3.80

空间上，营口—唐山、滨州—潍坊一线工业资源环境效率相对较低。其中，唐山（能耗、碳排放、SO_2、NO_x、工业烟尘、粉尘）、锦州、葫芦岛（能耗、碳排放、NO_x）、滨州（NH_3-N、SO_2、NO_x、工业烟尘）、潍坊（水耗、NH_3-N、SO_2、NO_x、工业烟尘）、营口（水耗、能耗、碳排放、COD）等 6 个地市工业资源环境综合效率水平较低，大连、烟台、滨海新区相对较好（图 4-11）。

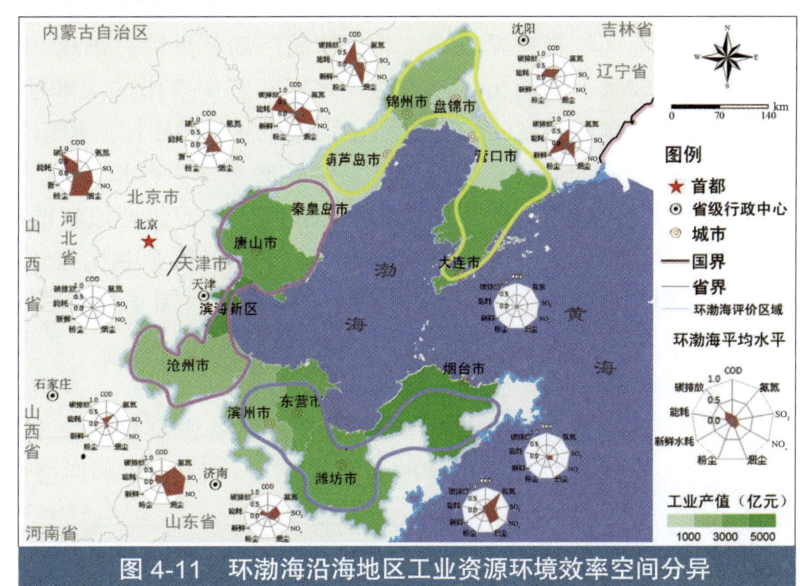

图 4-11　环渤海沿海地区工业资源环境效率空间分异

数据来源：各地污染源普查数据（2007 年）。雷达图不同方向表示不同指标，所围成面积表示资源环境效率总体水平，面积越大表示资源环境效率水平越低。

一、资源利用效率评价

1. 土地资源利用效率

环渤海沿海地区国家级开发区土地粗放利用问题严重，容积率、建筑密度较低，甚至远低于全国平均水平，而土地产出效率却远高于全国平均水平[1]。全国开发区单位土地产出效率为 2 889 万元 /hm^2，环渤海国家级开发区单位土地产出效率为 4 058 万元 /hm^2。

环渤海沿海地区省级开发区土地开发率较小，单位土地产出效率为 1 780 万元 /hm^2，远小于国家级开发区，且不同地区土地开发率差异显著。烟台、潍坊和唐山省级开发区土地开发情况要优于其他地区（表 4-3 和表 4-4）。

1　根据现有环渤海沿海地区国家级开发区土地利用动态遥感监测数据，只对大连经济技术开发区、大连高新技术产业开发区、大连出口加工区、营口经济技术开发区、潍坊高新技术产业开发区和烟台市出口加工区进行产业用地效率分析。

表 4-3 2007 年环渤海国家级经济技术开发区用地情况分析

开发区名称	容积率	建筑密度 / %	土地产出 / (万元 /hm²)
大连经济技术	0.88	21	3 216
营口经济技术	0.56	21	5 786
全国经济技术	**0.93**	**32**	**2 889**
大连高新技术	0.57	21	5 395
潍坊高新技术	0.9	27	6 694
全国高新技术	**1.1**	**30**	**—**
大连出口加工	1.05	50	1 420
烟台出口加工	0.89	34	963
全国出口加工	0.87	33	—

注：土地数据来源于 2004 年国家级开发区土地利用遥感监测成果，而工业生产总值数据来源于“中国开发区网”（http://www.cadz.org.cn/index.jsp）和《2007 中国保税区出口加工区年鉴》。

表 4-4 2007 年环渤海国家级 / 省级开发区土地产出效率分析

开发区	土地产出 / (万元 /hm²)
秦皇岛市省级开发区	784.698 8
沧州市省级开发区	1 336.843
滨州市省级开发区	1 487.5
环渤海省级开发区	**1 779.945**
东营市省级开发区	2 113.043
潍坊市省级开发区	2 586.022
烟台市省级开发区	2 728.426
唐山市省级开发区	2 734.967
全国国家级开发区	**2 889.195**
环渤海国家级开发区	**4 058.46**

数据来源：工业生产总值来源于地方规划环评以及子项目提供的数据，规划面积来源于《2006 中国开发区审核公告目录》。

2．能源利用效率

环渤海工业能耗强度平均水平（0.54 t 标煤 / 万元）大于全国平均水平（0.46 t 标煤 / 万元）。各地区能耗差异较大，北岸的葫芦岛、盘锦、锦州、营口，西岸的唐山、秦皇岛工业能耗强度较大，均超出环渤海总体水平，其中唐山的工业能耗强度为环渤海平均水平的 2.7 倍；工业碳排放强度的分布与工业能耗强度分布相似，超出环渤海工业平均碳排放强度（1.56 t CO_2/万元）的有唐山、沧州、盘锦、秦皇岛、营口、葫芦岛、锦州，其中唐山碳排放强度最高，为环渤海总体水平的 3.1 倍。总体来讲工业产值较低的城市能耗水平较高，碳排放强度亦存在这种趋势，受产业结构影响，唐山能耗企业比重较大，其能耗和碳排放强度均为最高，分别为 1.5 t 标煤 / 万元、4.89 t CO_2/ 万元（图 4-12 和图 4-13）。

3．水资源利用效率

总体来讲，环渤海沿海地区水资源利用效率较好，水耗强度低于全国平均水平，仅为全国水耗强度的 49%，单位工业产值新鲜水耗强度为 16.6 m³/ 万元，低于全国平均强度

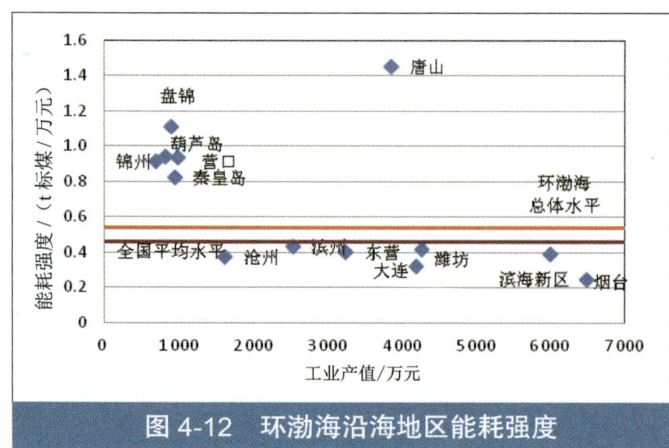

图 4-12 环渤海沿海地区能耗强度

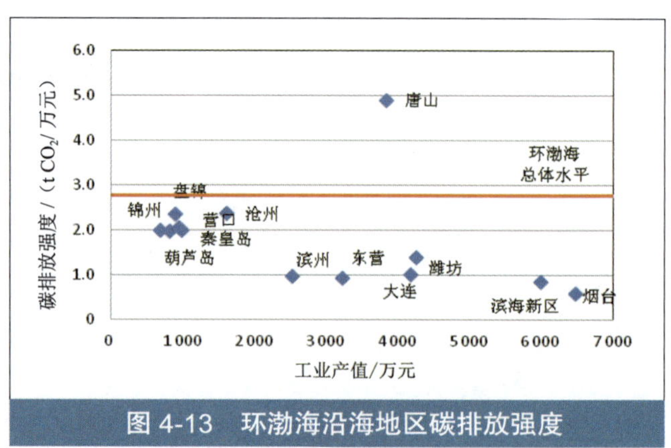

图 4-13 环渤海沿海地区碳排放强度

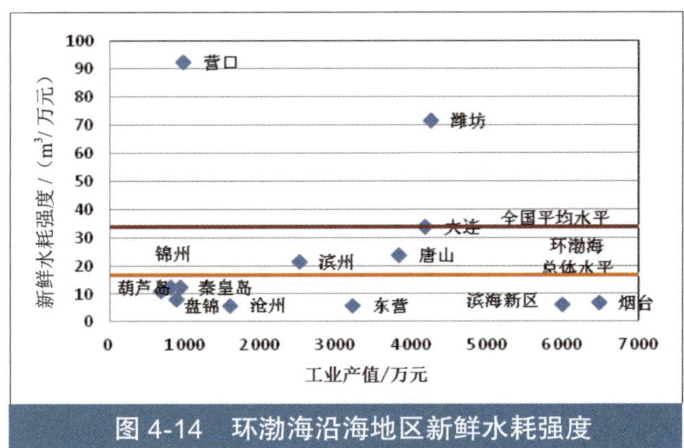

图 4-14　环渤海沿海地区新鲜水耗强度

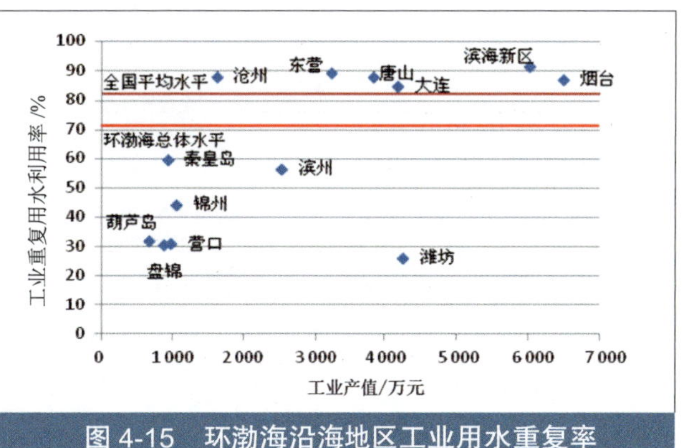

图 4-15　环渤海沿海地区工业用水重复率

33.9 m^3/ 万元；工业重复用水效率（71%）整体水平不高，低于全国平均水平（82%）。营口、潍坊的新鲜水耗强度超出全国平均水平，大连、唐山、滨州的新鲜水耗强度超出环渤海平均水平；工业重复用水效率高于全国平均水平的有滨海新区、唐山、沧州、东营、烟台。北岸产业带盘锦、营口、葫芦岛、锦州四市的工业重复用水效率较低（图 4-14 和图 4-15）。

二、污染物排放强度评价

1. 水环境污染物排放强度

区域工业水环境污染物排放强度总体上低于全国平均水平。环渤海工业 COD、NH_3-N 排放强度分别为 1.19 kg/ 万元、0.04 kg/ 万元，而全国平均水平为 2.47 kg/ 万元、0.167 kg/ 万元。COD 排放强度超出评价区总体强度的有锦州、营口、秦皇岛、唐山、盘锦、滨州、潍坊，高于全国平均水平的地区有锦州、营口、秦皇岛、唐山；NH_3-N 排放强度超出评价区总体强度的有潍坊、滨州、沧州、东营、盘锦、葫芦岛、秦皇岛、锦州，但均低于全国平均水平（图 4-16 和图 4-17）。

2. 大气环境污染物排放强度

环渤海沿海地区 SO_2、NO_x、工业烟尘、粉尘排放强度低于全国排放强度，分别比全国水平少 61.9%、64.9%、54.6%、53.8%。评价区 SO_2、NO_x、粉尘、工业烟尘排放强度各地

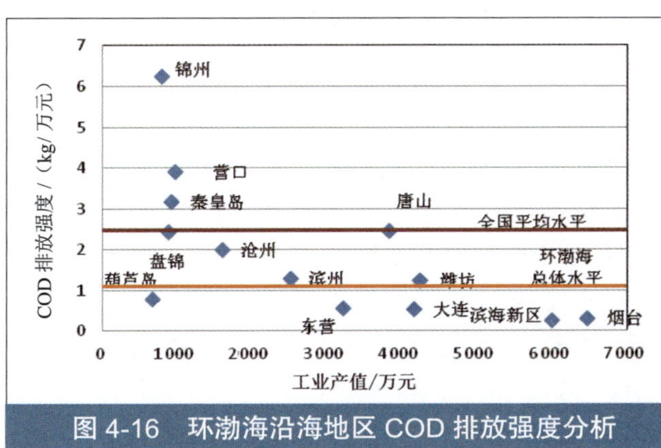

图 4-16　环渤海沿海地区 COD 排放强度分析

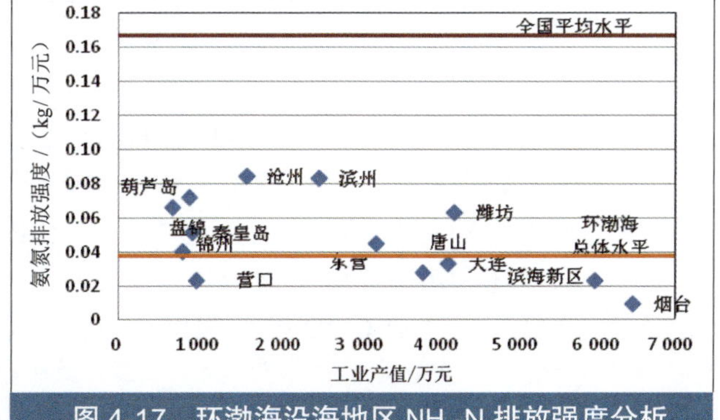

图 4-17　环渤海沿海地区 NH_3-N 排放强度分析

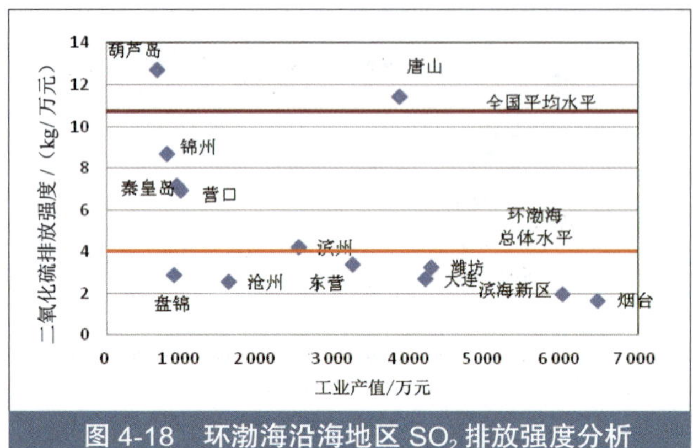

图 4-18 环渤海沿海地区 SO_2 排放强度分析

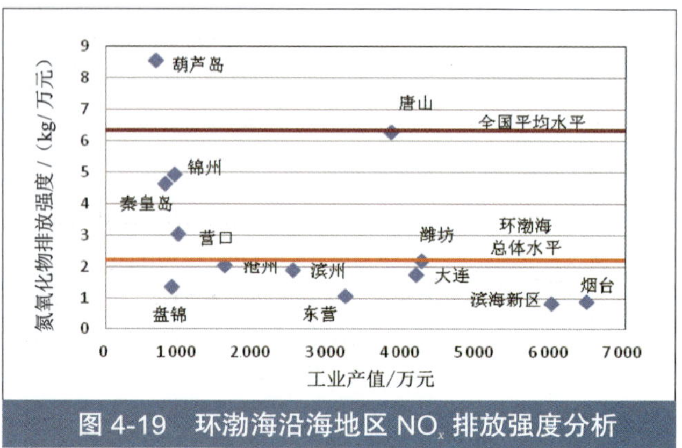

图 4-19 环渤海沿海地区 NO_x 排放强度分析

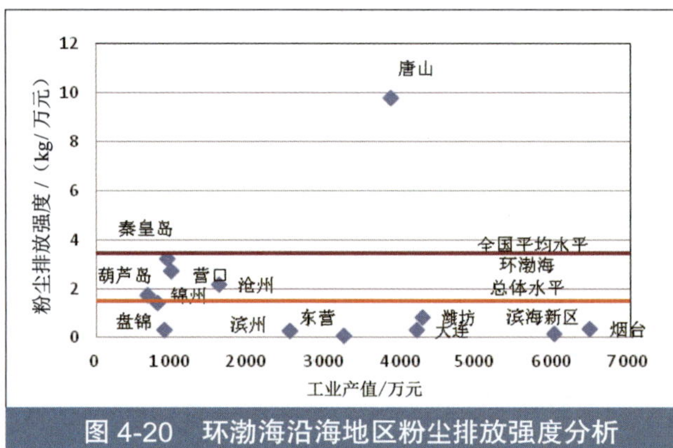

图 4-20 环渤海沿海地区粉尘排放强度分析

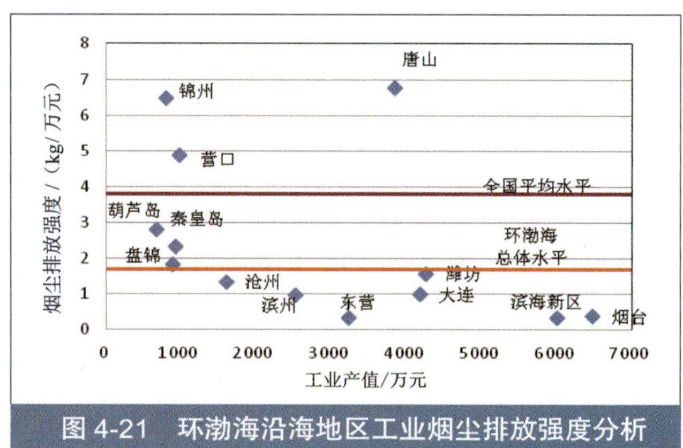

图 4-21 环渤海沿海地区工业烟尘排放强度分析

区排放水平差异较大，唐山 SO_2、工业烟尘、粉尘均超出全国强度（其中粉尘超出 182.2%、烟尘超出 77.6%），葫芦岛 SO_2、NO_x 超出全国强度，其他地区均低于全国排放强度。北岸产业带除大连外，SO_2 和工业烟尘排放强度均超出环渤海总体水平，葫芦岛、锦州、营口 NO_x 和粉尘排放强度均超出环渤海总体水平；西岸产业带的唐山、秦皇岛大气污染物排放强度均超出环渤海总体水平，南岸产业带大气污染物排放强度均低于环渤海总体水平（图 4-18 至图 4-21）。

第五节 重点产业资源环境效率

从重点产业总体看，环渤海沿海地区水资源利用效率水平不高，石油、冶金、能源、化工、非金属等重化工业新鲜水耗强度均高于全国平均水平。其中，化工行业新鲜水耗高出全国平均水平 88%。除纺织行业外，工业用水重复利用率普遍低于全国平均水平，装备制造业水循环利用率仅为全国平均水平的一半。主要水污染排放强度普遍低于全国平均水平，但造纸行业工业 COD 排放强度、石油行业 NH_3-N 排放强度分别高于全国平均水平的 34%、22%。

能源、石油等高耗能行业的能源利用效率不高，分别为全国平均水平的 4.2 倍、1.1 倍。

能源行业大气污染物排放强度较高，SO_2、NO_x 排放强度分别高出全国平均水平 26%、7%，装备制造、化工、非金属等行业的烟尘排放强度也均高于全国平均水平。

表 4-5　环渤海沿海地区重点产业资源环境效率与全国平均水平比较　单位：%

重点产业（全国平均水平 =1）	新鲜水耗	工业用水重复利用率	COD	NH_3-N	能耗	SO_2	NO_x	工业烟尘
石油行业	116	78	88	122	112	38	47	10
冶金行业	84	96	26	5	103	79	85	27
装备制造行业	37	52	51	22	62	63	24	182
能源行业	138	82	70	11	423	126	107	83
化工行业	188	75	81	37	67	76	48	110
非金属行业	106	99	21	28	67	42	81	139
食品加工业	42	54	56	58	80	74	46	109
纺织业	25	126	31	14	104	78	43	—
造纸业	117	59	134	20	170	120	98	—

数据来源：环渤海沿海地区为污染源普查数据，全国平均水平为环境统计数据（2001-2007 年）。

一、重点产业各行业资源环境效率评价

1. 石油行业

水资源利用效率总体上好于国家平均水平，水环境污染排放强度较低；除唐山、沧州、滨海新区外，其余地市的水资源重复效率均低于国家平均水平；大连、盘锦、潍坊水耗强度高于国家平均水平；盘锦、滨州、锦州 COD 排放强度高于国家平均水平；滨州、沧州、东营氨氮排放强度高于国家平均水平。大气污染物排放强度普遍低于全国平均水平，唐山的粉尘排放量高出全国平均粉尘排放强度 7.7 倍。整个地区石油行业的能源强度略高于全国平均水平，其中，营口和唐山的能耗强度较高，烟台和秦皇岛的能源强度较低（图 4-22、图 4-23）。

根据重点行业的资源环境效率指数（EPI）计算公式计算各地区石油行业资源环境效率指数，选取指标包括单位工业产值能耗、水耗和 COD、NO_x、SO_2、NH_3-N、工业烟尘、粉尘排放强度 6 项指标。结果显示，资源环境利用效率最差的为唐山，其次是滨州。资源环境效率较好（EPI 小于环渤海总体水平）的是秦皇岛、烟台、滨海新区、东营、葫芦岛、沧州和潍坊（图 4-24）。

2. 冶金行业

总体来讲优于全国平均水平，潍坊、盘锦水耗较高，盘锦 COD 排放强度较高，唐山、锦州、盘锦粉尘排放强度较高。地区能源强度低于全国平均水平，营口和唐山的能源强度较高，东营能源强度较低（图 4-25、图 4-26）。

资源环境效率最差（EPI 最大）的是盘锦，主要是由于其排放强度较高；资源环境效率较好（EPI 小于环渤海总体水平）的城市包括东营、沧州、烟台、滨州、大连、滨海新区、葫芦岛、秦皇岛和锦州（图 4-27）。

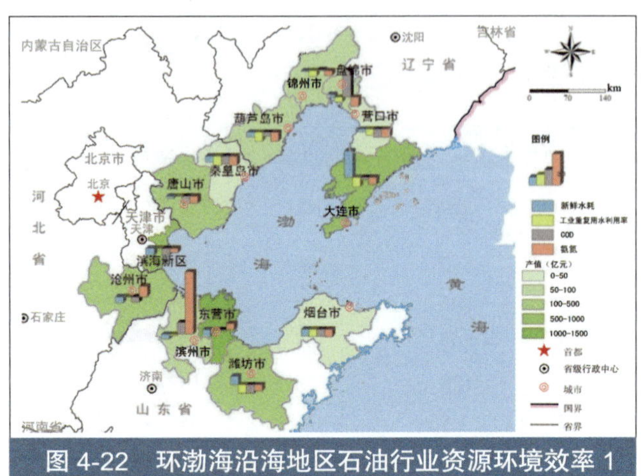
图 4-22 环渤海沿海地区石油行业资源环境效率 1

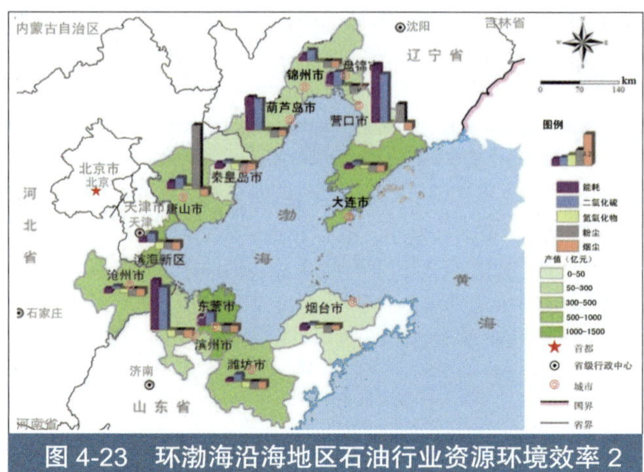
图 4-23 环渤海沿海地区石油行业资源环境效率 2

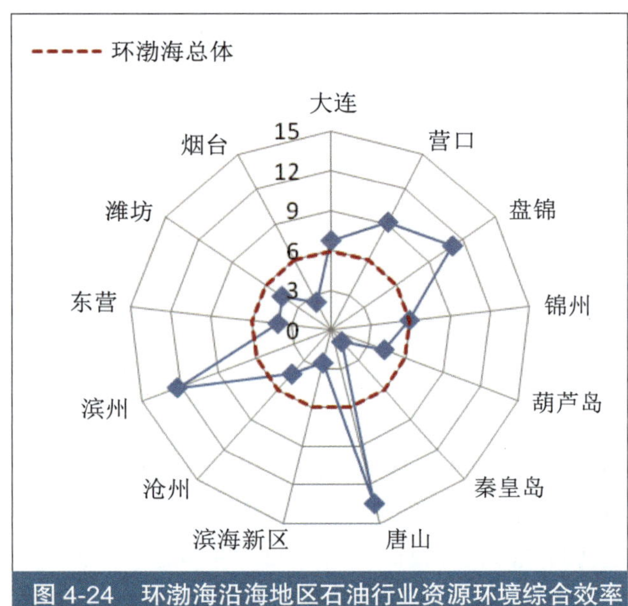

图 4-24 环渤海沿海地区石油行业资源环境综合效率指数分析

3. 装备制造

工业重复水利用率低，为 39.6%，而全国平均为 76.4%，除东营外，均低于全国平均水平，水耗强度为 1.3 m^3/ 万元，葫芦岛的水耗强度较高，为全国的 1.8 倍，秦皇岛为 1.3 倍，其他地区水平较好；COD、NH_3-N 排放效率低于全国平均排放强度。整体能耗强度为全国平均水平的 62%，但污染排放强度高于全国平均水平，各地区差异很大，粉尘排放强度很高，除滨海新区外，其他地方均超出全国平均水平，烟尘除滨海、烟台、盘锦外均超出全国平均水平（图 4-28、图 4-29）。

资源环境效率最差（EPI 最大）的是沧州；资源环境效率较好（EPI 小于环渤海总体水平）的城市包括滨海新区、盘锦、烟台、大连、东营和秦皇岛（图 4-30）。

4. 能源行业

环渤海用水强度平均水平为全国平均水平的 1.4 倍，其中大连为全国平均水平的 3.8 倍，营口为 18.6 倍；营口、锦州、唐山 COD 排放量较高。各个城市的能耗强度均高于全国平均水平（整体能源强度是全国的 4 倍左右），可以说能源行业是整个环渤海地区能源效率最低的行业。东营、营口、锦州、葫芦岛、秦皇岛、滨州和烟台二氧化硫排放强度高于国家水平（图 4-31、图 4-32）。

资源环境效率最差（EPI 最大）的是营口；资源环境效率较好（EPI 小于环渤海总体水平）的城市包括东营、滨州、盘锦、沧州、秦皇岛、潍坊、葫芦岛、滨海新区和烟台（图 4-33）。

5. 化工行业

水资源利用效率不高，评价区水耗强度（41.2 t/ 万元）为全国平均水平的 1.9 倍；各地方差异较大，潍坊、大连、葫芦岛水耗强度较高，潍坊水耗强度（230 t/ 万元）为全国平均水平的

图 4-25　环渤海沿海地区冶金行业资源环境效率 1

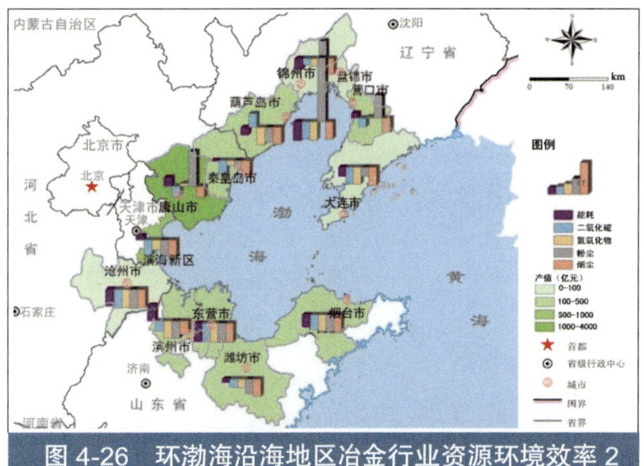

图 4-26　环渤海沿海地区冶金行业资源环境效率 2

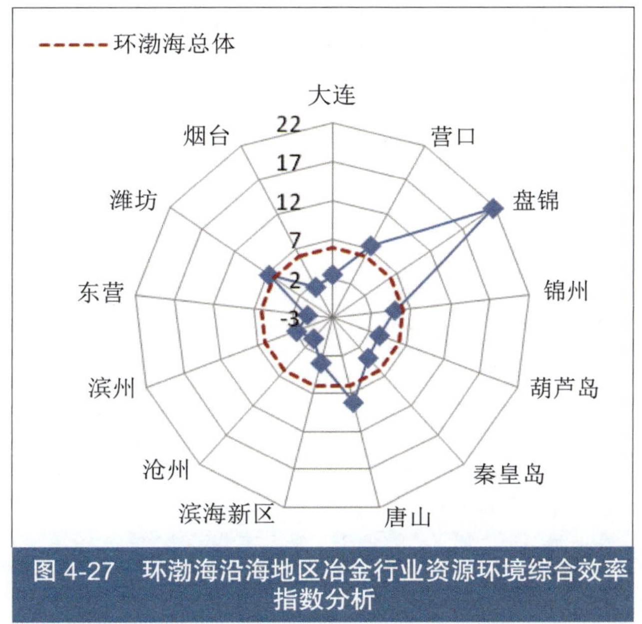

图 4-27　环渤海沿海地区冶金行业资源环境综合效率指数分析

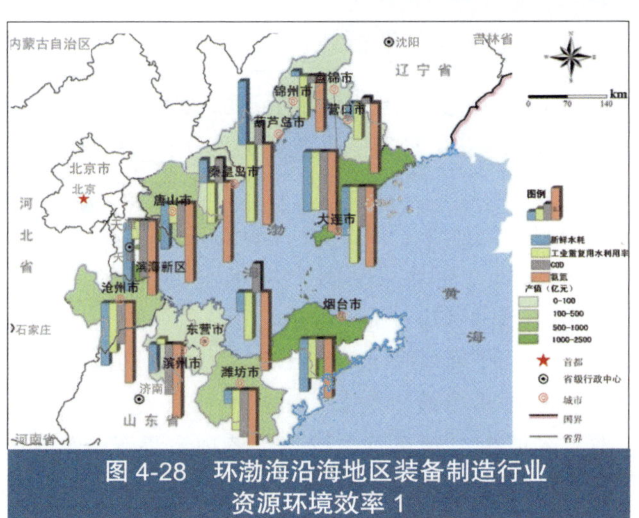

图 4-28　环渤海沿海地区装备制造行业资源环境效率 1

图 4-29　环渤海沿海地区装备制造行业资源环境效率 2

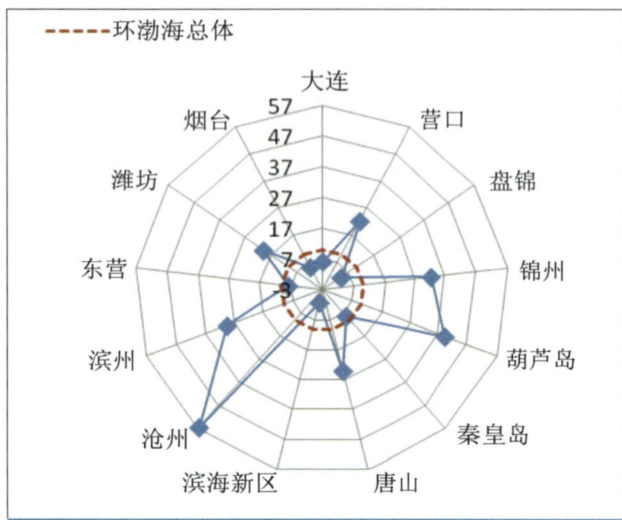

图 4-30 环渤海沿海地区装备制造行业资源环境综合效率指数分析

10.5 倍。重复用水率仅为全国的 76.2%。

NH_3-N 排放强度均低于全国平均水平，COD 总体排放强度低于全国平均水平，沧州、葫芦岛、东营、唐山 COD 排放强度远高于全国平均水平，沧州为 3.3 倍，其他在 2 倍左右。

评价区总体能耗强度为全国水平的 67%，但各个城市差别加大，其中唐山的能源强度是全国的 2 倍左右，而烟台能源强度仅相当于全国的 1/3。潍坊市、葫芦岛的污染物排放强度均超出全国平均水平，其中潍坊 SO_2 为 3.2 倍、氮氧化物为 1.4 倍、粉尘为 6.3 倍（图 4-34、图 4-35）。

资源环境效率最差（EPI 最大）的是潍坊；资源环境效率较好（EPI 小于环渤海总体水平）的城市包括滨海新区、东营、秦皇岛、营口、烟台和锦州（图 4-36）。

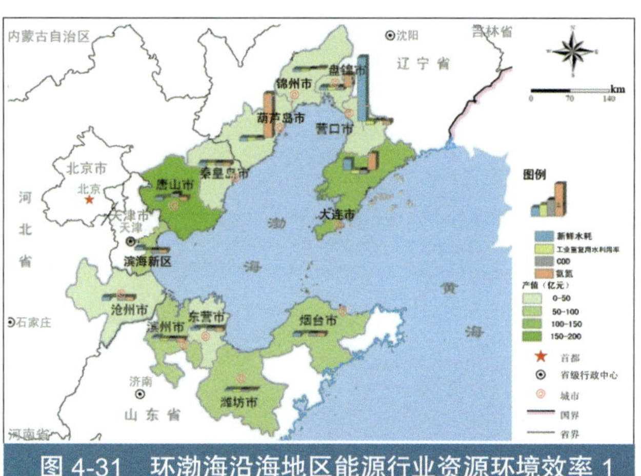

图 4-31 环渤海沿海地区能源行业资源环境效率 1

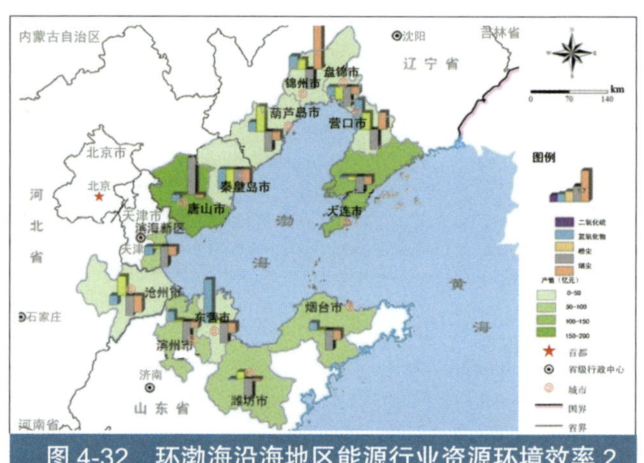

图 4-32 环渤海沿海地区能源行业资源环境效率 2

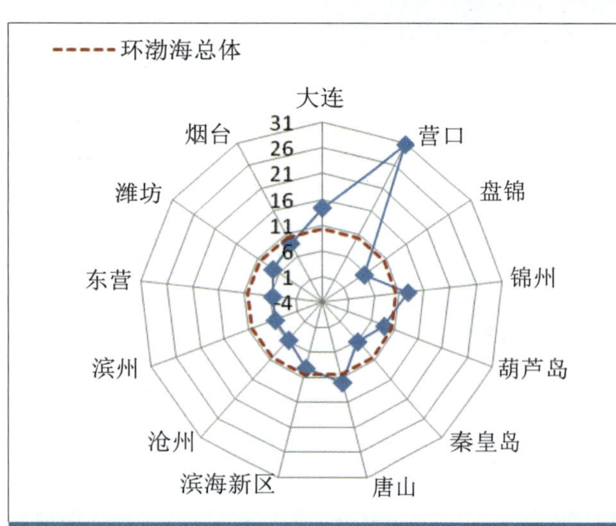

图 4-33 环渤海沿海地区能源行业资源环境综合效率指数分析

6. 非金属制造行业

水耗强度（15.8 m^3/ 万元）高于全国平均水平（14.9 m^3/ 万元），工业重复用水利用率为 70.2%，小于全国的 71.1%；能源强度整体地区低于全国平均水平，其中唐山的能耗强度最高，为 1.70 t 标煤 / 万元（全国平均水平为 1.26 t 标煤 / 万元）（图 4-37、图 4-38）。

资源环境效率最差（EPI 最大）的是滨海新区；资源环境效率较好（EPI 小于环渤海总体水平）的城市包括东营、锦州、营口、盘锦、大连、秦皇岛和烟台（图 4-39）。

图 4-34　环渤海沿海地区化工行业资源环境效率 1

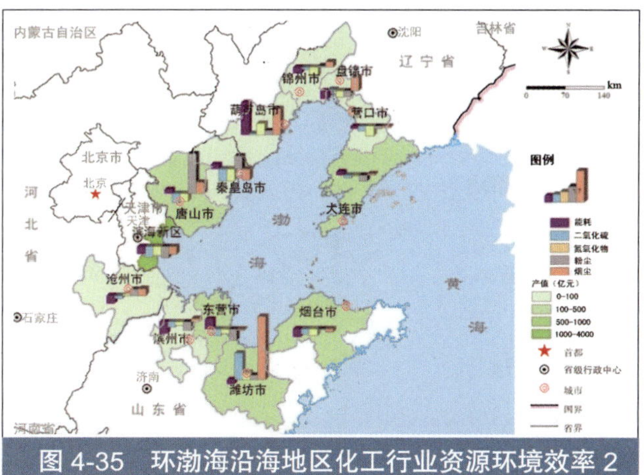

图 4-35　环渤海沿海地区化工行业资源环境效率 2

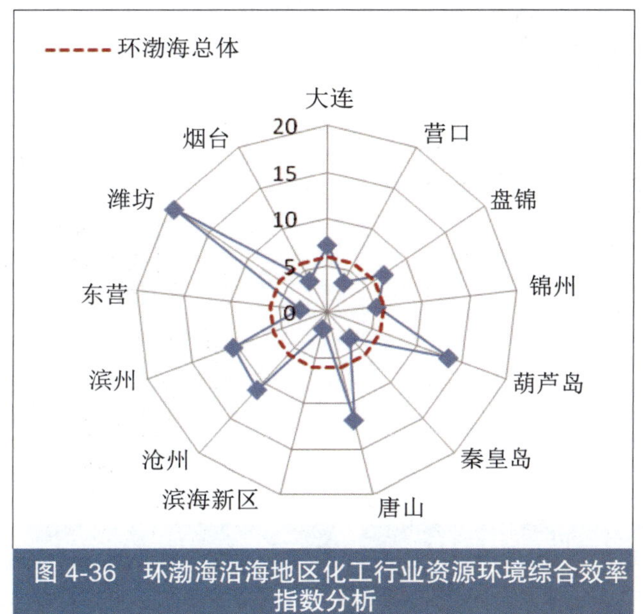

图 4-36　环渤海沿海地区化工行业资源环境综合效率指数分析

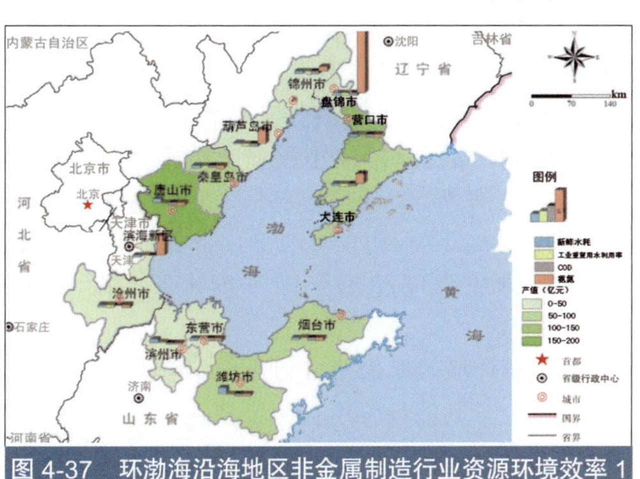

图 4-37　环渤海沿海地区非金属制造行业资源环境效率 1

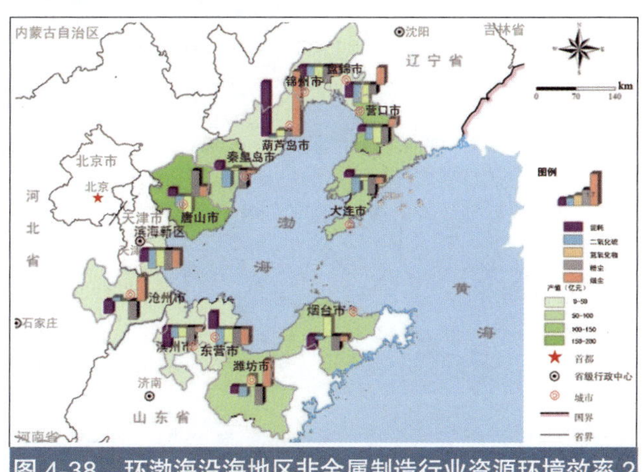

图 4-38　环渤海沿海地区非金属制造行业资源环境效率 2

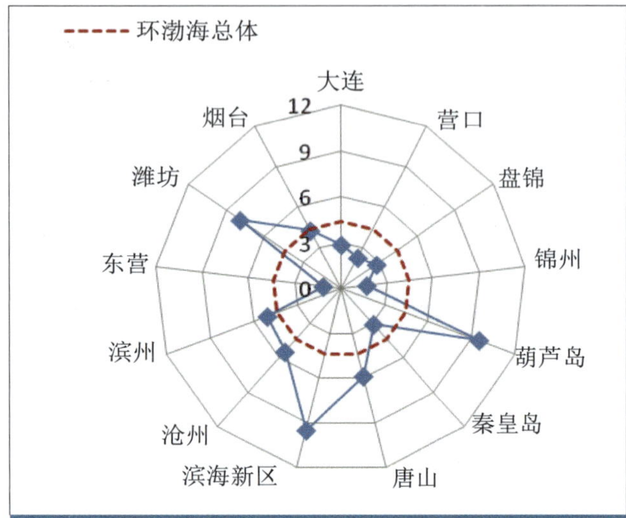

图 4-39 环渤海沿海地区非金属制造行业资源环境综合效率指数分析

7. 食品行业

总体水耗、污染排放强度值低于国家平均强度，工业重复水利用效率较低，仅为全国平均水平的 54%，秦皇岛、沧州、葫芦岛 COD 排放强度分别为全国的 2.6 倍、1.5 倍、1.4 倍。总体能耗强度、SO_2、NO_x 低于全国平均水平，唐山、沧州粉尘排放强度分别为全国的 4.0 倍、3.8 倍，葫芦岛、潍坊、滨州等烟尘排放强度超过全国平均水平（图 4-40、图 4-41）。

资源环境效率最差（EPI 最大）的是沧州；资源环境效率较好（EPI 小于环渤海总体水平）的城市包括滨海新区、东营、烟台、营口、锦州和大连（图 4-42）。

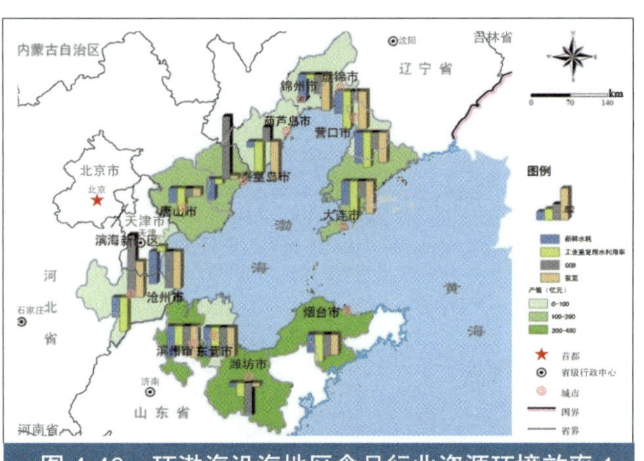

图 4-40 环渤海沿海地区食品行业资源环境效率 1

图 4-41 环渤海沿海地区食品行业资源环境效率 2

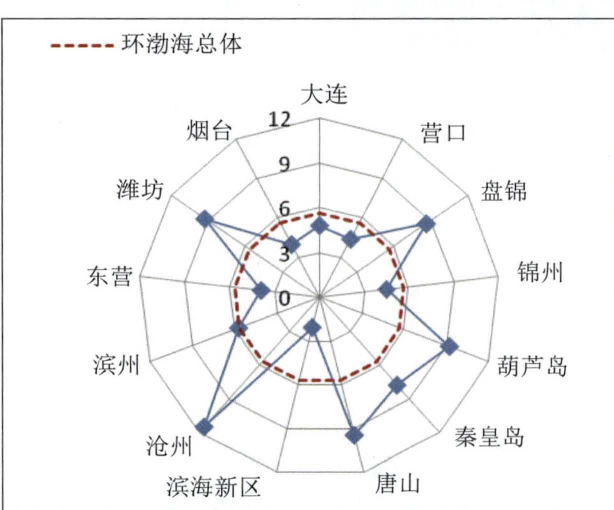

图 4-42 环渤海沿海地区食品加工行业资源环境综合效率指数分析

8. 纺织行业

大连、营口、盘锦、锦州和葫芦岛工业用水重复利用率很低，不足 10%；能源强度整体接近全国平均水平，滨州和滨海的能源强度较高。沧州、烟台 COD 排放强度高于全国平均水平；除滨海新区、秦皇岛外，其他地区烟尘排放强度均高于全国平均水平；营口、潍坊、烟台 SO_2 排放强度超出全国平均水平（图 4-43、图 4-44）。

资源环境效率最差（EPI 最大）的是滨海新区，主要是由于其能耗强度较大；资源环境效率较好（EPI 小于环渤海总体水平）的城市包括秦皇岛、大连、沧州、唐山和滨州（图 4-45）。

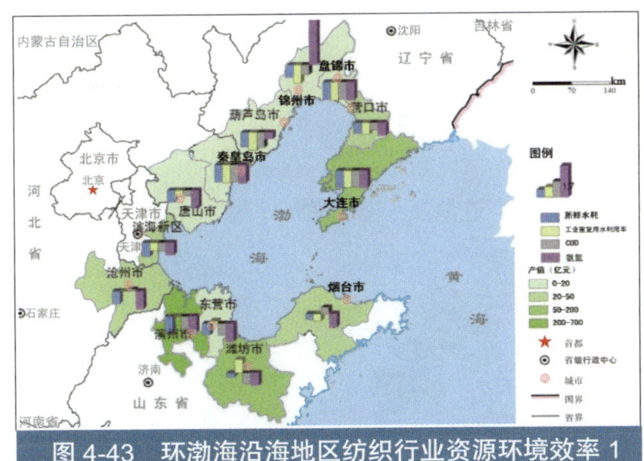

图 4-43　环渤海沿海地区纺织行业资源环境效率 1

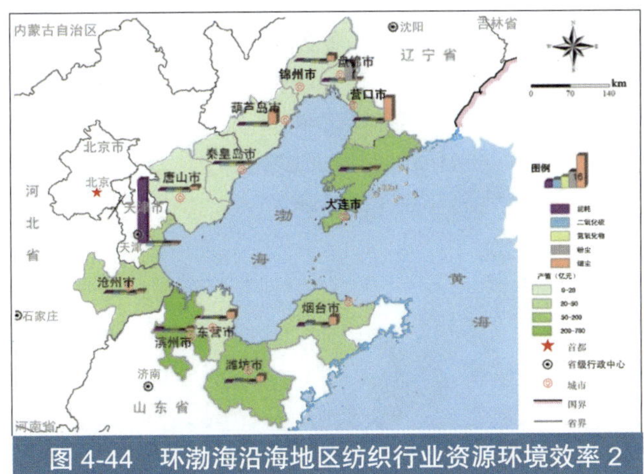

图 4-44　环渤海沿海地区纺织行业资源环境效率 2

9．造纸行业

能耗强度为全国能耗的 1.7 倍，工业重复水利用低，为全国的 59%，SO_2 排放强度为全国平均水平的 1.2 倍，烟尘排放强度为全国的 3.2 倍，NO_x 与全国平均水平相当，粉尘排放强度很低，为 0.000 5 kg/ 万元（图 4-46、图 4-47）。

资源环境效率最差（EPI 最大）的是营口；资源环境效率较好（EPI 小于环渤海总体水平）的城市包括葫芦岛、滨海新区、大连、秦皇岛、烟台、沧州、潍坊、滨州和东营（图 4-48）。

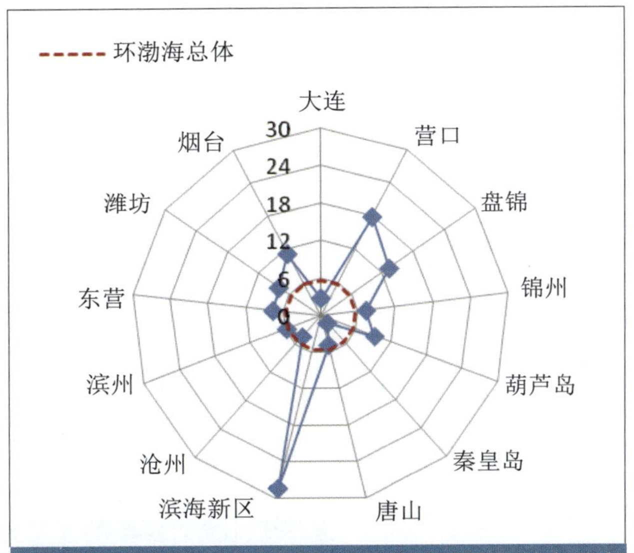

图 4-45　环渤海沿海地区纺织行业资源环境综合效率指数分析

表 4-6　环渤海沿海地区重点产业资源消耗量与污染物排放量变化趋势

重点产业（2001 年 =1）	用水总量	新鲜用水量	废水排放量	COD 排放量	NH_3-N 排放量	石油类排放量	SO_2 排放量	工业烟尘排放量	工业粉尘排放量
石油行业	1.8	1.5	1.7	1.5	0.5	0.2	1.5	0.9	1.8
冶金行业	6.0	2.5	1.5	1.9	11.1	1.7	1.6	1.6	2.3
装备制造行业	4.4	1.3	1.5	1.3	2.0	0.6	1.0	0.4	1.3
能源行业	1.2	1.4	0.5	1.0	3.0	0.1	0.9	0.2	0.7
化工行业	1.3	0.9	0.9	0.7	0.5	0.5	1.3	0.8	1.0
非金属行业	1.0	0.3	0.3	4.4	1.7	0.1	1.0	0.9	0.7
食品加工业	2.1	1.8	1.9	0.9	1.3	0.3	1.6	0.8	1.0
纺织业	2.7	2.3	2.7	2.9	6.5	0.9	0.9	0.5	—
造纸业	1.3	1.3	1.3	0.8	0.6	0.4	1.2	0.9	0.0
重点产业平均	1.96	1.33	1.27	0.91	0.64	0.27	1.11	0.68	0.99

数据来源：环渤海沿海地区环境统计数据（2001—2007 年）。
注：红色表示 2001—2007 年出现增长的指标。

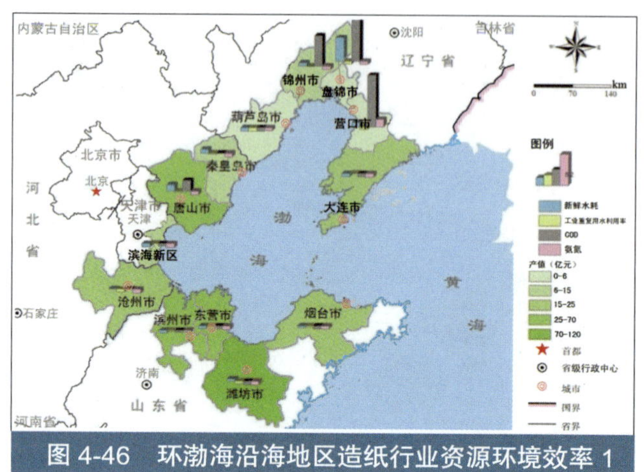

图 4-46 环渤海沿海地区造纸行业资源环境效率 1

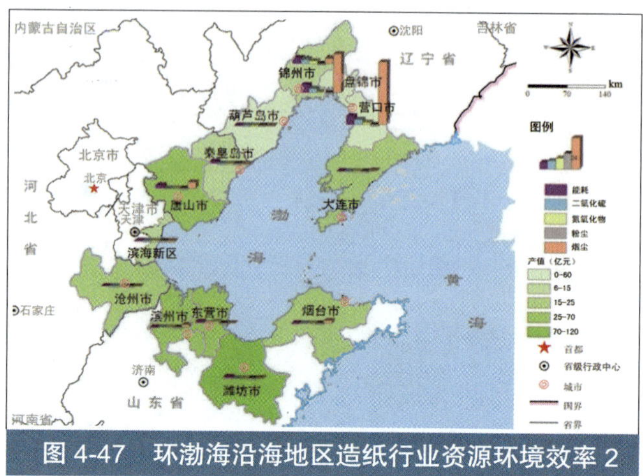

图 4-47 环渤海沿海地区造纸行业资源环境效率 2

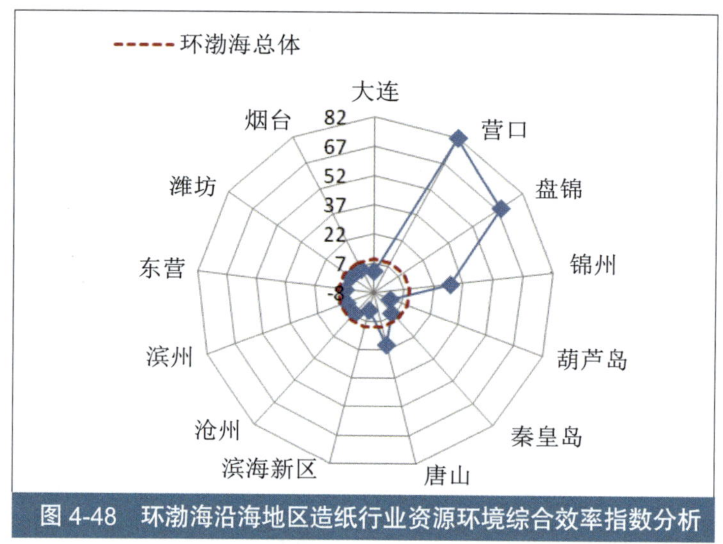

图 4-48 环渤海沿海地区造纸行业资源环境综合效率指数分析

二、重点产业资源环境效率演变趋势分析

近年来环渤海沿海地区重点产业资源环境效率呈显著增加态势。2001—2007 年，环渤海沿海地区工业产值增加 4.1 倍，同期工业新鲜水利用水平提高 70%，主要环境污染物排放强度降低 70% ～ 80%。但能源行业工业重复水利用效率和 NH_3-N 排放强度，非金属行业主要水污染物排放强度，纺织行业 NH_3-N 排放强度呈上升趋势（表 4-7）。

由于重点产业规模扩张过快，重点产业资源环境效率的提升未能完全抵消规模增长所带来的资源环境压力，主要资源消耗量和污染物排放量大多呈上升趋势，重点产业发展与主要资源消耗和环境污染物排放之间仍存在较为显著的正相关性。2001—2007 年，重点产业用水总量、新鲜用水量、废水排放量、SO_2 排放量分别增长了 96%、33%、27%、11%。其中，冶金、纺织行业新鲜用水量分别增长 1.5 倍、1.3 倍，非金属、纺织行业 COD 排放量分别增长 3.4 倍、1.9 倍，冶金、纺织行业 NH_3-N 排放量分别增长 10.1 倍、5.5 倍。

表 4-7 环渤海沿海地区重点产业资源环境效率变化趋势

重点产业（2001 年 =1）	工业总产值	新鲜水耗	工业重复水利用率	COD	NH_3-N	SO_2	烟尘
石油行业	3.4	0.4	1.0	0.4	0.2	0.4	0.3
冶金行业	12.0	0.2	1.1	0.2	0.5	0.1	0.2
装备制造行业	2.9	0.5	1.1	0.4	0.7	0.4	0.1
能源行业	2.8	0.5	0.96	0.4	1.1	0.3	0.1
化工行业	3.5	0.3	1.0	0.2	0.1	0.3	0.2
非金属行业	1.6	0.2	1.0	1.4	1.0	0.6	0.3
食品加工业	3.5	0.5	1.1	0.3	0.4	0.5	0.2
纺织业	4.2	0.6	1.2	0.7	1.5	0.2	0.1
造纸业	3.3	0.4	1.1	0.2	0.2	0.4	0.3
重点产业平均	4.1	0.3	1.0	0.2	0.2	0.3	0.2

数据来源：环渤海沿海地区环境统计数据（2001—2007 年）。

第五章

中长期环境影响和生态风险预测

第一节　社会经济及重点产业发展情景

情景是对有合理性和不确定性的事件在未来一段时间内可能呈现的态势的假定，这种假定既包括对各种态势基本特征的定性和定量的描述，同时还包括对各种态势发生可能性的描述。情景分析是预测这些态势的产生并比较分析其可能产生的影响的过程。在环境评价中，情景分析在对经济、人口、产业、技术或环境演变趋势的各种关键假设的基础上，通过提出未来各种可能方案，预测和评价方案实施前后、不同时间和条件下的环境状况。情景分析在环境评价领域的运用，可以帮助我们减少规划实施中存在的不确定性，预测未来的某些发展趋势，进行定量分析和评价，以此为基础提出控制不利发展趋势或促进有利发展趋势的环境保护措施和对策。

情景设计是情景分析的核心步骤，通过设计不同的情景来模拟评价区经济和产业未来发展不同的规模、结构和布局，对未来发展的各种态势基本特征进行定性和定量描述，以便在此基础上对评价区未来发展进行环境影响评价。情景应遵循评价区经济增长规律，依据评价区国民经济发展战略、产业规划等指导思想进行设计。一般除了基准情景，还可设计高端情景和低端情景，情景个数可根据实际需要设置。

本项目根据评价区社会经济及重点产业历史发展特征、产业发展阶段特征，综合考虑评价区各层面经济社会与产业发展规划中关于经济规模扩张和重点支持地区的有关愿景，结合评价区产业结构优化、循环经济构建、用地空间优化发展等政策导向，设计不同程度的结构性与布局型扩张的产业情景方案组合。各情景方案均包括规模（经济、人口、产业）、布局（结合规模布局表征）、技术三个方面内容。

一、社会经济发展情景

根据五大区项目总体设计要求，对环渤海沿海地区区域经济与重点产业到 2015 年、2020 年的发展趋势设计了三种情景，设计原则及含义如下。

情景一：国家战略发展目标情景。十六大报告提出的 GDP 到 2020 年较 2000 年翻两番，十七大报告提出的人均 GDP 到 2020 年较 2000 年翻两番的目标。根据国务院发展研究中心《2005—2020 年中国经济增长前景分析》研究成果，基准情景下，2010—2015 年和 2015—2020 年的年均 GDP 增长速度分别为 7.5% 和 6.8%。协调情景下，2010—2015 年和 2015—2020 年的年均 GDP 增长速度预期为 8.2% 和 7.7%。风险情景下，2010—2015 和 2015—2020 年的年均 GDP 增长速度预期为 5.8% 和 4.8%。中国社会科学院《全面建设小康社会指标体系研究》指出 2010 年前 GDP 增速乐观估计为 7.6%，保守估计为 7%；2011—2020 年乐观估计为 7%，保守估计为 6.5%。根据国家统计局《未来 15 年中国生产力发展的展望与预测》，“十一五”期间 GDP 增长率为 8.5%，“十二五”期间增长在 8% 左右，“十三五”为 7% 左右。

根据以上研究成果、综合考虑环渤海沿海地区经济社会发展历史趋势、发展基础，设定环渤海沿海地区 GDP 年均增长率到 2015 年和 2020 年分别为 8.2% 和 7.7%，二产比重将分别达到 69% 和 72%。

情景二：区域规划目标情景。情景二梳理了各地市及相关区域发展规划中关于经济发展总量与增速的预测（见附录），最大限度地考虑了地方发展意愿。到 2015 年和 2020 年 GDP 年均增长率分别为 12% 和 10%，二产比重将分别达到 61% 和 70%。

情景三：趋势外推增长情景。考虑近十年来环渤海沿海地区产业发展趋势、产业发展阶段，采用指数平滑模型对未来产业发展规模进行趋势外推预测。到 2015 年和 2020 年

表 5-1　环渤海沿海地区 GDP 预测　　单位：万元

地　区	现状	情景一		情景二		情景三	
		2015 年	2020 年	2015 年	2020 年	2015 年	2020 年
大　连	3 130.7	5 900	8 600	8 300	13 400	10 000	18 000
营　口	570.1	1 100	1 600	1 500	2 400	1 700	3 000
盘　锦	562.9	1 000	1 400	1 400	2 300	1 600	2 800
锦　州	551.1	1 000	1 400	1 300	2 000	1 400	2 400
葫芦岛	417.5	800	1 200	1 000	1 600	1 100	1 800
秦皇岛	683.6	1 300	1 800	1 700	2 600	2 000	3 600
唐　山	2 779.4	5 400	7 900	6 600	10 800	8 100	15 000
滨海新区	2 364.1	4 700	7 000	7 800	14 300	8 800	17 000
沧　州	1 465.4	2 800	4 000	3 400	5 200	3 600	6 100
滨　州	1 030.3	2 000	2 900	2 200	3 300	2 600	4 000
东　营	1 664.8	3 000	4 300	3 900	5 900	4 100	6 500
潍　坊	2 056.0	3 800	5 400	4 200	6 200	4 800	7 200
烟　台	2 880.0	5 400	7 900	6 900	10 700	7 400	13 000
合　计	20 155.9	38 200	55 400	50 200	80 700	57 200	100 400

表 5-2　环渤海沿海地区人口规模及城镇化率预测

	现状		2015 年		2020 年	
	城镇化率 / %	总人口 / 万人	城镇化率 / %	总人口 / 万人	城镇化率 / %	总人口 / 万人
大　连	58	578.2	68	720	72	850
营　口	46	232.5	68	370	65	410
盘　锦	65	128.2	68	180	70	230
锦　州	39	309.4	55	370	65	385
葫芦岛	31	278.7	55	300	65	310
秦皇岛	42	293.0	55	340	65	365
唐　山	33	739.0	55	740	68	750
滨海新区	77	114.4	85	210	97	300
沧　州	30	693.0	40	795	63	839
滨　州	41	367.1	55	400	65	425
东　营	57	199.1	65	230	70	240
潍　坊	43	883.6	53	890	58	905
烟　台	53	699.5	65	760	70	790
合　计	43.7	5 515.7	58.0	6 305.0	67.4	6 799.0

GDP 年均增长率分别为 13.9% 和 11.9%，二产比重将分别达到 67% 和 74%。

通过系统梳理各级城市总体规划、区域发展规划、城镇体系规划、生态市建设规划，得出环渤海沿海地区未来总人口及城镇化水平，作为三种产业发展情景方案的社会背景。到 2015 年和 2020 年，环渤海沿海地区总人口将达到 6 305 万人和 6 799 万人，分别比 2007 年增长 14.3% 和 23.3%。全区域城镇化率分别达到 58.0% 和 67.4%，分别比 2007 年上升 14.3 和 23.7 个百分点。三个产业带人口比重大体相当，西岸产业带人口密度最大、北岸产业带最小。

二、重点产业发展情景

基于国家、区域、省市发展规划和行业规划梳理，设置环渤海沿海地区各地市工业及重点产业未来发展情景。预测水平年内工业仍将保持快速发展态势，是区域经济发展的主要推动力。2020 年，地区生产总值、工业总产值将分别比 2007 年增长 3.0 ～ 5.0 倍、3.3 ～ 5.6 倍（以 2007 年不变价计），其中，工业增加值占 GDP 比重上升至 62% ～ 67%，比现状提高 7 ～ 12 个百分点（表 5-3）。

预测水平年内环渤海沿海地区仍将处于重化工业发展阶段。不同发展情景下，重点产业产值、主要产品产量均呈较快上升趋势。其中，冶金、石油、装备三大行业在工业中所占比重持续提高，电力、化工、食品、造纸等行业比重变化不大，非金属行业比重略有下降（表 5-4）。

北岸产业带石油、装备制造业仍然占有较大优势，地位略有下降。西岸产业带石化、装

表 5-3 环渤海沿海地区重点产业发展情景

	情景一		情景二		情景三	
	2015 年	2020 年	2015 年	2020 年	2015 年	2020 年
GDP 增长倍数	1.9	3.0	2.5	4.0	2.8	5.0
工业总产值增长倍数	2.2	3.3	2.6	4.5	3.0	5.6
工业增加值占 GDP 比重 / %	64	67	59	62	60	62
重点产业比重 / %	76	81	73	75	74	73

注：预测数据基于 2007 年不变价。

表 5-4 环渤海沿海地区重点产业发展情景与现状产值对比

重点产业（现状产值为 1）	情景一		情景二		情景三	
	2015 年	2020 年	2015 年	2020 年	2015 年	2020 年
黑色金属冶炼及压延加工业	2.5	4.1	2.9	5.2	3.5	6.2
石油加工及炼焦业	2.5	4.3	3.0	5.4	3.5	6.6
装备制造业	2.4	4.1	2.8	5.1	3.3	6.2
化工行业	2.3	3.6	2.7	4.5	3.0	5.4
电力热力生产及供应业	2.3	3.5	2.7	4.5	3.3	5.6
食品加工业	2.2	3.5	2.5	4.3	3.0	5.4
纺织业	2.3	3.6	2.7	4.6	3.1	5.4
造纸业	2.3	3.6	2.6	4.2	2.9	5.1
非金属矿物制品业	2.2	3.4	2.5	4.2	3.0	4.9

注：表中数据基于 2007 年不变价。

备制造业、冶金行业规模进一步集聚，化工行业发展迅速，地位上升。南岸产业带化工行业优势增加，造纸、纺织业规模进一步扩张，相对优势地位略有下降（图 5-1）。

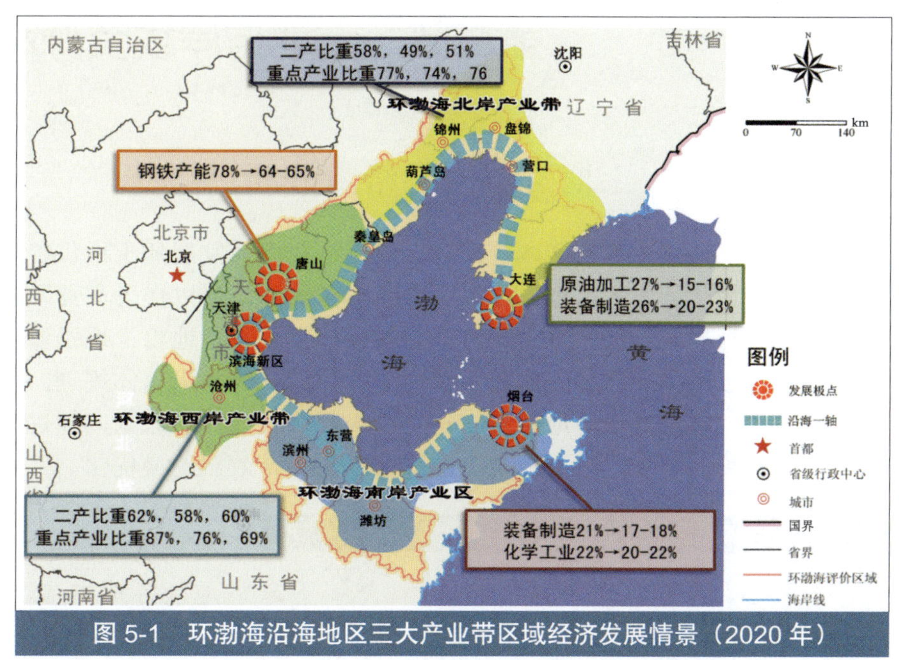

图 5-1　环渤海沿海地区三大产业带区域经济发展情景（2020 年）

注：图中绿色框中比例分别对应三种情景方案；红色框中比例代表重点产业在环渤海沿海地区同行业中所占比重。

三、资源环境效率水平

提高重点产业的资源环境效率水平是提高区域资源环境承载能力的重要手段之一。综合考虑环渤海沿海地区的经济和生态战略地位、重点产业发展基础、技术进步、环境保护要求等因素，情景方案中设定环渤海沿海地区资源环境效率水平的总体原则为：2015 年资源环境效率水平应达到国内先进，2020 年应力争达到国际先进水平。

环渤海沿海地区单位 GDP 能耗高于全国平均水平 20%。情景方案中，未来能源利用效率变化沿用国家“十一五”期间节能目标，到 2015 年整个区域单位 GDP 能耗比 2010 年下降 20%，到 2020 年单位 GDP 能耗比 2015 年再降低 20%。

环渤海沿海地区水资源利用效率相对较高，但考虑到该地区未来用水紧张程度将持续加大，必须通过技术进步、节水措施、结构调整等手段，进一步提高水资源的利用效率。按前述原则，确定 2015 年和 2020 年单位工业产值用水量分别比现状降低 38% 和 63%，到 2020 年重点产业用水重复利用率达到或优于节水型社会水平。

环渤海沿海地区主要污染物排放强度较高，重点产业污染排放强度水平还有较大提升空间。综合考虑重点产业现状排污，全国平均水平与先进水平，参考当前国际先进水平，确定不同重点产业主要污染物排放强度的降幅。2015 年和 2020 年单位工业产值水污染排放强度分别比现状降低 40% ～ 45% 和 60% ～ 65%，单位工业产值大气污染排放强度分别比现状降低 45% ～ 55% 和 60% ～ 70%；2020 年，重点产业主要污染物排放强度达到国内先进水平。

生活污染排放预测按以下原则确定：由于生活水平提高以及节水器具、节水方法推广，环渤海十三地市人均生活用水量维持 2007 年水平不变。城镇生活污水处理率以 2007 年现状水平为基准，根据十三地市相关规划目标确定预测年处理水平；污水处理厂出水水质达到一级 B 标准。

第二节　土地与岸线资源利用预测

一、土地资源可供给量分析

仅从土地资源本身来看，作为产业用地发展的土地供给量并没有明确的阈值，尤其是那些易于开发的耕地、园地、滩涂和苇地等都可以作为产业发展的后备资源。但是考虑到土地的社会、经济和生态价值，必须有计划分阶段地将土地资源在各产业部门进行合理配置，由各级人民政府组织、国土部门编制的《土地利用总体规划》根据严格限制农用地转为建设用地、控制建设用地总量、对耕地实行特殊保护的原则，促进区域社会经济的持续发展和土地的持续利用，达到社会、经济、生态综合效益的最优化。其中，新增建设用地指标就是根据各地社会经济发展条件制定的未来一定时期内的土地供给指标。因此，本项目中把环渤海沿海地区各地市《土地利用总体规划（2006—2020年）》中新增建设用地指标作为至2020年各地市的土地可供给量，并设定到2015年土地供给量为2006—2020年土地可供给量的70%（表5-5）。

表5-5　环渤海沿海地区土地可供给量　单位：km^2

地　区	2006—2020年	2015年	2020年
大　连	444	296	444
营　口	95	63.3	95
盘　锦	68	45.3	68
锦　州	136	90.7	136
葫芦岛	114	76	114
秦皇岛	133	88.7	133
唐　山	266	177.3	266
滨海新区	216	144	216
沧　州	215	143.3	215
滨　州	183	122	183
东　营	201	134	201
潍　坊	254	169.3	254
烟　台	179	119.3	179
合　计	2 504	1 669.3	2 504

到2020年，环渤海沿海地区可提供的新增建设用地指标为2 504 km^2，三个产业带所占比例基本相当。北岸产业带的大连，西岸产业带的唐山、沧州和滨海新区，以及南岸产业带的潍坊土地可供给量较大，其中大连未来土地可供给量达到444 km^2，占环渤海沿海地区土地可供给量近1/6。与本地市土地面积相比，滨海新区新增建设用地指标比重最大，为7.2%，其次为大连，占大连市土地面积3.2%，东营为2.5%，其余地市则在1.3%～2.0%。规划新增建设用地可用于保证重点产业发展空间。

二、工业用地需求量预测

1. 预测方法

假定现有工业用地在预测年份保持不变，则预测年份环渤海沿海地区工业用地面积包括现有工业用地面积和新增工业用地需求量两个部分。根据环渤海沿海地区工业生产总值发展情景设置和工业用地效率，计算各地市新增工业用地需求量，公式如下：

$$\mathrm{Land}(D)_i = \frac{\mathrm{GIP}_i}{\mathrm{LUE}_i} - \mathrm{Land}(N)_i \tag{5-1}$$

其中，Land（D）$_i$ 表示地区 i 工业用地需求量；GIP_i 表示地区工业生产总值；LUE_i 表示地区工业用地效率，即单位面积土地工业产值产出；Land（N）$_i$ 表示地区 i 产业用地现状。

工业生产总值只是针对工业，不包括第一产业、第二产业的建筑业以及第三产业，故此处的产业用地需求量预测是对工业用地需求量的预测。

2．工业用地效率预测

工业用地效率定义为工业生产总值与工业用地面积的比值，即单位土地面积的工业产值产出。

由于缺少环渤海沿海地区各工业行业用地数据，采用以下方法估算已有工业用地面积。城镇建设用地包括城市、建制镇和独立工矿用地，是工业用地的主要载体，《城市用地分类与规划建设用地标准》（GBJ 137—90）规定：居住用地占建设用地比例20%～32%，工业用地占建设用地比例15%～25%，道路广场用地比例8%～15%，绿地比例8%～15%。一般情况下，我国工业用地比例在20%左右。因此，本项目按建设用地比例20%估算已有工业用地面积（表5-6）。

表 5-6　环渤海沿海地区工业用地效率现状及预测

地　区	城镇建设用地面积 / km^2	工业用地面积 / km^2	工业生产总值 / 亿元	工业用地现状效率 / （亿元 / km^2）		
				2007 年	2015 年	2020 年
大　连	678.7	135.7	4 175	30.8	45.4	58.0
营　口	252.2	50.4	982	19.5	28.8	36.7
盘　锦	173.5	34.7	891	25.7	37.9	48.4
锦　州	215.8	43.2	1 052	24.4	36.0	46.0
葫芦岛	155.5	31.1	681	21.9	32.4	41.3
秦皇岛	238.2	47.7	934	19.6	29.0	37.0
唐　山	553.4	110.7	3 843	34.7	51.3	65.5
滨海新区	617.4	123.5	6 001	48.6	71.8	91.6
沧　州	521.7	104.3	1 608	15.4	22.8	29.1
滨　州	278.3	55.7	2 522	45.3	66.9	85.4
东营	321.1	64.2	3 227	50.2	74.2	94.7
潍坊	628.3	125.7	4 255	33.9	50.0	63.9
烟台	709.3	141.9	6 477	45.7	67.5	86.1
合计	5 343.5	1 068.7	3 6647	34.3	50.7	64.7

国家级经济技术开发区对所在地区的经济发展起到积极有效的窗口、辐射、示范和带动作用，环渤海沿海地区工业用地先进效率以国家级经济开发区为参照标准。根据中国开发区网公布数据，2006—2007年，全国国家级经济技术开发区工业用地效率由29.9亿元/km^2增长为33.8亿元/km^2，年增长率为13%。考虑到国家级经济技术开发区与其他产业园区的发展差距，设定未来环渤海沿海地区工业用地效率年增长率为5%，到2015年和2020年，预计环渤海沿海地区产业用地效率平均水平将比现状效率分别提高48%和89%（表5-6）。

表 5-7　三种产业发展情景下环渤海沿海地区工业用地需求量预测

单位：km^2

地　区	情景一		情景二		情景三	
	2015 年	2020 年	2015 年	2020 年	2015 年	2020 年
大　连	75.5	117.7	126.1	224.6	172.3	366.0
营　口	33.0	44.9	40.0	69.4	60.8	110.3
盘　锦	20.7	33.5	23.3	41.7	33.9	56.2
锦　州	20.7	30.8	23.5	41.7	29.0	48.2
葫芦岛	15.2	24.6	18.3	29.5	33.8	56.1
秦皇岛	18.0	28.1	28.3	47.0	38.7	76.8
唐　山	76.5	107.7	84.3	184.1	181.7	373.5
滨海新区	63.1	90.4	132.8	225.7	169.0	302.1
沧　州	62.6	91.8	84.5	143.4	97.7	174.4
滨　州	20.5	31.0	31.0	49.7	41.4	74.3
东　营	18.0	29.7	43.6	71.9	51.6	88.8
潍　坊	44.3	77.9	70.2	121.8	74.2	140.6
烟　台	77.5	121.8	113.1	195.0	130.9	229.8
总　量	545.5	829.9	818.9	1 445.5	1 115.1	2 097.0

3．工业用地需求量预测结果

根据上述分析，将产业发展情景、工业用地效率预测值、工业用地现状面积分别代入公式（5-1），预测到2015年和2020年环渤海沿海地区各地市工业用地需求，结果见表5-7。

在工业用地效率年均提高5%的基础上，到2015年，环渤海沿海地区仍将新增工业用地545.5～1 115.1 km^2，到2020年，新增829.9～2 097.0 km^2。2007—2015年全区域工业用地总量年均增长率为5.3%～9.3%，2015—2020年则为3.3%～7.7%，均高于1996—2007年全区域建设用地年均增长率（3.2%）。

与区域土地可供给量相比，在工业用地效率提高的基础上，到2020年除北岸产业带营口、西岸产业带滨海新区、唐山，以及南岸产业带烟台外，环渤海沿海地区其他地市土地可供给量将能满足工业发展的用地需求。滨海新区、唐山曹妃甸等纳入国家重点发展战略的区域，可通过全国范围内的宏观调控增加其土地可供给量，满足未来产业发展需求；营口和烟台土地供需问题值得注意。

三、产业集聚区规划用地评价

1．评价方法

环渤海沿海地区的天津滨海新区、唐山曹妃甸、辽宁沿海经济带以及黄河三角洲高效生态经济区已纳入国家重点发展战略，未来产业发展布局将由以国家级开发区为主体的“点状分布”逐渐发展为依托沿海优势的“带状分布”，这一发展过程将给区域，尤其是海岸带地区的土地利用带来深层次影响，如沿海大量土地利用类型的转变、建设用地扩张、自然海岸线的减少等问题。

通过对区域主要产业集聚区规划用地分析，预测2020年区域产业发展对耕地、生态用地、海域的数量、结构和布局，以及海岸线的影响。

利用地理信息系统软件ArcGIS对2007年环渤海沿海地区土地利用现状图与2020年土地利用规划图进行空间叠加分析，提取2007—2020年环渤海沿海地区土地利用转移矩阵，对沿海产业集聚区用地扩展占用的土地利用类型、数量、结构和布局进行分析；分别提取2007年土地利用现状图和2020年土地利用规划图的海岸线，进行统计对比分析。

（1）空间叠加

① 空间配准。利用ArcGIS软件，以2007年区域遥感影像为基准，对各主要产业集聚区用地规划图进行空间配准。具体步骤如下：a．图像投影：由于规划图没有投影信息，需要先给规划图赋予与2007年区域遥感影像相同的Lambert投影；b．选取地面控制点：对照2007年区域遥感影像，在规划图上选择明显的、清晰的相同地物作为定位标志；c．确定地面控制点坐标信息：在规划图上，输入与控制点位置相对应的遥感影像上点的坐标信息；d．重复步骤b、c增加多个控制点，使控制点均匀布满规划图；e．坐标纠正：ArcGIS软件经过对多个控制点的计算，对规划图进行坐标纠正，使规划图具备坐标信息。

② 建立分类标准。由于各省市产业用地规划分类标准不统一，需建立统一的分类标准。根据类别性质，将产业用地类型合并为七大类，主要有：公共设施用地、商业服务用地、居住用地、工业用地、水域、物流加工仓储用地、绿地。具体分类见表5-8。

表 5-8　环渤海沿海地区产业用地分类标准

地类号	地类名称	包含的用地类型
1	公共设施用地	中小学校用地、道路广场用地、公共设施用地、市政设施用地、教育科研设计用地
2	商业服务用地	商业会馆用地、商贸服务用地、商务贸易用地、文化产业用地、文化娱乐用地、旅游度假用地、旅游服务用地、产业研发用地
3	居住用地	居住用地、一类居住用地、二类居住用地、生活居住用地
4	工业用地	工业发展用地、工业用地、游船快艇邮件产业区、船舶邮件配套产业区、船舶制造工业区、游船快艇生产制造区、工业发展备用地
5	水域	河流、湖泊、渠、水库
6	物流加工仓储用地	港口用地、码头及广场用地、仓储物流用地、仓储用地
7	绿地	保护性绿地、生态性绿地、公共绿地、林地

③ 赋予图斑属性。在 ArcGIS 中根据上述分类标准，对照规划图内容赋予图斑属性，最终得到 2020 年环渤海沿海重要产业集聚区用地规划图。

（2）制作土地利用转移矩阵

在 ArcGIS 中将 2007 年区域土地利用现状图与 2020 年区域用地规划图进行叠加分析，从而提取 2007—2020 年环渤海沿海重要产业集聚区土地利用转移矩阵。

（3）提取海岸线

在 ArcGIS 中分别从 2007 年环渤海土地利用现状图和 2020 年环渤海沿海重要产业集聚区用地规划图中提取两个年度的海岸线长度。

2. 主要产业集聚区用地规划

产业集聚区是环渤海沿海地区重点产业发展的主要载体。据不完全统计，环渤海沿海地区除了 18 个国家级产业集聚区、81 个省级产业集聚区外，市县级产业集聚区数以百计。鉴于集聚区用地数据和资料有限，如无特殊说明，下文涉及的主要产业集聚区仅包括天津滨海新区、唐山曹妃甸、唐山湾“四点一带”、辽宁沿海经济带各重点支持园（大连花园口工业区、大连长兴岛临港工业区、营口产业沿海基地、营口仙人岛能源化工区、盘锦辽滨沿海经济区、锦州西海工业区、葫芦岛北港工业区）、黄河三角洲高效生态经济区各重点支持园区（滨州临港产业区、东营临港产业区、潍坊临港产业区、莱州临港产业区）、沧州渤海新区以及秦皇岛和烟台滨海产业规划（表 5-9）。

根据各地产业集聚区规划，到 2020 年环渤海沿海地区主要产业集聚区规划占地 7 687.9 km^2，其中新增用地面积达 3 370.6 km^2（图 5-2），将超出整个区域土地利用规划提供的

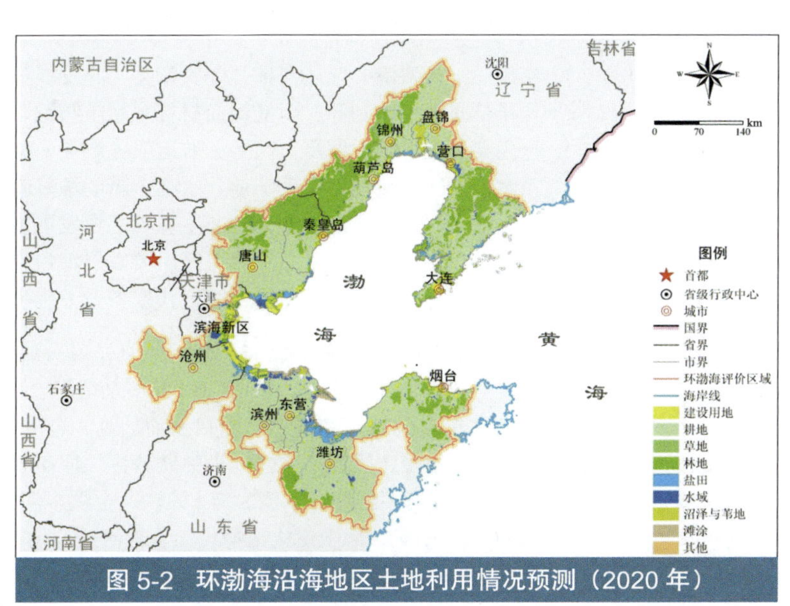

图 5-2　环渤海沿海地区土地利用情况预测（2020 年）

表 5-9 环渤海沿海地区重点产业集聚区评价对象筛选

名称	规划重点产业发展重点
大连长兴岛临港工业区	规划 349.5 km^2，产业发展以重大装备制造、船舶制造及配套、精品钢材为特色的装备制造产业链为主，以化工产业链为辅，以仓储物流出口加工为补充。其中，规划精品钢材形成 500 万 t/a 的生产规模，年造船能力 1 000 万载重吨，6 台百万千瓦级核电机组、千万吨炼油、百万吨乙烯炼化一体化
营口产业沿海基地	仙人岛能源化工区：控制性规划面积 100 km^2，一期开发港区 15 km^2、产业区 25 km^2。重点建设原油码头、LNG 码头，原油、成品油、天然气、液体化工品等罐区；炼油、乙烯、芳烃及相关配套上下游产业以及石化产品贸易，打造国际级石化基地 冶金和重装备工业区：控制性规划面积 30 km^2，一期开发 12 km^2。重点产业发展钢铁及深加工产业、冶金及矿山重型机械等装备制造产业
盘锦辽滨沿海经济区	规划总面积 110 km^2，起步区面积 34.6 km^2，主要建设分港口、主体产业区、绿色轴线、黄金经济圈和大学城五个功能区。发展以船舶制造及配套产业为主的装备制造业，以石油炼制和石油深加工为主的石化产业，以高新技术为支撑的高新技术产业，以港口物流和商务金融等为重点的现代服务业，以主题媒体广场和创意文化产业为基础的现代文化产业 盘锦船舶工业基地：重点发展 5 万 t 级以下中小型船舶和游艇、快艇制造及相关配套产业集群；依托海港大力发展临港产业；依托辽河油田发展石油装备制造业
锦州西海工业区	发展石油化工、制造业、能源、煤化工等临港产业，建设锦州湾国家级炼化生产基地和国家石油储备基地，打造物流园区
葫芦岛北港工业区	打造以石化工业为主导的产业集群，发展船舶制造及配套、有色金属精深加工
唐山曹妃甸新区	规划总面积 1 943 km^2，其中产业规划面积 1 470 km^2。定位为能源、矿石等大宗货物集疏港、新型工业化基地、商业性能源储备基地、国家级循环经济示范区、北方商务休闲之都、生态宜居滨海新城。重点发展现代物流、钢铁、石化、装备制造、海洋化工和现代服务业。规划建设千万吨炼油、百万吨乙烯炼化一体化项目；钢铁工业设计规模 2 000 万 t，一期建设 1 000 万 t；建设曹妃甸港区煤码头续建工程和二期工程，使煤炭年装船能力达到 1.5 亿 t；建设华润电力曹妃甸二期 2×100 万 kW 超超临界发电机组；化工重点建设 5.6 万 t 氢氧化钾项目、8 万 t 黏胶短纤维项目。未来在曹妃甸新区将形成 2 000 万 t 钢铁，1 000 万 t 炼油和 100 万 t 乙烯，1 500 万 t 原油储备，400 万 kW 火力发电的产业能力
天津滨海新区	实施“一核双港、九区支撑、龙头带动”的发展策略，打造航空航天、石油化工、装备制造、电子信息、生物制药、新能源新材料、轻工纺织、国防科技等 8 大支柱产业。其中，中心商务区主要发展金融、贸易、商务、航运服务产业；临空产业区主要发展临空产业、航空制造产业；滨海高新区主要发展航天产业、生物、新能源等新兴产业；先进制造业产业区主要发展海洋产业、汽车、电子信息产业；中新生态城主要发展生态环保产业；海滨旅游区主要发展主题公园、游艇等休闲旅游产业；海港物流区主要发展港口物流、航运服务产业；临港工业区主要发展重型装备制造产业及研发、物流等现代服务业；南港工业区主要发展石化、冶金、装备制造产业
沧州渤海新区	总面积 2 400 km^2，海岸线 130 km。重点发展石油化工、装备制造、电力能源、现代物流为主的临港产业，依托黄骅港建设 25 万 t 级多功能综合性港口。规划建设 260 km^2 产业园区。其中沧州大化 5 万 t TDI、中捷石化新启重油加氢、金牛化工 8 万 t 离子膜烧碱、沧东电厂二期 2×66 万 kW 机组竣工投产；加快建设中铁装备二期 400 万 t 特钢、伦特一期 210 万 t 重交沥青、达力普 100 万 t 特型锻铸、中钢 8 万 t 镍铁、金隅水泥；对渤海热电 2×66 万 kW 发电机组、正元化工 60 万 t 醇氨、旭阳焦化新型化工示范区进行前期研究。规划在渤海新区实现 2 000 万 t 炼油、2 000 万 t 装备新材料、1 000 万 kW 电的目标

续 表

名称	规划重点产业发展重点
滨州临港产业区	重点发展纺织、油盐化工、有色金属产业。依托滨化、鲁北、京博等骨干石化企业，重点发展高等级沥青、高指标环保型清洁汽油、柴油，提升炼油能力和水平；积极发展油田化学品、表面活性剂、农业中间体等精细化工。扩大盐、碱生产能力，搞好氯气、氢气和苦卤的综合利用。加快建设鲁北国家生态工业区、滨州沿海盐化工区、滨州北部化学工业园、京博工业园和港口化工区，重点抓好滨化集团 20 万 t/a 侧线油加氢、10 万 t/a 甲烷氯化物，路北集团 25 万 t/a 离子膜烧碱、2 万 t/d 反渗透海水淡化示范工程等项目，华润集团脂肪胺、脂肪酸扩建项目，沾化魏桥化工项目，龙威、海源等盐场开发项目
东营临港产业区	以东营经济开发区（高新技术开发区）、临港工业园、黄河三角洲高端产业园等园区为依托，重点发展石油化工、造纸、橡胶、盐化工、精细化工、现代物流等临港产业，引导石化等行业重点企业集聚发展。重点建设延迟焦化、催化裂解、催化重整等石油深加工项目及对二甲苯等化工原材料项目，形成以石油化工为主体的国家大型化工产业基地。重点建设卤析盐、氯碱、离子膜烧碱；华泰集团林浆纸一体化项目，推动实施 2×40 万 t/a 新闻纸和 20 万 t/a sc 纸项目，打造全国最大的新闻纸生产基地。实施好一批全钢、半钢子午线轮胎扩建项目，建成全国重要的子午线轮胎生产基地
潍坊临港产业区	依托临海开发带，重点发展重化工、机械制造、石油化工等产业。鼓励支持潍柴铸造中心及系列柴油发动机项目、福田重工机械项目、诸城北汽福田 30 万台发动机、海化集团石油化工、化工新材料及精细化工、煤焦油系列深加工项目、昌邑石化原油加工项目、山东海龙 60 万 t 聚酯及涤纶工程、中联鲁宏水泥熟料等项目
莱州临港产业区	加快推进规划面积 500 km^2 的临港产业区建设，形成“一港五区”的产业布局，着力做大做强“七大产业”。“一港”即莱州港，重点发展油品、液体化工品中转储运；“五区”即三山岛临港产业区、机电和装备制造业聚集区、化工产业循环经济区、滨海旅游度假区、高效生态农业示范区。临港物流业，加快推进莱州—潍坊—淄博输油管道建设，扩大铁精粉、盐等散杂货运输，建成区域性液体化工品物流中心、散杂货集散中心。电力工业，加快推进华电国际莱州电厂一期工程建设，争取二期工程列入国家“十二五”电力发展规划；大力发展浅海、山上风电和生物质发电、太阳能发电，争取核电项目列入国家“十二五”电力发展规划。机电和装备制造业，汽车零部件、园林机械、小型建筑机械等机电产业，积极发展大中型工程机械、风电设备等装备制造业。黄金业，增加黄金探矿储量，成为全国黄金储量第一市。化工业，依托银海工业区循环经济示范区，完善地下卤水综合开发利用体系。加强与国内外石化企业的合作，争取建立集石油储备、中转、加工为一体的综合性石油加工基地

新增用地指标 35%。其中，海岸带 10 km 范围内建设用地规模持续快速扩张，新增建设用地面积将达 2 217 km^2，占环渤海沿海地区新增建设用地总规模的 66%，平均年增长率为 6.2%，比 1995—2007 年均用地增长率高出 0.2 个百分点。

3．产业集聚区发展生态影响预测

（1）2020 年产业集聚区空间分布对景观格局的影响

根据土地利用现状与预测图的叠加分析与地类属性统计，新增建设用地将占用 2 527.1 km^2 耕地、970.4 km^2 海域、993.3 km^2 水域、498.5 km^2 滩涂、1 260.6 km^2 盐田和 213.9 km^2 沼泽与苇地（表 5-10）。其中，51.4% 的耕地、58.4% 的水域、34.6% 的滩涂和 82.8% 的沼泽与苇地用于绿地和水面，较好保持原态或使之易恢复原貌。但仍有

表 5-10 环渤海沿海地区主要产业集聚区土地利用转移矩阵（2020 年） 单位：km^2

地 类	工业	公共设施	居住	绿地	商业服务	水域	物流加工仓储	总计
草 地	0.0	0.7	0.7	0.4	0.2	0.2	0.0	2.2
耕 地	369.7	212.0	563.2	1 192.9	44.2	105.9	39.1	2 527.1
海 域	459.8	64.1	78.8	123.6	23.8	54.5	165.8	970.4
建设用地	310.2	106.5	322.6	244.7	79.9	16.2	44.0	1 124.2
林 地	9.9	3.7	11.3	60.8	1.1	10.4	0.5	97.7
水 域	246.7	61.2	58.4	319.0	17.1	261.2	29.8	993.3
滩 涂	185.2	62.9	32.2	119.4	10.4	53.1	35.4	498.5
盐 田	251.8	124.0	372.7	333.9	45.5	119.8	12.9	1 260.6
沼泽与苇地	0.0	7.5	27.1	97.2	2.3	79.8	0.0	213.9
合 计	1 833.3	642.6	1 467.0	2 491.8	224.4	701.2	327.5	7 687.9

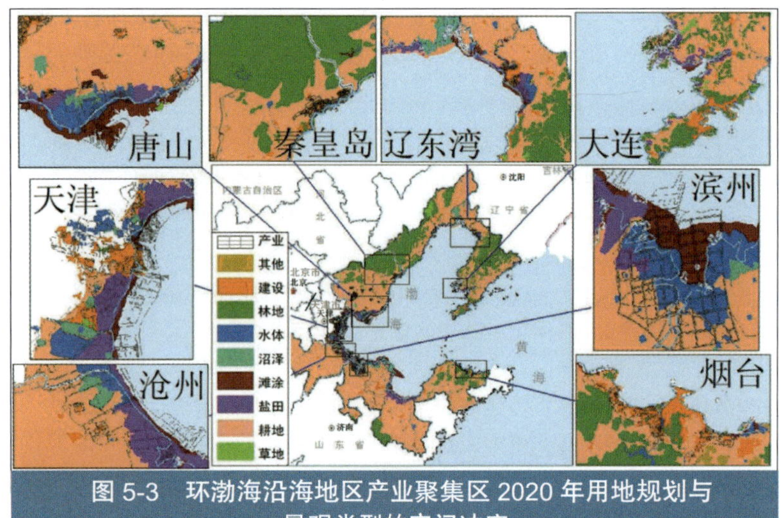

图 5-3 环渤海沿海地区产业聚集区 2020 年用地规划与景观类型的空间冲突

1 228.3 km^2 耕地、413.2 km^2 水域、326.0 km^2 滩涂和 36.9 km^2 沼泽与苇地转为城市建设和产业发展用地，具有不可逆转性。从全区域看，用地扩张均以占用耕地、海域、滩涂为主，注重对未利用地的开发与利用，对提高已有建设用地集约化利用水平考虑不足。

北岸产业带沿海产业集聚区规划占地 677.4 km^2。未来此处的规划都利用了较大比例的盐田，并通过围海造地增加产业用地面积。未来产业用地发展除占用已有的 109.9 km^2 建设用地外，将主要占用耕地 254.3 km^2、111.1 km^2 盐田和 60.0 km^2 海域，较少占用滩涂、水域、沼泽和苇地等生态敏感度高的生态用地。从产业用地分类来看，工业、公共设施、居住和绿地占总面积的比例分别为 25.0%、5.2%、7.8% 和 36.9%，用地结构处于较合理的水平。

南岸产业带沿海产业集聚区规划占地 1 349.0 km^2。未来产业用地发展占用 194.8 km^2 的已有建设用地，并将占用耕地 375.9 km^2、生态敏感性高的水域 294.1 km^2 和滩涂 301.9 km^2。从产业用地分类来看，工业、公共设施、居住和绿地占总面积的比例分别为 34.8%、13.9%、4.3% 和 29.1%，工业用地比重较大，绿地比重较低。

西岸产业带是环渤海沿海产业带建设的重要区域，产业用地需求与新增建设用地指标的矛盾最为突出，两者相差 1 000 km^2 以上。围填海现象突出，仅天津滨海新区就规划通过围海造地增添用地 565.8 km^2。虽然滨海新区、唐山曹妃甸的用地可通过全国宏观调控进行平衡，不受相应省市土地利用总体规划限制，但重点产业发展用地日趋紧张。西岸产业带主要集聚区建设将占用 183.2 km^2 滩涂、213.9 km^2 沼泽和苇地、1071.2 km^2 盐田、1 896.8 km^2 耕地，虽然可从一定程度上缓解区域用地紧张局面，但也对海岸带自然生态保护造成了负面影响。

产业集聚区发展对重要生态系统类型的占用，特别是对海岸带地区滩涂、湿地、苇地等占用，将会使生态系统服务价值较高的天然湿地面积大量减少，造成湿地生态系统服务总体价值降低，进而影响生态系统的稳定性。

（2）2020年产业集聚区空间分布对生态系统服务功能的影响

环渤海沿海地区生态服务功能较高，尤其在水源涵养、生物多样性保护、水土保持等方面。从全区域来看，未来主要产业聚集区与高生态系统服务功能区冲突较小（图5-4）。除沧州渤海新区与南大港湿地距离较为接近以外，主要产业集聚区的发展基本避开了高生态系统服务功能区。

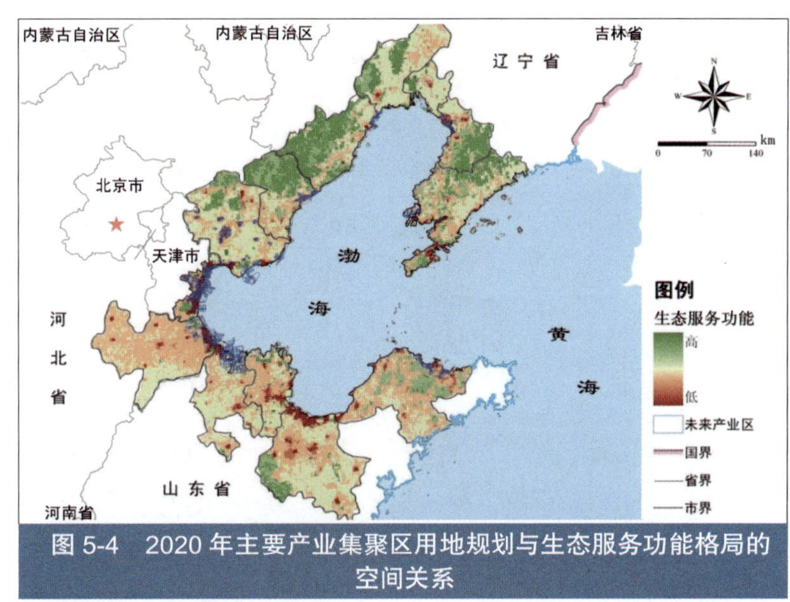

图5-4　2020年主要产业集聚区用地规划与生态服务功能格局的空间关系

（3）2020年产业集聚区空间分布对生态敏感性格局的影响

环渤海沿海地区高生态敏感性区域主要集中在大连北部和营口东部、秦皇岛和葫芦岛西部，未来产业聚集区发展避开了这些区域（图5-5）。但在海岸带地区，产业聚集区与个别高敏感性斑块的空间冲突较显著，比较突出的有滨州沿海、沧州南大港湿地附近、唐山南部海岸带地区、盘锦辽滨沿海经济区和长兴岛局部地区。

（4）2020年产业集聚区发展与生态红线区的空间冲突

2020年环渤海沿海地区重点产业聚集区用地规划与生态红线区存在一定空间冲突（图5-6）。

总体来看，2020年重点产业集聚区规划用地与生态红线的空间冲突不大，从维持生态系统功能和结构稳定性的角度来说是可行的，但部分重点产业集聚区规划应当做适当调整，尽量避开生态红线区域。其中，盘锦辽滨沿海经济区位于红线区内，海水入侵、风暴潮等灾害风险较为突出，且对大辽河口芦苇湿地保护造成一定影响。秦皇岛北部沿海产业区与红线区有所重叠，海水入侵风险较为突出。唐山中部产业区与红线区冲突较明显，综合自然风险和灾害风险水平相对较高。沧州渤海新区规划与南大港湿地保护区、海兴湿地保护区存在一定冲突。滨州北海新区易受海水入侵、风暴潮影响，且与古贝壳堤岛及湿地保护区存在一定冲突。葫芦岛北港工业区、天津滨海新区、烟台沿海产业发展用地与生态红线的冲突相对较小。

4．岸线变化预测

随着环渤海沿海地区重点产业发展，围海造地、人工建设等大量人类

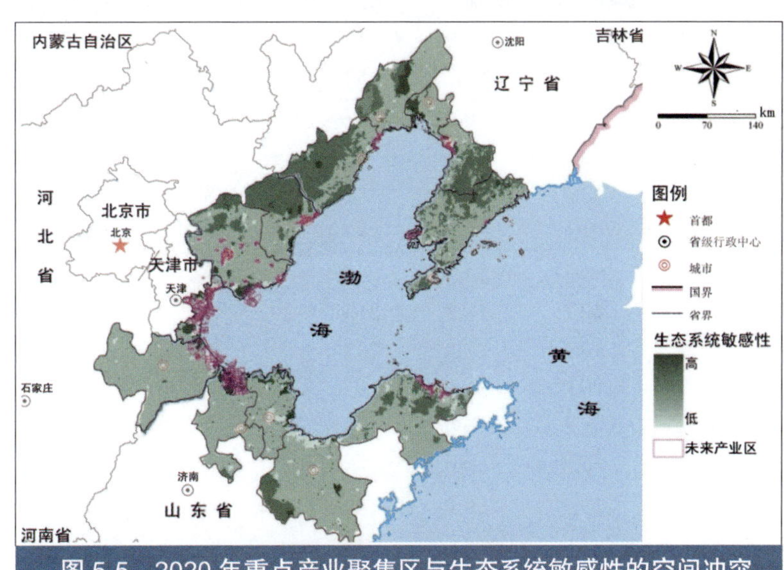

图5-5　2020年重点产业聚集区与生态系统敏感性的空间冲突

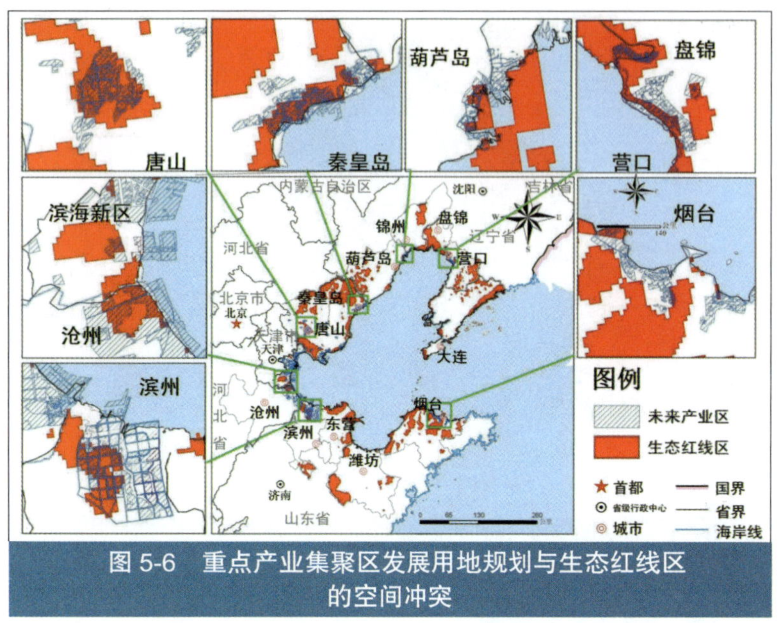

图 5-6 重点产业集聚区发展用地规划与生态红线区的空间冲突

活动将进一步影响现有海岸线空间形态和构成。北岸产业带沿海经济带一线有众多产业集聚区，西岸产业带唐山湾“四点一带”产业基地、天津滨海新区、沧州渤海新区，南岸产业带滨州北海新区、东营港经济开发区、潍坊滨海经济开发区等均位于海岸带地区，将使得人工岸线长度大大增加，海岸线出现整体向海域延伸趋势。

预计到 2020 年，渤海海岸线总长将达到 2 849.9 km，比现状增长 3.9%；人工岸线达到 968.9 km，比现状增长 45.7%；自然岸线长度降低至 1 880.9 km，比现状减少 9.5%。未来自然岸线占海岸线总长的比例将由目前的 76% 下降到 66% 左右。其中，环渤海西岸产业带人工岸线长度增长最为突出，沧州、滨海新区、唐山分别达 7 倍、2 倍、0.6 倍以上。沧州、滨州、滨海新区、盘锦的自然岸线长度分别减少 100%、80.5%、67.5%、59.9%。北岸产业带的营口、盘锦、锦州及南岸产业带的滨州、潍坊的自然岸线减少均在 40% 以上，一定程度上反映了这些地市开发海岸带地区用于产业发展的意愿（表 5-11）。

海岸带同时也是环渤海沿海地区重要生态功能单元较为集中的区域，尤其是具有重要生态价值的滩涂、天然湿地。预计未来产业集聚区建设将占用重点保护岸线 23.8 km，占重点保

表 5-11 环渤海沿海地区海岸线长度变化预测（2008—2020 年） 单位：km^2

名 称	人工岸线			自然岸线			岸线总长		
	2008 年	2020 年	变化率 / %	2008 年	2020 年	变化率 / %	2008 年	2020 年	变化率 / %
大 连	189.9	254.9	34.2	469.6	815.0	73.6	659.5	1 069.9	62.2
营 口	41.7	63.7	52.7	77.7	42.8	− 45.0	119.5	106.5	− 10.9
盘 锦	0.0	0.4	—	142.3	57.1	− 59.9	142.3	57.5	− 59.6
锦 州	23.7	15.3	− 35.6	127.5	61.8	− 51.5	151.2	77.1	− 49.0
葫芦岛	32.7	31.7	− 2.9	188.2	166.4	− 11.6	220.8	198.1	− 10.3
秦皇岛	54.2	33.1	− 39.0	80.7	94.5	17.1	134.9	127.6	− 5.4
唐 山	91.3	154.4	69.0	157.1	152.6	− 2.9	248.5	307.0	23.6
滨海新区	69.2	218.3	215.5	99.1	32.2	− 67.5	168.3	250.5	48.8
沧 州	10.7	85.8	703.6	55.0	0.0	− 100.0	65.6	85.8	30.7
滨 州	0.0	51.6	—	91.5	17.8	− 80.5	91.5	69.4	− 24.1
东 营	35.7	0.0	− 100.0	322.7	224.6	− 30.4	358.4	224.6	− 37.3
潍 坊	0.0	0.0	—	136.8	66.1	− 51.7	136.8	66.1	− 51.7
烟 台	115.7	59.7	− 48.4	130.3	150.0	15.2	246.0	209.8	− 14.7
合 计	664.9	968.9	45.7	2 078.3	1 880.9	− 9.5	2 743.2	2 849.9	3.9

注：大连、烟台的海岸线长度仅包括渤海一侧。

表 5-12　未来规划建设产业区占用重点保护岸线情况

未来规划建设产业集聚区	占用重点保护岸线 / km	重点岸线保护目标
大连长兴岛临港工业区	3.8	斑海豹国家级自然保护区
锦州西海工业区	0.3	砂质岸线
秦皇岛沿海	7.3	砂质岸线
唐山湾“四点一带”	9.7	砂质岸线
天津滨海新区	1.5	古海岸与湿地国家级自然保护区
沧州渤海新区	1.2	海兴湿地、南大港湿地

护岸线总长的 28.6%，主要集中在北岸产业带大连长兴岛和锦州西海工业区，以及西岸产业带秦皇岛至渤海新区一线（表 5-12）。今后建设活动中应当避开重点保护岸线，已占用的部分应逐步退出并开展生态恢复。

第三节　水资源利用

一、生活用水量预测

生活用水一般指居民家庭用水、市政用水以及第三产业用水。在一定时期内，生活用水量随着居民生活水平的提高和经济发展而增长，并受各地可供水量影响较大。生活用水量预测采用定额法。

综合考虑环渤海沿海地区各地市生活用水定额现状、不同行政区域经济社会发展现状条件及未来规划要求，设定各地市 2015 年和 2020 年人均生活用水定额值（表 5-13）。

根据上述用水定额及人口发展情景，预测 2015 年和 2020 年环渤海沿海地区生活用水量将分别达到 20.3 亿 m^3 和 25.4 亿 m^3，其中城镇生活用水分别为 13.8 亿 m^3 和 19.2 亿 m^3，分别占全区域生活用水总量的 68.0% 和 75.4%，分别为现状的 1.8 倍和 2.6 倍（表 5-14）。北岸产业带、西岸产业带、南岸产业带的生活用水量占全区域生活用水总量的 32.2% ～ 34.4%、30.8% ～ 31.4%、34.6% ～ 37.1%。

表 5-13　环渤海沿海地区人均生活用水定额预测　单位：L/(人·d)

地　区	现状		2015 年		2020 年	
	城镇	农村	城镇	农村	城镇	农村
大　连	87	54	108	65	124	75
营　口	87	54	108	65	124	75
盘　锦	87	54	108	65	124	75
锦　州	87	54	108	65	124	75
葫芦岛	87	54	108	65	124	75
秦皇岛	80	56	93	68	104	80
唐　山	79	60	92	73	101	79
滨海新区	113	74	131	93	137	97
沧　州	75	50	86	59	95	71
滨　州	90	46	105	70	114	80
东　营	90	46	105	70	114	80
潍　坊	90	46	105	70	114	80
烟　台	90	46	105	70	114	80

表 5-14 环渤海沿海地区生活用水量预测结果 单位：亿 m^3

地 区	现状		2015 年		2020 年	
	城镇用水量	农村用水量	城镇用水量	农村用水量	城镇用水量	农村用水量
北岸产业带	2.3	1.6	4.9	1.7	6.7	1.9
西岸产业带	2.0	2.4	3.9	2.4	6.1	1.9
南岸产业带	3.2	1.8	5.1	2.4	6.3	2.4
合 计	7.5	5.8	13.8	6.5	19.2	6.2

二、重点产业需水量预测

1．重点产业用水效率预测

用水效率是衡量用水水平、挖掘节水潜力、考核节水成效的科学依据。根据工业用水定额预测计算方法来核定评价水平年工业用水效率，计算公式如式（5-2）：

$$V_{wf}=f\left(R,K,E\right) \tag{5-2}$$

对单位产值用水定额的用水单位，其用水定额计算公式为（5-3）：

$$V_{wf}=K\cdot E\left[\left(1-R_i\right)/\left(1-R_0\right)\right]\cdot V_{wf0} \tag{5-3}$$

式中，R 为工业用水重复利用率，%；K 为城市用水供需和计划用水年度调整系数；E 为国家物价可比价格系数；R_0 为现阶段行业平均先进水平重复利用率，%；R_i 为结合节水型社会标准期望值的重复利用率，%；V_{wf0} 为现状平均先进水平重复利用率条件下的单位产值用水效率，m^3/ 万元；V_{wf} 为评价水平年的单位产值用水效率目标，m^3/ 万元。

为缓解环渤海地区水资源供需矛盾，提高工业用水利用效率，遏制水环境恶化的势头，促进工业经济与水资源和环境的协调发展，工业行业的重点产业需要大力优化产业结构，促进高新产业增长，提高工业用能、用水效率。坚持“节约优先，治污为本，提高用水效率”的方针，以企业为主体，市场为导向，转变经济增长方式，依靠技术进步，完善政策法规，强化节水管理，加快建设节水型工业，促进工业经济与水资源和环境的协调发展。

提高重点产业用水效率指标主要包括以下三个方面的工作：

① 推动重点行业节约用水。重点推动火力发电、纺织印染、石油化工、医药、造纸、冶金、食品加工等十三大高耗水行业的节约用水工作，加强行业定额用水管理，提高行业整体水资源利用效率。

② 推进重点企业节约用水。省重点推动年用水大户（如用水量 30 万 m^3 以上）的节水工作；环渤海地区的各市、县（区）应根据本地实际情况，选择一批用水量较大的企业作为工作重点。

③ 推广节水技术、工艺与产品。在高耗水行业、重点用水企业生产过程中，推广节水工艺、技术和设备，提高用水效率；推广废水重复利用技术，提高水的循环利用率；推广利用雨水、污水等水资源，实现废水资源化；开发和利用海水等非传统水资源，替代淡水资源；开发、生产和推广低水耗的用水产品，降低水耗；加快淘汰落后的高耗水工艺、设备和产品。

总体上看，环渤海沿海地区的用水水平处于全国领先水平，但还有个别行业用水水平还达不到节水型社会（企业）水平，如行业用水重复利用率，见表 5-15。相对于发达国家用水水平，尤其是工业用水水平的差距比较大，如表 5-16 所示。因此，以节水型行业标准水平和发达国家万元工业增加值用水水平为参照，根据公式（5-3）计算得到环渤海沿海地区各工业行业的用水效率。

表 5-15　环渤海沿海地区、节水型社会工业行业用水重复利用率

行业名称	行业现状用水重复利用率 / %	节水型社会（企业）标准水平 / %
黑色金属冶炼及压延加工业	80	80
石油加工及炼焦业	85	90
装备制造业	40	
造纸及纸制品业	70	65
非金属矿物制品业	50	65
电力（循环冷却电厂和直流冷却电厂）	90（循环）	97/35
纺织业	70 ～ 90	85
食品加工业	35	55
化学原料及化学制品制造业	65	90
医药制造业	65	70
化学纤维制造业	60	85
橡胶制品业	60	70
塑料制品业	55	70

2．重点产业需水量预测

环渤海沿海地区装备制造业是重点产业行业发展的需水大户，现状达到 4.81 亿 m^3，未来需水总量最大值达到 9.55 亿 m^3；化学纤维制造业和医药制造业需水总量最小，现状需水量约为 0.11 亿 m^3 和 0.23 亿 m^3，到 2020 年最高发展情景下需水总量才 0.29 亿 m^3；此外，电力、石油、冶金、化学原料制造业需水总量也较大，未来需水增长趋势明显（表 5-17）。

对环渤海十三地市重点产业需水量进行横向比较发现，南岸产业带的潍坊现状用水量最大达到约 3.36 亿 m^3，其次是烟台、大连、唐山和滨海新区等资源型缺水地区。尤其是滨海新区，其重点产业的需水量已经超过本地水资源量的 2 倍以上，如表 5-18 所示。此外，从需水预测分析来看，整体需水增加趋势明显，尽管用水效率不断提高，但重点产业规模扩张较快，用水需求显著增加，水资源制约性强。

重点产业需水量持续增长，区域用水紧张态势更趋严峻。不同情景条件下，2020 年重点产业需水量将达到 27.4 亿～ 42.3 亿 m^3，比现状增加 1.4 ～ 2.2 倍。其中，北岸产业带重点耗水行业是石油、装备制造和能源，主要包括大连的石油、装备和能源行业，锦州的石油行业。西岸产业带冶金、能源、装备行业用水量大，主要包括唐山的冶金、能源，滨海新区的装备制造。南岸产业带集中了化工、造纸、纺织、农产品加工等耗水型行业，重点产业用水量在三个产业带中居于首

表 5-16　国内外先进地区万元工业增加值用水量（2000 年）

单位：m^3/ 万元

国内		国际	
省（市）	数值	国家	数值
北京	143	美国	15
上海	395	日本	18
天津	72	英国	31
江苏	370	瑞典	27
河北	122	新加坡	4.1
全国平均	288	以色列	0.8

表 5-17　环渤海沿海地区重点产业各行业需水量预测

单位：亿 m^3

行业名称	方案一		方案二		方案三	
	2015	2020	2015	2020	2015	2020
石油行业	3.01	2.9	3.53	3.56	4.11	4.39
化工行业	4.74	4.54	5.37	5.54	6	6.7
冶金行业	2.84	2.7	3.24	3.5	3.87	4.11
装备制造行业	6.71	6.39	7.68	7.84	8.97	9.55
能源行业	4.47	4.47	5.26	5.73	6.27	7.13
非金属行业	2.14	2.01	2.53	2.6	2.94	2.99
食品加工行业	2.62	2.15	2.98	3.07	3.53	3.83
造纸行业	0.64	0.63	0.79	0.97	0.89	1.17
纺织行业	1.67	1.56	1.94	2.02	2.22	2.36
合计	28.84	27.35	33.32	34.83	38.8	42.23

表 5-18 环渤海沿海地区重点产业各城市需水量预测

单位：亿 m^3

市（区）	方案一		方案二		方案三	
	2015	2020	2015	2020	2015	2020
大　连	3.26	2.83	3.99	3.85	5.00	5.01
营　口	1.18	1.09	1.27	1.29	1.66	1.59
盘　锦	0.63	0.60	0.73	0.73	0.85	0.98
锦　州	1.73	1.57	1.90	1.85	2.13	2.09
葫芦岛	0.86	0.91	1.02	1.14	1.22	1.60
秦皇岛	0.85	0.79	1.04	1.03	1.38	1.48
唐　山	3.39	3.27	4.02	4.46	5.00	5.26
滨海新区	2.44	2.39	2.88	3.05	3.29	3.85
沧　州	1.42	1.43	1.68	1.74	1.84	2.03
滨　州	1.97	1.88	2.29	2.38	2.73	2.92
东　营	2.52	2.28	2.81	2.90	3.01	3.31
潍　坊	4.85	4.58	5.35	5.71	5.97	6.79
烟　台	3.76	3.76	4.35	4.71	4.72	5.35
合　计	28.86	27.38	33.33	34.84	38.8	42.26

位，装备、化工行业用水量大，两者用水占环渤海南岸产业带重点产业用水近一半。

第四节 水环境影响预测

一、预测方法与假设条件

为了解未来重点产业发展可能给区域水环境带来的压力，需要对废水排放量和污染物排放量进行预测。为了突出重点产业的影响分析，本专题采用如下预测策略：分别预测农业非点源、生活点源、工业点源、工业中重点产业点源排放量。前两者只考虑一种基准情景，后两者按照产业专题给出的情景规划量进行预测，叠加后获得不同情景的排放总量，用于水环境承载状况和河流水质影响预测。其中，点源预测项目为 COD 排放量和 NH_3-N 排放量；非点源预测以农业非点源为主，预测的项目有 COD、TN、TP 三项指标。预测以 2007 年为基准年，在 2007 年基础上，预测 2015 年和 2020 年污染物排放。

生活污染预测中，依据产业专题给出的十三地市 2015 年和 2020 年人口总数和城镇化率预测值计算评价年的非农业人口数量。十三地市人均生活用水水量存在差异，以 2007 年城市人均生活用水水平为基准，假设由于生活水平的提高以及节水器具、节水方法的推广，人均生活用水量保持不变。因此 2015 年和 2020 年，人均生活用水水平与 2007 年相同。排水系数不随时间变化，取值为 0.8。生活污水原水水质特征取各自省份的生活污水处理厂进水平均水质浓度。对城镇生活污水处理率的变化，以 2007 年十三地市的污水处理率为标准，结合各城市总体规划和生态市建设规划等相关文件中的目标综合确定。基本原则如下：2007 年城镇生活污水处理率达到和超过 70% 的城市，到 2015 年其城镇生活污水处理率维持现状略有增加；未达到 70% 的城市，其城镇污水处理率强制达到 70%。而到 2020 年，2007 年城镇污水处理率达到和超过 70% 的城市，污水处理率达到 90%，其他则达到 80%。生活污水处理出水水质为一级 B 标准。

农业非点源污染物量的预测，综合考虑了一产增加值的增加和随着农村科技的推广与农业生产向集约化转变带来的非点源排放强度降低的影响。

工业污染以重点行业污染预测为主，兼顾工业行业总体发展引起的污染物排放增长。所有发展情景依据产业专题提供的不同规划年的情景一、二、三确定，如表 5-19 所示。其中，情景一的设计原则是基于国家总体发展意愿，综合各种研究方案及环渤海沿海情况，2015 年和 2020 年总体发展速度分别确定为 8.3% 和 7.7%；情景二的设计原则是最大限度反映地方

表 5-19　环渤海沿海地区三个产业带点源 COD 排放量预测										单位：万 t
地　区	2007 年		2015 年				2020 年			
	生活	工业	生活	工业			生活	工业		
				情景一	情景二	情景三		情景一	情景二	情景三
北岸产业带	13.7	15.3	7.8	16.5	18.1	21.1	8.3	16.2	19.8	24.7
西岸产业带	17.2	11.0	6.7	18.3	20.3	26.7	8.3	17.7	23.8	34.2
南岸产业带	12.3	10.2	7.4	19.0	21.6	22.8	7.6	19.5	24.6	27.6
合　计	43.2	36.5	21.9	53.8	59.9	70.6	24.2	53.4	68.2	86.5

发展意愿，2015 年和 2020 年总体发展速度分别确定为约 12% 和 10%；情景三的设计原则是最大限度反映区域产业发展趋势，预测 2015 年和 2020 年总体发展速度分别约为 13.9%、11.9%。同时，考虑到各行业生产技术进步等因素，重点行业的单位产值污染排放强度也在发生变化，总体呈现降低趋势，在各市各行业现状排污强度基础上，参考各行业的全国平均排污强度、区域现状平均排污强度、区域较优排污强度、区域最优排污强度、先进排污强度等标准来确定不同水平年的降低幅度。

二、区域水污染物排放量预测

1. 不同污染源的水污染物排放量预测

根据上述假设，获得全区域不同水平年不同污染源排放的污染物总量，如表 5-20 至表 5-23 所示。不同发展情景下，2015 年、2020 年环渤海沿海地区排放 COD 污染物总量分别为 130.0 万～ 146.8 万 t、176.3 万～ 209.5 万 t。其中，点源排放量分别为 75.7 万～ 92.5 万 t、77.6 万～ 110.7 万 t，情景一较 2007 年略有下降，情景二、三分别比 2007 年增长了 2.8% ～ 16.1%、15.9% ～ 38.9%；工业污染排放分别增长 47.4% ～ 93.4%、46.3% ～ 137.0%。由于生活源排放基本得到有效控制，全区域点源 NH_3-N 排放总量较现状年降低 20% 以上。

（1）城镇生活污染

到 2015 年，预计全区域城镇生活污染源合计排放 COD 21.9 万 t，NH_3-N 2.4 万 t，分别是 2007 年生活污染源的 0.6 倍和 0.4 倍。到 2020 年，预计全区域生活污染源合计排放 COD 24.2 万 t，NH_3-N 2.7 万 t，分别是 2007 年生活污染源的 0.7 倍和 0.5 倍。

（2）农业非点源污染

到 2015 年，预计全区域农业污染源合计排放 COD 54.3 万 t，TN 55.1 万 t，TP 5.3 万 t，是 2007 年农业非点源排放量的 1.5 倍；到 2020 年，合计排放 COD 102.3 万 t，TN 103.4 万 t，TP 10.0 万 t，是 2007 年农业非点源排放量的 2.8 倍。

随着点源污染控制力度的不断加大，农业非点源对环渤海沿海地区地表水环境以及渤海水环境质量的影响将日益凸显。

（3）工业污染

情景一中，到 2015 年，预计全区域工业污染源合计排放 COD 53.8 万 t，NH_3-N 1.9 万 t，分别是 2007 年工业污染源排放量的 1.2 倍和 1.4 倍；到 2020 年，排放 COD 53.4 万 t，NH_3-N 1.9 万 t，分别是 2007 年工业污染源排放量的 1.2 倍和 1.3 倍。

表 5-20 2015 年不同发展情景下不同来源的 COD 预测结果								单位：t
地 区	工业源			生活源	农业非点源	总量		
	情景一	情景二	情景三			情景一	情景二	情景三
大 连	33 139	41 079	48 328	28 118	40 798	102 055	109 995	117 244
营 口	40 252	43 606	53 669	16 332	11 131	67 715	71 069	81 132
盘 锦	26 134	27 379	32 356	7 945	8 533	42 612	43 857	48 835
锦 州	56 469	58 924	63 835	13 210	30 712	100 391	102 846	107 756
葫芦岛	9 076	9 681	12 707	12 852	28 476	50 405	51 010	54 035
北岸产业带小计	**165 070**	**180 669**	**210 895**	**78 457**	**119 650**	**363 177**	**378 776**	**409 002**
秦皇岛	30 811	35 676	40 541	13 370	34 184	78 365	83 230	88 095
唐 山	101 576	105 809	158 713	21 164	95 196	217 936	222 169	275 073
滨海新区	17 846	24 505	27 968	12 547	702	31 095	37 754	41 217
沧 州	32 748	37 057	39 642	19 862	75 653	128 263	132 572	135 157
西岸产业带小计	**182 981**	**203 047**	**266 864**	**66 943**	**205 735**	**455 659**	**475 725**	**539 542**
滨 州	33 733	38 363	42 993	19 365	49 625	102 723	107 353	111 983
东 营	28 383	37 223	40 015	10 805	19 533	58 721	67 562	70 353
潍 坊	82 669	95 313	97 258	19 823	100 803	203 295	215 939	217 884
烟 台	45 328	44 817	47 944	23 726	47 279	116 333	115 822	118 949
南岸产业带小计	**190 113**	**215 716**	**228 210**	**73 719**	**217 240**	**481 072**	**506 675**	**519 169**
合 计	**538 166**	**599 433**	**705 970**	**219 118**	**542 625**	**1 299 909**	**1 361 176**	**1 467 713**

情景二中，到 2015 年，预计全区域工业污染源合计排放 COD 59.9 万 t，NH_3-N 2.2 万 t，分别是 2007 年工业污染源排放量的 1.4 倍和 1.6 倍；到 2020 年，排放 COD 68.2 万 t，NH_3-N 2.4 万 t，分别是 2007 年工业污染源排放量的 1.6 倍和 1.7 倍。

情景三中，到 2015 年，预计全区域工业污染源合计排放 COD 70.5 万 t，NH_3-N 2.6 万 t，分别是 2007 年工业污染源排放量的 1.6 倍和 1.8 倍；到 2020 年，排放 COD 86.6 万 t，NH_3-N 2.9 万 t，分别是 2007 年工业污染源排放量的 1.9 倍和 2.0 倍。

所有发展情景中，虽然均考虑了技术进步，但由于产值增长过快，未来工业污染源排放的 COD 和 NH_3-N 总量与现状工业排污相比，均有不同程度的上涨。

（4）*点源污染物排放量*

情景一中，到 2015 年，预计全区域点源排放 COD 75.7 万 t，NH_3-N 4.3 万 t，分别是 2007 年点源排放量的 0.9 倍和 0.6 倍；到 2020 年，点源排放 COD 77.6 万 t，NH_3-N 4.6 万 t，分别是 2007 年点源排放量的 0.97 倍和 0.6 倍。

情景二中，到 2015 年，预计全区域点源排放 COD 81.9 万 t，NH_3-N 4.6 万 t，分别是 2007 年点源排放量的 1.0 倍和 0.6 倍；到 2020 年，点源排放 COD 92.4 万 t，NH_3-N 5.1 万 t，分别是 2007 年点源排放量的 1.2 倍和 0.7 倍。

情景三中，到 2015 年，预计全区域点源排放 COD 92.5 万 t，NH_3-N 4.9 万 t，分别是 2007 年点源排放量的 1.2 倍和 0.7 倍；到 2020 年，点源排放 COD 110.8 万 t，NH_3-N 5.6 万 t，分别是 2007 年点源排放量的 1.4 倍和 0.8 倍。

表 5-21　2020 年不同发展情景下不同来源的 COD 预测结果　单位：t

地　区	工业源			生活源	农业非点源	总量		
	情景一	情景二	情景三			情景一	情景二	情景三
大　连	33 445	47 550	66 207	35 148	40 798	109 390	123 496	142 152
营　口	34 662	43 575	58 431	13 867	20 990	69 519	78 433	93 288
盘　锦	27 067	30 348	36 089	8 378	16 091	51 536	54 816	60 558
锦　州	55 017	63 108	67 963	13 022	57 912	125 951	134 042	138 896
葫芦岛	11 951	12 990	18 706	12 582	53 696	78 229	79 268	84 984
北岸产业带小计	**162 142**	**197 572**	**247 395**	**82 996**	**189 487**	**434 625**	**470 055**	**519 878**
秦皇岛	35 134	43 918	57 720	16 963	64 459	116 556	125 340	139 143
唐　山	89 345	120 585	198 059	26 520	179 505	295 370	326 609	404 083
滨海新区	20 198	32 977	40 191	14 561	1 323	36 082	48 861	56 075
沧　州	32 376	40 895	46 007	25 255	142 655	200 286	208 806	213 918
西岸产业带小计	**177 053**	**238 375**	**341 977**	**83 299**	**387 942**	**648 294**	**709 616**	**813 219**
滨　州	42 032	51 120	63 047	18 792	93 575	154 398	163 486	175 414
东　营	30 392	44 051	49 515	8 573	36 833	75 798	89 457	94 921
潍　坊	83 331	101 280	108 972	22 059	190 079	295 469	313 417	321 109
烟　台	38 983	49 803	54 955	26 560	89 151	154 694	165 513	170 665
南岸产业带小计	**194 738**	**246 253**	**276 488**	**75 983**	**409 638**	**680 359**	**731 874**	**762 109**
合　计	533 934	682 200	865 861	242 278	987 067	1 763 278	1 911 544	**2 095 206**

表 5-22　2015 年不同发展情景下不同来源的 NH_3-N 预测结果　单位：t

地　区	工业			生活	总量		
	情景一	情景二	情景三		情景一	情景二	情景三
大　连	1 626	2 016	2 372	3 680	5 306	5 696	6 052
营　口	240	260	320	2 105	2 345	2 365	2 425
盘　锦	1 189	1 246	1 472	1 024	2 213	2 269	2 496
锦　州	468	489	530	1 702	2 171	2 191	2 232
葫芦岛	657	701	920	1 656	2 313	2 357	2 576
北岸产业带小计	**4 181**	**4 711**	**5 613**	**10 168**	**14 348**	**14 879**	**15 781**
秦皇岛	764	885	1 006	1 418	2 182	2 303	2 423
唐　山	1 136	1 184	1 775	2 244	3 380	3 427	4 019
滨海新区	1 331	1 828	2 086	1 205	2 536	3 033	3 291
沧　州	1 641	1 857	1 987	1 801	3 443	3 659	3 788
西岸产业带小计	**4 872**	**5 754**	**6 854**	**6 668**	**11 541**	**12 422**	**13 521**
滨　州	2 580	2 934	3 288	1 624	4 204	4 558	4 912
东　营	1 671	2 191	2 356	980	2 651	3 171	3 335
潍　坊	4 567	5 266	5 828	2 044	6 611	7 310	7 872
烟　台	1 294	1 504	1 609	2 446	3 741	3 951	4 055
南岸产业带小计	**10 112**	**11 895**	**13 080**	**7 094**	**17 206**	**18 989**	**20 174**
合　计	**19 166**	**22 360**	**25 548**	**23 929**	**43 095**	**46 289**	**49 477**

表 5-23　2020 年不同发展情景下不同来源的 NH_3-N 预测结果　单位：t

地区	工业			生活	总量		
	情景一	情景二	情景三		情景一	情景二	情景三
大连	1 471	2 091	2 911	4 600	6 071	6 691	7 511
营口	207	260	349	1 798	2 004	2 058	2 146
盘锦	1 604	1 799	2 139	1 086	2 690	2 885	3 225
锦州	456	524	436	1 688	2 144	2 212	2 124
葫芦岛	595	646	931	1 631	2 226	2 277	2 562
北岸产业带小计	**4 333**	**5 320**	**6 766**	**10 802**	**15 135**	**16 122**	**17 569**
秦皇岛	665	816	1 093	1 798	2 464	2 614	2 891
唐山	999	1 349	2 215	2 812	3 811	4 160	5 027
滨海新区	1 283	2 095	2 554	1 560	2 843	3 655	4 114
沧州	1 623	2 050	2 306	2 423	4 046	4 473	4 729
西岸产业带小计	**4 570**	**6 310**	**8 168**	**8 593**	**13 164**	**14 902**	**16 761**
滨州	2 210	2 688	3 315	1 704	3 914	4 392	5 019
东营	1 440	2 087	2 345	884	2 324	2 971	3 229
潍坊	4 125	5 013	5 394	2 275	6 399	7 287	7 668
烟台	1 888	2 412	2 661	2 739	4 626	5 150	5 400
南岸产业带小计	**9 662**	**12 199**	**13 715**	**7 601**	**17 263**	**19 800**	**21 316**
合计	**18 566**	**23 829**	**28 649**	**26 996**	**45 562**	**50 825**	**55 646**

（5）*点源和农业非点源污染物排放总量*

情景一中，到 2015 年，预计全区域点源和非点源合计排放 COD 130.0 万 t，是现状年点源和非点源排放总量的 1.1 倍；到 2020 年，点源和非点源合计排放 COD 176.3 万 t，是现状年点源和非点源排放总量的 1.5 倍。

情景二中，到 2015 年，预计全区域点源和非点源合计排放 COD 136.1 万 t，是现状年点源和非点源排放总量的 1.2 倍；到 2020 年，点源和非点源合计排放 COD 191.2 万 t，是现状年点源和非点源排放总量的 1.6 倍。

情景三中，到 2015 年，预计全区域点源和非点源合计排放 COD 146.8 万 t，是现状年点源和非点源排放总量的 1.3 倍；到 2020 年，点源和非点源合计排放 COD 209.5 万 t，是现状年点源和非点源排放总量的 1.8 倍。

在所有发展情景中，大部分城市的工业污染成为最主要的 COD 来源，超过了生活源和农业源。由于工业的高速发展，工业源成为区域 COD 总量控制的重要内容。区域总体来看，到 2015 年，COD 排放量的比例基本上为：工业源：生活源：农业非点源＝ 45 ∶ 15 ∶ 40；到 2020 年，COD 排放量的比例基本上为：工业源：生活源：农业非点源＝ 35 ∶ 15 ∶ 50。

在情景一和情景二假设的发展情景中，大部分城市的城镇生活污染仍然是主要的 NH_3-N 来源，超过了工业源的贡献，未来工业源与生活源的 NH_3-N 排放量比值在 0.7 ～ 0.9。但是在情景三假设的高速发展情景中，工业源的贡献超过生活源，成为主要的 NH_3-N 来源，未来工业源与生活源的 NH_3-N 排放量比值为 1.1。

2．重点产业污染物排放量预测

情景一中，到 2015 年，预计全区域重点产业污染源合计排放 COD 37.3 万 t，NH_3-N 1.7 万 t，分别是 2007 年重点产业污染源排放量的 1.0 倍和 1.3 倍；到 2020 年，合计排放 COD 39.0 万 t，NH_3-N 1.3 万 t，均为 2007 年重点产业污染源排放量的 1.0 倍。

情景二中，到 2015 年，预计全区域重点产业污染源合计排放 COD 43.1 万 t，NH_3-N 1.9 万 t，分别是 2007 年重点产业污染源排放量的 1.1 倍和 1.5 倍；到 2020 年，合计排放 COD 48.0 万 t，NH_3-N 1.6 万 t，分别是 2007 年重点产业污染源排放量的 1.3 倍和 1.2 倍。

情景三中，到 2015 年，预计全区域重点产业污染源合计排放 COD 49.6 万 t，NH_3-N 2.2 万 t，分别是 2007 年重点产业污染源排放量的 1.3 倍和 1.7 倍；到 2020 年，合计排放 COD 58.7 万 t，NH_3-N 1.9 万 t，分别是 2007 年重点产业污染源排放量的 1.6 倍和 1.5 倍。

不同发展情景下，与现状相比，7 个重点产业不论是 COD 还是 NH_3-N 排放量都比现状重点产业的排放量有一定程度的增加。主要是由于各城市重点产业发展速度较高，随着技术进步带来的排污强度降低不能完全抵消规模增大的影响（表 5-24、表 5-25）。

表 5-24 2015 年和 2020 年不同发展情景下重点产业排放 COD 量预测 单位：t

地 区	行 业	情景一		情景二		情景三	
		2015 年	2020 年	2015 年	2020 年	2015 年	2020 年
北岸产业带	石 油	8 787	12 164	9 914	14 666	11 349	18 504
	钢 铁	1 271	469	1 474	586	1 805	724
	造 纸	16 881	18 174	19 356	21 670	22 368	25 166
	化 工	26 291	34 524	30 858	44 095	35 676	52 944
	装备制造	4 644	4 098	5 279	4 850	6 978	6 415
	食品加工	17 571	8 177	21 216	10 095	25 906	13 914
	纺 织	2 476	1 778	2 670	2 222	3 424	2 870
	小 计	77 921	79 384	90 767	98 184	107 506	120 537
西岸产业带	石 油	1 260	2 136	1 515	2 714	1 808	3 354
	钢 铁	2 065	2 984	2 370	3 873	2 860	4 511
	造 纸	56 088	56 622	66 119	66 964	75 582	83 288
	化 工	24 668	33 110	28 384	41 384	33 804	56 029
	装备制造	5 296	7 707	6 259	9 552	7 285	12 089
	食品加工	32 185	26 374	41 090	36 470	52 531	48 808
	纺 织	4 370	2 207	5 303	3 000	5 854	3 471
	小 计	125 932	131 140	151 040	163 957	179 724	211 550
南岸产业带	石 油	4 036	4 936	4 390	5 613	5 409	6 555
	钢 铁	884	229	999	287	1 130	340
	造 纸	22 342	30 161	25 299	38 737	27 598	43 468
	化 工	79 816	98 476	88 291	116 112	97 353	137 981
	装备制造	7 497	7 240	8 525	8 616	9 096	9 919
	食品加工	13 089	18 828	14 394	22 513	16 828	27 465
	纺 织	41 284	20 077	46 858	25 624	51 308	29 627
	小 计	168 948	179 947	188 756	217 502	208 722	255 355
合 计		372 801	390 471	430 563	479 643	495 952	587 442

COD 排放量的增幅高于 NH_3-N 增幅。对重点产业排放的 COD 而言，远期 2020 年比近期 2015 年仍有所增加，未见拐点；但是重点产业的 NH_3-N 排放总量，远期 2020 年与近期 2015 年相比已经开始回落。

到 2015 年，区域重点产业排放的 COD 和 NH_3-N 分别占当年工业排放量的 70% 和 85%。到 2020 年，区域重点产业排放的 COD 和 NH_3-N 分别占当年工业排放量的 70% 和 68%。虽然有一定波动，但总体上看，重点产业的贡献在未来与现状没有本质区别，一直占据着相当可观的比例。

以 2020 年情景二为例，重点产业中 COD 排放量贡献大的行业主要集中在化工、造纸和食品加工上，分别占 7 个行业排放总量的 34%、26% 和 18%；重点产业中 NH_3-N 排放量贡献大的行业主要集中在化工和食品加工上，分别占 7 个行业排放总量的 51% 和 26%。

选取 2020 年情景二为代表情景，考察未来区域重点产业中的主要污染行业的空间分布特征。

在该产业发展情景下，COD 排放总量大的化工行业主要分布在营口、锦州和大连，分

表 5-25　2015 年和 2020 年不同发展情景下重点产业排放 NH_3-N 量预测　单位：t

地区	行业	情景一		情景二		情景三	
		2015 年	2020 年	2015 年	2020 年	2015 年	2020 年
北岸产业带	石油	525.1	716.9	606.5	852.4	702.2	1 170.9
	钢铁	27.5	4.2	31.2	5.2	37	6.5
	造纸	210.6	58.5	235.5	69.4	274.1	80.1
	化工	1 865.9	1 245.7	2 193.3	1 583.6	2 536.3	1 894.6
	装备制造	152.3	23.5	174.4	30	237.5	38.2
	食品加工	747.5	661.8	885.3	825.7	1 051.8	1 143.9
	纺织	82.5	54	91.7	69.4	121.2	90.6
	小计	3 611.4	2 764.6	4 217.9	3 435.7	4 960.1	4 424.8
西岸产业带	石油	536.9	235.7	632.3	288.4	661.8	308.2
	钢铁	61.8	26.9	72.4	34.8	84.5	40.7
	造纸	25.4	5.3	33.4	7	41.4	8.2
	化工	1 686.5	1 412.4	1 936.6	1 797.1	2 301.7	2 394.1
	装备制造	5.5	9.4	6.4	11.5	7.3	14.3
	食品加工	1 068.6	736.7	1 342.3	983.8	1 662.7	1 250.1
	纺织	45.6	28.2	55.6	38.3	63.7	46.7
	小计	3 430.3	2 454.6	4 079	3 160.9	4 823.1	4 062.3
南岸产业带	石油	1 283.6	850.8	1 429	983.8	1 618.5	1 139.2
	钢铁	9.6	1.9	11	2.5	12.6	2.9
	造纸	164.8	29.6	183.6	37.8	202.1	43.4
	化工	5 509	3 856.4	6 088.5	4 563.8	6 720.1	5 396.4
	装备制造	5.9	8.2	6.7	9.8	7.2	11.4
	食品加工	1 584.5	19 35.2	1 740.1	2 311.9	2 033.6	2 818.3
	纺织	918.4	904.2	1 047.7	1 153.6	1 172.8	1 335.1
	小计	9 475.8	7 586.3	10 506.6	9 063.2	11 766.9	10 746.7
合计		16 517.5	12 805.5	18 803.5	15 659.8	21 550.1	19 233.8

别占到了全行业的30%、13%和12%，合计超全行业的50%。COD排放总量大的造纸行业主要分布在唐山、盘锦和锦州，分别占到了全行业的49%、13%和10%，合计超过全行业的70%。COD排放总量大的食品加工行业主要分布在秦皇岛、烟台、沧州和营口，分别占到了全行业的34%、15%、13%和10%，合计超过全行业的80%。

在该产业发展情景下，NH_3-N排放总量大的化工行业主要分布在潍坊、烟台、滨海新区和滨州，分别占到了全行业的27%、12%、11%和11%，合计占全行业的60%。NH_3-N排放总量大的食品加工行业主要分布在烟台、潍坊、大连和滨州，分别占到了全行业的24%、18%、11%和10%，合计超过全行业的60%。NH_3-N排放总量大的石油行业主要分布在盘锦、滨州和东营，分别占到了全行业的38%、25%和21%，合计占全行业的84%。

综合来看，对水污染贡献大的城市及其重点行业分别是烟台、潍坊和秦皇岛的食品加工业，营口和潍坊的化工行业，唐山的造纸，盘锦、滨州和东营的石油行业。

第五节 近岸海域环境影响预测

一、渤海纳污量预测

渤海纳污量预测基本假设如下：

① 农业非点源污染物排放量无法从直接统计数据获得，且缺乏系统的估算数据资料等，在进行渤海纳污量预测时，仅对点源污染物排放量进行预测。

② 环渤海沿海地区十三地市污染物入海量估算原则：各城市点源排放量中分为直接入海与入河两部分，入河的污染物从排放口排出后在区域的河流中衰减。根据区域内平均河流长度、流速和污染物衰减速度常数，可设定平均衰减量为排放量的15%，剩余部分随河流进入海洋中。另外，大连与烟台排放的污染物最终去向中包括进入黄海的部分，也需要予以扣除。

③ 假设流域上游城市污染物排放入海量与现状估算值相同，不产生增量。

根据以上原则及式（5-1）区域水污染物排放量预测结果，计算获得环渤海沿海地区十三地市不同水平年不同发展情景方案下COD和NH_3-N的入海量如表5-26和表5-27所示。

在环渤海沿海地区污染物入海量预测基础上，叠加流域上游现状污染物入海量，得到全流域点源污染物入海量预测值，如表5-28和表5-29所示。

与现状入海量相比，到2015年，三种情景方案下COD入海量将分别比现状年增长1.2%、3.2%和6.5%，NH_3-N入海量分别下降了10.1%、8.8%和7.%。到2020年，三种情景方案下COD入海量将分别比现状年增长1.7%、6.6%和21.1%。NH_3-N入海量分别下降了9.6%、7.5%和5.9%。总体来说，COD入海量增加，NH_3-N入海量降低，渤海污染总体上减轻但重点海湾污染仍然严重，进入莱州湾和渤海湾的COD增幅最高可达17.5%。

表 5-26　2015 年不同产业发展情景下 COD 和 NH_3-N 入海量　单位：t

地　区	情景一		情景二		情景三	
	COD	NH_3-N	COD	NH_3-N	COD	NH_3-N
大　连	5 237	454	5 916	487	6 536	517
营　口	48 376	2 005	51 244	2 022	59 847	2 073
盘　锦	29 136	1 892	30 200	1 940	34 456	2 134
锦　州	59 572	1 856	61 671	1 873	65 869	1 908
葫芦岛	18 748	1 978	19 265	2 015	21 852	2 202
北岸产业带	**161 069**	**8 184**	**168 296**	**8 338**	**188 560**	**8 835**
秦皇岛	37 773	1 865	41 932	1 969	46 091	2 072
唐　山	104 937	2 890	108 555	2 930	153 786	3 436
滨海新区	25 985	2 168	31 678	2 593	34 638	2 814
沧　州	44 979	2 943	48 663	3 128	50 873	3 239
西岸产业带	**213 674**	**9 866**	**230 828**	**10 620**	**285 388**	**11 561**
滨　州	45 396	3 594	49 354	3 897	53 313	4 199
东　营	33 504	2 266	41 062	2 711	43 449	2 852
潍　坊	87 626	5 652	98 435	6 249	100 098	6 730
烟　台	51 263	2 777	50 883	2 933	53 204	3 011
南岸产业带	**217 788**	**14 289**	**239 735**	**15 790**	**250 064**	**16 791**
合　计	**592 530**	**32 340**	**638 859**	**34 748**	**724 013**	**37 187**

表 5-27　2020 年不同产业发展情景下 COD 和 NH_3-N 入海量　单位：t

地　区	情景一		情景二		情景三	
	COD	NH_3-N	COD	NH_3-N	COD	NH_3-N
大　连	5 864	519	7 070	572	8 665	642
营　口	41 490	1 714	49 110	1 759	61 811	1 835
盘　锦	30 303	2 300	33 108	2 466	38 017	2 757
锦　州	58 170	1 833	65 087	1 891	69 238	1 816
葫芦岛	20 974	1 903	21 863	1 947	26 750	2 190
北岸产业带	**156 802**	**8 269**	**176 239**	**8 635**	**204 480**	**9 241**
秦皇岛	44 541	2 106	52 050	2 235	63 851	2 472
唐　山	99 059	3 258	125 767	3 557	192 003	4 298
滨海新区	29 717	2 431	40 643	3 125	46 810	3 517
沧　州	49 272	3 459	56 556	3 824	60 926	4 043
西岸产业带	**222 589**	**11 254**	**275 016**	**12 741**	**363 590**	**14 330**
滨　州	52 001	3 346	59 771	3 755	69 968	4 291
东　营	33 313	1 987	44 991	2 540	49 662	2 761
潍　坊	90 103	5 471	105 448	6 230	112 024	6 556
烟　台	48 656	3 434	56 688	3 823	60 512	4 009
南岸产业带	**224 073**	**14 238**	**266 897**	**16 348**	**292 167**	**17 616**
合　计	**603 464**	**33 761**	**718 152**	**37 725**	**860 237**	41 187

表 5-28　2015 年渤海汇入陆源污染物量　单位：万 t

海　湾	情景一			情景二			情景三		
	COD	NH_3-N	总氮	COD	NH_3-N	总氮	COD	NH_3-N	总氮
辽东湾	32.7	3.1	4.2	32.7	3.1	4.2	33.2	3.1	4.2
渤海湾	59.1	4.9	6.7	60.4	5.0	6.8	64.2	5.1	6.9
莱州湾	62.4	3.8	5.2	64.2	3.9	5.3	64.9	3.9	5.4
总　计	154.3	11.7	16.1	157.3	11.9	16.4	162.3	12.1	16.6

表 5-29　2020 年渤海汇入陆源污染物量　单位：万 t

海　湾	情景一			情景二			情景三		
	COD	NH_3-N	总氮	COD	NH_3-N	总氮	COD	NH_3-N	总氮
辽东湾	32.2	3.0	4.2	32.4	3.0	4.2	32.7	3.0	4.1
渤海湾	60.4	5.0	6.8	64.1	5.1	7.0	70.7	5.2	7.2
莱州湾	62.4	3.8	5.2	65.9	3.9	5.4	67.4	4.0	5.5
总　计	155.0	11.8	16.2	162.4	12.1	16.6	170.9	12.3	16.9

二、渤海海水水质预测

1．预测方法

参见第六章第一节四。

2．渤海海水水质预测结果

渤海污染总体上减轻但重点海湾污染仍然严重。

依据 2015 年环渤海 COD、总氮的入海量，计算得到 2015 年的各污染物浓度场（图 5-7 至图 5-9）。2015 年渤海海域污染物浓度分布与现状污染物浓度分布趋势一致，浓度高值区主要集中在辽东湾顶部，渤海湾和莱州湾沿岸，以及黄河口附近水域。尤其是辽东湾，从等值线密集程度可以看到辽东湾顶部浓度梯度很大，反映出辽东湾水交换滞缓，污染物不容易被带出湾外，这与已有的研究是一致的。从三个海湾向海盆中央，浓度依次减小，央海区浓度很小。在各点源入海口处，污染物浓度相应增加，主要体现了河流的影响。按照情景一、二、三的排污情况，COD 浓度的分布规律基本一致，只是污染物分布范围略有扩大。无机氮浓度的分布形态与 COD 浓度的分布形态相似，也是沿岸浓度较高，从三个海湾向海盆中央，浓度依次减小，央海区浓度很小，由于无机氮入海量较少，浓度较低。

图 5-10 为 2015 年与 2007 年各排污口附近各污染物浓度值的对比。与 2007 年相比，在情景一产业发展情景下的污染物入海情况下，各点源附近 COD 均有所下降，以潍坊附近 COD 浓度降幅明显，大概在 10% 左右。情景二中，除渤海湾附近的唐山、滨海新区和沧州外，其余各点源附近 COD 浓度与 2007 年相比降低 1.2% ～ 3.5%，潍坊附近降低 8%。情景三中，除潍坊和烟台外，各点源附近 COD 浓度均有不同程度的升高，在滨海新区和沧州附近浓度增幅达到 10%。三种情景方案中的无机氮浓度均有所下降，这说明 2015 年无机氮入海总量小于 2007 年。

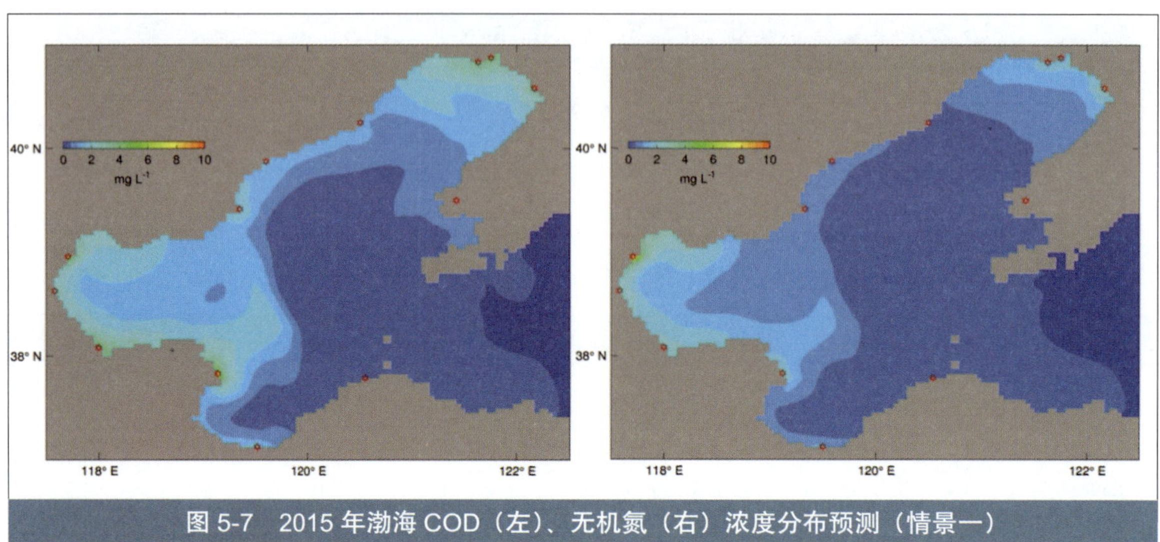

图 5-7 2015 年渤海 COD（左）、无机氮（右）浓度分布预测（情景一）

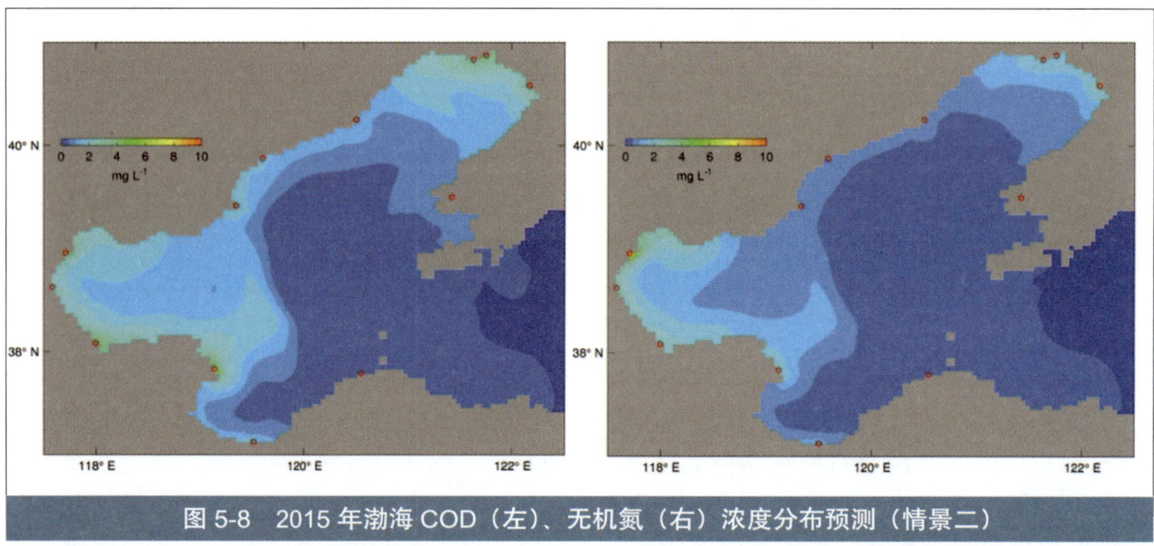

图 5-8 2015 年渤海 COD（左）、无机氮（右）浓度分布预测（情景二）

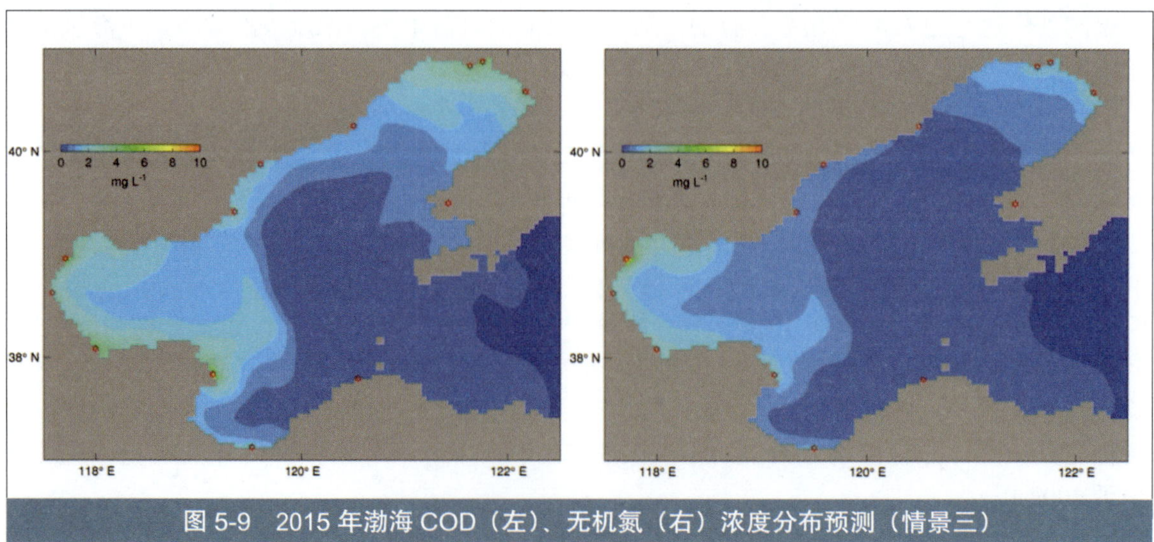

图 5-9 2015 年渤海 COD（左）、无机氮（右）浓度分布预测（情景三）

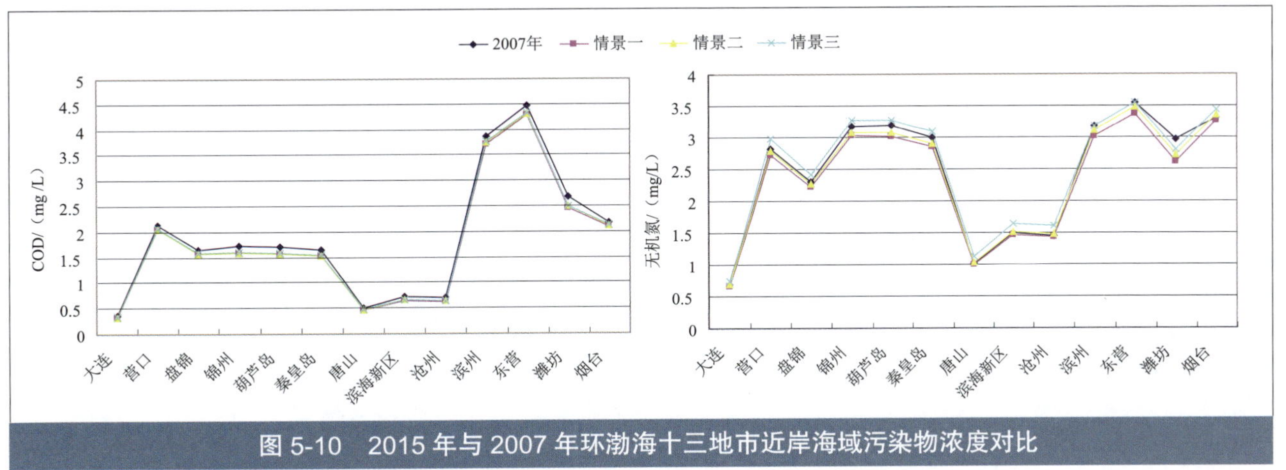

图 5-10　2015 年与 2007 年环渤海十三地市近岸海域污染物浓度对比

第六节　能源利用和碳排放预测

一、能源利用与碳排放效率预测

1. 地区减排目标基本实现

工业能效的提高，带动环渤海单位 GDP 工业能效的提高和碳排放强度的变化。以区域 2005 年单位 GDP 能耗为 1.48 t 标煤 / 万元，推算“十一五”期间，节能 20% 的目标下，2010 年单位 GDP 能耗达到 1.20 t 标煤 / 万元。由 2015 年和 2020 年全社会能耗值，得到 2015 年单位 GDP 能耗比 2010 年下降了 22%，2020 年单位 GDP 能耗比 2015 年下降了 20%，如表 5-30 所示。由此可见，如果国家在“十二五”和“十三五”期间依旧按照节能 20% 的目标要求环渤海能源利用水平不断提升，在能源效率提高的情况下，环渤海地区能够达到这个目标。

同样计算环渤海地区碳排放强度下降率，得到 2015 年和 2020 年地区单位 GDP 碳排放分别比 2007 年下降 25% 和 40%，基本满足国家在 2009 年末提出的国家减排目标（即 2020 年单位 GDP 碳排放比 2005 年下降 40% ～ 45%）（表 5-31）。

表 5-30　2015 年和 2020 年单位 GDP 能耗降低率

单位 GDP 能耗/（t 标煤 / 万元）	2010 年	2015 年	2020 年
	1.20	0.94	0.75
2015 年比 2010 年单位 GDP 能耗下降 22%			
2020 年比 2015 年单位 GDP 能耗下降 20%			

表 5-31　2015 年和 2020 年单位 GDP 碳排放强度降低率

单位 GDP 碳排放/（t / 万元）	2007 年	2015 年	2020 年
	3.8	2.86	2.3
2015 年比 2007 年单位 GDP 碳排放下降 25%			
2020 年比 2007 年单位 GDP 碳排放下降 40%			

2．工业能效目标

根据预测结果，2015 年环渤海地区工业行业单位产值能耗相对 2007 年下降 30%，2020 年工业行业单位产值能耗相对 2015 年整体下降 26% 左右。其中，能源行业和石油行业是能效提高加大的行业；2015 年和 2020 年工业行业单位产值碳排放相对 2007 年将分别下降 28% 和 45%（表 5-32）。

表 5-32 2015 年和 2020 年重点产业能效和碳排放强度降低目标　单位：%

行　业	2015 年		2020 年	
	单位产值能耗相对 2007 年降低	碳排放强度相对 2007 年降低	单位产值能耗相对 2015 年降低	碳排放强度相对 2007 年降低
石油行业	34	34	26	52
冶金行业	24	15	19	34
装备制造业	19	14	20	31
能源行业	54	49	49	61
化工行业	24	30	18	42
非金属产业	30	39	12	52
食品加工产业	19	27	9	39
纺织及纺织品制造业	27	23	20	37
造纸及纸制品业	44	27	20	42
重点行业总计	30	28	26	45

表 5-33 2015 年和 2020 年工业节能贡献率

	2015 年	2020 年
全社会节能量 / 万 t 标煤	21 628	49 641
工业节能量 / 万 t 标煤	17 632	42 955
工业节能贡献率 / %	82	87

3．工业节能贡献大

以情景二为例，测算工业节能降耗对全社会节能降耗的贡献。如表 5-33 所示，在单位 GDP 能耗下降目标实现的情况下，相对于全社会能源强度不变的情景，2015 年全社会的节能量在 21 628 万 t 标煤左右，2020 年节能量在 49 641 万 t 标煤左右。而工业能效提高，在 2015 年和 2020 年分别带来 17 632 万 t 标煤和 42 955 万 t 标煤的节能量。工业能效提高能为地区贡献 80% 以上的节能量。

二、能源利用与碳排放预测结果

1．能源消耗量依旧很大，可再生能源利用率低

2015 年和 2020 年即使本地区节能降耗目标基本实现，地区能源消耗量和碳排放量依旧巨大。如表 5-34 所示，三种情景下，2015 年全社会能耗分别是 2007 年全社会能耗的 1.3 倍、1.7 倍和 2.0 倍；2020 年全社会能耗分别是 2007 年全社会能耗的 1.5 倍、2.2 倍和 2.8 倍。三种情景下，2015 年和 2020 年全社会碳排放分别是 2007 年的 1.4 倍、1.8 倍、2.1 倍，以及 1.7 倍、2.3 倍和 3.0 倍。

在可再生能源生产量呈 10% 线性增长的态势下，地区可再生能源利用率依旧不高。情景一

是环渤海未来可再生能源利用率最高的情景，此时，2015 年可再生能源利用率比国家规划 2015 年目标低了 2% 左右，2020 年地区可再生能源利用率低了 3% 左右（图 5-11）。

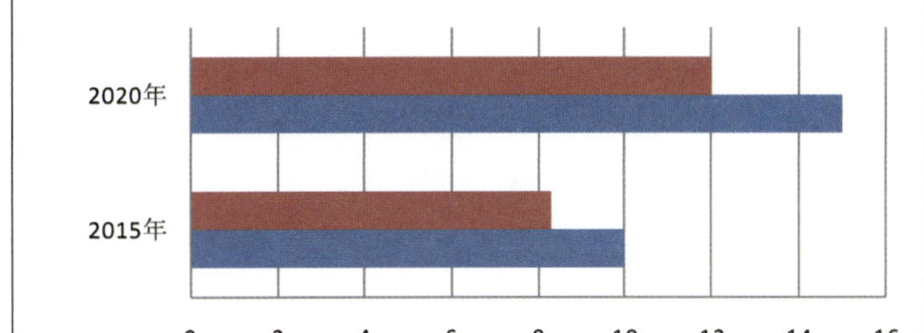

	2015年	2020年
地区值/%	8.3	12
国家目标/%	10	15

图 5-11　2015 年和 2020 年可再生能源利用率与国家规划目标比较

2. 工业能耗比重下降，高耗能行业集中度不变

以情景二为例，计算 2015 年和 2020 年工业能耗和碳排放所占全社会能耗和碳排放比重，如表 5-35 所示。2015 年工业能耗和碳排放占全社会能耗及碳排放的 59% 左右，2020 年工业能耗和碳排放占全社会能耗和碳排放的 63% 左右，相比 2007 年，2015 年能耗和碳排放比重下降 10% 左右，2020 年能耗和碳排放下降 6% 左右（2007 年工业能耗占全社会能耗的 68%，碳排放占 70% 左右）。

2015 年和 2020 年三种情景下，环渤海高耗能行业都集中在石油、冶金、能源和化工这四大行业上。2020 年情景二中，这 4 个行业能耗比重和碳排放比重在 80% 和 85% 左右，与 2007 年四大高耗能行业能耗和碳排放比重基本持平。其中，冶金行业依然是地区能耗和碳排放最高的行业，它和石油行业一起依然占到地区能耗和碳排放的一半左右（图 5-12 和图 5-13）。

表 5-34　2015 年和 2020 年全社会能耗和碳排放与 2007 年的比较

	2015 年			2020 年		
	情景一	情景二	情景三	情景一	情景二	情景三
预测年 /2007 年（能耗）	1.3	1.7	2.0	1.5	2.2	2.8
预测年 /2007 年（碳排放）	1.4	1.8	2.1	1.7	2.3	3.0

表 5-35　2015 年和 2020 年工业能耗和碳排放比重　单位：%

	2015 年		2020 年	
	工业能耗 / 全社会能耗	工业碳排放 / 全社会碳排放	工业能耗 / 全社会能耗	工业碳排放 / 全社会碳排放
	59	59	63	63
预测年相比 2007 年下降 /%	9	11	5	7

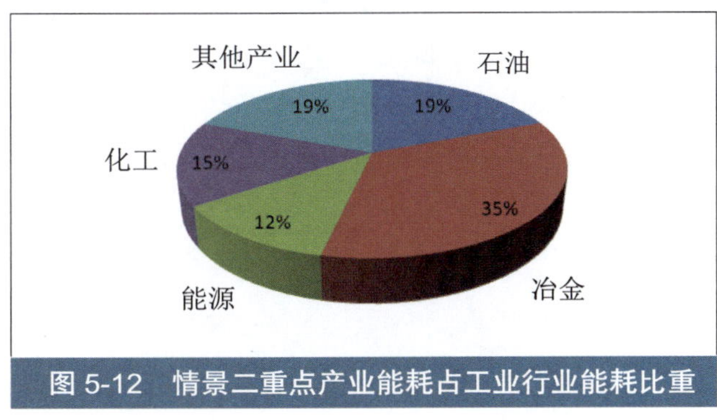

图 5-12　情景二重点产业能耗占工业行业能耗比重

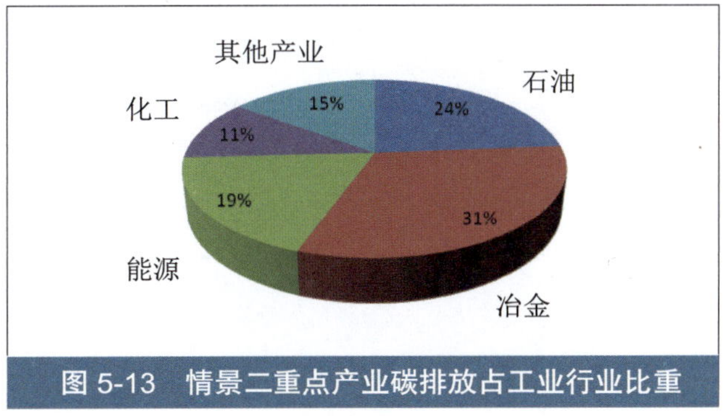

图 5-13　情景二重点产业碳排放占工业行业比重

第七节　大气环境影响预测

一、预测方法

根据社会经济与重点产业发展情景、大气污染物排放强度预测，结合环渤海沿海地区气象条件、关键大气环境问题，预测未来重点产业发展带来的污染源结构、规模和布局变化，进而利用空气质量模式模拟未来区域空气质量状况，评估社会经济和重点产业发展对大气环境质量、累积性污染和污染物跨界输送的影响，为区域重点产业发展规模控制、产业结构调整、空间布局优化、大气污染防治提供技术支持，以达到减小区域经济发展的大气环境污染代价、协调产业发展与大气环境保护相互关系的目的。

二、污染物排放强度预测

污染物排放强度是指一定时期内某个区域的物质生产部门、非物质生产部门或生活消费的污染物排放总量与同期该区域该部门经济价值的比值，反映了创造单位经济价值的环境负荷大小。常用指标有单位 GDP 污染物排放量、单位工业产值污染物排放量。污染物排放强度可以反映环境技术水平，同行业内排放强度越高表示技术水平越低，因此污染物排放强度指标可作为环境准入政策的重要标准。

在大气污染物排放强度预测中遵循的基本原则是：考虑未来工艺、技术进步及清洁能源使用带来的大气污染物排放强度降低，以 2007 年污染源普查数据为基础，行业排污强度在现状年未达到区域平均水平的地区，到 2015 年达到平均水平，现状年已达到平均水平的地区，到 2015 年达到区域现状最优水平，现状年为区域最优水平的地区则提高 10%；2015 年达到平均水平的地区，到 2020 年再提高 20%，2015 年达到区域现状最优水平的地区，到 2020 年再提高 10%；针对现状年排放效率远低于区域现状平均水平的地区，到 2015 年效率逐步提高，到 2020 年达到区域 2007 年平均水平。

基于以上原则，预测 2015 年环渤海沿海地区单位 GDP 污染物排放强度为 $SO_2$1.31 kg/万元、NO_x 0.75 kg/ 万元、工业粉尘 0.43 kg/ 万元、烟尘 0.64 kg/ 万元，分别比 2007 年降低 48.4%、43.2%、50.0%、44.8%；2020 年单位 GDP 污染物排放强度为 SO_2 0.94 kg/ 万元，NO_x 0.55 kg/ 万元，工业粉尘 0.31 kg/ 万元、烟尘 0.47 kg/ 万元，分别比 2007 年降低 63.0%、58.3%、64.0%、59.5%。

2015 年环渤海沿海地区重点产业单位工业产值污染物排放强度为 SO_2 1.84 kg/ 万元、NO_x 1.14 kg/ 万元、工业粉尘 0.85 kg/ 万元、烟尘 0.93 kg/ 万元；2020 年重点产业单位工业产值污染物排放强度为 SO_2 1.21 kg/ 万元、NO_x 0.76 kg/ 万元，工业粉尘 0.54 kg/ 万元、烟尘 0.61 kg/万元（表 5-36）。

表 5-36　环渤海沿海地区重点产业大气污染物排放强度预测　单位：kg / 万元

行　业	2015 年				2020 年			
	SO_2	NO_x	工业粉尘	烟尘	SO_2	NO_x	工业粉尘	烟尘
石油行业	0.44	0.39	0.24	0.11	0.27	0.23	0.17	0.07
冶金行业	2.14	1.40	3.33	1.97	1.31	0.88	2.05	1.22
装备制造业	0.10	0.03	0.39	0.13	0.06	0.02	0.21	0.10
能源行业	21.95	13.86	0.20	6.35	14.99	9.73	0.13	4.18
化工行业	2.09	0.75	0.18	0.68	1.60	0.58	0.14	0.51
非金属产业	5.20	3.83	5.31	5.80	3.87	2.72	4.11	4.50
食品加工业	0.54	0.11	0.02	0.33	0.42	0.08	0.02	0.25
纺织业	0.97	0.52	0.00	0.56	0.72	0.38	0.00	0.43
造纸业	5.25	3.18	0	2.64	4.17	2.53	0	2.10
重点产业平均水平	1.84	1.14	0.85	0.93	1.21	0.76	0.54	0.61

三、污染物排放量预测

1. 污染物排放总量预测

根据社会经济发展情景与单位 GDP 污染物排放量预测，未来大气污染物排放量显著增加，重点产业排放依然占据较高比例，西岸产业带依然是高污染排放区域（表 5-37、表 5-38）。

不同产业发展情景下，2015 年环渤海沿海地区 SO_2 排放量将达 163.1 万～ 238.8 万 t，NO_x 排放量将达 94.1 万～ 137.1 万 t，PM_{10} 排放量将达 98.4 万～ 143.3 万 t；2020 年环渤海沿海地区 SO_2 排放量将达 171.7 万～ 300.8 万 t，NO_x 为 101.5 万～ 177.4 万 t，PM_{10} 为 101.0 万～ 184.2 万 t。三种情景中，各污染物排放量与 2007 年相比均呈增长趋势，其中情景一增幅较小，到 2020 年增幅小于 20%，情景二、情景三中污染物排放量增幅均超过 30%。

不同产业发展情景下，到 2015 年，预计全区域工业源合计排放 SO_2 136.9 万～ 189.3 万 t，NO_x 81.2 万～ 111.7 万 t，工业粉尘 60.3 万～ 88.0 万 t，烟尘 69.2 万～ 95.1 万 t；到 2020 年，预计全区域工业源合计排放 SO_2 140.8 万～ 242.8 万 t，NO_x 86.4 万～ 149.5 万 t，工业粉尘 57.6 万～ 111.8 万 t，烟尘 70.3 万～ 122.3 万 t。虽然充分考虑了污染物排放强度的技术进步，但由于工业产值增长过快，未来仅情景一的工业源 SO_2 排放量到 2015 年、2020 年分别比 2007 年下降 7.4%、4.7%，其余发展情景下的各类污染物排放量均比 2007 年有所增加，并均表现为 2020 年增幅大于 2015 年，情景一、二、三增幅依次增大。

西岸产业带依旧是高污染排放区域，其经济社会发展与大气环境矛盾越来越突出。未来情景年，大气污染物排放总量在三个产业带中所占比重最大（图 5-14），分别为 SO_2 42.3% ～ 45.6%、NO_x 42.5% ～ 44.7%%、PM_{10}52.2% ～ 57.4%。

分地市看，各种污染物排放总量最大的城市为唐山。三种产业发展情景下的预测结果均显示，唐山大气污染物排放量远远高于其他城市，SO_2 排放量占区域比重为 26.6% ～ 28.8%，NO_x 排放量占区域比重为 25.8% ～ 30.9%，PM_{10} 排放量更为突出，占区域比重达到 42.5% ～ 48.5%。

其余城市中 SO_2 排放总量较大的城市依次为潍坊、滨海新区、烟台、大连；NO_x 排放量

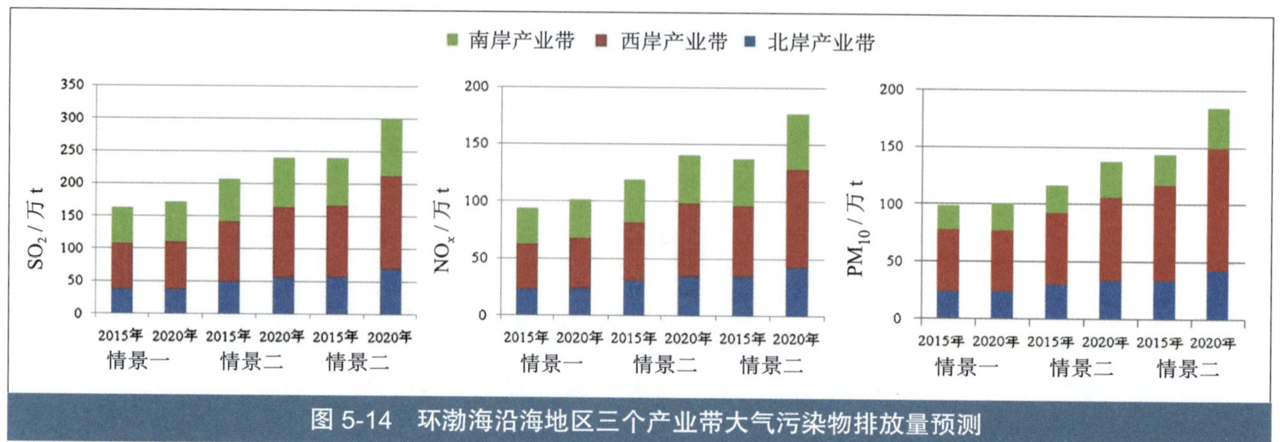

图 5-14 环渤海沿海地区三个产业带大气污染物排放量预测

表 5-37 环渤海沿海地区大气污染物排放量与重点产业比例预测（2015 年）

污染物种类	情景一			情景二			情景三		
	总量 / 万 t	工业源排放比例 / %	重点产业排放比例 / %	总量 / 万 t	工业源排放比例 / %	重点产业排放比例 / %	总量 / 万 t	工业源排放比例 / %	重点产业排放比例 / %
SO_2	163.1	83.9	68.3	207.4	74.6	62.5	238.8	79.3	64.6
NO_x	94.1	86.3	73.6	119.2	77.1	67.6	137.1	81.5	70.0
PM_{10}	98.4	92.1	78.0	116.4	85.3	75.5	143.3	89.4	73.5

表 5-38 环渤海沿海地区大气污染物排放量与重点产业比例预测（2020 年）

污染物种类	情景一			情景二			情景三		
	总量 / 万 t	工业源排放比例 / %	重点产业排放比例 / %	总量 / 万 t	工业源排放比例 / %	重点产业排放比例 / %	总量 / 万 t	工业源排放比例 / %	重点产业排放比例 / %
SO_2	171.7	82.0	69.1	239.5	76.6	63.3	300.8	80.7	61.1
NO_x	101.5	85.1	73.1	140.5	80.4	67.4	177.4	84.3	64.4
PM_{10}	101.0	88.7	79.5	136.7	85.6	74.8	184.2	88.9	64.4

总量较大的城市依次为潍坊、烟台、大连、滨海新区；PM_{10} 排放总量较大的城市依次为营口、潍坊、烟台、大连。

2．重点产业污染物排放量预测

情景一中，到 2015 年，预计区域重点产业排放 SO_2 118.8 万 t，NO_x 72.1 万 t，PM_{10} 79.8 万 t，SO_2 和 NO_x 分别比 2007 年重点产业排放量减少 16.2% 和 2.4%，PM_{10} 则增加 5.2%；到 2020 年，区域重点产业排放 SO_2 127.4 万 t，NO_x77.8 万 t，PM_{10} 84.0 万 t，SO_2 比 2007 年减少 10.1%，NO_x 和 PM_{10} 分别比 2007 年增加 5.3%、10.8%（表 5-39）。

情景二中，到 2015 年，预计区域重点产业排放 SO_2 138.2 万 t，NO_x83.7 万 t，PM_{10} 91.4 万 t，SO_2 比 2007 年减少 2.5%，NO_x 和 PM_{10} 分别比 2007 年增加 13.3% 和 20.5%；到 2020 年，区域重点产业排放 SO_2 162.6 万 t，NO_x 99.1 万 t，PM_{10} 107.0 万 t，分别比 2007 年增长 14.7%、34.1%、41.1%（表 5-40）。

情景三中，到 2015 年，预计区域重点产业排放 SO_2 164.1 万 t，NO_x 99.8 万 t，PM_{10} 109.4 万 t，分别比 2007 年增长 15.8%、35.0%、44.3%；到 2020 年，预计区域重点产业排放 SO_2 196.6 万 t，

NO_x 119.5 万 t，PM_{10} 124.3 万 t，分别比 2007 年增长 38.7%、61.7%、63.9%（表 5-41）。

与现状相比不同产业发展情景下，重点产业的 SO_2 排放量在情景一和情景二、NO_x 排放量在情景一出现降低趋势，其余情况下大气污染物排放量均比现状排放量有一定程度增加。主要是由于虽然考虑了环境技术进步带来的排污强度降低，但仍不能完全抵消重点产业规模增大的影响。随着时间推移，三种主要大气污染物排放量均逐渐增加，未见拐点。

重点产业污染物排放量在区域污染物排放总量中依然占有主要比重。2015 年，区域重点产业排放的 SO_2 占区域 SO_2 排放总量 62.5% ～ 68.3%，NO_x 比例为 67.6% ～ 73.6%，PM_{10} 比例为 73.5% ～ 78.0%；到 2020 年，区域重点产业排放的 SO_2 占区域 SO_2 排放总量 61.1% ～ 69.1%，NO_x 比例为 64.4% ～ 73.1%，PM_{10} 比例为 64.4% ～ 79.5%。与现状年重点产业各类污染物排放量占排放总量 80% 以上的比例相比，重点产业的贡献有所下降，但仍然占主要比重。

以情景二 2020 年为例，重点产业中 SO_2 排放量贡献大的行业集中在能源、冶金、化工，分别占重点产业排放量的 46.8%、16.4%、10.6%；NO_x 排放量贡献大的行业集中在能源、冶金、非金属，分别占重点产业排放量的 49.7%、17.8%、10.1%；PM_{10} 排放量贡献大的行业依次为冶金、非金属、能源，分别占重点产业排放量的 43.4%、20.7%、14.3%。

以情景二 2020 年为例，考察区域重点产业大气污染物排放空间分布特征。在该情景下，重点产业 SO_2 排放在十三地市均表现为能源行业排放比重最大，除秦皇岛、唐山、营口外化工行业贡献较明显，除滨海新区、盘锦外非金属行业也占有较大比重。唐山 SO_2 排放主要集中在冶金行业和能源行业；秦皇岛主要集中在能源行业和非金属行业；营口主要集中在非金属行业、能源行业和冶金行业；盘锦主要集中在石油行业、化工行业和能源行业；滨海新区主要集中在能源行业、化工行业和冶金行业；其他城市各行业 SO_2 排放较为均衡。

重点产业 NO_x 排放在十三地市的行业分布规律与 SO_2 相似，表现为能源行业排放比重最大，其余依次为石油、冶金、化工、非金属行业。其中，营口重点行业排放 NO_x 主要集中在能源行业、非金属行业、冶金行业；葫芦岛集中在能源行业、石油行业和化

表 5-39　情景一环渤海沿海地区重点产业污染物排放量预测

单位：万 t

行　业	SO_2		NO_x		PM_{10}	
	2015 年	2020 年	2015 年	2020 年	2015 年	2020 年
石油行业	3.8	4.2	3.5	3.6	2.1	2.5
冶金行业	20.8	20.4	13.5	13.6	36.0	35.5
装备制造业	1.5	1.6	0.5	0.5	5.7	5.5
能源行业	56.0	58.0	35.6	38.1	11.8	12.0
化工行业	12.0	14.3	4.3	5.2	3.5	4.1
非金属行业	10.1	11.4	7.4	8.0	15.1	17.6
食品加工业	3.0	3.6	0.6	0.7	1.3	1.5
纺织业	4.5	5.2	2.4	2.8	1.8	2.2
造纸业	7.1	8.7	4.3	5.3	2.5	3.1
合　计	118.8	127.4	72.1	77.8	79.8	84.0

表 5-40　情景二环渤海沿海地区重点产业污染物排放量预测

单位：万 t

行　业	SO_2		NO_x		PM_{10}	
	2015 年	2020 年	2015 年	2020 年	2015 年	2020 年
石油行业	4.8	5.3	4.2	4.5	2.7	3.3
冶金行业	23.6	26.6	15.3	17.6	40.9	46.3
装备制造业	1.7	2.0	0.6	0.7	6.4	6.7
能源行业	66.6	76.1	41.9	49.3	13.7	15.3
化工行业	13.6	17.2	4.9	6.3	3.9	4.8
非金属行业	11.6	14.1	8.7	10.0	17.5	22.2
食品加工业	3.3	4.4	0.6	0.9	1.5	2.0
纺织业	5.1	6.6	2.7	3.5	2.0	2.7
造纸业	7.9	10.3	4.8	6.3	2.7	3.6
合　计	138.2	162.6	83.7	99.1	91.4	107.0

工行业；秦皇岛集中在冶金行业、非金属行业和能源行业；唐山集中在冶金行业、能源行业和非金属行业。

重点产业的粉尘排放主要集中在非金属行业、冶金行业、装备制造业及化工行业。其中，南岸产业带四城市及西岸产业带沧州以非金属行业、装备制造业、化工行业为主要排放粉尘的行业，西岸产业带、北岸产业带各地市以冶金行业、非金属行业、装备制造业为主要排放粉尘的行业。唐山粉尘排放主要集中在冶金行业和非金属行业；滨海新区主要集中在冶金行业、装备制造业和石油行业；秦皇岛集中在非金属行业、冶金行业；东营和烟台主要集中在非金属行业、装备行业和化工行业（图 5-15）。

表 5-41　情景三环渤海沿海地区重点产业污染物排放量预测

单位：万 t

行业	SO_2		NO_x		PM_{10}	
	2015 年	2020 年	2015 年	2020 年	2015 年	2020 年
石油行业	5.7	6.8	5.0	5.6	3.4	4.0
冶金行业	28.4	29.8	18.6	20.1	49.4	52.0
装备制造业	2.0	2.4	0.7	0.9	7.6	8.1
能源行业	80.5	94.7	50.8	61.2	16.9	18.8
化工行业	15.2	21.0	5.5	7.6	4.4	6.0
非金属行业	13.8	16.6	10.0	11.4	20.5	25.5
食品加工业	3.9	5.4	0.8	1.1	1.8	2.4
纺织业	5.7	7.5	3.1	4.1	2.3	3.2
造纸业	8.9	12.4	5.3	7.5	3.2	4.4
合计	164.1	196.6	99.8	119.5	109.4	124.3

烟尘排放主要表现在能源行业排放比重较大，石油行业、冶

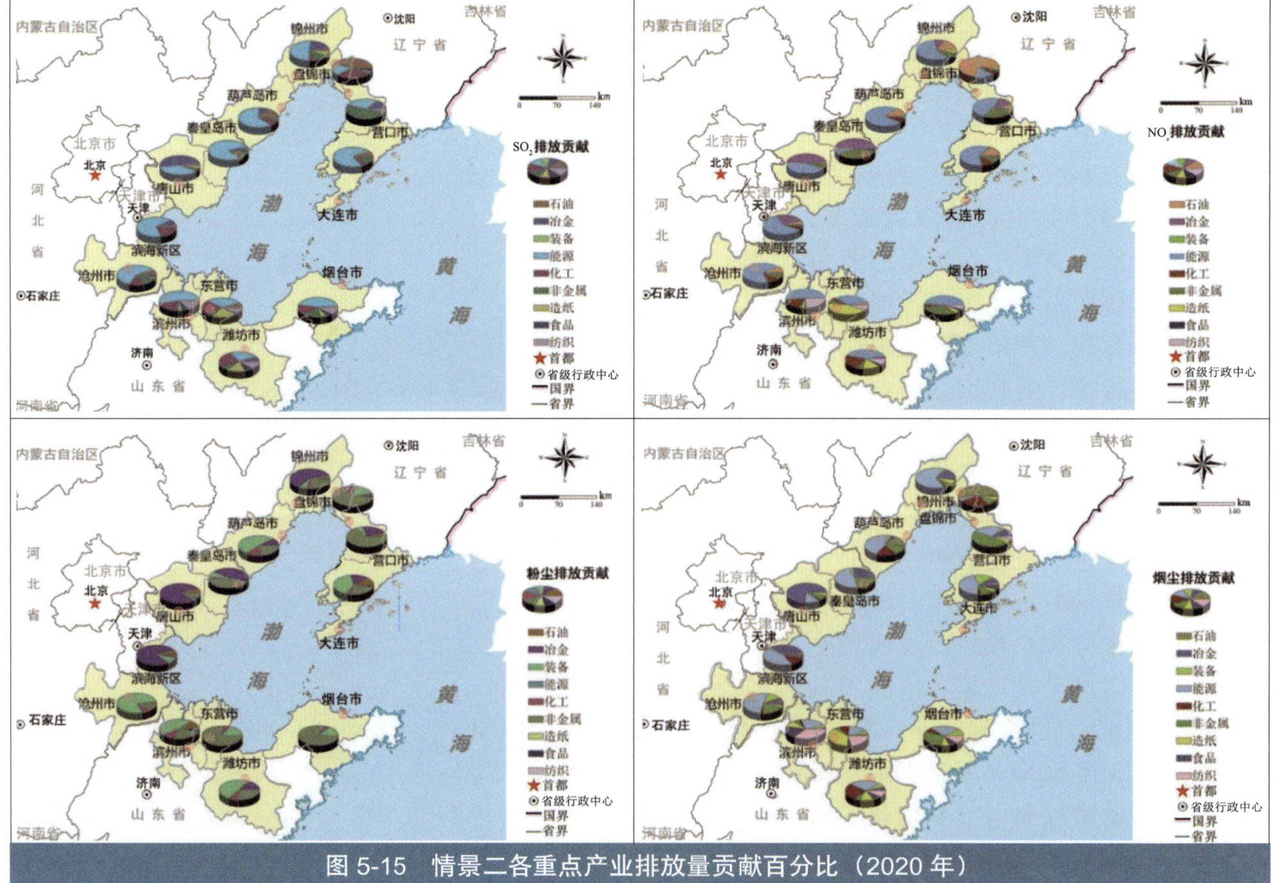

图 5-15　情景二各重点产业排放量贡献百分比（2020 年）

金行业、非金属行业、纺织业烟尘排放比重也较为明显。北岸产业带烟尘主要集中在能源行业、非金属行业、冶金行业等；西岸产业带以能源行业、冶金行业和非金属行业为主要烟尘排放行业；南岸产业带主要烟尘排放行业较分散，除能源行业外，还包括纺织业、造纸行业、食品行业等。

四、大气环境质量预测

大气环境质量的科学预测是合理评价重点产业发展的大气环境影响的重要前提和基础工作。本项目利用区域气象模式 MM5 模拟气象场结果，为 NAQPMS 模式提供气象场驱动，并以未来环渤海沿海地区大气污染物排放量预测为基础，对未来重点产业发展情景下环渤海沿海地区的大气污染物浓度空间分布进行模拟预测（参见第六章第一节五）。

MM5 采用 Lambert 投影，四重双向嵌套网格设置如图 5-16 所示，水平方向分辨率从第一层区域起分别为 81 km、27 km、9 km、3 km，垂直方向上不等间距分 23 层。物理过程参数化方案选用 Grell 积云参数化方案、简单冰相显式微物理过程、云辐射方案、MRF 边界层参数方案、五层土壤温度模块。初始场及边界条件采用 NCEP 再分析资料，分辨率为 1° ×1° 。MM5 滚动模拟计算 36 h，前 12 h 作为 spinup 时间，取后 24 h 气象场模拟结果。本项目以 2007 年作为模拟基准年，情景年大气环境预测由 2007 年气象模拟结果作为驱动。

NAQPMS 模式所需的排放源清单根据 SMOKE 模型进行制作。基准年排放源清单利用了 2007 年环渤海沿海地区污染源普查数据及 David Streets 排放源清单，通过物种对应关系，将排放清单物种分摊、转化映射到 NAQPMS 模式化学机制物种，并考虑了不同类型排放源的排放时间变化规律，网格化模式的四重模拟区域，最终形成基准年排放源清单。情景年排放源清单的主要依据是基准年排放源清单及情景年各方案污染物排放量预测结果。首先将情景年各方案排放预测结果细化到环渤海沿海地区各区市，依据基准年排放清单的空间分配比例，制作情景年各方案排放源清单。

NAQPMS 模式采用地形追随坐标，水平结构为四重双向嵌套网格（同 MM5），垂直不等距分为 20 层，最高高度达到距地约 7 km。NAQPMS 主要考虑污染物的排放、平流输送、扩散、干湿沉降和气相、液相及非均相反应等物理与化学过程，空间结构为三维欧拉输送模式，积分步长为 5 min，模式中考虑的主要污染物包括 SO_2、NO_x、O_3、CO、PM_{10}、$PM_{2.5}$ 等。制作好情景年各方案排放源清单后，用 MM5 模拟的 2007 年气象场驱动 NAQPMS 模式，每小时输出一次模拟结果，模拟时长为 1 年。

现利用方案二情景下的污染物排放预测结果制作排放源清单，用 NAQPMS 模拟计算的 SO_2、NO_x、PM_{10} 年均浓度空间分布进行分析。到 2020 年，环渤海沿海地区 SO_2 排放量由 2007 年的 161.7 万 t 增加到 239.5 万 t，增加了近 50%；NO_x 由 84.7 万 t 增加到 140.5 万 t，增加了近 66%；PM_{10} 由 93.3 万 t 增加到 136.7 万 t，增加了近 47%。

预测结果表明，未来大气污染越加严峻，污染程度加重，高污染区域进一步扩大。到 2020 年，北岸产业带的营口，西岸产业带的唐山、滨海新区，南岸产业带的滨州、东营等现状高污染区污染程度将加重，高污染区域还将进一步扩大（图 5-16）。

与现状相比，SO_2 年均浓度值增幅较大的地区包括唐山、营口、东营，年均浓度超标区域面积将增加 1 倍以上，主要分布在唐山、营口和滨州，烟台、潍坊的 SO_2 污染面积将有明

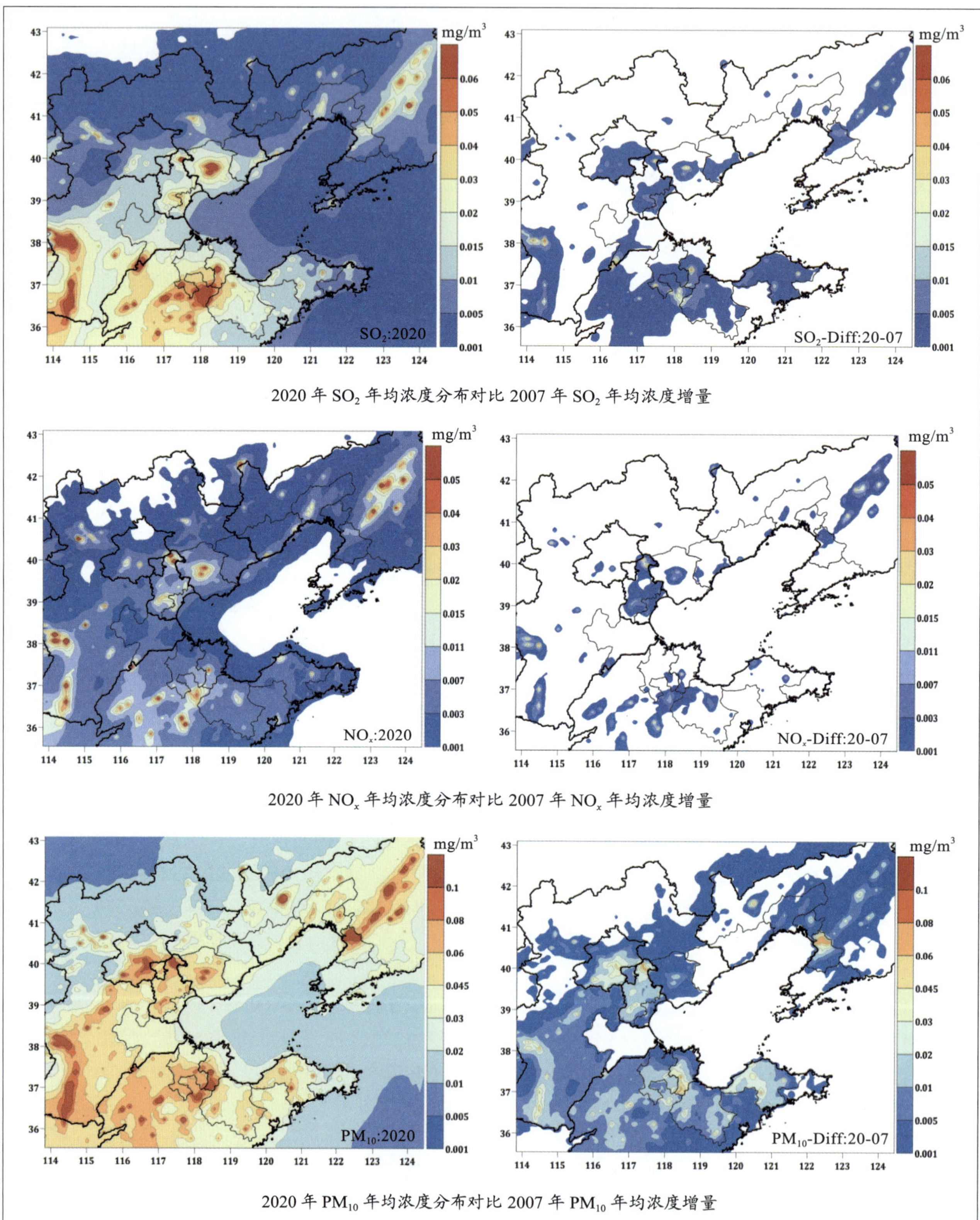

图 5-16 环渤海沿海地区大气污染物年均浓度及增量分布（2020 年）

显扩张。NO_x 增幅较大的地区为唐山、滨州，唐山年均浓度超标，营口、滨海新区、东营也接近于国家二级标准。PM_{10} 增幅较大的地区为营口、东营、烟台，营口、唐山、东营 PM_{10} 年均超标，PM_{10} 超标面积大幅增加。

第八节　生态环境风险预测

一、极端水文气候条件下水系统风险预测

1．极端水文 / 气候条件下水资源保障风险

在环渤海沿海地区范围内发生极端干旱气候 / 水文条件下，本地水资源量将显著减少。在 95% 保证率条件下，环渤海沿海地区的水资源量仅相当于多年平均条件下的 40.2%（表 5-42）。

表 5-42　不同水文条件下环渤海沿海地区本地水资源量变化

水文条件	区域水资源量 / 亿 m^3	占多年平均比重 / %
50% 保证率	192.0	89.5
75% 保证率	125.2	58.4
95% 保证率	86.3	40.2
多年平均（1956—2007 年）	214.5	100

由于环渤海沿海地区对外调水依赖性大，在一定程度上将受到调出水源区可调水量波动变化的影响。一旦调出水源区出现极端干旱气候 / 水文条件，可调入水量将大幅减小，在 95% 水文频率下可调水量将减少 50% 以上。如果环渤海沿海地区与调出水源区同频率极端气候同时发生，或者连续多年经历枯水年，将对环渤海沿海地区重点产业发展和经济社会正常运行造成重大影响。

2．极端水文 / 气候条件下水环境超载风险

在环渤海沿海地区范围内发生极端干旱气候 / 水文条件下，如果区域内十三地市同时发生 95% 水文频率下的干旱气候 / 水文条件，即同时出现特枯年，区域水环境承载力仅为多年平均的 40%。

各种发展情景下，超载现象明显加剧。点源 COD 排放量将超出水环境容量的 3.9 ～ 5.3 倍，比多年平均水文条件下高出 3 倍以上，其中北岸、西岸、南岸三大产业带分别超载 7.8 ～ 9.9 倍、4.4 ～ 6.6 倍、2.6 ～ 3.4 倍。情景一和情景二中，过半数的城市存在仅重点产业单独排污即可造成水环境 COD 超载的问题，重点行业超载倍数从不足 1 倍到超过 10 倍不等；而情景三中，所有的城市都存在仅重点产业单独排污即可造成水环境 COD 超载的问题。点源 NH_3-N 排放将由不超载转变为全面超出水环境容量 2.3 ～ 3.0 倍，北岸超载倍数最高，达到 5.2 ～ 5.9 倍，西岸产业带超载 2.1 ～ 3.0 倍，南岸产业带超载 1.7 ～ 2.4 倍。仅重点产业单独排污即可造成水环境 NH_3-N 超载问题的城市由原来的 2 个增加至近一半。

表 5-43 特枯年区域水环境 COD 和 NH_3-N 承载状况评价基准

地 区	COD			NH_3-N		
	1—5 月和 10—12 月 /（t/ 月）	6—9 月 /（t/ 月）	全年 /（t/a）	1—5 月和 10—12 月 /（t/ 月）	6—9 月 /（t/ 月）	全年 /（t/a）
大 连	133	641	3 627	8	38	213
营 口	151	640	3 772	9	38	227
盘 锦	30	193	1 011	2	11	56
锦 州	212	1 400	7 292	12	78	405
葫芦岛	192	1 457	7 368	11	85	429
秦皇岛	450	3 093	15 975	25	172	888
唐 山	564	2 988	16 463	34	179	988
滨海新区	378	686	5 771	21	38	321
沧 州	1 256	3 671	24 728	70	204	1 374
滨 州	2 101	2 830	28 131	117	157	1 563
东 营	1 923	2 316	24 646	107	129	1 369
潍 坊	1 301	3 312	23 660	72	184	1 315
烟 台	818	2 676	17 253	45	149	958
合 计	9 510	25 903	179 696	532	1 461	10 105

二、极端不利气象条件下大气环境风险预测

大气中的污染物浓度在污染源基本稳定的前提下，主要受天气形势和气象条件的影响，重污染的形成更是与特殊的环流形势和气象条件密切相关。在极端的气象条件之下，如高温、高湿、静风、逆温等条件下，极易形成严重空气污染。近百年来，全球气候正经历着一次以变暖为主要特征的显著变化，在高温的条件下，高湿、静风等不利于污染扩散的气象条件的发生几率和强度也将增加，这种条件下十分不利于污染物的扩散。IPCC 报告中指出，自 20 世纪 70 年代以来全球温度波动上升，环渤海沿海地区未来气温也将升高 3 ～ 4℃，降水将增加 10% 以上。

在全球气候变化背景下，环渤海沿海地区极端气候事件和气象条件发生概率将可能有所增加，由此导致区域大气环境重污染事件概率和强度均显著增加（图 5-17）。极端不利气象条件与电力、冶金、石油等高能耗重点产业快速发展相叠加，势必将对环渤海沿海地区未来大气环境造成巨大压力，大气环境严重污染的风险显著增加。

采用冬季典型污染天（2007 年 1 月 13—16 日）的气象数据，通过数值模拟可知，在地面风速小于 5 m/s 的条件下，点源排放 5 万 t、8 万 t、10 万 t SO_2 可分别使下风向 90 km 处、150 km 处、200 km 处增加 10 μg/m^3 的 SO_2 浓度，NO_x 和 PM_{10} 的同一浓度范围也与排放量显著相关。

根据 2005—2009 年国家气象数据观测资料中污染物浓度与超标天数和大气能见度的关系，基于大气模式预测得到主要大气污染物浓度增加 10 μg/m^3 条件下可能导致的大气环境风险（表 5-44）。结果表明，在冬季典型污染天气象条件下，未来重点产业发展所导致的污染物排放量增加将造成西岸产业带、南岸产业带的污染范围扩大，北岸产业带的超标天数增加

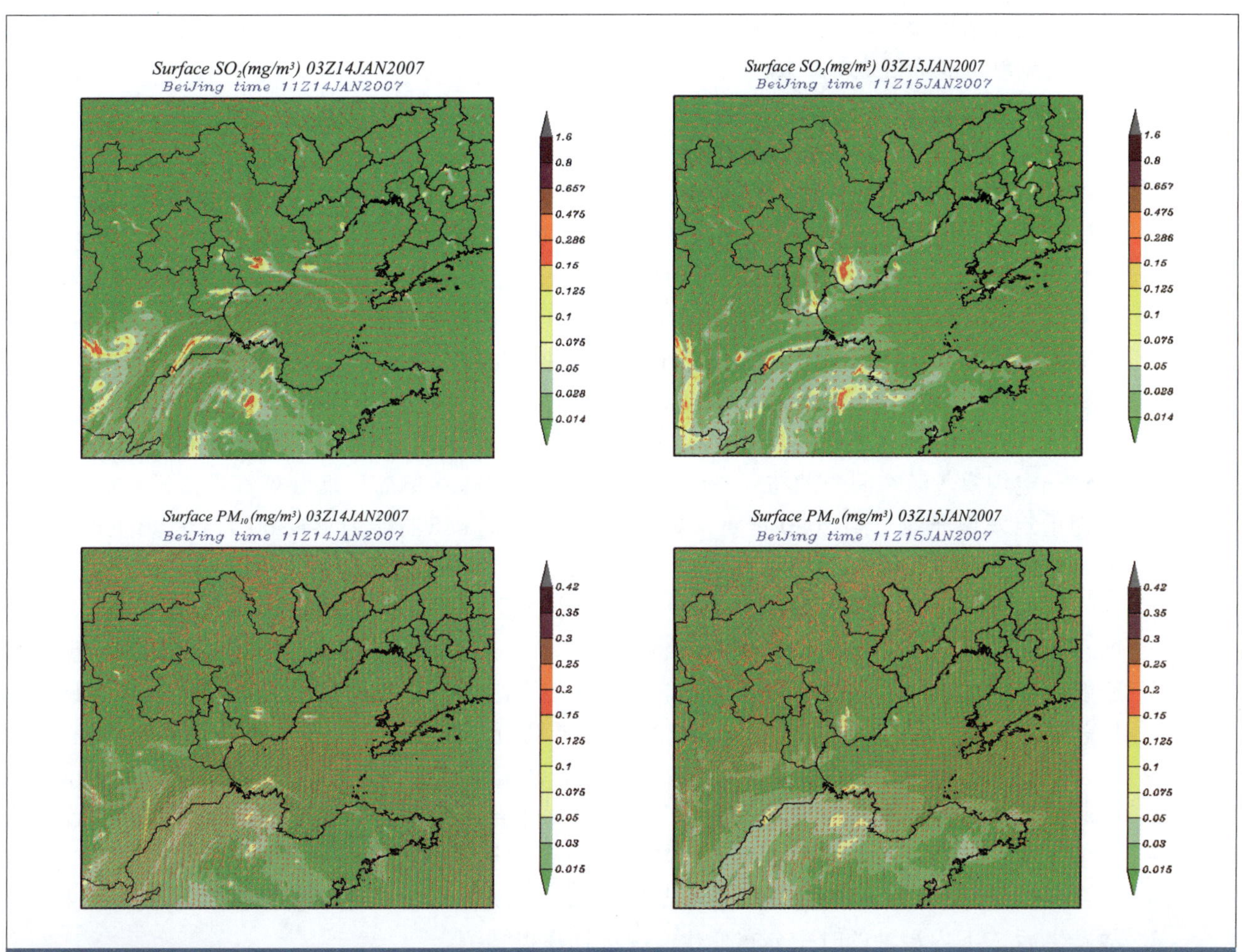

图 5-17　环渤海沿海地区冬季典型重污染个例中区域污染物扩散态势

表 5-44　主要污染物排放增量导致大气环境风险变化

地　区	SO_2 超标区域范围 / km	SO_2 超标天数增量 / d	PM_{10} 超标区域范围 / km	PM_{10} 超标天数增量 / d	年均能见度增量 / km
大　连	180	4 ~ 6	100	6 ~ 8	− 0.4 ~ − 0.6
营　口	160	5 ~ 8	170	6 ~ 10	− 0.3 ~ − 0.5
盘　锦	40	4 ~ 6	40	4 ~ 6	− 0.5 ~ − 0.8
锦　州	90	4 ~ 6	100	8 ~ 10	− 0.5 ~ − 0.8
葫芦岛	100	2 ~ 4	40	3 ~ 6	− 0.4 ~ − 1.0
秦皇岛	95	3 ~ 5	40	4 ~ 8	− 0.6 ~ − 0.9
唐　山	800	6 ~ 8	850	6 ~ 10	− 0.8 ~ − 1.4
滨海新区	230	6 ~ 8	80	6 ~ 10	− 0.8 ~ − 1.4
沧　州	150	2 ~ 4	80	10 ~ 12	− 0.3 ~ − 0.5
滨　州	230	3 ~ 5	80	5 ~ 8	− 0.3 ~ − 0.7
东　营	150	4 ~ 6	50	6 ~ 8	− 0.2 ~ − 0.6
潍　坊	400	2 ~ 4	200	4 ~ 7	− 0.4 ~ − 0.7
烟　台	230	0 ~ 1	170	5 ~ 8	− 0.7 ~ − 1.1

相对更为显著，整个区域大气能见度将降低 0.2 ～ 1.1 km，其中西岸产业带唐山—滨海新区一带能见度可能降低 0.8 ～ 1.4 km。

三、海上溢油风险预测

渤海是我国海上石油开发与勘探活动最集中的区域。截至 2007 年渤海累积技术可采储原油量 3.7 亿 t，占全国海上原油储量的 58.6%，主要分布在渤海湾盆地、渤海中部海域盆地，剩余技术可采储量 2.8 万 t，占全国海区的 77.9%。渤海有从事海上石油勘探开发的单位 17 家，勘探钻井、作业平台 36 座，海上采油平台 155 座，生产油井 1 187 口。根据国内外统计测算，仅海上采油活动就可造成原油泄漏事故平均每 2 年发生 1 次，平均溢油量为 2 300 ～ 3 400 t。

环渤海沿海地区是国家战略重点发展的石化产业集聚区。现有炼油和石化生产能力已达到一定规模，但空间分散布局态势明显。十三地市除秦皇岛、烟台外都将炼油、石化项目列为重点发展产业，到 2020 年将形成 1.8 亿～ 2.1 亿 t 炼油能力、1 300 万 t 乙烯生产能力，千万吨炼油、百万吨乙烯的大型炼化项目环围渤海的局面逐渐形成。

重化工业规模扩张拉动港口和海上运输业高速发展，天津、大连、营口、秦皇岛、黄骅、烟台等主要港口规划原油、钢铁、集装箱吞吐能力分别增加 2.0 倍、1.8 倍、2.8 倍，港口和船舶运输将导致漏油污染事件风险成倍增长，整个渤海湾、秦皇岛港周边、辽东湾两侧风险显著增大。渤海海上溢油风险显著增加将严重威胁近岸海域环境安全。

综合考虑渤海区域盛行风向、风速和气温、潮流场特征等因素，分别在辽河口、渤海湾、黄河口等溢油风险较大的区域选取一个石油开采平台，采用“油粒子”方法模拟典型溢油风险事故对海洋生态环境的影响。根据全国海域近 14 年来发生溢油事故的类型和溢油量，设定平台溢油量为 1.4 万 t。考虑到溢油事故发生后，有关部门将迅速采取应急措施，因此仅对事故发生后 72 h 内溢油的时空分布变化情况进行模拟预测。

在冬季盛行北风时，若溢油初始时刻平台处于高潮位，渤海湾、黄河口平台的溢油将分别在 34 h、11 h 抵达海岸，72 h 后污染岸线长度分别达 13 km、15 km，海滩上将积累原油 0.9 万 t、1.1 万 t。渤海湾平台溢油将全面污染滨州北部的贝壳堤岛与湿地保护区的受保护岸线 8 km 左右，黄河口平台的溢油将全部堆积于东营北部的黄河三角洲保护区境内，对当地珍稀动植物、渔业资源、旅游资源等造成不可挽回的损失。辽河口平台的溢油油膜将逐渐向南偏移，油膜的面积不断扩大，影响范围达 1 044 km^2，72 h 后油膜直径达到 12 km，海上原油经蒸发后剩余 0.9 万 t（图 5-18）。

在夏季盛行东南风时，若溢油初始时刻平台处于高潮位，辽东湾、渤海湾平台溢油将分别在 52 h、42 h 抵达锦州湾、天津滨海新区海岸，72 h 后污染岸线长度分别达 17 km、16 km，海岸上将积累原油 0.8 万 t、0.9 万 t。辽河口平台溢油将造成锦州大笔架山保护区的整体污染，威胁当地海岛景观、珍稀动植物资源等；滨海新区沿岸的古海岸与湿地保护区，以及沿岸滩涂湿地将被原油侵占。黄河口平台溢油油膜将随潮流与东南风向西北方向漂移，影响范围达 813 km^2，72 h 后油膜直径达到 13 km，海上原油经蒸发后剩余 0.9 万 t。

以渤海湾平台模拟结果为例说明溢油油膜的时空分布。在冬季盛行北风时，若溢油初始时刻平台处于高潮位，油膜在潮流和北风作用下向东南方向运动，6 h 后油膜直径大约为 3.8 km，油膜中心距平台约 8.6 km；34 h 后，溢油到达岸边，油膜直径约 10 km；72 h 后，大部分溢油停留在海岸上，海面上只有原油 14 t，海岸上有原油 0.9 万 t，污染岸线长度达 13 km，对沧州南部海兴鸟类保护区、滨州北部贝壳堤岛与湿地保护区构成严重威胁（图 5-19）。

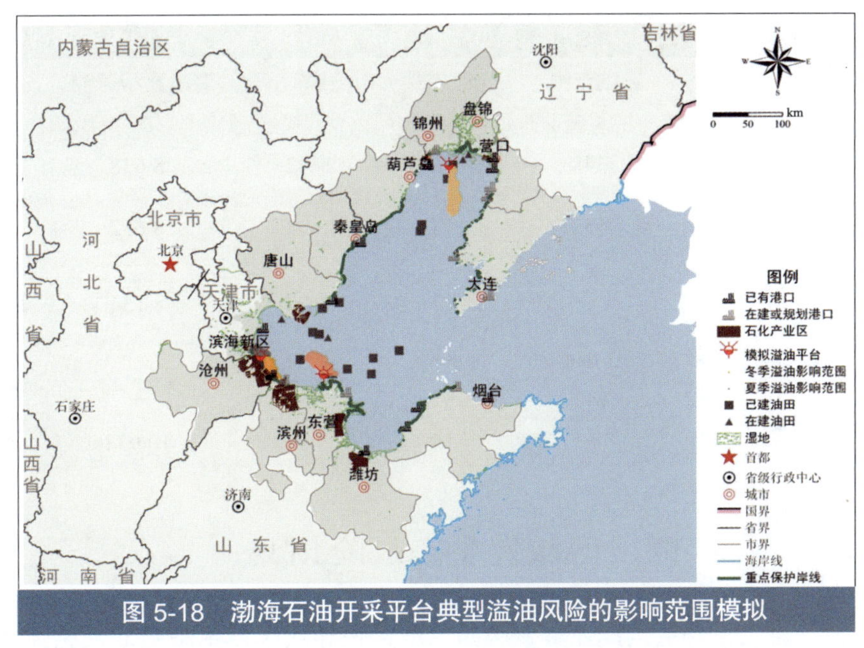

图 5-18　渤海石油开采平台典型溢油风险的影响范围模拟

在夏季盛行东南风时，若溢油初始时刻平台处于高潮位，油膜在潮流作用下首先向东运动，大约 6 h 后随潮流转流而转向西运动，油膜直径约 4 km。随后，在东南风的作用下，油膜有明显的向西北海岸运动的趋势，42 h 后，溢油到滨海新区附近海岸，油膜扩大到直径 12 km 左右，72 h 后，大部分溢油堆积到海岸，海面上只有原油 28 t，海岸上有原油 0.9 万 t，占溢油总数的 64.3%，污染岸线长度达 16 km，威胁滨海新区北大港湿地及古海岸与湿地保护区。

流入海洋中的油及含油物质随着风流、潮流漂移扩散，漂流至海岸，将对滩涂或沿岸设施造成损害，致使渔场和养殖场受到损失，使海滨风景游览区、海水浴场、港区码头等遭受污染，对海洋环境和自然资源造成严重破坏。溢油中的多环芳烃属于持久性环境荷尔蒙污染物，具有高毒、持久、长距离迁移和高生物蓄积性等特点，具有致癌性、致突变性，对人类健康造成的危害是严重而持久的。溢油事故一旦发生，几乎不可能彻底清理油污，只能靠海洋自身的修复能力，但在各种污染长期作用下，渤海近海海域的自身修复作用本来就非常有限，溢油事故的环境影响是长期且无法挽回的。

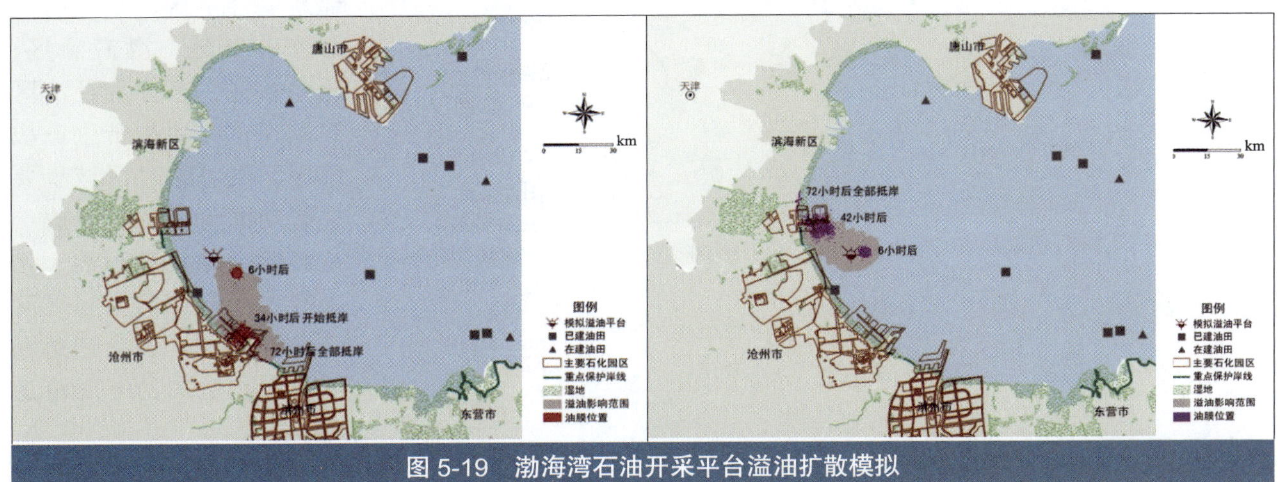

图 5-19　渤海湾石油开采平台溢油扩散模拟

（左：冬季盛行风向下；右：夏季盛行风向下）

表 5-45 渤海湾、辽东湾、黄河口溢油事故情况对比

地点	季节	影响范围 / km^2	污染岸线 / km	抵岸时间 / h	海岸累积原油 / t	受威胁敏感目标	受威胁集聚区
渤海湾	夏	348	16	42	8 638	古海岸与湿地保护区	南港工业区
	冬	552	13	34	8 652	海兴鸟类保护区贝壳堤岛与湿地保护区	渤海新区 北海新区
辽东湾	夏	—	17	52	8 134	锦州大笔架山保护区	西海工业区 北港工业区
	冬	1 044	—	—	—	—	—
黄河口	夏	813	—	—	—	—	—
	冬	—	15	11	10 934	黄河口湿地保护区	东营港产业区

四、区域性生态风险预测

重点产业集聚区的急剧扩张导致区域生态脆弱性整体加剧、脆弱区面积不断扩大，进而造成生态风险水平持续升高。部分产业聚集区在空间上与生态红线区的接近或重叠，将导致滨岸景观格局的破碎化、重要物种的生境减小、部分珍稀濒危物种迁移廊道被阻断以及滨岸植被覆盖率的降低，降低区域生物多样性，并在不同程度上加剧森林景观斑块消失、盐田盐土景观面积扩大、沼泽富营养化以及景观廊道受损等生态风险（图 5-20）。其中，大连市多个国家级重点产业园区位于森林—耕地景观廊道边缘，钢铁基地唐山市重点产业集聚区多位于草地—水体—沼泽过渡区域，生态脆弱度较高。

沿海产业聚集区发展占用滨岸湿地和滩涂，使得天然湿地面积减少，造成海岸交汇带生态系统服务功能下降，生态风险等级上升。其中，长兴岛、营口鲅鱼圈、盘锦辽滨经济区、秦皇岛沿海产业基地、渤海新区、北海新区、东营港经济区等毗邻重要海岸带生态敏感区，将可能对区域重要生态功能单元保护造成一定影响，尤其是石油、化工等重点产业发展与辽河三角洲湿地、黄河三角洲湿地保护之间的矛盾将进一步凸显。

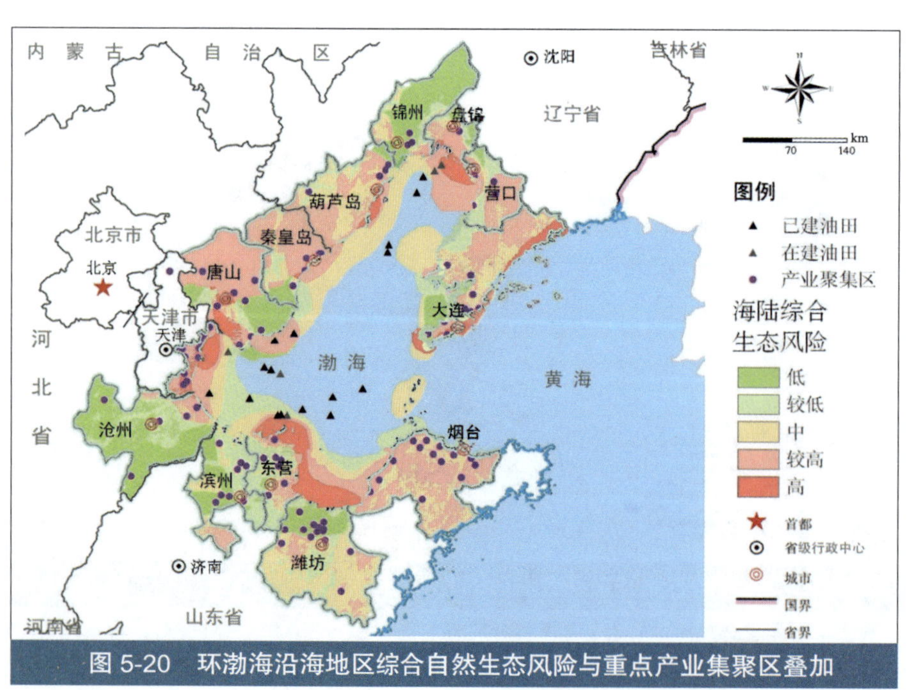

图 5-20 环渤海沿海地区综合自然生态风险与重点产业集聚区叠加

总体来看，重点产业发展将导致环渤海沿海地区景观斑块破碎化更为严

重，连通性不断降低，局部地区人工生态系统占据主导，整个区域的生态服务功能将呈现下降的趋势，区域性生态风险水平持续增加。

表 5-46　环渤海沿海地区主要区域生态风险变化趋势预测

位置		生物污染物富集	赤潮	污染海域	溢油风险	暴雨山洪	海水入侵	风暴潮
重点海湾	辽东湾	-	★★	★★★	★★	-	★★★	★★
	渤海湾	★★	★★★	★★★	★★★	★★	-	★★
	莱州湾	★★★	★★	★★★	★	-	★★	★
海陆交汇带	大窑湾—大连港	-	-	★★★	★★★	-	-	★★
	蛇岛—老铁山	-	★★	-	★★★	-	-	★★
	营口鲅鱼圈	★	★★★	★★★	★★	-	★★★	★★★
	盘锦海岸带	★	★	★★★	★	-	★★★	★★
	锦州海岸带	★	-	★★	★★	-	★★★	★
	葫芦岛连山湾	★★	★★	★★★	-	-	★★	★
	唐山海岸带	★★★	★★	★★	-	★★	-	★★★
	滨海新区海岸带	★★★	★★★	★★★	★★★	★★	-	★★★
	滨州潮河入海口—黄河入海口	-	★	★★★	★	-	★★★	★★
	东营—潍坊海岸带	★★	★★	★★★	★	-	★★	★
	烟台龙王湾	-	★	★	-	-	★	-

注：★表示风险低；★★表示风险中；★★★表示风险高；- 表示无该类风险。

第六章

区域生态空间约束与资源环境承载力分析

随着我国工业化、城镇化过程的快速推进，产业发展和资源环境的矛盾日益突出，尤其在环渤海沿海地区这样的经济快速发展地区已经出现了资源短缺和环境污染的强烈困扰，这引起了社会各界对产业发展适宜规模和合理布局问题的极大关注。

区域的可持续发展必须以区域生态系统结构和功能的稳定、协调为前提和保障。生态系统结构和功能的稳定和协调以生态系统稳定有序的空间结构为基础，表现为具有重要或特殊生态系统服务功能价值以及脆弱性、敏感性高的自然生态空间的保留和保护。目前，随着工业化、城镇化进程的推进，区域生态安全与开发建设的矛盾越来越突出，产业发展方向、结构与布局等对区域生态系统空间结构、功能产生一定的负面作用和影响，研究这类负面作用所导致的生态环境压力，并充分认识区域生态安全的空间约束，是主动协调经济发展与生态环境保护的空间冲突，实现区域可持续发展的有效措施，可以引导区域经济活动和产业发展的空间布局趋于生态环境友好。

资源环境承载力是度量区域可持续发展能力的重要指标之一，为经济发展和环境系统之间建立起联系的纽带。承载力研究起源于生态学领域，用于衡量某个区域内某一环境条件下可维持某种物种个体的最大数量，随着研究的深入，承载力研究已经涉及人口、土地资源、森林资源、水资源、能源、环境管理、畜牧业、种植业、旅游、生态、城市规划等领域。承载力概念从最初的某一区域资源环境所能承载的人口或种群个体极限值发展为某一区域资源环境所能支撑的经济规模、容纳污染物能力、资源供给量、生态服务供给能力等，并且从针对单要素承载力理论研究与实践应用逐渐发展成将生态环境系统作为有机整体进行综合考虑进行合理分配。

承载力研究虽然已经过 100 多年的发展，但目前关于资源环境承载力的研究还未形成公认的理论方法体系，缺乏能够同时描述其客观性、区域性及动态性的科学、系统的指标体系和综合评价模型。首先，目前的承载力研究大多将研究区看成封闭的系统。虽然承载力研究落实到一个具体的区域，如整个地球、某个城镇等，但都应是与外界存在物质和能量交换的系统。而目前诸多研究都只考虑区域的各种资源环境要素的最大承载力，而忽略了周边区域的影响，如资源的输入输出、污染物的出入境等。第二，目前承载力偏重于对现状的静态评价。但从区域管理的角度出发，未来变化趋势更是应该关注的。因而承载力的动态变化研究和预测应得到重视。第三，综合承载力量化多采用指标体系的思路，指标类型选择和权重确定往往具有较大的主观性。因此，量化综合承载力的绝对值意义不大，而应侧重于对综合承载力的时空相对比较。这点在当下我国城市化与工业化快速发展、大规模开发建设活动在各地频繁进行的阶段，对于决策前期支持显得尤为重要。另外，以资源环境承载力为依据，合理调整产业结构和生产力布局，科学制定经济社会发展目标，协调人类发展与环境关系的实际应用略显不足。资源环境承载力研究的根本目的在于以承载力值为依据，科学地制定经济社会发展目标（规模）；以承载力相对大小为依据，有效地分配区域内部有限的资源，合理安排生产力布局。前者主要通过侧重单要素承载力的研究达到，后者则需要通过综合评价各种承载力以了解区域内部具有相对优势的子区域。

本研究以环渤海沿海地区为例，针对研究区关键资源环境问题，通过基于模型的量化方法计算单要素承载力，分析评价研究区内部城市各要素承载力的差异布局，研究各要素承载力对区域空间开发的制约条件和管制要求；通过加权平均综合法获得表征不同城市资源环境综合承载能力相对值的综合承载力指数，对研究区范围内的资源环境承载力空间分布进行比较，了解区域内部资源环境承受能力和恢复能力优劣的空间分布，旨在为区域经济发展和产业布局提供决策支持。

第一节　承载力分析理论与技术方法

一、生态控制性分区

区域生态安全格局以维持生态系统结构与功能的完整性和生态过程的稳定性为目的，强调对重要生态功能区的保护，注重充分利用区域生态环境本底的优势，整合各类生态环境要素的服务功能，发挥其空间集聚、协同和链接作用，促进生态空间保护和经济社会发展的协调与融合。

为对环渤海沿海地区产业发展空间进行有效地调控，提出采用三区划分来实现以上目的，即生态红线区、生态黄线区和可开发利用区。生态控制性分区为环渤海沿海地区重点产业的合理布局提供依据，因此在划定的过程中既考虑了生态系统本身的敏感性和服务功能在空间分布上的差异性，也将自然环境给产业发展带来的风险作为重要因素加以引入。

生态红线区是为保障区域产业发展和生态环境安全应加以严格管控的空间区域，包括各类法定保护区、生态敏感性极高区域、具有重要或特殊生态系统服务功能价值的区域和自然风险极高区域。生态红线区内应按照有关法律法规实施强制性保护措施，禁止不符合生态环境功能定位的开发建设活动，以维护生态系统的稳定性、维持区域物种多样性不下降、保持区域生态系统服务功能价值不降低，并保障敏感性极高区域的生态安全。

生态黄线区和可开发利用区为允许开发建设区域。生态黄线区的重要性仅次于生态红线区，包括生态较为敏感同时具有较重要生态服务功能，以及具有较大建设限制性因素的地区。生态黄线区内应限制进行对生态环境影响较大的开发活动，或者在能够满足生态补偿的前提下有条件地进行开发建设活动。可开发利用区是推荐未来产业进行布局的区域，是开发建设和重点产业发展生态成本相对较低的区域。

表 6-1 生态系统敏感性评价指标及其权重

指 标	分 类	赋值	权重
土地覆被类型	建设用地	1	3.0
	农 田	3	
	草 地	5	
	森 林	7	
	湿 地	9	
水源地	水源地保护区	5	3.0
	水源地	9	
自然保护区	省 级	5	3.5
	国家级	9	
坡 度	＜2°	1	0.5
	2° ～4°	2	
	4° ～8°	3	
	8° ～12°	4	
	＞12°	5	

表 6-2 生态系统服务功能指标及其权重

指 标	分 类	赋值	权重
土地覆被类型	建设用地	1	0.3
	农 田	3	
	草 地	5	
	森 林	7	
	湿 地	9	
NDVI	0.66 以下	1	0.3
	0.66 ～ 0.73	3	
	0.73 ～ 0.76	5	
	0.76 ～ 0.80	7	
	0.8 以上	9	
水源地	水源地保护区	5	0.4
	水源地	9	

生态红线区、生态黄线区和可开发利用区的划定以生态保护重要性等级 S 作为划分依据，选择的指标包括生态系统敏感性等级 S_s、生态系统服务功能等级 S_f 和生态风险等级 S_r。

$$S=\max（S_s，S_f，S_r） \quad (6\text{-}1)$$

S_s、S_f 和 S_r 均为赋值范围在 1 ～ 5 的自然数，依据各因子评价结果再行分类，数值越高代表生态系统敏感性、生态系统服务功能或者生态风险级别越高。

将 S=5 的区域划定为生态红线区；S=4 的区域划定为生态黄线区，其余区域为可开发利用区。

1．生态系统敏感性

生态系统敏感性是指生态系统中重要物种栖息地对人为活动干扰的敏感程度，或对外界干扰的适应能力。环渤海沿海地区的生态系统敏感区的评估采用层次分析法和加权计算，首先考虑到国家自然保护区和重要湿地的重要性，两者均被赋予最高敏感性等级。

在此基础上综合了景观类型、重要水源地、自然保护区、坡度等生态因子，通过空间计算叠加得到环渤海区域生态系统敏感性空间分布。主要指标采用等权重叠加法，具体因子赋值见表 6-1。

2．生态系统服务功能

生态系统服务功能是指生态系统与生态过程所形成及所维持的人类赖以生存的自然环境条件与效用，包括气体调节、气候调节、水源涵养、土壤形成、废物处理、生物多样性、食物生产、原材料、娱乐文化等 9 个方面。其划定过程综合考虑了区域的土地覆被、NDVI 和水源地等重要因子，并在此基础上对各生态因子进行了赋值、加权和空间叠加。各因子的赋值和权重如表 6-2 所示。

3．生态风险评价

生态风险评价是预测未来的生态不利影响或评估因过去某种因素导致生态变化的可能性的有效方法。生态风险可分为自然风险和人为活动给自然环境带来的风险。这里关注的主要是自然生态风险对产业区可能造成的危害，用以帮助产业区在布局和选址上规避可能的自然损害。生态风险的评价主要依据近 20 年来环渤海地区历史资料中记录的生态风险的强度、频度以及破坏性，运用 AHP 法计算得到各类风险的权重。通过空间图层的叠加计算各类风险源的综合影响等级。其计算公式如下：

$$R_k = \sum_{i=1}^{k} F_i \times D_j \tag{6-2}$$

其中 R_k 是第 k 个风险小区的生态风险值；F_i 是第 i 种风险源的综合生态风险权重，D_j 是第 j 种生态系统类型的综合生态损失度。分别计算出每个风险小区的风险值后，进行聚类分析，将综合风险值分为 5 个等级，最终合成生态风险综合评价图。

二、水资源承载能力三层次分析法

水资源承载能力是在具体历史发展阶段下，以可预见的技术、经济和社会发展水平为依据，以可持续发展和维护良好生态环境为原则，以合理的优化配置为条件，水资源能够支撑社会经济发展的最大支撑能力。在本研究中，采用中国水利水电科学研究院*开发的三层次分析法进行环渤海沿海产业带水资源承载能力评价。根据水资源承载能力的定义，可将水资源承载能力划分为水资源承载主体、水资源客体及承载水平及水资源配置条件下的主客体耦合三个层次。第一个层次侧重研究水资源系统，从资源的角度出发可将其划分为水资源量和水资源有效可利用量；第二个层次是作为承载客体的社会经济系统和河道外生态用水，分析随着承载客体自身条件或需求的改变，对承载主体提出更高的要求，或对原有的水资源承载能力进行调整，使之相互协调和相互适应；第三个层次是通过水资源配置研究分析水资源承载能力主客体之间的耦合过程，剖析水资源配置与水资源承载能力的关系与作用。该方法客观反映水资源系统和社会经济系统之间的主客体关系。

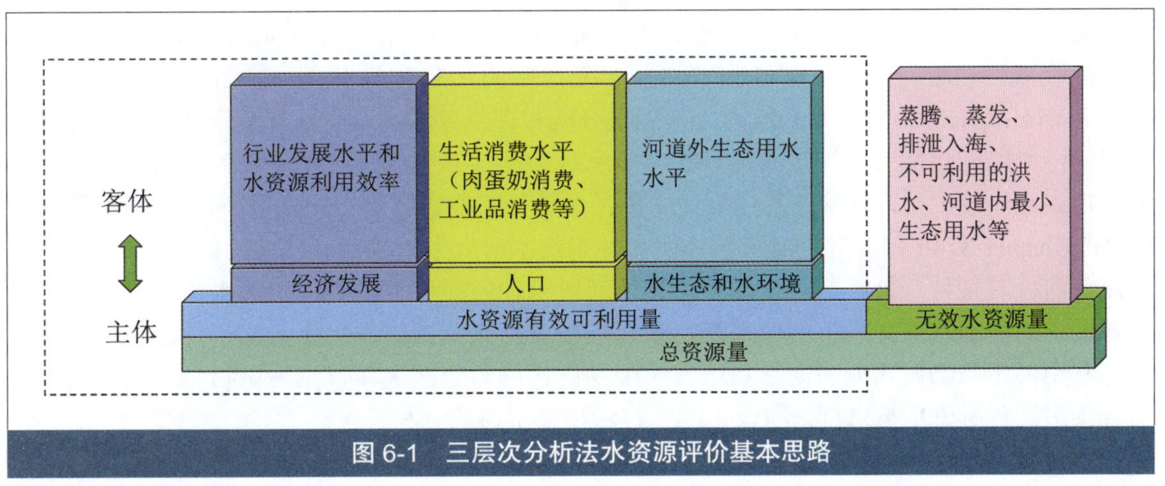

图 6-1　三层次分析法水资源评价基本思路

水资源承载客体包括经济系统、社会系统、水生态系统和水环境系统，上述各系统的规模、结构、布局均将影响不同时空尺度上区域水资源承载能力的大小。水资源对人口的承载水平主要体现在生活消费水平上。人类消费水平（人类消费的物品）可概括为两个方面：一是维

* 甘泓等，水资源承载能力评价方法及其应用研究。

持生命延续的食物，以农产品为主，它包括粮食和与粮食相关的肉蛋奶类生产。人均农产品占有量说明了人民群众的温饱程度，国际上通用的指标是恩格尔系数；二是维持正常生活的消费品，以工业为主，由于工业消费产品种类繁多，且与历史年代有关，通常用人均GDP来反映人民生活的富足程度。经济发展水平由行业发展水平和用水效率构成，前者是国民经济发展组成部分，按照水资源综合规划的分类，包括工业、农业、建筑业及第三产业及其组成的产业结构水平等内容；后者指由工程、技术和管理水平决定的用水水平或用水效率，包括上述相应行业的用水定额和水利用系数等。水资源对河道外生态的承载水平随着生态目标的提高而增加。水资源对生态合理的承载水平取决于区域的水资源条件和相应社会发展水平下对生态环境提出的要求。随着生活水平和质量的不断提高，人类的生存环境也要不断的改善和提高，所要求的生态环境需水量也应不断提高。

目前测算河道内生态环境需水的方法很多，国际上应用较多的有7Q10法、Tennant法、河道湿周法、R2Cross法、河道内流量增量法（IFIM）；国内应用较多的主要有最小月流量法、（年）保证率设定法、最小月（年）计算方法。结合本项目特点，采用河道形态分析法进行评价。该方法将河流地貌学与水生态学的基础理论与方法相融合，既可充分体现河道内水分—生态的相互作用机制，也可反映入海河流水文与海洋水动力过程的相互作用。具体计算步骤如下：1）在各个水系水文站点中选择主要控制站；2）获取各主要控制站历年实测大断面资料；3）通过比较各主要控制站历年汛前大断面，结合水系水利工程情况进行断面稳定性分析；4）历年各控制断面形态及水力特征值识别，包括湿周、水位、水面宽、过水断面面积、平均水深、最大水深等参数，形成水力特性等参数计算表；5）河道形态发生突变点及水力特征识别；6）最小生态流量计算；7）生态流量不确定性分析；8）生态流量的合理性检验。

三、基于二元循环的水环境承载力核算方法

采用地表水体的“污染物同化能力”（water body pollutant assimilative capacity）、“背景污染物负荷”（background pollutant load）、“可利用的污染物同化能力”（available pollutant assimilative capacity）等一系列概念为基础来分析和评价区域的地表水环境承载状况，并以可利用的污染物同化能力作为区域地表水环境承载力的核算指标。其中，水体的污染物同化能力是指该水体最大允许容纳的某污染物的量。参考美国俄亥俄州2008年发布的水质标准文档（OAC Chapter 3745-1），对于河流水体而言，确定本研究中污染物同化能力的计算方法如下：河流各河段对某种污染物的同化能力值等于河段末端断面该种污染物质的水质浓度标准值乘以通过该断面的水量。水量的确定要反映该河段对污染物同化作用中水文条件的特征。水体的可利用的污染物同化能力则是指用其污染物同化能力值减去其背景污染物负荷值。某河段的背景污染负荷值是指来自该河段上游所有污染物负荷的总和。

上述概念在用于讨论河流水环境承载力时，没有考虑污染物在河流中的衰减转化，河流的污染物同化能力集中体现为混合稀释作用。本研究认为这种简化适合于环渤海区域的水环境承载力分析，理由如下：

① 环渤海区域范围内，河流数量众多，但每条河流在区域内流行长度和时间并不长，部分跨界河流进入环渤海十三地市之后很快入海，一些当地发源的独流入海的河流更是如此。因此，污染物在十三地市所辖范围内的河流自净行为并不突出，可考虑予以忽略。

② 同化能力计算中仅考虑混合稀释而不考虑衰减转化，可以保证除了混合区之外的整个河段水质达标，而不是靠近末端断面的部分河段达标。针对环渤海区域水环境目前的严重污染态势，严格要求河段达标长度是有益的。

③ 同化能力计算中仅考虑混合稀释而不考虑衰减转化，最终可用于分配的环境容量值会偏于保守。针对渤海目前的严重污染态势，严格控制陆域水环境容量的利用是有益的。

④ 上述做法，已有国际经验和相关案例可循。此处参考采用，不会带来管理风险。

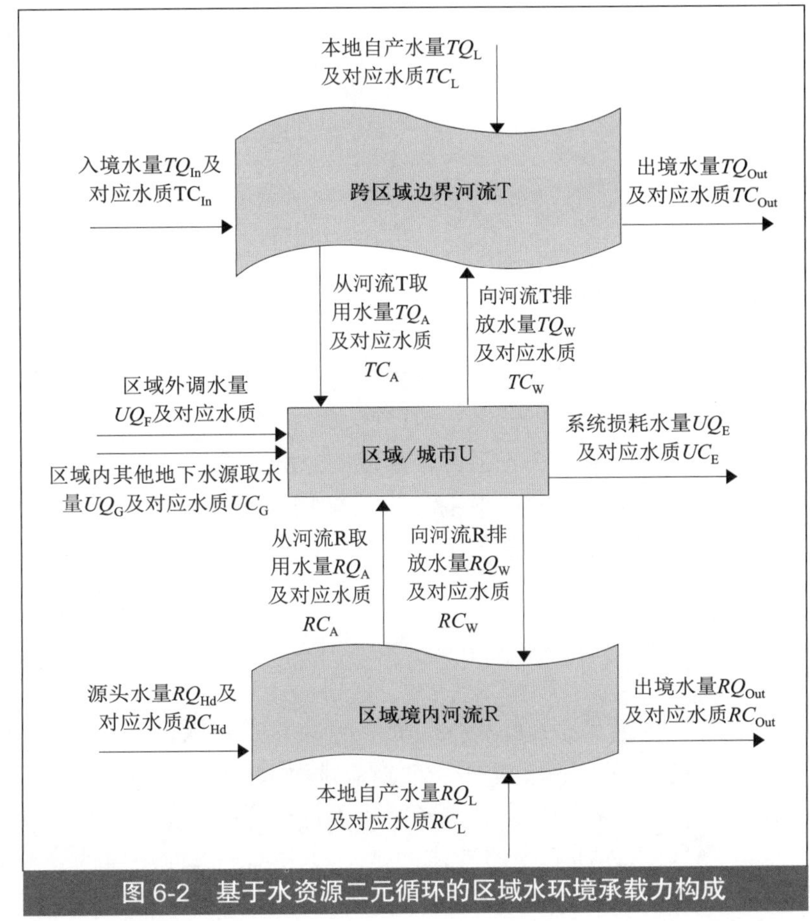

图 6-2　基于水资源二元循环的区域水环境承载力构成

根据以上基本概念，结合环渤海区域十三地市的水资源禀赋特征、用水排水特征，可以确定区域内地表水体的污染物同化能力与区域内水资源的自然—社会二元循环之间的关系，也可以确定在水循环过程中区域对河流同化能力的实际利用情况，如图 6-2 所示。

根据以上关系图，可以将区域内可利用的水体同化能力分解为以下几个部分分别核算：1）跨区域边界河流入境水量利用中形成的可利用的污染物同化能力；2）跨区域边界河流在境内自产水量利用中形成的可利用的污染物同化能力；3）本区域内河流在境内自产水量利用中形成的可利用的污染物同化能力；4）区域外调水量利用中形成的可利用的污染物同化能力；5）区域内其他水源取水利用中形成的可利用的污染物同化能力，包括由地下水抽取使用后污水排入地表水环境形成的同化能力。

区域实际利用的水体同化能力则包括两个部分：1）跨边界河流接纳的上游超出入境标准的污染物量；2）本区域污染物排放所占用的水体同化能力。

根据区域水体可利用的同化能力和实例利用的水体同化能力之间的大小关系，就可以判断区域水环境承载状况。

需要注意的是，同一水体在不同水文条件下的可利用同化能力是不同的，既存在年际变化又存在年内分布。

不失一般性，假设区域内共有 m 条跨区域边界河流、n 条境内河流、p 个区域外调水源、s 个地下水源，则该区域地表水体的可利用的污染物同化能力核算方法如下：

$$\begin{cases} UA_Z = \sum_{i=1}^{m}(TA_Z)_i + \sum_{j=1}^{n}(RA_Z)_j + \sum_{k=1}^{p}(FA_Z)_k + \sum_{l=1}^{s}(GA_Z)_k \\ TA_Z = TQ_{\text{In}}^{\text{D}} \cdot \left(TC_{\text{Out}}^{\text{S}} - TC_{\text{In}}^{\text{B}}\right) + TQ_{\text{L}}^{\text{D}} \cdot \left(TC_{\text{Out}}^{\text{S}} - TC_{\text{L}}^{\text{B}}\right) \\ RA_Z = RQ_{\text{Hd}}^{\text{D}} \cdot \left(RC_{\text{Out}}^{\text{S}} - RC_{\text{Hd}}^{\text{B}}\right) + RQ_{\text{L}}^{\text{D}} \cdot \left(RC_{\text{Out}}^{\text{S}} - RC_{\text{L}}^{\text{B}}\right) \\ FA_Z = UQ_{\text{F}}^{\text{D}} \cdot \left(\overline{C_{\text{FOut}}^{\text{S}}} - UC_{\text{F}}^{\text{D}}\right) \\ GA_Z = UQ_{\text{G}}^{\text{D}} \left(\overline{C_{\text{GOut}}^{\text{S}}} - UC_{\text{G}}^{\text{D}}\right) \end{cases} \tag{6-3}$$

其中：*UA*、*TA*、*RA*、*FA*、*GA* 分别表示城市、跨区域边界河流、区域境内河流、区域外调水、区域内地下水的可利用污染物同化能力；*TQ*、*RQ* 分别表示跨区域边界河流、区域境内河流的水量；*TC*、*RC* 分别表示跨区域边界河流、区域境内河流的水质；下标 In 表示入境，Out 表示出境，L 表示本地自产水，E 表示损耗水，Hd 表示源头水，G 表示地下水；上标 D 表示设计水量，B 表示背景浓度，S 表示规划水质标准浓度。以下同。

假设区域内共有 *q* 个污染物入河排放口，则该区域地表水体的实际已经利用的污染物同化能力核算方法如下：

$$\begin{cases} UA_{\text{U}} = \sum_{i=1}^{m}(TA_{\text{U}})_i + \sum_{l=1}^{q}(PA_{\text{U}})_l \\ TA_{\text{U}} = TQ_{\text{In}}^{\text{D}} \cdot \left(TC_{\text{In}} - TC_{\text{In}}^{\text{B}}\right) \\ PA_{\text{U}} = PQ_{\text{W}} \cdot PC_{\text{W}} \end{cases} \tag{6-4}$$

其中：*PA*、*PQ*、*PC* 分别表示通过入河排放口向河流排放的污染物量、排放水量及其对应水质；下标 W 表示向河流排放水。

对评价区水环境承载力进行核算时，采取了以下假设：

① 所有跨境河流的本地自产水、本地河流的源头水的水质背景值，以及所有地下水水源地水质满足地表水环境质量标准 GB 3838—2002 中的III类水要求，且按照III类水水质浓度上下限两种情况分别计算（分别对应 COD=20 mg/L、NH_3-N=1.0 mg/L 和 COD=15 mg/L、NH_3-N=0.5 mg/L，以下同），获得本地自产水对应的水环境承载力的最小值和最大值。

② 所有跨界河流入境水量对应的水质背景值满足河段入境断面的水质功能区划目标。因考虑到研究区域上游来水水质现状普遍较差，所以统一采用目标值上限浓度计算。

③ 所有外调水来水水质满足地表水环境质量标准 GB 3838—2002 中的III类水要求，因为一般外调水首先用于当地居民生活饮用水，可以按照饮用水水源地水质考虑。且按照III类水水质浓度上下限两种情况分别计算，获得水环境承载力的最小值和最大值。

④ 出境水水质目标按照功能区划目标要求，且采用目标值上限浓度计算。

⑤ 对于大连、烟台等拥有入黄海河流的城市，在计算中仅考虑进入渤海的河流所具有的水环境承载力。

⑥ 水文数据，不加特殊说明一般采用 1956—2000 年序列数据。外调水量采用设计数据。

四、基于大尺度水动力模型的近岸海域环境容量计算方法

1. 技术思路

海域环境容量问题属于海洋环境科学中的基础理论问题。联合国海洋污染专家小组（GESAMP）认为“环境容量是环境的特性，在不造成环境不可承受的影响的前提下，环境

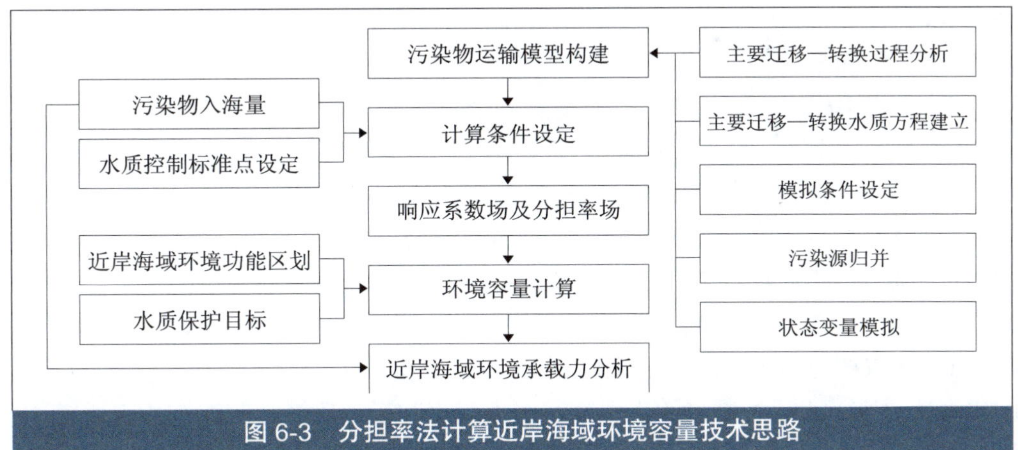

图 6-3　分担率法计算近岸海域环境容量技术思路

所能容纳某物质的能力"。这个概念包括三层意思：1）污染物在海洋环境中存在，只要不超过一定的阈值，就不会对海洋环境造成影响；2）在不影响生态系统特定功能的前提下，任何环境都有有限的容量容纳污染物；3）环境容量可以定量化。

海域环境容量的大小与海域特征、海水水质目标及污染物特性有关。海域特征是指海域范围、海底地形、海流、海水的物理化学性质及水生生物状况等，它决定着海域对污染物的扩散、稀释和自净能力；海水水质目标是指海域环境功能区划中所要求的不同使用功能海域需达到的水质目标，第一类适用于海洋渔业水域，第二类适用于水产养殖、海水浴场、与食用直接相关的工业用水水域，第三类适用于一般工业用水、滨海风景旅游水域，第四类适用于海洋港口、海洋开发作业水域；污染物特性是指入海污染物种类及其物理化学性质。

需要强调的是，"海域环境容量"概念在使用中应注意其特殊性。首先是水体的空间无限性，计算域中总会有开边界的存在，所谓"海域环境容量"只能是在所指定的海域范围内的环境容量。其次是时间上的变化，海洋的水交换能力随时间在变化，海域环境容量实际上是一个动态过程中的量。

本文中所使用的近岸海域环境容量是从总量控制和管理的角度出发，在海水水质不超过相应功能区环境标准值的前提下，污染物的最大允许排放量。

计算最大允许排放量有若干方法，在本文中采用分担率法。分担率是指各污染源的影响在海区总体污染影响中所占的份额（百分率），表明某个污染源对水体污染所作"贡献"的轻重程度。同一污染源对不同区域的分担率不同，不同污染源对同一区域的分担率也不同。

在流速和扩散系数已知的前提下，对流扩散方程可视为线性方程，满足叠加原理，从而多个污染源共同作用下所形成的平衡浓度场，等于各个污染源单独存在时形成的浓度场的线性叠加，即

$$C(x,y,z)=\sum_{i=1}^{m}C_i(x,y,z) \tag{6-5}$$

每个点源单独形成的浓度场，又可以看做该点源单位源强排放时，所形成的浓度场——称为响应系数场，即

$$C_i(x,y,z)=Q_i\cdot\alpha_i(x,y,z) \tag{6-6}$$

式中，Q 为第 i 个排放口排放量，α_i 为第 i 个排放口的响应系数场，表示在单位源强下点（x，

y,z）的浓度，它反映了该点对第 i 个排放源的响应程度。α_i（x,y,z）括号内不显含时间变量，意指定常场或者时间平均。

再定义分担率场 γ_i（x，y，z），用来反映各个点源对浓度的贡献比例（注：在这里假设分担率场是不变的，即各点源对控制点的浓度贡献是不变的）。

$$\gamma_i(x, y, z) = C_i(x, y, z)/C(x, y, z) \tag{6-7}$$

水质控制点是指控制海域水质的标识点。为了描述一个海域的水质状况，一般采用一个或多个水质控制点的水质状况来表示。水质控制点水质好，表示该海域的水质好；反之，表示该海域的水质差。

控制点的选取要遵循一定的科学原则：

① 代表性原则。水质控制点的水质要基本上代表和反映研究控制海域的水质，这一原则是水质控制点选择的最基本要求。

② 易测性原则。选择的水质控制点的水质容易采样测定，并且具有现状的水质数据。

③ 边界性原则。优先在控制区边界、污染源影响边界，特别是环境功能区边界上寻求水质控制点，并且水质控制点的水质以高功能区水质来确定。

④ 有限性原则。一般来说，选择较多的水质控制点能更好和准确地反映海域的水质状况。但是，水质控制点选择得越多，现状监测的费用和规划的工作量不但要成倍增加，而且往往也没有必要。因此，在基本反映海域水质的情况下，不要过多地选择水质控制点的数量。

在每个入海口附近不同类别功能区的交界面上选择合适的点位作为控制点，根据近岸海域环境功能区划，确定水质控制点的水质标准，要求污染物浓度不得超过较高等级的水质标准浓度。以此为约束来计算环渤海十三地市各污染物的最大允许排放量，即环境容量（注：对于大连、烟台等拥有入黄海河流的城市，在计算中仅考虑渤海内近岸海域所具有的环境容量）。

设 C_S（x，y，z）为该海域的水质目标，C_{Si}（x，y，z）为满足水质目标条件下的第 i 个点源的分担浓度值，于是有

$$C_S(x, y, z) = \gamma_S(x, y, z)\, C_S(x, y, z) \tag{6-8}$$

$$\gamma_i(x, y, z) = \gamma_i \tag{6-9}$$

然后，用实测数据计算此分担率场，再以此分担率场计算允许排放量，即

$$C_S(x, y, z) = \gamma_i(x, y, z)\, C_S(x, y, z) \tag{6-10}$$

$$Q_S = C_S / \alpha_i(x, y, z) \tag{6-11}$$

应用分担率法，首先需要满足如下两条假定：浓度场的模拟基本达到平衡状态；响应系数场不再是时间的函数。由于计算机等的限制，并参考前人的研究结论，我们认为模式第三年的模拟结果基本达到平衡状态，对第三年的模拟结果进行分析，并计算年平均分担率场，以消除潮周期的波动影响。

在第四类环境功能区边界上设四类水质控制点，即这些点的污染物浓度不得超过第四类海水水质标准；在第四类环境功能区与第三类环境功能区两种水域的交界线上设三类水质控制点，使这些点的浓度不得超过第三类海水水质标准；在第三类环境功能区与第二类环境功能区两种水域的交界线上设二类水质控制点，使这些点的浓度不得超过第二类海水水质标准。对于环渤海十三地市的 13 个点源而言，一般针对每一点源设置 10 个水质标准控制点，最少

为5个。

对于同一个点源，环境容量的结果依赖于水质标准控制点的位置（x，y），因此采用不同的水质标准控制点会得出不同的结果。对于同一点源的若干个控制点，分别计算污染物允许排放量，取其中最小的值作为该点源的环境容量。计算结果表明，各个河口基于不同控制点计算的污染物允许排放量数值都十分接近。

2．渤海水动力数值模型

ECOMSED是一个综合三维水动力、波动和沉积物输送的模型，可以模拟海洋和淡水系统中随时间变化的水位、流速、水温、盐度、示踪粒子、黏性和非黏性沉积物以及波动。完整的ECOMSED包括以下几个模块：水动力模块、泥沙输运模块、风驱波浪模块、热通量模块和粒子示踪模块。

（1）主要计算公式

ECOMSED模型从原始三维方程出发，以自由水位、三维速度分量、温度、盐度、密度以及代表湍流的两个特征量（湍动能和湍宏观尺度）作为预报量。非线性运动方程包括变化的科氏参数。运用二阶湍流封闭模型计算垂直混合系数。水平采用自然正交坐标系，垂向采用σ-坐标系。完整地考虑了诸多热力学过程。动量方程的差分格式在水平方向采用半隐式格式，垂直方向采用隐式格式，抑制了计算误差短波的传播。与内环流相关项采用水平显式时间差分，垂直隐式差分，具有很细的垂向分辨能力。在计算上采用分裂算子法求解包括采用深度积分动量方程和连续方程作为正压模式计算重力波水位，采用三维动量方程计算物理量的垂直分布，使计算灵活、简单、稳定性好、精度高。

① 控制方程。σ-坐标系下的基本方程式中为：

a. 连续方程：

$$\frac{\partial\eta}{\partial t}+\frac{\partial UD}{\partial x}+\frac{\partial VD}{\partial y}+\frac{\partial\omega}{\partial\sigma}=0 \tag{6-12}$$

b. 动量方程：

$$\begin{aligned}\frac{\partial UD}{\partial t}+\frac{\partial U^2D}{\partial x}+\frac{\partial UVD}{\partial y}+\frac{\partial U\omega}{\partial\sigma}=&fVD-gD\frac{\partial\eta}{\partial x}-\frac{gD^2}{\rho_0}+\frac{\partial}{\partial x}\int_\sigma^0\rho d\sigma+\\&\frac{gD}{\rho_0}\frac{\partial D}{\partial x}\int_\sigma^0\sigma\frac{\partial\rho}{\partial\sigma}d\sigma+\frac{\partial}{\partial\sigma}\left[\frac{K_M}{D}\frac{\partial U}{\partial\sigma}\right]+F_x\end{aligned} \tag{6-13}$$

$$\begin{aligned}\frac{\partial VD}{\partial t}+\frac{\partial UVD}{\partial x}+\frac{\partial V^2D}{\partial y}+\frac{\partial V\omega}{\partial\sigma}=&-fUD-gD\frac{\partial\eta}{\partial y}-\frac{gD^2}{\rho_0}+F_S\frac{\partial}{\partial y}\int_\sigma^0\rho d\sigma+\\&\frac{gD}{\rho_0}\frac{\partial D}{\partial y}\int_\sigma^0\sigma\frac{\partial\rho}{\partial\sigma}d\sigma+\frac{\partial}{\partial\sigma}\left[\frac{K_M}{D}\frac{\partial V}{\partial\sigma}\right]+F_y\end{aligned} \tag{6-14}$$

c. 温盐守恒方程：

$$\frac{\partial\Theta D}{\partial t}+\frac{\partial\Theta UD}{\partial x}+\frac{\partial\Theta VD}{\partial y}+\frac{\partial\Theta\omega}{\partial\sigma}=\left[\frac{K_H}{D}\frac{\partial\Theta}{\partial\sigma}\right]+F_\Theta \tag{6-15}$$

$$\frac{\partial SD}{\partial t}+\frac{\partial SUD}{\partial x}+\frac{\partial SVD}{\partial y}+\frac{\partial S\omega}{\partial\sigma}=\frac{\partial}{\partial\sigma}\left[\frac{K_H}{D}\frac{\partial S}{\partial\sigma}\right]+F_S \tag{6-16}$$

上述各式中：U 和 V 分别为 x 方向和 y 方向的流速；Θ 和 S 分别是位温和盐度；ω 为 σ 坐标下的垂直速度；ρ_0 为参考密度，而 $\rho' = \rho - \rho_0$（可以减小斜压梯度力的截断误差，尤其是在地形变化较剧烈的地方）；F_x、F_y、F_Θ 和 F_s 是将次网格过程参数转化采用的系数。

② 定解条件。对以上的微分方程组，需配以适当的初值和边值条件才能求解。

a. 初始条件：初始时利用渤黄东海数值模拟结果插分提供初始变量 U,V,ω,η,T,S。

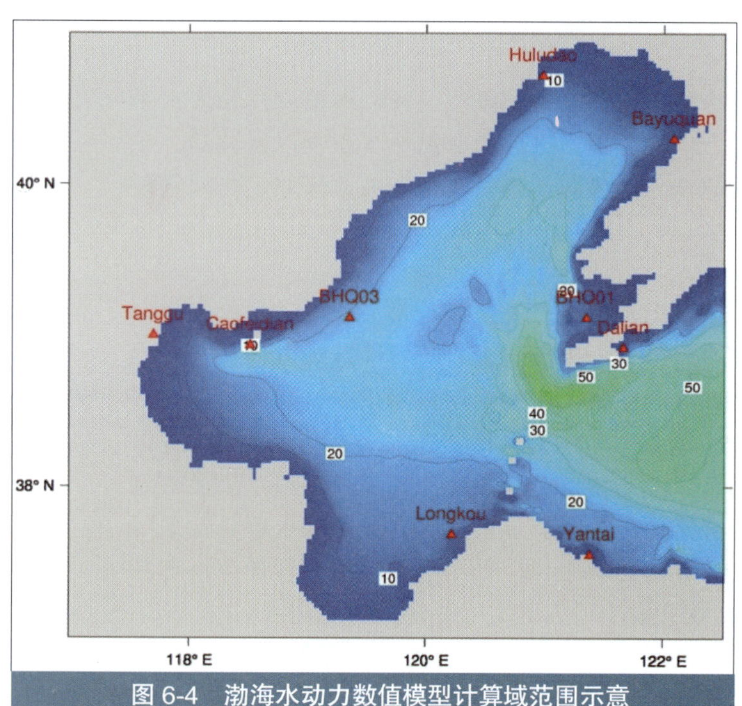

图 6-4　渤海水动力数值模型计算域范围示意

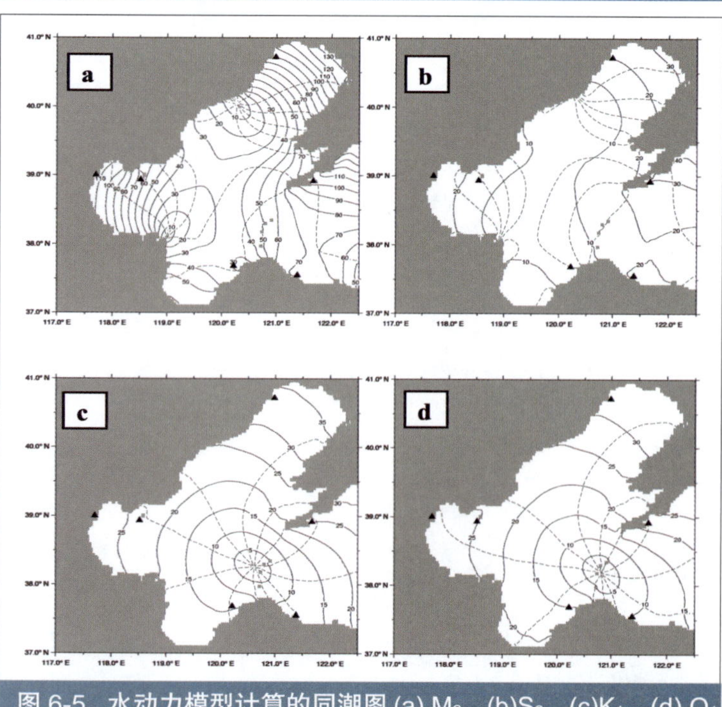

图 6-5　水动力模型计算的同潮图 (a) M_2，(b)S_2，(c)K_1，(d) O_1

b. 边界条件：

i）在海面处（$\sigma = 0$）：

$$\rho_0 K_M (\frac{\partial U}{\partial z}, \frac{\partial V}{\partial z}) = (\tau_{ox}, \tau_{oy}) \qquad (6\text{-}17)$$

$$\rho_0 K_H (\frac{\partial \Theta}{\partial z}, \frac{\partial S}{\partial z}) = (H, S) \qquad (6\text{-}18)$$

式中，τ_{ox}, τ_{oy} 是风应力，$u_{\tau s}$ 是海面处摩阻速度。

ii）在海底处（$\sigma = -1$）：

$$\rho_0 K_M (\frac{\partial U}{\partial z}, \frac{\partial V}{\partial z}) = (\tau_{bx}, \tau_{by}) \qquad (6\text{-}19)$$

其中底摩擦应力 $\vec{\tau} = \rho_0 C_D |V_b| \vec{V}_b$，而 C_D 是拖曳系数。

iii）在水平边界处：

岸界处取法向流速为零：$\vec{V}_n = 0$；

在水界：输入外海强迫水位，流场，热通量。

（2）计算域和网格设置

本次计算建立了渤海大区域模式，计算域包括整个渤海以及渤海海峡（图 6-4），开边界取 112.5°E，采用 M_2、S_2、O_1、K_1 四个分潮的调和常数进行水位强迫。

渤海大区域模式的分辨率是 1.25′ ×1.25′（纬向、经向），用目前收集到的较高分辨率的岸线对模式中的部分岛屿和岸界进行了修正。水平方向采用“Arakawa C”型差分方案，是一种矩形交错网格，即矢量、标量分布在网格的不同位置。

（3）模型验证

首先对潮汐模拟结果进行验证。模拟的四个分潮的等潮时线和等振幅分布（图 6-5）与以往在渤海观测的结果不论

表 6-3　水动力模型模拟的验潮点分潮值与渤海沿岸验潮站实测值对比

观测站		振幅 / cm				迟角 / (°)			
		S_2	M_2	K_1	O_1	S_2	M_2	K_1	O_1
曹妃甸	实测值	18.0	61.0	24.0	18.0	135.0	58.0	140.0	98.0
	模拟值	14.7	63.1	26.9	21.5	152.7	79.9	148.8	99.2
烟　台	实测值	18.0	61.0	15.0	9.0	2.0	300.0	345.0	240.0
	模拟值	20.9	71.3	13.6	8.4	342.7	288.3	295.9	241.9
龙　口	实测值	9.0	46.0	15.0	9.0	358.0	280.0	210.0	160.0
	模拟值	5.7	29.1	15.9	13.2	61.3	337.7	205.7	148.3
塘　沽	实测值	24.0	94.0	24.0	18.0	168.0	91.0	149.0	108.0
	模拟值	26.1	109.6	30.9	24.8	188.5	109.5	161.8	111.1
葫芦岛	实测值	27.0	94.0	37.0	27.0	210.0	156.0	103.0	54.0
	模拟值	20.4	88.8	37.6	27.6	225.9	163.7	106.3	60.5
大　连	实测值	29.2	94.8	24.5	17.6	340.0	287.1	2.2	320.0
	模拟值	30.0	103.2	28.4	19.6	342.3	288.6	359.0	318.9

是在分布形态上还是量值上都十分接近。尤其是 M_2 分潮的两个无潮点都得到了准确的再现。

与沿岸验潮站实测资料的对比表明，大部分验潮点上的四个分潮的模拟值与实测值都较为接近（表 6-3），渤海湾中的曹妃甸站和塘沽站结果最好。

对比 M_2 和 K_1 分潮调和常数模拟值与实测值结果表明，在渤海沿岸站位 M_2 和 K_1 分潮调和常数与历史实测数据吻合较好（图 6-6、图 6-7）。

对比渤海水动力模型的水位模拟值与渤海中两个石油平台实测的水位资料，在 2006 年近 50 天时间里，渤海水动力模型很好地再现了石油平台水位变化，不论是位相还是振幅，模拟值与观测值都十分接近（图 6-8）。

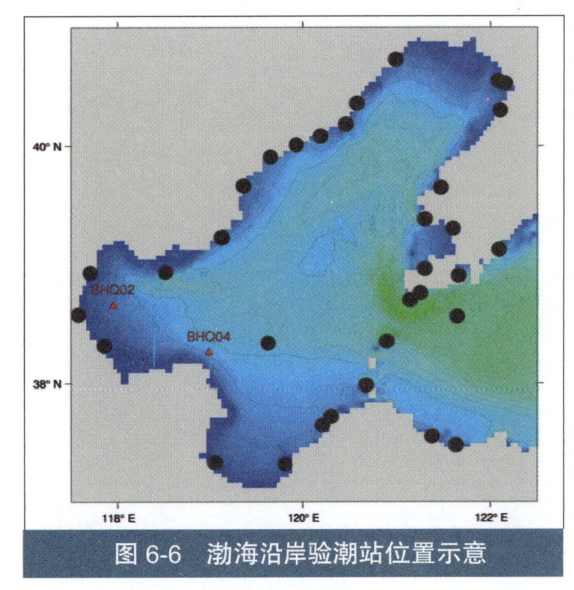

图 6-6　渤海沿岸验潮站位置示意

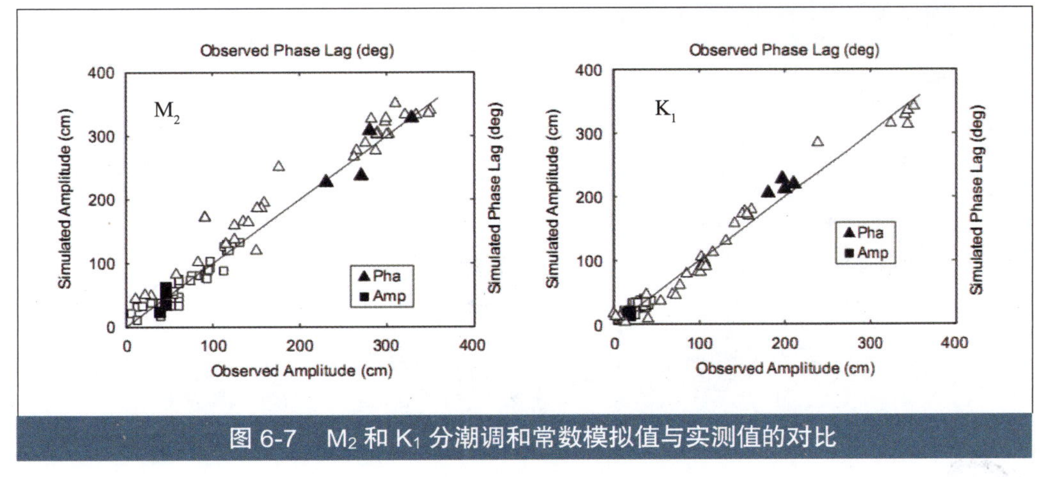

图 6-7　M_2 和 K_1 分潮调和常数模拟值与实测值的对比

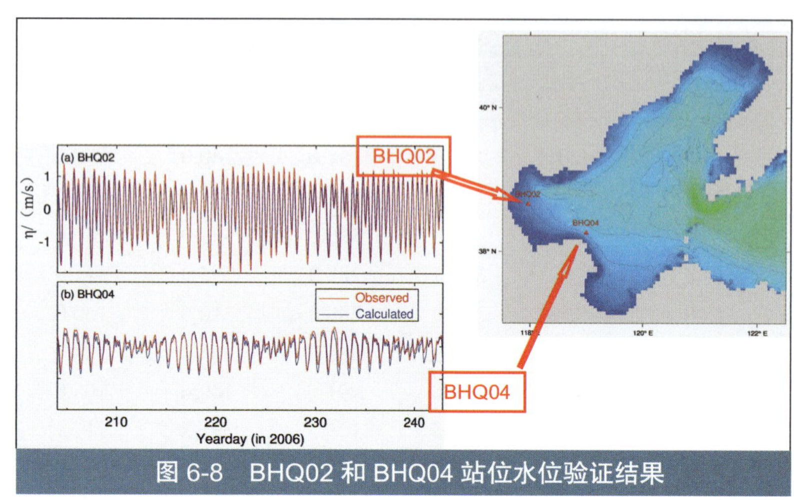

图 6-8　BHQ02 和 BHQ04 站位水位验证结果

（4）模拟结果

模拟的表层和底层 M_2 潮汐椭圆（图 6-9）表明在渤海湾 M_2 分潮基本是东西向的往复流，辽东湾 M_2 分潮基本是东北西南向的往复流。在 BHQ01 站位，M_2 潮汐椭圆的空间变化较大。

模拟结果（图 6-10）还表明在渤海湾计算得到的表层和底层 M_2 余流基本是顺时针运动，而在辽东湾则呈现出逆时针运动，这对于污染物输运和水质变化研究十分重要。

3．渤海污染物浓度模型

（1）物质输运方程

水质输运方程采用与温盐方程类似的形式，可以共用海流数值模式中同一个子程序。方程如下：

$$\frac{\partial C}{\partial t}+\frac{\partial(uC)}{\partial x}+\frac{\partial(vC)}{\partial y}+\frac{\partial(wC)}{\partial z}=A_h\left(\frac{\partial^2 C}{\partial x^2}+\frac{\partial^2 C}{\partial y^2}\right)+K_h\frac{\partial^2 C}{\partial z^2}+Q \tag{6-20}$$

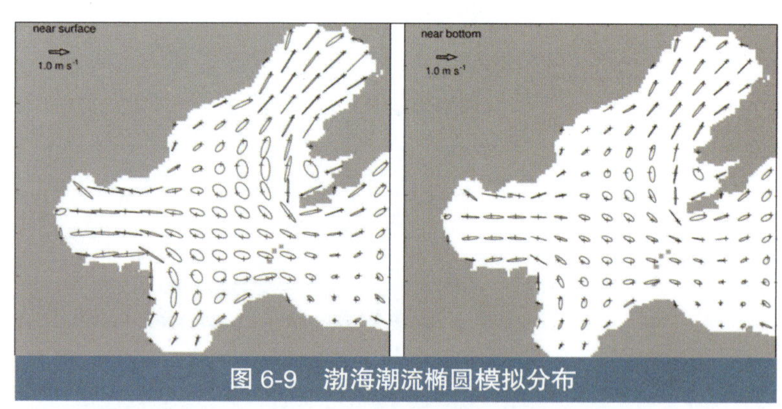

图 6-9　渤海潮流椭圆模拟分布

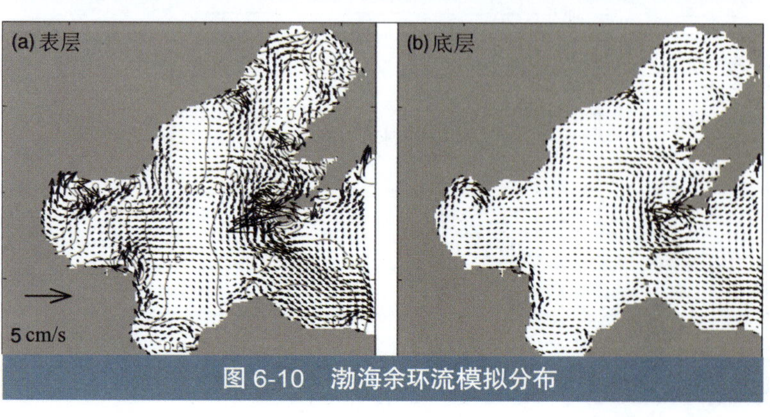

图 6-10　渤海余环流模拟分布

式中：u, v, w 分别为 x, y, z 方向的流速分量；A_h，K_h 分别为水平和垂直扩散系数；C 为污染物浓度；Q 是汇源项。

需要注意的是，在排污口附近由于污染物浓度梯度较大，平流项若采用中心二阶差分格式，有可能引入较大的误差，甚至产生浓度负值。故此改用迎风格式或是更高阶（如 4 阶）差分方案。

（2）定解条件

陆边界：$\frac{K_H}{D}\left[\frac{\partial S}{\partial n}\right]=0$

开边界：$S=S'$（为水界上污染物浓度监测值的年平均值）入流段

$\frac{\partial S}{\partial t}+V_n\frac{\partial S}{\partial n}=0$ 出流段

初始条件可以零值起算。

（3）数值解法

同潮流数值模型。

五、基于大尺度开放式模式的大气环境容量计算方法

1. 技术方法

大气环境容量是指某一环境区域内能接纳某一种污染物的最大容纳量。环境容量是确定污染物排放总量指标的依据，排放总量小于环境容量才能确保环境目标的实现。由于空间的开放性及气象条件的复杂性，大气污染研究相对来说更为复杂。特定环境的容量与该环境的社会功能、环境背景、污染源位置（布局）、污染物的物理化学性质、区域的气象条件以及环境自净能力等因素有关。因为受到这些因素的影响，所以不同的环境其容量的测算方法及结果都会有所差异。

大气环境容量由静态容量和动态容量两部分组成。静态容量指在一定环境质量目标下，一个区域内各环节要素所能容纳某种污染物的静态最大量（最大负荷量）；动态容量指该区域内各要素在一个确定时段内对该种污染物的动态自净能力。大气环境容量中的动态容量既要考虑污染物在大气中所造成的污染程度，又要考虑污染物平流扩散、化学转化、干湿沉降净化等因素。因此，大气环境容量 Q 的表达式可表示为：

$$Q=Q_{静}+Q_{动} \tag{6-21}$$

$$Q_{动}=F+D_{湿}+D_{干}+T \tag{6-22}$$

其中，$Q_{静}$为大气静态容量；$Q_{动}$为大气动态容量；F 为评价区污染物净输出量；$D_{湿}$为评价区污染物湿沉降量；$D_{干}$为评价区污染物干沉降量；T 为评价区污染物化学反应转化量。

大气环境容量的主要计算步骤为：

① 利用区域气象模式 MM5 模拟计算评价区全年的气象要素逐小时均值；

② 利用区域空气质量模式 NAQPMS 模拟计算评价区全年的污染物浓度逐小时均值；

③ 使用地理信息系统（ArcGIS）将 MM5 和 NAQPMS 模式网格按照评价区行政界线进行分区标记；

④ 设定容量计算所需距地高度，再根据 ArcGIS 划分的行政界限，利用 MM5 模拟计算的气象要素小时均值和 NAQPMS 模拟计算的污染物浓度小时均值，计算评价区污染物净输出量、湿沉降量、干沉降量、化学反应转化量等；

⑤ 以空气质量国家标准为上限，计算评价区污染物静态容量。

本项目利用 MM5 模拟计算了环渤海沿海地区 2007 年全年气象要素逐小时均值。利用 NAQPMS 模拟计算了环渤海沿海地区 2007 年的污染物浓度逐小时均值。利用 ArcGIS 将 MM5 和 NAQPMS 模式网格按照环渤海沿海地区的行政边界进行分区标记。将距地高度设定为 1 000 m。利用 MM5 模拟计算的气象要素小时均值和 NAQPMS 模拟计算的污染物浓度小时均值计算环渤海沿海地区污染物（SO_2、NO_x、PM_{10}）的净输出量、湿沉降量、干沉降量、化学反应转化量。以空气质量二级标准为上限，计算特征污染物静态容量。

2. NAQPMS 模式系统

嵌套网格空气质量模式（Nested Air Quality Prediction Modeling System, NAQPMS）是中国科学院大气物理研究所自主研发的区域空气质量模式。该模式是充分借鉴吸收了国际先进的天气预报模式、空气质量模式的优点，结合中国各区域、城市地理特征、地形特征、污染

源排放资料等特点建立的三维欧拉化学传输模式。NAQPMS 模式利用双向嵌套技术成功实现多尺度的数值模拟，可同时计算出多重区域的大气污染物浓度，并且充分考虑了大气污染物区域输送，适用于区域—城市尺度的空气质量模拟和污染控制策略评估。NAQPMS 模式包括平流扩散模块、气溶胶模块、干湿沉降模块、大气化学反应模块等物理化学过程模块，各模块均提供了多种机制方案，可根据研究目的选择合适方案。目前可供选择的方案包括：耦合液相化学机制及一维诊断云模式，干沉降方案，湿沉降方案，颗粒分谱方案，化学反应机制。该模式开发了一套独特的污染来源与过程跟踪在线分析模块，突破大气物理化学过程的非线性问题，跟踪大气复合污染过程，实现了污染来源的反向追踪与定位，建立了大气污染分析来源与过程的新技术手段，为评估污染物区域和行业贡献提供了更为科学的研究工具。该模式还实现了高效能并行计算和高度自动化的脚本控制，有效地节约了计算时间。

NAQPMS 模式被广泛应用于研究区域—城市尺度的空气污染问题（如沙尘输送、酸雨、污染物跨境输送等）。NAQPMS 参与了东亚大气化学输送模式比较计划（MICS-Asia），模式模拟效果得到了广泛认同。该模式连续三年为台湾地区春季沙尘密集观测计划提供了实时预报服务，台湾大学及中央研究院环境变迁研究中心也采用该模式研究台湾复合型高污染（O_3 和悬浮颗粒物）的形成和产生机制。目前，已有北京、上海、广州、深圳、西安、郑州、沈阳、兰州、台湾等地区的环保部门利用该模式进行空气质量业务预报，较好地满足了业务预报的时效性和准确性需求。NAQPMS 模式入选参加北京奥运会空气质量保障工作，为北京及周边地区制订最合理的污染控制方案提供了科学依据，对北京奥运空气质量达标任务作出重要贡献。同时该模式作为主要空气质量模式，为上海市世博会、广州亚运会和西安花博会期间的空气质量预报与污染控制策略评估任务服务。

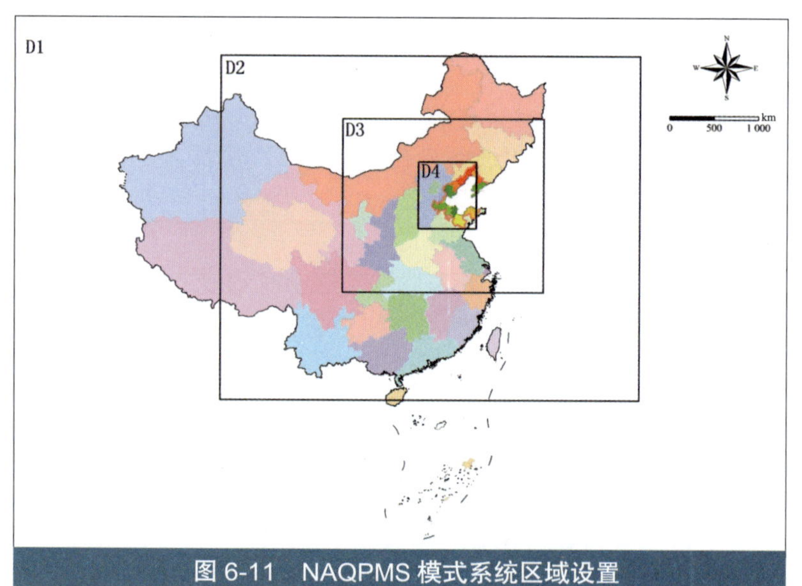

图 6-11 NAQPMS 模式系统区域设置

在本项目中，根据环渤海地区和城市污染物输送特点，NAQPMS 模式共设置四重嵌套区域（图 6-11），中心点坐标为 118.0° E，32.0° N。第一层区域（D1）包括中国陆地、周边部分国家及部分太平洋和印度洋，分辨率为 81 km；第二层区域（D2）包括青海省以东、黑龙江省以南、日本以西、海南省以北地区，分辨率为 27 km；第三层区域（D3）包括陕西省以东、吉林省以南、韩国以西、福建以北地区，分辨率为 9 km；第四层区域（D4）包括环渤海沿海地区十三地市，分辨率为 3 km。四层区域 X 方向的网格数分别为 88、154、220、280；Y 方向的网格数分别为 75、145、217、268。

3．源解析方法

为深入分析环渤海沿海地区的大气污染状况，衡量环渤海周边各区域对环渤海沿海地区大气污染的贡献，需对环渤海周边各区域污染排放源的贡献进行定量计算。一般环评多采用敏感性试验的方式，即开关或者削减周边各区域排放源，这样的方式存在着闭合性不足，同一区域、同一时段需要反复计算而导致计算量大等缺点。NAQPMS 模式引入了国际上先进的源解析技术——质量跟踪方法，较之其他源解析技术，质量跟踪方法避免了其他方法需对多个目标源多次模拟的缺陷，大大减少了模拟的工作量，缩短了计算时间。质量跟踪方法在可进行常规污染物模拟的数值模式基础上，通过对模拟范围内不同地区（如不同的省、市、区县）、不同产业（如电力、冶金、化工等）进行标识和过程追踪，最终获得不同地区、产业所排放的污染物对研究目标地区某一污染物的贡献。该方法可在一次模拟过程中，对不同地区、不同污染源类型的多种污染物来源进行跟踪。质量跟踪方法已应用在 NAQPMS 模式中，并被成功应用于北京 2008 年奥运空气质量保障项目“北京与周边地区大气污染物输送、转化及北京市空气质量目标研究”中，计算了周边地区对北京地区的污染贡献率，确定了奥运期间北京周边地区污染控制的重点地区和重点污染源，为国务院批复的“北京和周边地区空气质量保障方案”提供了科学依据。

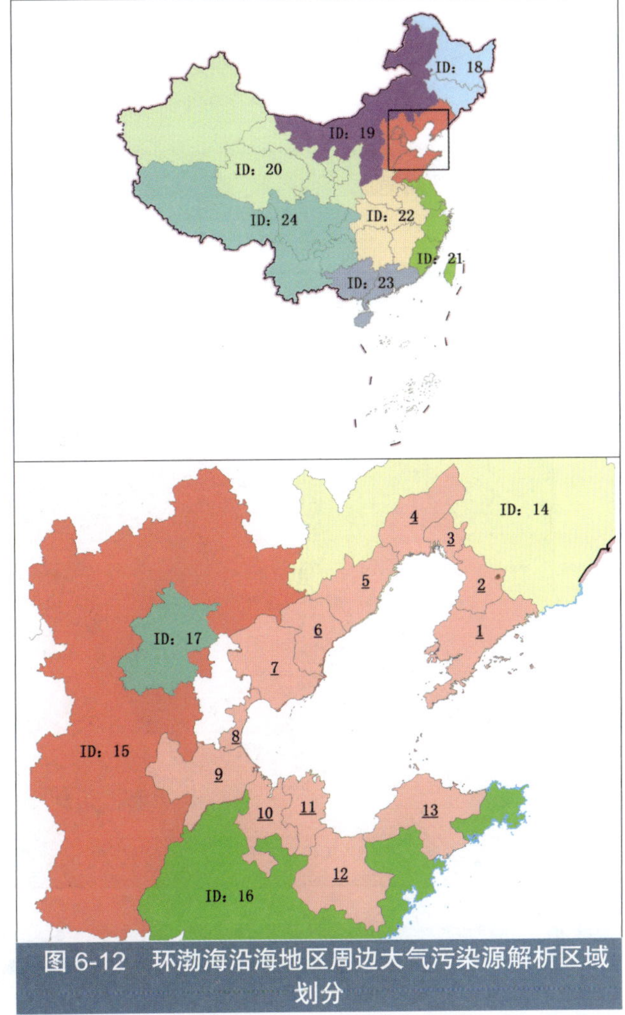

图 6-12　环渤海沿海地区周边大气污染源解析区域划分

在本研究中，为合理划分污染源区域，将模拟区域划分成 23 个（图 6-12），各区域编号为：1 大连市，2 营口市，3 盘锦市，4 锦州市，5 葫芦岛市，6 秦皇岛市，7 唐山市，8 天津滨海新区，9 沧州市，10 滨州市，11 东营市，12 廊坊市，13 烟台市，14 除大连、营口、盘锦、锦州、葫芦岛外的辽宁省其他地区，15 除秦皇岛、唐山、沧州外的河北省其他地区，16 除滨州、东营、潍坊、烟台外的山东省其他地区，17 北京，18 除辽宁省外的东北地区，即吉林、黑龙江，19 除北京、天津、河北外的华北地区，即山西、内蒙古，20 西北地区（宁夏、新疆、青海、陕西、甘肃），21 华东地区（江苏、安徽、浙江、福建、上海、台湾，除山东外），22 华中地区（湖北、湖南、河南、江西），23 华南地区（广东、广西、海南、香港、澳门），24 西南地区（四川、云南、贵州、西藏、重庆），25 朝鲜，26 韩国，27 日本，28 蒙古，29 其他。

4．SMOKE 排放源处理模型

SMOKE 模型（Sparse Matrix Operator Kernel Emissions）是由美国 MCNC 环境模式中心开发的一套高效运算的排放源处理模型，为空气质量模式预报及模拟提供专业的排放源前处理。其发展始于 1996 年，在 1998—1999 年被重新设计以支持美国环保局设计并推荐

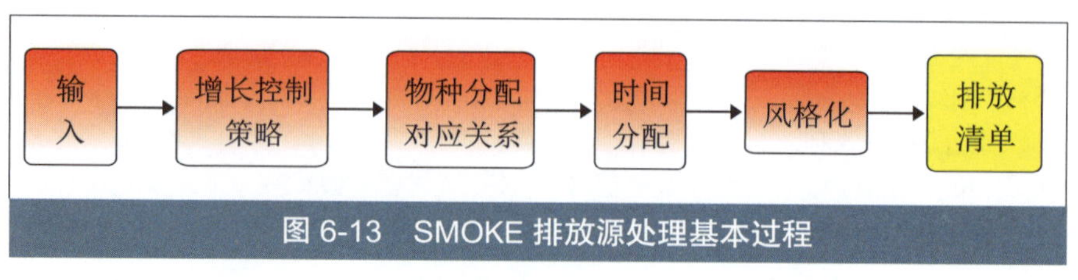

图 6-13 SMOKE 排放源处理基本过程

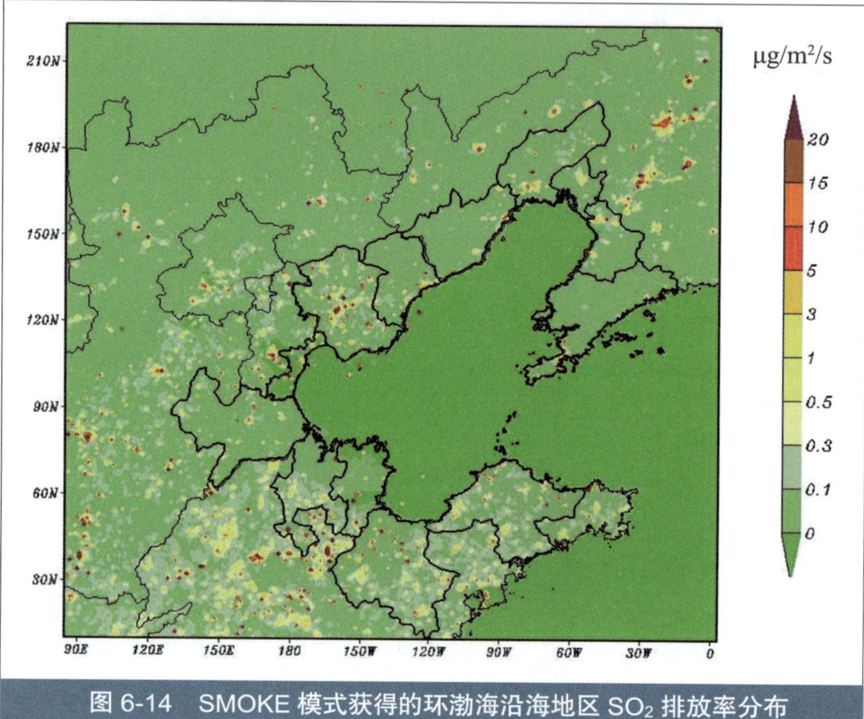

图 6-14 SMOKE 模式获得的环渤海沿海地区 SO_2 排放率分布

使用 Models-3 系统，随同 CMAQ 空气质量模式发布，现阶段其发展及改进主要由北卡环境研究计划（Carolina Environmental Program，CEP）支持。SMOKE 模型主要考虑化学物种分配机制、空间分布及污染源控制策略模拟及未来排放源情景预测等过程，采用稀疏矩阵方式进行计算，整个排放源处理过程都转化一个独立矩阵，具有高效计算的特点。

SMOKE 基本处理流程如图 6-13 所示，输入基本单位排放清单，考虑排放源的增长 / 控制策略，通过物种对应关系将排放清单物种分摊、转化映射到空气质量模式化学机制物种，通过时间分配的方式考虑不同类型排放源排放变化规律，并依据不同类型排放源空间分配属性，如人口分布、锅炉分布等属性，网格化排放源清单到模式区域，最后根据不同空气质量模式数据需求提供不同格式排放源清单。

NAQPMS 模式于 2007 年引进 SMOKE 模块，并已成功应用于世界银行“空气质量管理决策支持系统”项目，“北京与周边地区大气污染物输送、转化”，“奥运空气质量监测、预测与评估项目”等研究中。本研究中，采用 SMOKE 模型整理及管理环渤海沿海地区排放清单，结合 GIS 空间分配技术及前人工作经验，为 NAQPMS 模式提供较为规范化、精细化的模式排放源。图 6-14 是 SMOKE 模型处理后的环渤海地区 SO_2 排放率分布图。

5．CALPUFF 模式

CALPUFF 为三维非稳态拉格朗日扩散模式系统，与传统的稳态高斯扩散模式相比，能更好地处理 50 km 以上的长距离污染物输送问题。CALPUFF 由西格玛研究公司（Sigma Research Corporation）开发，是美国环保局长期支持开发的法规导则模型，也是我国环境保护部颁布的《环境影响评价技术导则　大气导则（修订版）》推荐的模式之一，其最新版本为 Version 6.0。图 6-15 为 CULPUFF 模式系统流程图。

CALPUFF 具有下列优势和特点：1）能模拟从几十米到几百千米中等尺度范围；2）能模

拟静小风、熏烟、环流、地形和海岸效应等非稳态情况，也能评估二次污染颗粒浓度，而以高斯理论为基础的模式则不具备此功能；3）气象模型包括陆上和水上边界层模型，可利用小时 MM4 或 MM5 网格风场作为观测数据，或作为初始猜测风场；4）采用地形动力学、坡面流参数方法对初始猜测风场分析，适合于粗糙、复杂地形条件下的模拟；5）加入了处理针对面源（如森林火灾）浮力抬升和扩散的功能模块。

在本研究中，CALPUFF 模式主要用于对未来情景空气质量的模拟及大气环境风险评估。其基本参数设置如下：研究区域西南角坐标为 114.90° E、34.65° N，模拟区域范围为 744 km×744 km，水平分辨率为 4 km，水平网格数为 186×186。垂直层分为 10 层，取自地面至 3 000 m 高度。模式使用的地理数据为 USGS 的 srtm3 地形数据，分辨率为 90 m。土地利用数据为 Lambert Azimuthal LULC 土地利用数据，分辨率为 1 000 m。

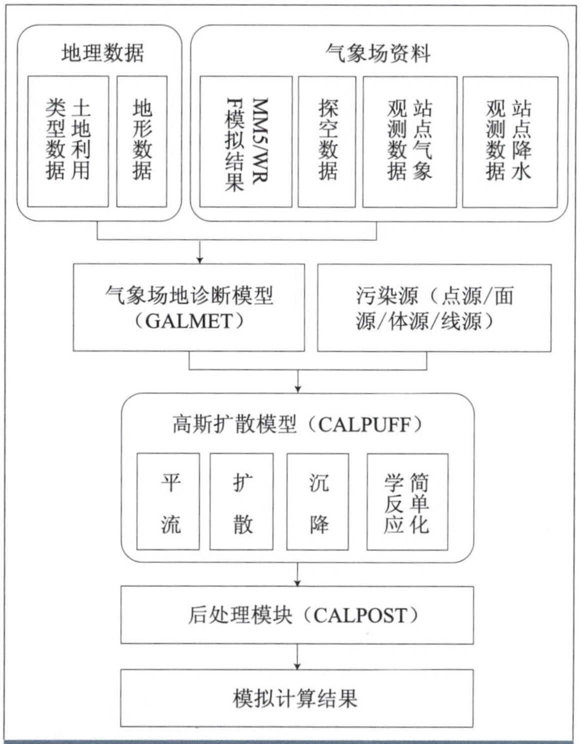

地理数据
土地利用类型数据
地形数据
气象场资料
MM5/WRF模拟结果
探空数据
站点气象观测数据
站点降水观测数据
气象场地诊断模型（GALMET）
污染源（点源/面源/体源/线源）
高斯扩散模型（CALPUFF）
平流
扩散
沉降
简单化学反应
后处理模块（CALPOST）
模拟计算结果

图 6-15　CULPUFF 模式系统流程

六、资源环境综合承载力分析方法

资源环境承载力是度量区域可持续发展能力的重要量化指标之一，为经济发展和环境系统之间建立起联系的纽带。开发基于资源环境承载力的定量评价区域可持续发展能力的方法是当前亟须解决的问题。

在本研究中，资源环境综合承载力用以反映区域内部不同子区域可持续发展能力的相对高低，指在一定的环境质量要求下，在不超出生态环境系统弹性限度条件下，在对环境容纳污染物能力和资源供给能力定量分析的基础上，表征一个区域内部不同子区域承载能力相对高低的值。

综合承载力由水资源承载力、水环境容量、近岸海域环境容量、大气环境容量四个单要素指标组成（图 6-16）。资源环境承载力一方面考虑了客观存在的、由自然条件决定的区域环境生态系统自我维持和自我调节的能力，具体表现为区域水文条件、本地水资源量、气象条件、水动力条件等，这部分资源环境承载力数值是相对固定的，由区域的自然条件禀赋决定；另一方面资源环境承载力阈值受人类活动方

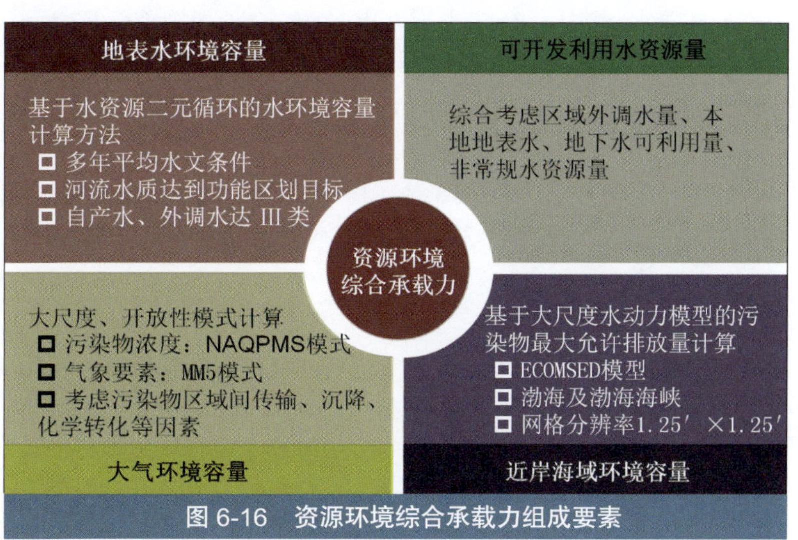

图 6-16　资源环境综合承载力组成要素

式的影响，是由人类活动引发的自然环境状态变化而使得区域资源环境承载力发生改变，具体表现为供调水工程建设、海水淡化和中水回用等非常规水资源的利用、环境功能区划及相应质量要求等，这部分承载力数值随着科技进步、制度管理等人类活动方式的变化而作出相应调整，意味着资源环境承载力是动态变化的。同时，区域尺度的资源环境承载力测算充分考虑了区域系统的开放性特征，如大气污染物跨境传输、河流出入境污染物量、跨区域外调水量等。

由于单要素指标具有不同的物理意义与量纲，在进行综合分析之前，首先应对单要素指标原始数据进行标准化。本研究中采用极差标准化方法（式 6-23），经过标准化后的单要素指标将处于 [0,1] 区间内。标准化后的单要素指标代表了每个子区域该要素承载力水平在全区域中的地位，接近 0 表示承载力水平在区域中处于劣势，该子区域的环境纳污能力与资源供给能力相对较弱，其产业发展规模受到资源环境约束较大；接近 1 表示承载力水平在区域中处于优势，该子区域的环境纳污能力与资源能力相对较强，利于布局较大规模产业。

$$E_{ij}^{'}=\frac{E_{ij}-\min\{E_i\}}{\max\{E_i\}-\min\{E_i\}} \tag{6-23}$$

其中，E'_{ij} 为城市 j 单要素承载力标准化值；E_{ij} 为城市 j 单要素承载力值；E_i 为要素 i 的数据序列；$\min\{E_i\}$ 为区域中各城市的要素 i 最小值，$\max\{E_i\}$ 为区域中各城市的要素 i 最大值；i 为资源环境要素索引，在本项目中取值 1 到 4，分别代表水资源承载里、水环境承载力、近岸海域环境承载力、大气环境承载力；j 为城市索引，在本项目中共有 13 个地市，取值 1 到 13。

资源环境承载力综合分析的对象是环境、经济、社会系统复合而成的多因素、多层次复杂系统，既涉及各个要素承载力的定量化，也涉及各个要素承载力对综合指标的重要性差异。在本项目中，前者通过上文中阐述的大尺度模型进行计算；后者则体现在综合分析时各要素权重的取值，本项目中采用均权重，即认为各要素对综合承载力的贡献是等同的。将每个子区域标准化后的各单要素指标加权求和，即得到该子区域资源环境综合承载力。

$$REC_j=\sum_{i=1}^{n}w_iE_{ij}^{'} \tag{6-24}$$

其中，REC_j 表示城市 j 的综合承载力值；E'_{ij} 为城市 j 单要素承载力标准化值；w_i 表示要素 i 权重；n 为资源环境要素个数，取值为 4。

资源环境综合承载力超载水平可用于量化人类活动对区域环境系统的影响程度，以人类生活生产活动所利用的自然资源和所排放的污染物对资源承载力和环境容量的平均占用率与 1 的差值，直观地表现子区域资源环境综合承载力超载与否，如果其取值大于 0，表示该子区域的综合承载力超载，反之则表示综合承载力未超载，其数学表达式如下：

$$UR_j=\frac{1}{n}\times\sum_{i=1}^{n}\frac{U_{ij}}{E_{ij}}-1 \tag{6-25}$$

其中，R_j 表示城市 j 的资源环境综合承载力利用水平；U_{ij} 表示城市 j 资源要素利用量或环境要素污染物排放量；E_{ij} 表示城市 j 资源环境要素承载力值；n 为资源环境要素个数，取值为 4。

第二节　资源环境要素承载力分析结果

一、生态控制性分区结果

1．生态敏感性评价结果

环渤海沿海地区生态敏感性普遍较高，极敏感区和高敏感区占环渤海沿海地区总面积 25%。北岸产业带极敏感区主要集中在大连长兴岛、锦州中部山地和盘锦双台河口保护区，西岸产业带极敏感区主要分布在唐山南部沿海和滨海新区南部湿地保护区，南岸产业带高敏感区在滨州沿海和黄河三角洲附近（图 6-17）。

以上生态敏感性较高的地区同时也是生态相对脆弱、潜在生态风险水平相对较高的地区。

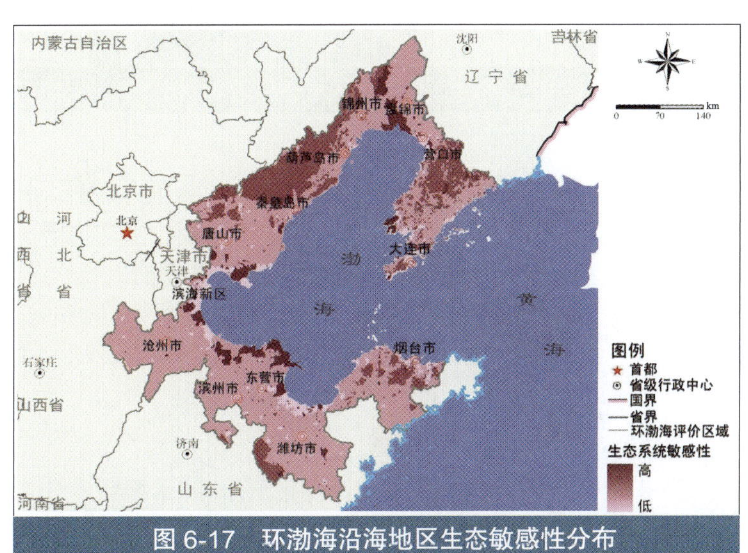

图 6-17　环渤海沿海地区生态敏感性分布

2．生态系统服务功能评价结果

环渤海区域生态系统服务功能评价结果如图 6-18 所示。结果显示环渤海地区生态系统服务价值分布呈现明显的北高南低的趋势。高生态系统服务价值区主要集中于大连和营口北部、盘锦辽河三角洲、锦州北部、葫芦岛西北部、秦皇岛西北部和黄河三角洲的沿海地区。其中辽河三角洲、黄河三角洲是研究区内海滨湿地分布的主要区域，植被资源丰富、动物资源繁多，分别建有双台河口和黄河三角洲两大国家级自然保护区，生物多样性保护价值极高。葫芦岛西北部、锦州北部是国家级保护区、重要风景名胜区和森林公园医巫闾山所在地，这里分布有大面积天然油松林、华北植物区系针阔混交林，具有重要生物多样性保护价值。另外奇特的自然景观和良好的植被状况也使该区域在娱乐文化和气候调节方面，功能突出。大连北部和秦皇岛西北部是水源涵养功能显著的区域。大连北部分布有碧流河水库、朱家隈子水库、英那河水库以及营口的玉石水库；而秦皇岛西北部不仅是柳江国家

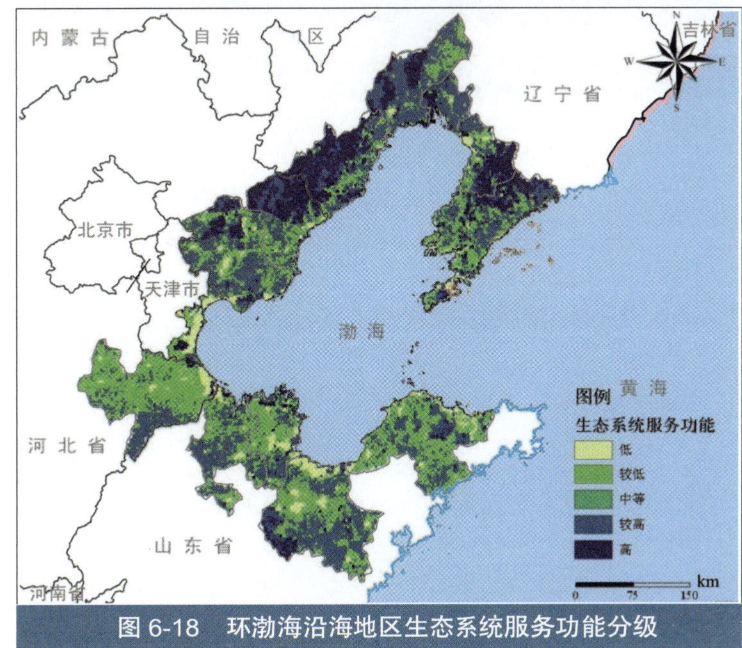

图 6-18　环渤海沿海地区生态系统服务功能分级

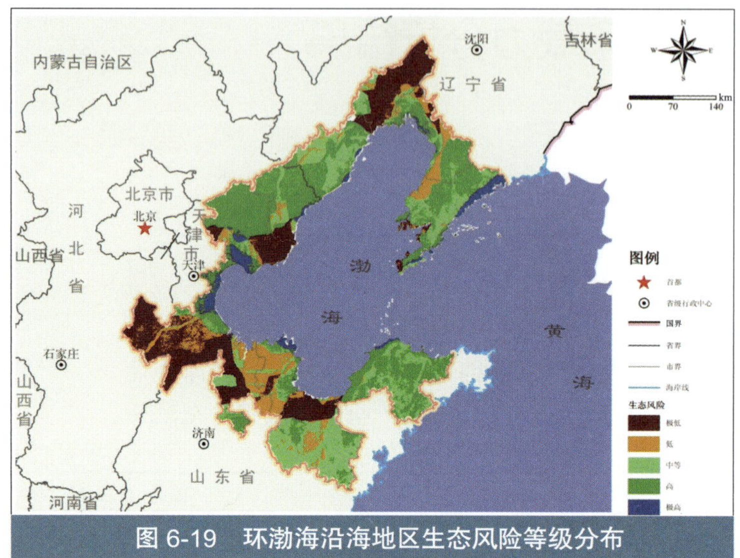

图 6-19 环渤海沿海地区生态风险等级分布

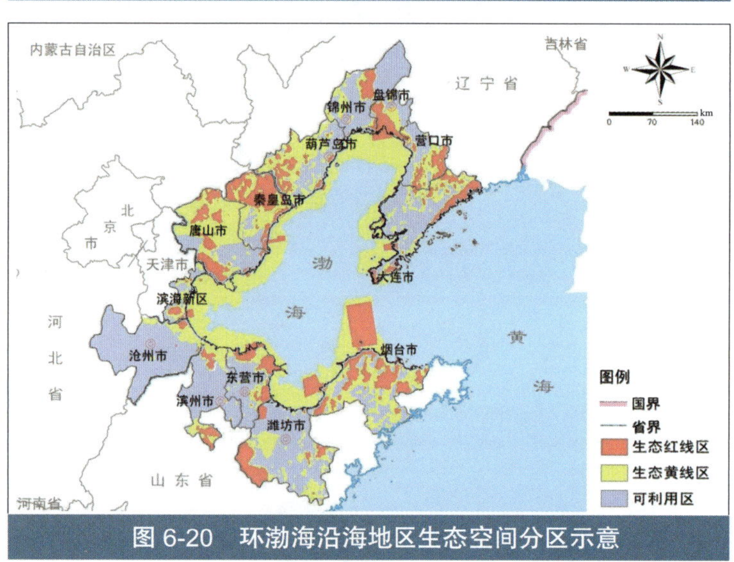

图 6-20 环渤海沿海地区生态空间分区示意

级自然保护区所在地，而且还是桃林口水库、唐山潘家口水库、大黑汀水库的上游地区，此区域水源涵养功能的保护对于秦皇岛、唐山乃至天津地区的饮用水安全具有重要意义。

3．生态风险评价

环渤海地区的自然生态风险源比较复杂，既受地质因素的影响，又受到海洋灾害性气候的作用，且两者多叠加发生，对沿海一带影响较大。主要风险类型包括水土流失、风暴潮、暴雨山洪、海水入侵以及地面沉降、泥石流等。

环渤海区域生态风险等级计算结果见图 6-19。由图可见研究区的生态风险集中发生于四个区域：辽东湾、渤海湾、莱州湾以及大连东岸。辽东湾的主要问题是海水入侵、风暴潮、土壤盐渍化；渤海湾的主要问题是地面沉降、风暴潮；莱州湾的水土流失和海水入侵严重；大连东部是山洪暴雨和泥石流发生相对频繁的区域。

陆地生态红线区面积 2.5 万 km^2，占环渤海沿海地区陆域面积 19.6%(表 6-4)，主要分布在大连北部、葫芦岛西部、唐山西部、秦皇岛中西部、滨海新区南部、滨州和东营沿海地区以及烟台中部和沿莱州湾沿岸，多为丘陵山地和海岸带湿地，是水源地、保护区、湿地、森林等的主要分布区。生态黄线区占陆域面积 29.4%，主要分布在生态红线区周围。可开发利用区占陆域面积 50.9%，分布相对集中，主要在大连、锦州、沧州、滨州、东营及潍坊。海域生态红线区面积 1.0 万 km^2，主要为各类海洋自然保护区(图 6-20)。

表 6-4 环渤海沿海地区陆域生态空间分区面积及比重

区 域	生态红线区			生态黄线区			可开发利用区		
	面积 / 万 km^2	占区域面积比例 / %	占红线区比例 / %	面积 / 万 km^2	占区域面积比例 / %	占黄线区面积比例 / %	面积 / 万 km^2	占区域面积比例 / %	占可开发利用区面积比例 / %
北岸产业带	0.9	20.0	34.1	1.3	31.0	35.3	2.1	49.0	32.2
西岸产业带	0.8	20.0	30.9	1.2	30.6	31.5	1.9	49.4	29.5
南岸产业带	0.9	19.0	35.0	1.3	27.0	33.2	2.5	54.0	38.3
环渤海沿海地区	2.5	19.6	100.0	3.8	29.4	100.0	6.6	50.9	100.0

现有重点产业聚集区与生态红线区在局部地区存在空间冲突，部分产业区分布在高生态风险区，或挤占滩涂湿地等自然生态系统（图 6-21）。

大连、盘锦、秦皇岛等地产业聚集区以及部分填海造陆区域是生态风险高发区域。其中，大连市黄海侧部分重点产业聚集区所处地区自然风险高，主要受风暴潮影响；秦皇岛产业聚集区生态风险较高，主要可能遭受海水入侵、岩石崩塌的自然灾害危害；盘锦大辽河入海口地区、营口沿海地区是生态风险较高的区域，同时也是当地主要产业聚集区。其余多数产业聚集区与生态敏感性高的区域空间冲突较小，分布较为合理。

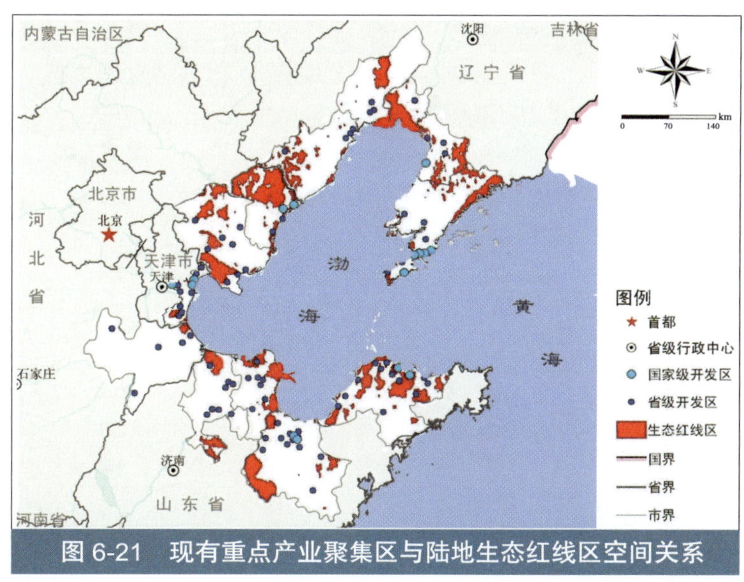

图 6-21　现有重点产业聚集区与陆地生态红线区空间关系

二、水资源承载力与利用水平

1．入海河流河道内生态环境需水量

根据上文所述测算方法，环渤海沿海地区总入海最小生态需要水量为 72.09 亿 m^3，各河流控制站水量如表 6-5 所示。其中，海河流域的滦河流域入海年最小生态需水量为 3.6 亿 m^3，徒骇马颊河为 0.79 亿 m^3，北三河为 1.01 亿 m^3，潮白河为 1.96 亿 m^3，蓟运河为 0.66 亿 m^3，北运河为 0.44 亿 m^3，永定河为 1.29 亿 m^3，子牙河为 2.37 亿 m^3，漳卫河为 2.3 亿 m^3，大清河为 2.3 亿 m^3，总计 16.72 亿 m^3。黄河流域中黄河下游入海年最小生态需水量为 48.57 亿 m^3，小清河为 0.7 亿 m^3，总计 49.27 亿 m^3。辽河流域中西辽河入海年最小生态需水量为 1.02 亿 m^3，东辽河为 0.56 亿 m^3，辽河干流为 2.97 亿 m^3，大辽河为 0.67 亿 m^3，大凌河为 0.88 亿 m^3，总计 6.1 亿 m^3。

环渤海沿海地区推荐入海适宜生态流量为 271 亿 m^3，各河流控制站水量如表 6-5 所示。其中，海河流域的滦河流域入海年适宜生态需水量为 7.47 亿 m^3，北三河为 1.55 亿 m^3，徒骇马颊河为 1.36 亿 m^3，潮白河为 3.5 亿 m^3，蓟运河为 1.14 亿 m^3，北运河为 0.79 亿 m^3，永定河为 2.78 亿 m^3，子牙河为 6.46 亿 m^3，漳卫河为 5.74 亿 m^3，大清河为 6.37 亿 m^3，总计 37.16 亿 m^3。黄河流域中黄河下游为 210 亿 m^3，小清河为 2.62 亿 m^3，总计 212.6 亿 m^3。辽河流域中西辽河为 2.88 亿 m^3，东辽河为 2.22 亿 m^3，辽河干流为 11.23 亿 m^3，大辽河为 2.33 亿 m^3，大凌河为 2.55 亿 m^3，总计 21.21 亿 m^3。

2．水资源可开发利用量及 2007 年利用水平

结合环渤海沿海地区十三地市所属水资源分区，依据流域和省级行政区水资源可利用量、水利工程布局和水资源配置结果，综合考虑区域外调水量、本地地表水与地下水可利用量、各种非常规水资源可利用量，2007 年环渤海沿海地区可开发利用水资源量为 140.3 亿 m^3（图 6-22、表 6-6），其中地表水可利用量占 56.9%，地下水可开采量占 27.5%。外调水总量为

表 6-5 环渤海沿海地区入海河流最小河道内生态环境需水量

	站名（控制断面）	流域面积 / km^2	最小生态流量 /（m^3/s）	年最小生态需水量 / 亿 m^3	适宜生态流量 /（m^3/s）	年适宜生态需水量 / m^3
海河流域						
滦 河	桃林口	54 400	3.1	0.98	5.4	1.70
	潘家口	—	7.7	2.43	14.9	4.70
	滦 县	—	11.4	3. 60	23.7	7.47
北三河		35 808	3.2	1.01	4.9	1.55
徒骇马颊河		28 740	2.5	0.79	4.3	1.36
潮白河	苏 庄	—	6.2	1.96	11.1	3.50
蓟运河	于桥水库	—	2.1	0.66	3.6	1.14
北运河	通 县	6 166	1.4	0.44	2.5	0.79
永定河	石匣里	47 016	2.5	0.79	7.5	2.37
	响水堡	—	1.8	0.57	4.7	1.48
	官 厅	—	4.1	1.29	8.8	2.78
子牙河	献 县	46 868	7.5	2.37	20.5	6.46
	黄壁庄	—	4.5	1.42	12.6	3.97
漳卫河	楚 旺	37 584	4.2	1.32	9.8	3.09
	观 台	—	3.9	1.23	13.6	4.29
	称钩湾	—	7.3	2.30	18.2	5.74
大清河	王快水库	43 060	1.8	0.57	5	1.58
		—	7.3	2.30	20.2	6.37
		—	1.7	0.54	4.8	1.51
黄河流域						
黄河下游	花园口	730 036	170	53.61	567	178.7
	高 村	734 146	140	44.15	617	194.5
	利 津	751 869	154	48.57	666	210
小清河		11 000	2.2	0.7	8.3	2.62
辽河流域						
西辽河	麦 新	50 934	1.86	0.59	6.9	2.18
	郑家屯	126 699	3.24	1.02	9.14	2.88
东辽河	太 平	10 418	1.77	0.56	7.03	2.22
辽河干流	福德店	147 660	4.86	1.53	17.1	5.39
	朱家房	177 070	9.43	2.97	35.6	11.23
大辽河	浑 河	11 500	1.84	0.58	6.9	2.18
	太子河	13 900	2.13	0.67	7.4	2.33
大凌河		23 263	2.78	0.88	8.1	2.55

19.7 亿 m^3（不包括环渤海沿海地区内各市之间的调水量），主要调水区域集中在滨海新区到东营一带，其外调水量占当地可开发利用水资源量最高可达 45.2%。

北岸产业带涉及四个水资源三级区，包括辽河柳河口下、浑河、太子河及大辽河、沿黄渤海西部诸河，可开发利用水资源量为 41.4 亿 m^3。其中地表水是主要来源，占 78.8%，2007

表 6-6　水资源可开发利用量组成　单位：亿 m^3

区域	地表水可利用量	地下水可开采量	其他水源可利用量	2007 年外调水量	水资源可开发利用量
北岸产业带	32.6	8.0	0.8	0.0	41.4
西岸产业带	15.9	13.0	0.8	2.7	32.5
南岸产业带	31.3	17.5	0.6	17.0	66.4
环渤海沿海地区	79.8	38.5	2.2	19.7	140.3

年地表水供水量为 27.5 亿 m^3，辽河柳河口下和太子河及大辽河干流地表水开发利用率较高，达到 60% 以上；浑河流域开发利用率达 40% 以上。地下水可开采量为 8.0 亿 m^3，2007 年地下水供水量为 15.8 亿 m^3，超采地下水 7.8 亿 m^3，浑河、沿黄渤海西部诸河地下水开发利用率较高，超过 100%；辽河柳河口以下、太子河及大辽河干流接近或超过 80%。2007 年北岸产业带调水工程主要为大连市域范围内的引碧入连、引英入连工程，不涉及区域外调水。

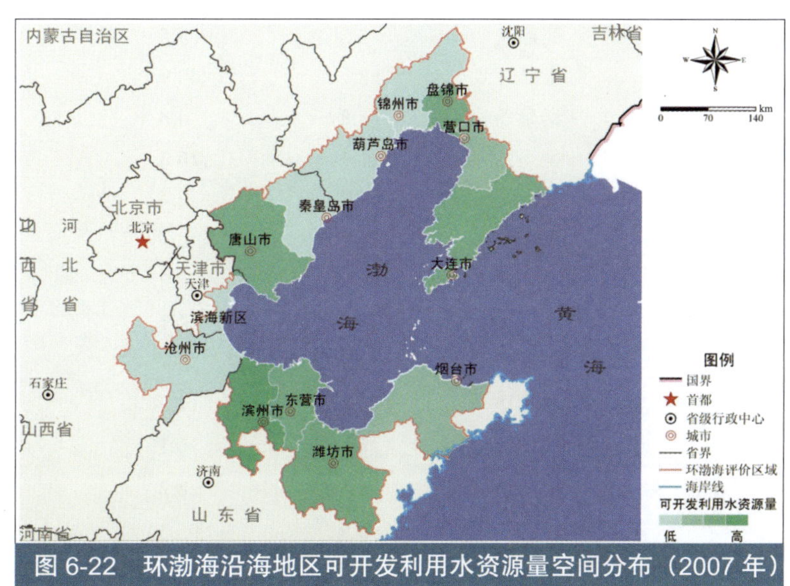

图 6-22　环渤海沿海地区可开发利用水资源量空间分布（2007 年）

数据来源：国家与各地水资源综合规划。

西岸产业带可开发利用水资源量为三大产业带最小，为 32.5 亿 m^3。其中地表水可利用量为 15.9 亿 m^3，占 49.0%。地下水可开采量为 13.0 亿 m^3，占 40.0%，除滨海新区外的地市地下水开采量占城市可开发利用量 40% ～ 50%。外调水工程涉及引滦入津、引黄入津，区域外调水量为 2.7 亿 m^3，占 8.4%。

南岸产业带可开发利用水资源量最高，占环渤海沿海地区 47.3%，然而该区域对引江水和引黄水的依赖最大，外调水 17.0 亿 m^3，占环渤海沿海地区外调水总量的 86.1%。地表水可供水量为 31.3 亿 m^3，2007 年地表水供水量为 31.1 亿 m^3。地下水可开采量为 17.5 亿 m^3，2007 年地下水供水量为 19.0 亿 m^3，超采地下水为 1.5 亿 m^3。

3．2015 年、2020 年区域水资源可开发利用量及利用水平预测

根据水利部全国主要流域水资源配置方案和环渤海三省一市有关规划，2015 年、2020 年环渤海沿海地区可供水量分别为 195.4 亿 m^3、203.8 亿 m^3，分别比 2007 年增加 30.6%、36.2%。到 2020 年，引滦入津、南水北调中线和东线引水工程、引黄工程将使区域外调水量达到 41.8 亿 m^3（不包括环渤海沿海地区内各市之间的调水量），比 2007 年增长 1.1 倍，占总可供水量 20.5%，比现状增加 7 个百分点，区域水资源对外依赖越来越大（表 6-7、表 6-8）。

三大产业带中，南岸产业带可供水量最大，到 2020 年可达 80.2 亿 m^3，主要依赖于南水北调水量和引黄水量，二者占南岸产业带外调水量的 70% 以上。西岸产业带使用再生水、海水等非常规水源的比例最高，达 5.5 亿 m^3，占可供水量的 8.0%。北岸产业带可供水量主要由入境水提供（图 6-23）。

表 6-7 环渤海沿海地区可供水资源量构成（2015 年） 单位：亿 m^3

产业带	市（区）	可供水资源量	地表水资源量	地下水资源量	外调水资源量	非常规水资源量
北岸产业带	大　连	10.9	9.7	1.1	0.0	0.1
	营　口	7.8	4.1	6.8	0.0	0.4
	盘　锦	18.2	6.6	1.1	0.0	0.0
	锦　州	11.3	16.9	1.3	0.0	0.0
	葫芦岛	5.5	3.5	1.9	0.0	0.1
	小　计	53.7	40.9	12.1	0.0	0.6
西岸产业带	秦皇岛	8.8	4.8	3.6	0.0	0.4
	唐　山	31.4	16.8	13.4	0.0	1.3
	滨海新区	10.2	2.4	0.1	5.9	1.2
	沧　州	16.5	2.3	9.5	4.1	0.6
	小　计	66.9	26.2	26.6	10.0	3.5
南岸产业带	滨　州	18.4	4.1	2.7	10.5	1.1
	东　营	13.9	2.7	1.1	9.8	0.3
	潍　坊	25.5	11.3	9.5	4.2	0.6
	烟　台	17.1	10.1	5.2	1.0	0.9
	小　计	74.8	28.2	18.4	25.4	2.9
合　计		195.4	95.3	57.1	35.4	6.9

表 6-8 环渤海沿海地区可供水资源量构成（2020 年） 单位：亿 m^3

产业带	市（区）	可供水资源量	地表水资源量	地下水资源量	外调水资源量	非常规水资源量
北岸产业带	大　连	10.9	11.1	1.1	0.0	0.1
	营　口	8.2	5.2	6.9	0.0	0.6
	盘　锦	17.7	7.1	1.0	0.0	0.1
	锦　州	12.6	16.4	1.2	0.0	0.1
	葫芦岛	5.5	4.2	2.0	0.0	0.2
	小　计	54.9	44.0	12.2	0.0	1.0
西岸产业带	秦皇岛	8.8	4.9	3.8	0.0	0.5
	唐　山	31.4	15.7	13.4	0.0	2.3
	滨海新区	12.0	2.4	0.1	7.1	1.6
	沧　州	16.5	3.1	9.1	6.5	1.1
	小　计	68.7	26.1	26.4	13.6	5.5
南岸产业带	滨　州	19.5	4.2	2.7	11.2	1.4
	东　营	15.5	2.9	1.2	10.8	0.6
	潍　坊	27.3	11.8	9.8	4.8	0.9
	烟　台	17.9	10.4	4.3	1.5	1.9
	小　计	80.2	29.2	18.0	28.2	4.7
合　计		203.8	99.4	56.6	41.8	11.2

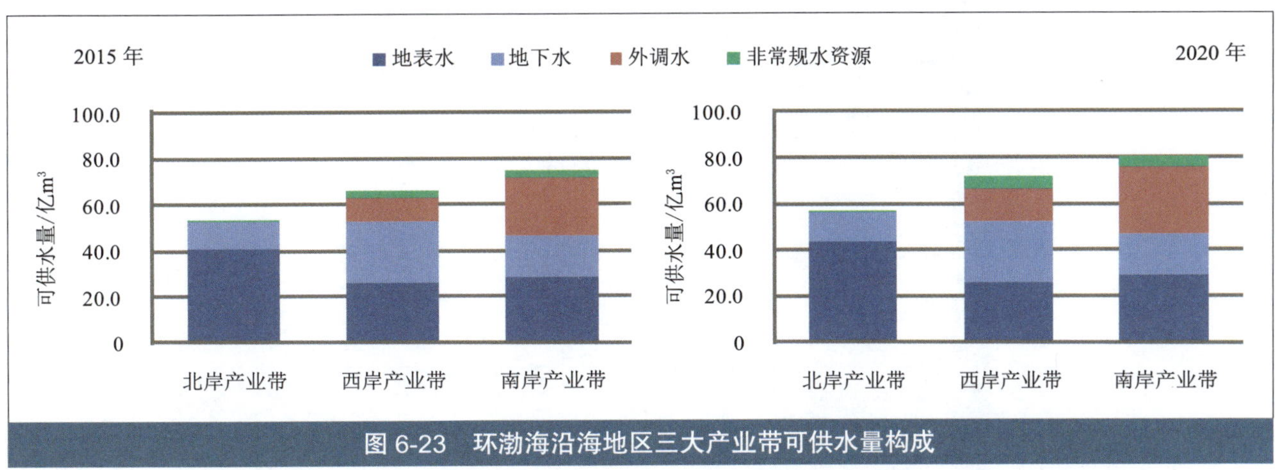

图 6-23 环渤海沿海地区三大产业带可供水量构成

未来环渤海沿海地区用水紧张态势将进一步加重。即使考虑外调水量，区域水资源承载力也只能支撑情景一条件下的重点产业发展，且重点产业供水系数 2015 年、2020 年分别提高至 0.20、0.22，比现状增加 0.06 ～ 0.08。通常情况下，工业供水系数小于 0.2，如超出这一阈值，工业发展与农业、生活等其他部门争水局面将不可避免，还可能造成生态用水被大量挤占，河流水体环境容量降低等一系列负面影响。就此而言，未来区域重点产业发展情景一，将达到环渤海沿海地区水资源承载力上限。情景二条件下，葫芦岛和烟台的水资源均不能承载重点产业发展规模，其他地区也仅能勉强支撑。情景三将全面突破区域水资源的承载能力。

三、水环境承载力核算结果及其利用水平

1．区域多年平均水环境承载力核算结果

环渤海沿海地区地表水环境的多年平均 COD 承载力为 36.4 万～ 46.4 万 t，多年平均 NH_3-N 承载力为 1.8 万～ 2.8 万 t。83% 的水环境容量来源于境内自产水，17% 来自外调水。由于上游来水水质普遍较差无法继续纳污（饮用水源水质优良，但不能纳污），上游来水对区域水环境承载力没有贡献。部分城市，如滨州、东营、沧州、滨海新区等，因为使用外调水量占总水资源量比例较高，水环境承载能力对外依存度较高（表 6-9）。

2．区域水环境承载力年际变化与年内分配特征

受水资源量的年际变化和年内分配影响，区域水环境承载力也具有年际变化和年内各月分配特征。

对于年际变化特征，主要采用 20%、50%、75%、95% 几个特征保证率对应的水环境承载力计算结果来表征（表 6-10）。总体看来，区域水环境承载力随水文年型变化特征明显，从特枯年到丰水年的变化幅度可达多年平均值的 0.4 ～ 2.0 倍。

对于年内各月分布情况，总体上看，水环境承载力较大的月份主要集中在降水量和径流量丰富的 6、7、8、9 四个月，其余八个月份相差不是很大。其中，承载力最大的是 8 月份，多年平均的 COD 和 NH_3-N 承载力分别为 9.4 万 t/ 月和 0.53 万 t/ 月，占全年总承载能力的 21.5%；最小的是 1 月份，多年平均的 COD 和 NH_3-N 承载力分别为 1.2 万 t/ 月和 0.05 万 t/ 月，

表 6-9　区域多年平均水环境承载力

单位：t/a

地　区	跨界河流入境水量的污染物同化能力①		境内自产水量的污染物同化能力②				外调水量的污染物同化能力③				区域水环境的污染物同化能力①+②+③			
	COD	NH_3-N	COD		NH_3-N		COD		NH_3-N		COD		NH_3-N	
			最小值	最大值	最小值	最大值	最小值	最大值	最小值	最大值	最小值	最大值	最小值	最大值
大　连	0	0	9 726.1	13 900.3	486.3	903.7	0	0	0	0	9 726.1	13 900.3	486.3	903.7
营　口	0	0	14 723.9	16 837.9	798.9	1 098	0	0	0	0	14 723.9	16 837.9	798.9	1 098
盘　锦	0	0	6 651.1	8 332.9	332.6	500.7	0	0	0	0	6 651.1	8 332.9	332.6	500.7
锦　州	0	0	28 059.6	35 074.5	1 403	2 104.5	0	0	0	0	28 059.6	35 074.5	1 403	2 104.5
葫芦岛	0	0	24 938.8	34 717	1 246.9	2 224.8	0	0	0	0	24 938.8	34 717	1 246.9	2 224.8
秦皇岛	0	0	33 540	41 925	1 677	2 515.5	0	0	0	0	33 540	41 925	1 677	2 515.5
唐　山	0	0	24 160	36 240	1 208	2 416	0	0	0	0	24 160	36 240	1 208	2 416
滨海新区	0	0	4 600	5 750	230	345	3 330	4 162.5	166.5	249.8	7 930	9 912.5	396.5	594.8
沧　州	0	0	26 900	33 625	1 345	2 017.5	8 240	10 300	412	618	35 140	43 925	1 757	2 635.5
滨　州	0	0	20 308.4	25 385.5	1 015.4	1 523.1	20 900	26 125	1 045	1 567.5	41 208.4	51 510.5	2 060.4	3 090.6
东　营	0	0	12 319.2	15 399	616	923.9	19 500	24 375	975	1 462.5	31 819.2	39 774	1 591	2 386.4
潍　坊	0	0	48 998.6	61 248.3	2 449.9	3 674.9	8 460	10 575	423	634.5	57 458.6	71 823.3	2 872.9	4 309.4
烟　台	0	0	46 979.2	58 724	2 349	3 523.4	1 429.8	1 787.2	71.5	107.2	48 409	60 511.2	2 420.4	3 630.7
合　计	0	0	301 904.9	387 159.4	15 158	23 771	61 859.8	77 324.7	3 093	4 639.5	363 764.7	464 484.1	18 250.9	28 410.5

表 6-10　区域水环境承载力的年际变化

单位：t/a

城市	多年平均值		丰水年（20% 保证率）		平水年（50% 保证率）		枯水年（75% 保证率）		特枯年（95% 保证率）	
	COD	NH_3-N	COD	NH_3-N	COD	NH_3-N	COD	NH_3-N	COD	NH_3-N
大连	9 726 ～ 13 900	486 ～ 904	13 655 ～ 19 516	683 ～ 1 269	8 802 ～ 12 580	440 ～ 818	5 865 ～ 8 382	293 ～ 545	2 986 ～ 4 268	149 ～ 277
营口	14 724 ～ 16 838	799 ～ 1 098	21 364 ～ 24 432	1 159 ～ 1 593	12 883 ～ 14 733	699 ～ 961	8 010 ～ 9 160	435 ～ 597	3 519 ～ 4 024	191 ～ 262
盘锦	6 651 ～ 8 333	333 ～ 501	10 183 ～ 12 758	509 ～ 767	5 361 ～ 6 716	268 ～ 404	2 860 ～ 3 583	143 ～ 215	898 ～ 1 125	45 ～ 68
锦州	28 060 ～ 35 074	1 403 ～ 2 104	42 005 ～ 52 507	2 100 ～ 3 150	20 540 ～ 25 675	1 027 ～ 1 540	11 420 ～ 14 275	571 ～ 857	6 482 ～ 8 102	324 ～ 486
葫芦岛	24 939 ～ 34 717	1 247 ～ 2 225	36 959 ～ 51 451	1 848 ～ 3 297	19 078 ～ 26 559	954 ～ 1 702	11 023 ～ 15 345	551 ～ 983	6 160 ～ 8 575	308 ～ 550
秦皇岛	33 540 ～ 41 925	1 677 ～ 2 516	44 940 ～ 56 175	2 247 ～ 3 370	30 340 ～ 37 925	1 517 ～ 2 275	21 960 ～ 27 450	1 098 ～ 1 647	14 200 ～ 17 750	710 ～ 1 065
唐山	24 160 ～ 36 240	1 208 ～ 2 416	30 960 ～ 46 440	1 548 ～ 3 096	21 560 ～ 32 340	1 078 ～ 2 156	16 760 ～ 25 140	838 ～ 1 676	13 170 ～ 19 755	659 ～ 1 317
滨海新区	7 930 ～ 9 913	397 ～ 595			7 730 ～ 9 663	387 ～ 580	6 130 ～ 7 663	307 ～ 460	5 130 ～ 6 413	257 ～ 385
沧州	35 140 ～ 43 925	17 57 ～ 2 636	41 200 ～ 51 500	2 060 ～ 3 090	30 020 ～ 37 525	1 501 ～ 2 251	25 000 ～ 31 250	1 250 ～ 1 875	21 980 ～ 27 475	1 099 ～ 1 649
滨州	41 208 ～ 51 511	2 060 ～ 3 091	50 915 ～ 63 644	2 546 ～ 3 819	38 264 ～ 47 830	1 913 ～ 2 870	31 208 ～ 39 010	1 560 ～ 2 341	25 006 ～ 31 257	1 250 ～ 1 875
东营	31 819 ～ 39 774	1 591 ～ 2 386	37 772 ～ 47 215	1 889 ～ 2 833	29 981 ～ 37 477	1 499 ～ 2 249	25 662 ～ 32 078	1 283 ～ 1 925	21 907 ～ 27 384	1 095 ～ 1 643
潍坊	57 459 ～ 71 823	2 873 ～ 4 310	78 922 ～ 98 652	3 946 ～ 5 919	51 783 ～ 64 728	2 589 ～ 3 884	35 958 ～ 44 948	1 798 ～ 2 697	21 031 ～ 26 289	1 052 ～ 1 577
烟台	48 409 ～ 60 511	2 420 ～ 3 631	67 659 ～ 84 573	3 383 ～ 5 074	43 758 ～ 54 698	2 188 ～ 3 282	29 443 ～ 36 804	1 472 ～ 2 208	15 336 ～ 19 170	767 ～ 1 150
合计	363 765 ～ 464 484	18 251 ～ 28 411			320 100 ～ 408 447	16 060 ～ 24 972	231 299 ～ 295 087	11 599 ～ 18 026	157 805 ～ 201 587	7 905 ～ 12 304

表 6-11 区域水环境承载力的年内分布

地 区	COD				NH_3-N			
	1—5 月和 10—12 月		6—9 月		1—5 月和 10—12 月		6—9 月	
	平均值 /（t/ 月）	8 个月占全年比例 / %	平均值 /（t/ 月）	4 个月占全年比例 / %	平均值 /（t/ 月）	8 个月占全年比例 / %	平均值 /（t/ 月）	4 个月占全年比例 / %
大 连	434	29.4	2 086	70.6	26	29.7	123	70.3
营 口	633	32.1	2 680	67.9	38	32.1	161	67.9
锦 州	916	23.2	6 059	76.8	51	23.2	337	76.8
盘 锦	221	23.6	1 432	76.4	13	24.5	80	75.5
葫芦岛	778	20.9	5 900	79.1	46	21.1	343	78.9
滨海新区	482	43.2	1 268	56.8	27	43.5	70	56.5
秦皇岛	1 064	22.6	7 305	77.4	59	22.5	406	77.5
唐 山	1 034	27.4	5 482	72.6	62	27.4	329	72.6
沧 州	1 718	34.8	6 447	65.2	96	34.9	358	65.1
滨 州	2 662	45.9	6 264	54.1	148	46.0	348	54.0
东 营	2 312	51.7	4 326	48.3	129	51.8	240	48.2
潍 坊	2 775	34.3	10 611	65.7	154	34.3	590	65.7
烟 台	2 446	35.9	8 722	64.1	136	35.9	485	64.1
合 计	17 473	33.8	68 582	66.2	982	33.7	3 869	66.3

仅占全年总承载能力的 2.8%。总体看来，区域水环境承载力在年内随水文条件变化特征也较为明显（表 6-11），丰水期（6—9 月）承载力占全年的 2/3，枯、平水期（1—5 月和 10—12 月）承载力基本相当，合起来仅占全年的 1/3。

3. 区域水环境承载力的空间分异特征

环渤海十三地市资源禀赋条件不相同，因此产生了区域内水环境承载力的空间分异现象。由于 COD 指标和 NH_3-N 指标对应的承载力在空间分布规律上相似，因此以 COD 承载力为例予以讨论。

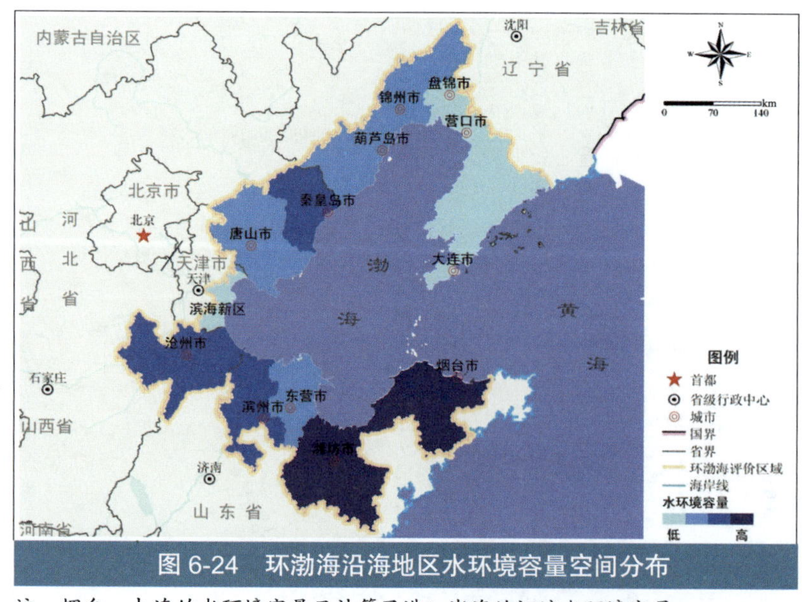

图 6-24 环渤海沿海地区水环境容量空间分布

注：烟台、大连的水环境容量只计算了进入渤海的河流水环境容量。

由于水资源禀赋空间差异和个别城市大量使用外调水，区域水环境容量总体上呈由南向北逐渐降低趋势（图 6-24），南岸产业带水环境容量超过环渤海沿海地区一半。从总量上看，水环境承载力较大的城市主要有潍坊、烟台、滨州，分别占区域水环境承载力的 15%、13%、11%，而盘锦、营口、滨海新区、大连（仅包括入渤海河流的水环境承载力）的水环境承载力相对较低，四市合计仅占全区域的

表 6-12　2007 年环渤海沿海地区各城市水环境承载力评价参考水文年型

地　区	2007 年水资源量	评价参考水文年型
大　连	水资源总量为 30.7 亿 m^3（多年平均水资源量 32.5 亿 m^3）	多年平均
营　口	水资源总量 5.6 亿 m^3，比多年平均少 46.3%	75% 保证率
盘　锦	降水频率对应的为 50%	50% 保证率
锦　州	辽宁省水资源量比多年平均值少 23.4%	50% 保证率
葫芦岛	水资源量为 10.39 亿 m^3	50% 保证率
秦皇岛	河北省水资源总量为 119.87 亿 m^3，比多年平均值少 84.82 亿 m^3	75% 保证率
唐　山	同秦皇岛	75% 保证率
滨海新区	水资源量为 11.30 亿 m^3，比多年平均少 4.39 亿 m^3	75% 保证率
沧　州	同秦皇岛	75% 保证率
滨　州	比多年平均值偏少 7.0%	50% 保证率
东　营	比多年平均值偏少 7.6%	50% 保证率
潍　坊	比多年平均值偏多 10.9%	多年平均
烟　台	比多年平均值偏多 58.7%	20% 保证率

10%。滨州、东营、滨海新区和沧州由于外调水量大，水环境承载力外部依赖较大。

4. 区域水环境承载现状评价

（1）2007 年区域水环境承载能力

根据 2007 年区域内各城市水资源状况，确定用于承载状况评价的参考水文年型及其对应的承载能力基准值（表 6-12）。

2007 年区域全年水环境容量相当于区域多年平均水平，COD 容量为 37.1 万 t，NH_3-N 容量为 2.1 万 t（表 6-13）。丰水期（6—9 月）承载力占全年承载力的 65.8%。区域内存在较大空间差异，主要与各城市在 2007 年的水资源条件有关，滨州、东营、潍坊、烟台等城市在当年的承载能力较高，而滨海新区、秦皇岛、唐山等城市则较低。

（2）2007 年区域水环境承载状况评价

定义水环境超载倍数为污染物入河量与水环境承载力比值减 1，并以此倍数的大小来分析承载状况。超载倍数大于 0，意味着有超载问题，大得越多，超载现象越严重，排污对水环境影响越大，水环境质量达标程度越低；超载倍数小于等于 0，意味着不存在超载问题，数值越小，水环境富余的承载力越大，进一步接纳污染物的能力越强。

对于 COD 指标，综合考虑点源和非点源的影响；对于 NH_3-N 指标，因缺乏非点源估算数据，仅考虑点源的影响。

区域污染物入河量估算和年内分配原则如下：点源排放的污染物入河系数以 0.85 计算，且一年内每月的入河量相同；农业非点源排放的入河系数以 0.30 计算，且假设仅 6—9 月降雨量丰富时存在非点源污染物入河现象。

① 区域水环境接纳点源和非点源 COD 排放的超载情况。

根据污染物排放数据与前文所述的估算原则，可计算出各城市 COD 的入河总量，如表 6-14 所示。采用超载倍数评价水环境承载状况，如表 6-15 所示。为简单起见，在计算中水环境的

表 6-13 2007 年区域水环境 COD 和 NH_3-N 承载力

城市	COD			NH_3-N		
	1—5 月和 10—12 月 /（t/ 月）	6—9 月 /（t/ 月）	全年 /（t/a）	1—5 月和 10—12 月 /（t/ 月）	6—9 月 /（t/ 月）	全年 /（t/a）
大 连	433	2 086	11 813	26	123	695
营 口	344	1 458	8 585	21	88	516
锦 州	671	4 435	23 107	37	246	1 284
盘 锦	178	1 155	6 039	10	64	336
葫芦岛	595	4 513	22 818	35	263	1 328
滨海新区	415	894	6 897	23	50	384
秦皇岛	697	4 783	24 705	39	266	1 373
唐 山	717	3 803	20 950	43	228	1 257
沧 州	1 362	4 308	28 125	76	239	1 563
滨 州	2 560	5 640	43 047	142	313	2 392
东 营	2 239	3 953	33 729	124	220	1 874
潍 坊	2 775	10 611	64 641	154	590	3 592
烟 台	3 394	12 242	76 116	189	680	4 229
合 计	16 380	59 881	370 571	918	3 369	20 820

COD 承载力时采用最大值和最小值的平均值。其中，大连仅考虑最终入渤海部分污染物以及入渤海河流的承载力。另外，总超载倍数对应于污染物入河总量，重点行业超载倍数对应于仅有重点行业排污的理想情况。

同时考虑点源和农业非点源的排放，2007 年全区域 COD 入河总量为 70.6 万 t，其中 6—

表 6-14 2007 年区域内各城市 COD 入河总量（含点源与农业非点源）

地区	1—5 月和 10—12 月		6—9 月		全年	
	COD 入河总量 /（t/ 月）	重点行业贡献比例 / %	COD 入河总量 /（t/ 月）	重点行业贡献比例 / %	COD 入河总量 /（t/a）	重点行业贡献比例 / %
大 连	604	24.6	1 122	13.2	9 319	19.1
营 口	4 233	63.0	4 798	55.6	53 054	60.3
盘 锦	2 814	40.8	3 247	35.4	35 504	38.8
锦 州	5 683	60.8	7 242	47.7	74 434	55.7
葫芦岛	1 813	16.5	3 258	9.2	27 537	13.1
秦皇岛	3 655	55.8	5 390	37.9	50 802	48.2
唐 山	7 957	79.0	12 789	49.2	114 812	65.7
滨海新区	2 854	34.5	2 889	34.1	34 385	34.4
沧 州	5 518	39.7	9 358	23.4	81 578	32.2
滨 州	3 282	64.7	5 801	36.6	49 456	51.5
东 营	3 118	29.1	4 109	22.1	41 379	26.3
潍 坊	4 724	41.3	9 841	19.8	77 155	30.3
烟 台	4 051	25.5	6 091	16.9	56 771	21.8
合 计	50 305	50.2	75 937	33.2	706 186	42.9

表 6-15　2007 年区域水环境的 COD 承载状况评价

地　区	1—5 月和 10—12 月		6—9 月		全年平均	
	总超载倍数	重点行业超载倍数	总超载倍数	重点行业超载倍数	总超载倍数	重点行业超载倍数
大　连	0.39	−0.66	−0.46	−0.93	−0.21	−0.85
营　口	11.30	6.76	2.29	0.83	5.18	2.73
盘　锦	14.81	5.46	1.81	0.00	4.88	1.28
锦　州	7.47	4.15	0.63	−0.22	2.22	0.80
葫芦岛	2.05	−0.50	−0.28	−0.93	0.21	−0.84
秦皇岛	4.24	1.93	0.13	−0.57	1.06	−0.01
唐　山	10.10	7.77	2.36	0.65	4.48	2.60
滨海新区	5.88	1.37	2.23	0.10	3.99	0.71
沧　州	3.05	0.61	1.17	−0.49	1.90	−0.07
滨　州	0.28	−0.17	0.03	−0.62	0.15	−0.41
东　营	0.39	−0.60	0.04	−0.77	0.23	−0.68
潍　坊	0.70	−0.30	−0.07	−0.82	0.19	−0.64
烟　台	0.19	−0.70	−0.50	−0.92	−0.25	−0.84
合　计	2.07	0.54	0.27	−0.58	0.91	−0.18

9 月份 COD 入河量为 7.6 万 t/ 月，其余月份为 5.03 万 t/ 月。全区域的 COD 入河总量中，7 个重点行业的贡献比例大致在 43%。COD 入河总量中，重点行业贡献比例较高的是唐山、营口、锦州、滨州等城市。

同时考虑点源和农业非点源的排放，2007 年全区域水环境 COD 平均总超载倍数达到 0.9，其中枯水和平水月份超载情况更为严重一些，平均超载倍数为 2.1。区域内 2007 年存在 COD 超载现象的城市有十一个，即环渤海十三地市中，除了大连和烟台未出现超载，其他城市均有超载现象。在出现超载的城市中，除葫芦岛和潍坊仅在枯、平水期 COD 排放超过承载力，超载倍数分别为 2.05 和 0.7 外，其余九个城市在所有水期均超过承载力，枯、平水期超载倍数在 0.2 ～ 14.8。其中，丰水期超载倍数为 0.03 ～ 2.4，营口、盘锦、唐山等市的超载现象最为严重。

如果仅考虑重点行业排污或者说重点行业优先占用水环境承载力的话，2007 年唐山、营口、盘锦、锦州四个城市在枯、平水期出现重点行业 COD 明显超载现象，超载倍数分别为 7.8、6.8、5.5 和 4.2；秦皇岛、滨海新区和沧州三市也出现超载现象，其余六个城市重点行业不单独构成超载。由此可见，从 COD 指标看，唐山、营口、盘锦、锦州等地的重点行业发展必须要考虑水环境承载能力的制约。

② 区域水环境接纳点源 NH_3-N 排放的超载情况。

根据污染物排放数据与前文所述的估算原则，可计算出各城市点源排放的 NH_3-N 入河量。由于仅考虑点源，每月平均入河量相同，如表 6-16 所示。采用超载倍数评价水环境 NH_3-N 承载状况，如表 6-17 所示。为简单起见，在计算中水环境的 NH_3-N 承载力采用最大值和最小值的平均值。其中，大连和烟台仅考虑最终入渤海部分污染物以及入渤海河流的承载力。另外，点源超载倍数对应于点源排放的污染物入河量，重点行业超载倍数对应于仅有重点行

表 6-16 2007 年区域内各城市点源 NH_3-N 入河量

地 区	点源 NH_3-N 入河量 /（t/ 月）	重点行业贡献比例 / %
大 连	73	12.8
营 口	205	7.3
盘 锦	251	18.2
锦 州	285	7.8
葫芦岛	218	14.4
秦皇岛	275	12.1
唐 山	386	15.8
滨海新区	365	22.9
沧 州	452	20.0
滨 州	279	46.9
东 营	326	27.7
潍 坊	750	24.4
烟 台	568	6.2
合 计	4 433	18.8

业排污的理想情况。

仅考虑点源排放，2007 年全区域点源 NH_3-N 入河量为 4.4 万 t。全区域的点源 NH_3-N 入河量中，重点行业（含造纸、石油、化工、钢铁、装备制造、纺织、食品）的贡献比例在 18.8% 左右。点源 NH_3-N 入河量中，重点行业贡献比例较高的是滨州、东营、潍坊、滨海新区等地市。

如果仅考虑点源排污对水环境承载力的占用，2007 年全区域水环境点源 NH_3-N 入河量的全年平均超载倍数达到 1.6，其中枯水和平水月份的超载情况更为严重一些，超载倍数达到 3.8。在枯、平水期，所有十三地市都存在不同程度的 NH_3-N 超载现象，盘锦、滨海新区和营口的超载倍数更是高达 24.1、14.89 和 8.76 倍。在丰水期全区域平均超载 0.3 倍。除了大连、葫芦岛、烟台和滨州外，其余九个城市 NH_3-N 在丰水期排放超载，滨海新区在丰水期的超载倍数最高，达到 6.3。

如果仅考虑重点行业排污或者说重点行业优先占用水环境承载力的话，不论是丰水期还是非丰水期，区域内都有局部地区的重点行业出现单独超载现象。其中，2007 年的枯、平水

表 6-17 2007 年区域水环境的 NH_3-N 承载状况评价

地 区	1—5 月和 10—12 月		6—9 月		全年平均	
	点源超载倍数	重点行业超载倍数	点源超载倍数	重点行业超载倍数	点源超载倍数	重点行业超载倍数
大 连	1.81	−0.64	−0.41	−0.92	0.26	−0.84
营 口	8.76	−0.29	1.33	−0.83	3.77	−0.65
盘 锦	24.10	3.56	2.92	−0.29	7.97	0.63
锦 州	6.71	−0.40	0.16	−0.91	1.67	−0.79
葫芦岛	5.23	−0.10	−0.17	−0.88	0.97	−0.72
秦皇岛	6.06	−0.14	0.04	−0.87	1.41	−0.71
唐 山	7.97	0.42	0.69	−0.73	2.68	−0.42
滨海新区	14.89	2.63	6.31	0.67	10.42	1.61
沧 州	4.94	0.19	0.89	−0.62	2.47	−0.30
滨 州	0.97	−0.08	−0.11	−0.58	0.40	−0.34
东 营	1.63	−0.27	0.48	−0.59	1.09	−0.42
潍 坊	3.87	0.19	0.27	−0.69	1.50	−0.39
烟 台	2.00	−0.81	−0.17	−0.95	0.61	−0.90
合 计	3.83	−0.09	0.32	−0.75	1.56	−0.52

期间，盘锦、滨海新区、唐山、沧州、潍坊等城市仅重点行业排放的NH_3-N就已经导致水环境超载；即便是在丰水期间，滨海新区的重点产业仍然会单独造成水环境超载问题。因此，就NH_3-N指标而言，盘锦、滨海新区、唐山、沧州、潍坊等城市未来重点产业的发展必须要考虑当地水环境承载力的制约。

表 6-18　环渤海沿海地区主要水污染排放超载倍数（2007 年）

区　域	1—5 月和 10—12 月		6—9 月		全年	
	COD	NH_3-N	COD	NH_3-N	COD	NH_3-N
北岸产业带	5.8	7.0	0.1	0.3	1.5	2.0
西岸产业带	5.3	7.2	0.4	0.9	2.0	2.9
南岸产业带	0.4	2.2	−0.5	0.1	−0.2	0.9
环渤海沿海地区	2.1	3.8	−0.2	0.3	0.6	1.6

③ 小结。

2007 年，环渤海沿海地区主要河流水体 COD 和NH_3-N在各水期不达标现象均较为普遍（表 6-18）。枯、平水期超载程度高于丰水期，NH_3-N超载程度高于 COD。2007 年整个区域点源 COD 入河总量为 70.6 万 t，全年超载倍数为 0.6 倍，枯、平水期超载 2.1 倍。NH_3-N入河量 4.4 万 t，全年超载倍数达到 1.6 倍，枯、平水期超载 3.8 倍。营口、锦州、盘锦和唐山等地 COD 超载较为严重，超载倍数从 4.2 ～ 7.8 倍。滨海新区在所有水期，盘锦、唐山、沧州、潍坊四个城市在枯、平水期均出现NH_3-N超载，超载倍数最高达 3.6。重点产业污染排放贡献 COD 比例约 43%、NH_3-N排放贡献率 19%。仅考察重点产业的影响，北岸和西岸产业带仅重点产业排污即可导致枯、平水期出现 COD 超载现象；COD 超载集中在辽东湾沿岸的盘锦、营口、锦州以及渤海湾沿岸的唐山、滨海新区，NH_3-N超载则集中在盘锦和滨海新区。

5．水环境承载状况预测

2015 年、2020 年的污染物入河量预测原则与现状年相同，采用多年平均水环境承载能力为判断基准，对未来不同发展情景下水环境承载状况予以测算。

（1）COD 承载状况预测

2015 年环渤海沿海地区点源排放 COD 入河量为 58.8 万～ 71.9 万 t，情景一比现状略低 3%，情景二、情景三分别比现状入河量增加 5.0%、19.1%，超出区域河流水体环境容量 42% ～ 74%。

2020 年环渤海沿海地区点源排放 COD 入河量为 59.9 万～ 85.4 万 t，情景一与现状基本持平，情景二、情景三分别比现状入河量增加 18%、41%，超出区域河流水体环境容量 40% ～ 110%（表 6-19）。

各种发展情景下，点源 COD 排放大幅增加，河流水体容量仍将全面超载。区域内各地市普遍存在非丰水期超载情况比丰水期突出的现象，以及 2020 年超载情况比 2015 年严重的现象。前者主要是由于区域内点源尤其是工业点源长期占主要地位的原因造成的。而后者则主要是由于社会经济长期高速发展而环保压力未能得到减缓造成的。

表 6-19　2015 年、2020 年环渤海沿海地区 COD 超载倍数（点源）

区　域	2015 年			2020 年		
	情景一	情景二	情景三	情景一	情景二	情景三
北岸产业带	0.66	0.73	0.94	0.62	0.82	1.11
西岸产业带	0.83	0.97	1.44	0.90	1.35	2.11
南岸产业带	0.07	0.18	0.23	0.10	0.31	0.44
环渤海沿海地区	0.42	0.53	0.74	0.45	0.72	1.06

情景一中，COD 超载现象明显的是盘锦、唐山、营口、锦州、滨海新区、秦皇岛、潍坊。上述各市水环境 COD 超载问题

跟重点产业发展密切相关（仅重点产业单独排污即可造成超载）的主要有盘锦、唐山、滨海新区、潍坊，其产业规模和结构必须加以调控。综合考虑承载能力和产业贡献，唐山、潍坊应着重控制造纸行业的发展规模；盘锦在控制化工、石油行业发展规模的同时，由于其水环境承载能力过低，则需全面调整社会经济发展速度；滨海新区则应重点调控化工行业的规模。

情景二和情景三中，与情景一结论相似，只是上述各市的COD超载现象更为严峻。

（2）NH_3-N承载状况预测

2015年、2020年区域NH_3-N入河量分别为3.2万～3.7万t、3.3万～4.1万t，分别比现状降低39.7%～30.6%、37.0%～23.2%，但由于污染排放基数较大、环境容量相对有限，河流水体NH_3-N容量超载倍数仍达到0.4～0.6、0.4～0.8（表6-20）。

各种发展情景下，普遍存在非丰水期超载情况比丰水期突出的现象，2020年超载情况比2015年严重。前者主要是由于区域内点源尤其是工业点源长期占主要地位造成的。而后者则主要是由于社会经济长期高速发展而环保压力未能得到减缓造成的。

表6-20　2015年、2020年环渤海沿海地区NH_3-N超载倍数（点源）

区　域	2015年			2020年		
	情景一	情景二	情景三	情景一	情景二	情景三
北岸产业带	0.47	0.49	0.58	0.48	0.55	0.66
西岸产业带	0.49	0.60	0.74	0.70	0.92	1.16
南岸产业带	0.27	0.40	0.49	0.26	0.45	0.56
环渤海沿海地区	0.38	0.48	0.58	0.44	0.60	0.75

情景一中，NH_3-N超载现象明显的是盘锦、滨海新区、营口、唐山、葫芦岛。其中，盘锦、滨海新区存在仅重点产业单独排污即可造成水环境NH_3-N超载的问题，必须加以调控。综合考虑承载能力和产业贡献，应着重控制盘锦的石油与化工、滨海新区的化工。

情景二和情景三中，与情景一结论相似，只是上述各市的NH_3-N超载现象更为严峻。另外，随着发展速度的加大，潍坊的NH_3-N超载问题也有所加剧，应调整其化工行业的发展，以便应对NH_3-N超载问题。

（3）水环境承载状况预测小结

从空间来看，不同情景条件下三大产业主要污染物排放仍将超出水环境容量。其中，西岸产业带水体超载问题尤为突出，到2020年，COD、NH_3-N容量超载分别高达0.9～2.1倍、0.7～1.2倍，情景二和情景三仅重点产业排污就可导致水体COD容量超载，主要污染源为唐山造纸行业、滨海新区化工。如果按滨海新区最新规划，到2020年将达到550万人，水污染控制和基础设施建设要求更高。北岸产业带水环境COD和NH_3-N容量超载倍数分别达到0.1～0.4、0.3～0.6，其中，盘锦、营口水环境容量较小，主要污染源包括化工、石油行业等。南岸产业带规划发展较大规模的化工、纺织、造纸等重点产业COD和NH_3-N排放量较大。其中，潍坊的化工行业、纺织行业、农产品加工业，烟台的纺织行业、化工行业，滨州的化工行业、纺织行业等水污染排放强度较大的重点产业发展将导致环境容量超载。

四、近岸海域环境承载力及其利用水平

以《中国近岸海域环境功能区划》中海域环境功能区对应的海水水质为目标，采用分担率方法测算渤海近岸海域容量分别为COD 183.3万t/a、无机氮5.3万t/a（表6-21）。其中，

南岸近岸海域容量最大，占渤海近岸海域容量的 49% 左右，尤以东营、烟台最为突出，与黄河三角洲河口、莱州湾、渤海海峡水动力条件较好、水体自净能力较强有关；北岸产业带近岸海域环境容量最小，主要原因是辽东湾湾顶形成一个顺时针环状海流，水动力条件相对较差。

计算结果表明，北岸产业带大连、锦州、葫芦岛，西岸产业带秦皇岛、沧州等城市对其近岸海域污染物分担率小于 30%，可见经由这些城市入海的污染物对近岸海域污染物浓度贡献较小，主要受到经由其他沿海城市入海污染物影响；经由滨海新区和东营入海的污染物对近岸海域水质的分担率超过 75%，表明其近岸水质主要受到入海污染物量的影响，这主要是由于滨海新区位于渤海湾湾顶，水交换能力较差、污染物扩散条件不好，而黄河携带大量污染物经东营入海对其附近海域影响明显。

2007 年渤海接纳的陆域污染物排入总量为 COD 152.4 万 t、TN 17.9 万 t，其中环渤海沿海地区 COD 入海量 60.8 万 t，TN 入海量 6.9 万 t，分别占渤海接纳陆域入海量的 40.0% 和 36%。与近岸海域容量相比，TN 全面超出环境容量。其中，西岸产业带入海 TN 通量造成渤海湾超载 3 倍以上，虽然有 1/3 以上来自上游，但仅本地排放入海量就已超出渤海湾海洋环境容量的 55%；北岸产业带入海 TN 通量造成近岸海域超载 2.1 倍，其中本地排放占北岸入海 TN 通量的 41%。

表 6-21　环渤海沿海地区近岸海域环境容量

区域		近岸海域环境容量 / t	
		COD	无机氮
北岸产业带	大连	45 750	2 110
	营口	104 577	3 390
	盘锦	57 045	1 914
	锦州	36 474	1 074
	葫芦岛	61 074	3 927
	小计	304 920	12 415
西岸产业带	秦皇岛	132 000	5 500
	唐山	268 749	3 527
	滨海新区	165 951	4 200
	沧州	57 723	1 566
	小计	624 423	14 793
南岸产业带	滨州	112 737	1 815
	东营	320 229	8 364
	潍坊	124 962	5 352
	烟台	345 645	10 585
	小计	903 573	26 116
合　计		1 832 916	53 324

五、大气环境承载力及其利用水平

1．区域大气环境承载力核算结果

根据 NAPQMS 模式计算结果，环渤海沿海地区 SO_2 容量为 111.5 万 t/a，NO_x 容量为 90.9 万 t/a，PM_{10} 容量为 112.9 万 t/a（表 6-22）。

各地区大气容量由其辖区面积和对污染物清除能力共同决定（图 6-25）。西岸产业带大气环境容量相对较小，主要原因在于其大气污染物沉降能力较小且接纳外界污染物大于其对外界的输送，相当于其大气环境容量 40% 以上的净输出量为负值。北岸产业带大气环境容量由沉降能力和对外输送两部分共同贡献，分别占北岸产业带环境容量的 70%、29%。南岸产业带的大气沉降能力在环渤海

表 6-22　环渤海沿海地区大气环境容量计算结果

单位：万 t

城　市	SO_2	NO_x	PM_{10}
大　连	13.2	9.3	11.6
营　口	6.0	5.2	6.3
盘　锦	5.8	5.1	6.0
锦　州	11.8	9.7	12.1
葫芦岛	8.8	7.1	9.7
秦皇岛	4.3	5.1	4.5
唐　山	7.1	5.6	7.2
滨海新区	3.9	2.9	3.7
沧　州	6.9	5.6	4.5
滨　州	10.3	8.1	11.2
东　营	7.4	5.7	7.6
潍　坊	14.4	13.0	16.6
烟　台	11.6	8.3	12.0
合　计	111.5	90.9	112.9

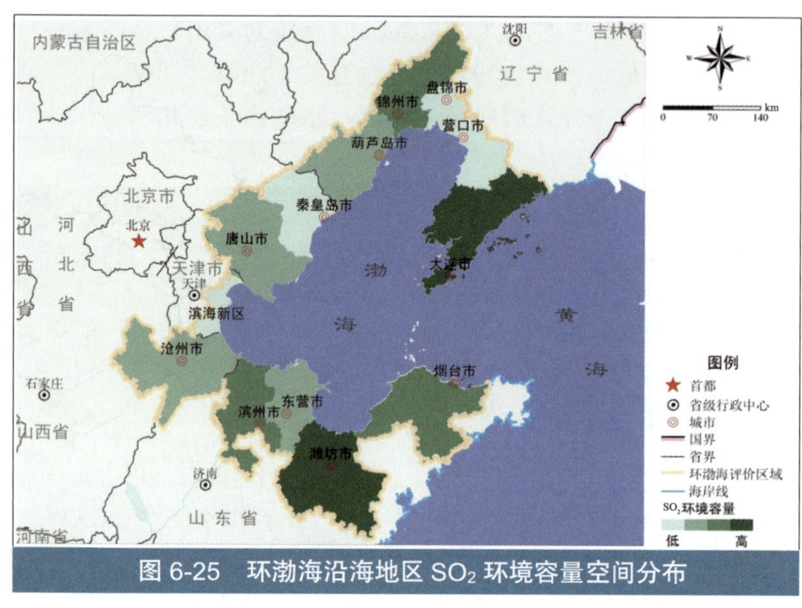

图 6-25 环渤海沿海地区 SO_2 环境容量空间分布

沿海地区中最强，占南岸产业带大气环境容量的 86%。

2. 区域大气环境承载现状评价

2007 年环渤海沿海地区大气污染物排放量分别为 $SO_2$161.7 万 t、NO_x84.8 万 t，PM_{10} 93.3 万 t。SO_2 排放量已超出其区域环境容量的 45%。北岸产业带总体未出现大气污染物超载，但营口 SO_2 排放超载 24%。西岸产业带大气污染物超载最为严重，SO_2、NO_x 和 PM_{10} 分别超载 2.3 倍、1.0 倍和 1.9 倍，其中，唐山超载现象最为突出，其 SO_2 和 PM_{10} 排放均超载 5 倍以上；滨海新区 SO_2 超载 2 倍以上。南岸产业带的 SO_2 排放总体上超出环境容量 14%，主要超载城市为东营与滨州。环渤海沿海地区重点产业排放的 SO_2 占全区域的 87.7%，仅重点产业就可造成区域 SO_2 环境容量超载 27%。营口、东营，以及除沧州以外的西岸产业带城市的重点产业排放 SO_2 均导致本城市 SO_2 容量超载，超载倍数最高的城市为唐山，达 5.2 倍。

3. 区域大气环境承载状况预测

未来污染物排放量远超出容量，大气环境超载现象更加严重。到 2020 年，三个情景下整个区域 SO_2 排放量分别超出环境容量 0.5 倍、1.1 倍、1.7 倍，NO_x 排放量超出环境容量 0.1 倍、0.5 倍、1.0 倍（表 6-23）。情景一条件下，PM_{10} 排放量未超出环境容量，情景二、情景三 PM_{10} 排放分别超载 0.2 倍、0.6 倍。西岸产业带大气环境容量相对较低，冶金、非金属、能源等重点产业规模快速扩张，SO_2、NO_x 排放占全区域的 40% 以上，造成西岸产业带超载问题更为突出，2020 年 SO_2、NO_x 超载倍数将分别达到 2.3 ～ 5.4 倍、1.3 ～ 3.4 倍；三种情景下，仅重点产业污染排放就超出 SO_2、NO_x 大气环境容量的 1.3 ～ 2.7 倍、0.6 ～ 1.6 倍。预测水平年内，南岸产业带 SO_2 污染排放超载 0.4 ～ 1.0 倍，NO_x 排放未超出环境容量。北岸产业带在情景二、情景三条件下，SO_2 排放分别超出环境容量 23%、52%。

为了了解重点产业对大气环境承载力的影响，假定重点产业排放的污染物优先占用环境容量，环渤海沿海地区整体容量利用率已达到饱和，主要城市大气环境容量利用率见表 6-24 所示。其中唐山的三种污染物环境容量利用率均已饱和，滨海新区二氧化硫和氮氧化物环境容量利用率均已饱和，营口、秦皇岛、滨州、东营二氧化硫环境容量利用率已饱和。可见，现状年重点行业污染物排放对大气环境承载力状况起决定性作用。

表 6-23 环渤海沿海地区主要大气污染排放超载倍数（2020 年）

区 域	情景一		情景二		情景三	
	SO_2	NO_x	SO_2	NO_x	SO_2	NO_x
北岸产业带	−0.2	−0.4	0.2	−0.1	0.5	0.2
西岸产业带	2.3	1.3	3.8	2.3	5.4	3.4
南岸产业带	0.4	−0.03	0.7	0.2	1.0	0.4
环渤海沿海地区	0.5	0.1	1.1	0.5	1.7	1.0

表 6-24　重点行业大气环境承载状况（2007 年）

城　市	SO_2	NO_x	PM_{10}
大　连	0.8	0.7	0.3
营　口	1.2	0.6	0.9
盘　锦	0.5	0.1	0.2
锦　州	0.6	0.4	0.4
葫芦岛	0.9	0.8	0.2
秦皇岛	1.2	0.4	0.4
唐　山	6.4	5.7	5.8
滨海新区	3.1	2.0	0.6
沧　州	0.6	0.5	0.4
滨　州	1.0	0.6	0.2
东　营	1.6	0.7	0.1
潍　坊	0.8	0.7	0.3
烟　台	0.9	0.7	0.2
合　计	1.3	0.9	0.7

表 6-25　重点产业大气环境承载状况（2020 年）

城　市	SO_2	NO_x	PM_{10}
大　连	0.7 ～ 1.3	0.6 ～ 1.2	0.3 ～ 0.5
营　口	1.3 ～ 1.8	0.8 ～ 1.1	1.4 ～ 2.0
盘　锦	0.3 ～ 0.5	0.1 ～ 0.2	0.2 ～ 0.3
锦　州	0.4 ～ 0.5	0.3 ～ 0.4	0.3 ～ 0.4
葫芦岛	0.6 ～ 1	0.5 ～ 0.9	0.1 ～ 0.2
秦皇岛	1.1 ～ 4	0.2 ～ 0.3	0.4 ～ 0.6
唐　山	4.5 ～ 7.2	3.8 ～ 6.1	5.3 ～ 8.0
滨海新区	2.0 ～ 3.4	1.6 ～ 2.8	0.7 ～ 1.2
沧　州	0.9 ～ 1.3	0.8 ～ 1.2	0.4 ～ 0.5
滨　州	0.9 ～ 1.4	0.6 ～ 0.9	0.2 ～ 0.4
东　营	0.9 ～ 1.2	0.9 ～ 1.2	0.2 ～ 0.3
潍　坊	1.2 ～ 1.6	0.9 ～ 1.2	0.6 ～ 0.8
烟　台	1.2 ～ 1.6	0.9 ～ 1.3	0.6 ～ 0.9
合　计	1.1 ～ 1.7	0.9 ～ 1.3	0.7 ～ 1.1

2020 年三种产业发展情景下重点产业对大气环境承载力的影响如表 6-25 所示，其中营口的 PM_{10}、潍坊和烟台的二氧化硫环境容量利用率在三种情景下均由基准年的未饱和转为饱和，现状年多数环境容量利用率未饱和的城市均有转为饱和的风险。

第三节　资源环境综合承载力分析结果

为表征环渤海沿海地区资源环境承载力在区域内部不同子区域的相对高低，体现区域环境生态系统客观存在的、相对固定的自我维持和自我调节能力，综合考虑环渤海沿海地区多年平均水资源量、多年平均水环境容量、大气环境容量、近岸海域环境容量四项指标，归一化后采用等权重均值表征资源环境综合承载力，并重点关注区域内各城市综合承载力的相对大小（表 6-26）。

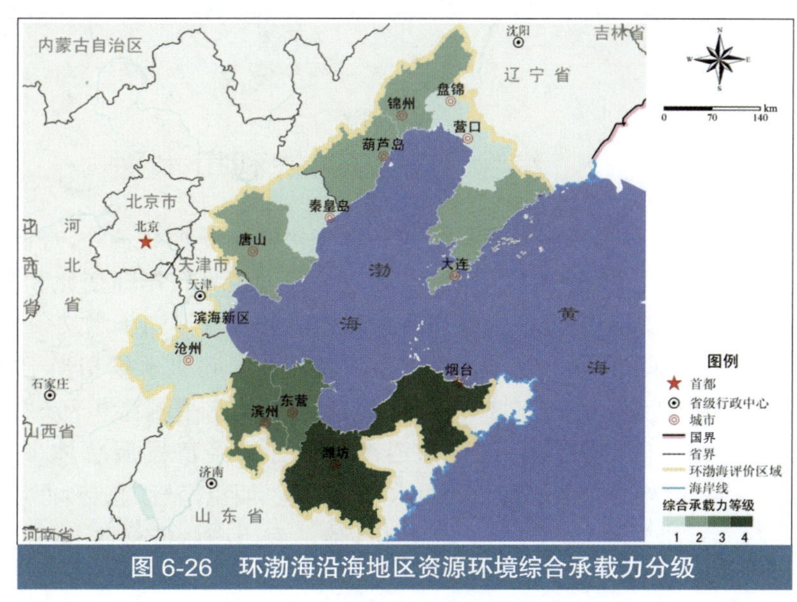

图 6-26　环渤海沿海地区资源环境综合承载力分级

综合承载力总体上呈现“南高北低”的空间态势（图 6-26、表 6-27）。南岸产业带各城市综合承载力水平相对较高，除东营的大气容量、水资源量和潍坊、滨州的近岸海域环

表 6-26 环渤海沿海地区资源环境要素承载力数值

要 素	指标	数值
地表水	COD / 万 t	36.4 ～ 46.5
	氨氮 / 万 t	1.8 ～ 2.8
大 气	SO_2 / 万 t	113.7
	NO_x / 万 t	90.9
	PM_{10} / 万 t	115.6
近岸海域	COD / 万 t	183.3
	无机氮 / 万 t	5.3
水资源	多年平均水资源量 / 亿 m^3	214.5

境容量相对较小外，其余各项指标均位于区域前列，其中，烟台、潍坊综合承载力水平相对区域其他地市最具优势。北岸产业带各城市综合承载力均受到水环境容量、近岸海域环境容量制约，盘锦、营口大气环境容量、水资源量相对较小，造成其综合承载力水平相对较低。西岸产业带综合承载力水平最低，除唐山的多年平均本地水资源量、沧州和秦皇岛的水环境容量分别优于环渤海沿海地区平均水平以外，其余城市的各项承载力指标均较低，其中，大气环境容量的制约最为突出。

表 6-27 区域资源环境综合承载力排序及主要制约因素

产业带	等级	地 区	资源环境综合承载力排序	制约因素			
				可开发利用水资源量	水环境容量	大气环境容量	近岸海域环境容量
北 岸产业带	3	大 连	4	-	-	++	--
	2	营 口	11	--	--	-	--
	1	盘 锦	12	-	--	-	--
	3	锦 州	5	--	-	+	--
	3	葫芦岛	6	+	-	-	-
西 岸产业带	2	秦皇岛	10	--	+	--	-
	3	唐 山	8	+	-	--	-
	1	滨海新区	13	--	--	--	-
	2	沧 州	9	--	+	--	--
南 岸产业带	3	滨 州	3	++	+	+	--
	3	东 营	7	+	-	-	++
	4	潍 坊	2	+	++	++	-
	4	烟 台	1	-	++	+	++

注：“+”表示支撑，“++”表示强支撑，“-”表示约束，“--”表示强约束。

一、综合承载力现状利用水平

资源环境承载力是动态变化的，受水文条件、气象条件、水动力条件的年际变化和年内变化的影响，区域资源环境承载力也具有年际变化和月度变化的特征。以年为衡量尺度，环渤海沿海地区资源环境承载力数值考虑了当年水文条件、供调水工程的影响。2007 年区域水环境容量相当于区域多年平均水平，可供水量相当于多年平均水资源量的 63.2%，大气环境容量、近岸海域环境容量按多年平均水平测算（表 6-28）。

2007 年，环渤海沿海地区社会经济发展总体上超出了本地资源环境综合承载能力的 37%。综合承载力利用水平总体呈“西重南轻”态势，西岸产业带发展压力最为突出，超载 1.7 倍，北岸产业带次之，超载 0.5 倍，南岸产业带总体上不超载。主要超载地市为唐山、滨海新区、盘锦、营口（图 6-27、表 6-29）。

北岸产业带资源环境综合承载力利用现状水平总体超载0.5倍，主要原因是水污染排放量大、水环境容量相对较小。其中，盘锦、营口、锦州综合承载力利用超载倍数分别达到1.9倍、1.6倍、0.7倍，这三个地市均受到水环境容量、近岸海域环境容量的制约，尤以盘锦最为突出。盘锦市位于辽河入海口，其水环境全面承载近20万km^2的辽河上游污染，近年来随着对辽河流域水污染治理工作力度的加强，辽河盘锦段治理取得了出境水质优于入境水质的阶段性成果，但主要河流断面水质仍为劣V类。2007年，本地点源NH_3-N排放量超出环境容量9倍以上，由盘锦入海的TN超出其近岸海域容量3倍以上，对辽河口湿地和近岸海域环境造成长期影响。营口、锦州同样存在水环境容量超载现象，只是程度略轻。上游发展压力和本地有限的水环境容量已成为北岸产业带，尤其是辽东湾湾顶城市未来发展的主要制约。

西岸产业带总体超载1.7倍，各类污染物排放均大幅超出本地区环境容量。其中，滨海新区、唐山分别超载3.0倍、2.5倍，沧州、秦皇岛超载倍数也达到1.0倍、0.4倍。西岸产业带是环渤海沿海地区承载力水平相对较低的区域，其大气环境容量的制约尤为突出，除沧州外其他三个城市大气污染物全面超出环境容量，最高超载倍数达到5倍以上，主要原因是由于其大气环境容量相对较小与大规模布局的电力、化工、冶金等重点产业之间矛盾突出。滨海新区、沧州属于典型的“九河下梢”地区，海河、子牙河等多条河流在其境内汇合入海，上游入境断面长期不达标；由

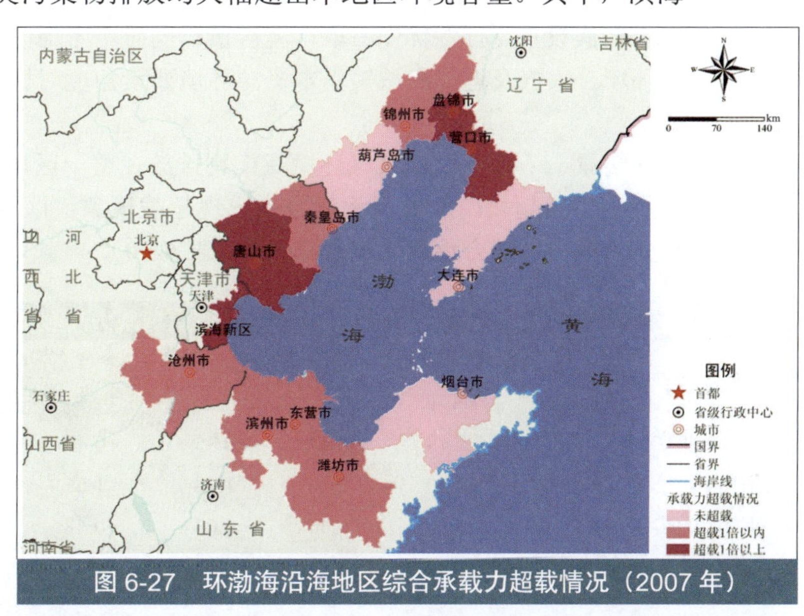

图6-27　环渤海沿海地区综合承载力超载情况（2007年）

表6-28　环渤海沿海地区资源环境承载力数值（2007年）　单位：万t

区　域	地表水		大气			近岸海域		可供水量/亿m^3
	COD	NH_3-N	SO_2	NO_x	PM_{10}	COD	无机氮	
北岸产业带	7.2	0.4	45.6	36.4	45.6	9.8	1.3	41.4
西岸产业带	8.1	0.5	22.2	19.3	19.8	20.6	1.7	32.5
南岸产业带	21.8	1.2	43.6	35.1	47.4	52.5	6.6	66.4
合　计	37.1	2.1	111.5	90.9	112.9	83.0	9.6	140.3

表6-29　环渤海沿海地区资源环境承载力超载倍数（2007年）

区　域	地表水		大气			近岸海域		水资源	综　合承载力
	COD	NH_3-N	SO_2	NO_x	PM_{10}	COD	无机氮		
北岸产业带	1.51	1.98	−0.14	−0.40	−0.56	0.15	1.93	0.17	0.54
西岸产业带	1.97	2.88	2.26	1.02	1.90	−0.10	3.18	0.60	1.67
南岸产业带	−0.16	0.91	0.14	−0.32	−0.66	−0.49	0.09	−0.26	−0.07
合　计	0.63	1.55	0.45	−0.07	−0.17	−0.31	0.87	0.07	0.37

于本地水环境容量有限、污染排放量相对较大，仅点源排污就造成滨海新区、沧州 NH_3-N 超载分别达 11 倍、2 倍以上，COD 超载分别接近 4 倍、2 倍。大气环境和水环境容量不足是该地区今后重点发展的关键性约束之一。

南岸产业带资源环境承载力利用水平总体上不超载，但滨州、东营、潍坊三个城市均有不同程度超载，主要原因是点源 NH_3-N、SO_2 排放量普遍超出环境容量，且经由三个城市入海的 TN 也超出相应近岸海域环境容量 2 倍以上，致使黄河口附近海域长期处于较重污染状态。

二、综合承载力利用水平预测

在假设重点行业优先占取环境容量，同时不考虑区域外污染源影响的条件下，从水资源、水环境、大气及近岸海域等基本资源环境要素角度对比 2020 年三个情景，资源环境超载情况如下。

情景一：水环境、大气环境污染物排放在整个区域都有超载现象发生，近岸海域的 COD 容量也出现超载，水资源承载力未出现超载现象。区域综合承载力超载 0.2 倍。西岸超载现象尤为突出，综合承载力超载 1.0 倍（表 6-30）。

表 6-30 环渤海沿海地区资源环境承载力超载倍数（2020 年情景一）

区 域	地表水		大气			近岸海域		水资源	综 合承载力
	COD	NH_3-N	SO_2	NO_x	PM_{10}	COD	无机氮		
北岸产业带	0.62	0.48	−0.17	−0.35	−0.49	0.01	1.65	0.08	0.23
西岸产业带	0.90	0.70	2.26	1.28	1.66	−0.27	1.58	−0.17	0.99
南岸产业带	0.10	0.26	0.40	−0.03	−0.48	−0.51	−0.02	0.03	−0.03
合 计	0.45	0.44	0.54	0.12	−0.11	−0.39	0.48	−0.02	0.19

情景二中超载区域明显大于情景一，区域综合承载力利用水平超出承载力 45%。除近岸海域 COD 环境容量未出现超载现象外，区域其他资源环境要素承载力都出现了不同程度的超载，以二氧化硫环境容量超载最为严重，达到了 1.2 倍。西岸产业带仍然是超载最严重的区域，超载倍数达到了 1.6，北岸产业带和南岸产业带分别超载 0.4 倍和 0.1 倍（表 6-31）。

表 6-31 环渤海沿海地区资源环境承载力超载倍数（2020 年情景二）

区 域	地表水		大气			近岸海域		水资源	综 合承载力
	COD	NH_3-N	SO_2	NO_x	PM_{10}	COD	无机氮		
北岸产业带	0.82	0.55	0.23	−0.05	−0.27	0.08	1.69	0.23	0.41
西岸产业带	1.35	0.92	3.84	2.30	2.68	−0.19	1.69	0.02	1.58
南岸产业带	0.31	0.45	0.74	0.20	−0.36	−0.48	0.02	0.25	0.14
合 计	0.72	0.60	1.15	0.55	0.21	−0.34	0.54	0.17	0.45

情景三是超载现象最严重的情景，区域综合承载力利用水平超出承载力 72%。超载范围普遍增大，程度加剧，资源环境压力明显。到 2020 年，仅西岸产业带和南岸产业带的近岸海域 COD 环境容量、南岸产业带的 PM_{10} 环境容量未超载，其余区域的其他资源环境要素普遍

表 6-32　环渤海沿海地区资源环境承载力超载倍数（2020 年情景三）

区　域	地表水		大气			近岸海域		水资源	综　合 承载力
	COD	NH_3-N	SO_2	NO_x	PM_{10}	COD	无机氮		
北岸产业带	1.11	0.66	0.52	0.18	−0.08	0.18	1.75	0.46	0.60
西岸产业带	2.11	1.16	5.40	3.39	4.40	−0.04	1.81	0.27	2.31
南岸产业带	0.44	0.56	1.04	0.41	−0.25	−0.47	0.05	0.35	0.26
合　计	1.06	0.75	1.70	0.95	0.63	−0.29	0.58	0.35	0.72

出现超载现象（表 6-32）。

综合考虑预测水平年区域用水和环境容量利用，三种情景的资源环境综合承载力利用水平为 119%、145%、172%，相比综合承载力现状利用水平，情景一资源环境总体压力下降 18%，情景二、情景三分别上升 8%、35%（表 6-33）。

环渤海西岸产业带资源环境压力依然突出，重点产业发展大幅超出区域承载能力。其中，滨海新区、唐山大气污染物排放均超出环境容量 2 倍以上，导致西岸产业带综合承载力利用水平超载 0.9 ～ 2.3 倍（图 6-28）。北岸产业带承载力利用水平总体趋于改善，重点产业发展与水环境容量、近岸海域容量制约因素之间矛盾仍然较为突出，主要超载区域集中在辽东湾顶盘锦和营口。南岸产业带环境容量相对较大，资源环境现状压力相对较低，但是未来重点产业发展将可能突破环境容量制约，综合承载力利用水平接近饱和甚至超载。

综合考虑重点产业用水以及水污染物和大气污染物排放，三种情景下，重点产业对区域综合承载力的利用水平均达到 70% 以上，其中西岸产业带仅重点产业就超出了综合承载力的 35% ～ 114%，主要制约因素为高水耗行业规模扩张较快，能源、化工、冶金行业大气污染物排放对环境容量的占用比例较高。南岸产业带重点产业占用综合承载能力 65% ～ 94%，主要影响因素为化工、造纸行业水污染物排放占用水环境容量，以及能源行业对大气污染物的较大贡献。北岸产业带重点产业占用 49% ～ 77%，主要影响因素为石油、化工两大行业的水污染物排放。

表 6-33　环渤海沿海地区资源环境综合承载力利用水平（2020 年）
单位：%

	2007 年现状	情景一	情景二	情景三
北岸产业带	154	123	141	160
西岸产业带	267	199	258	331
南岸产业带	93	97	114	126
环渤海沿海地区	137	119	145	172

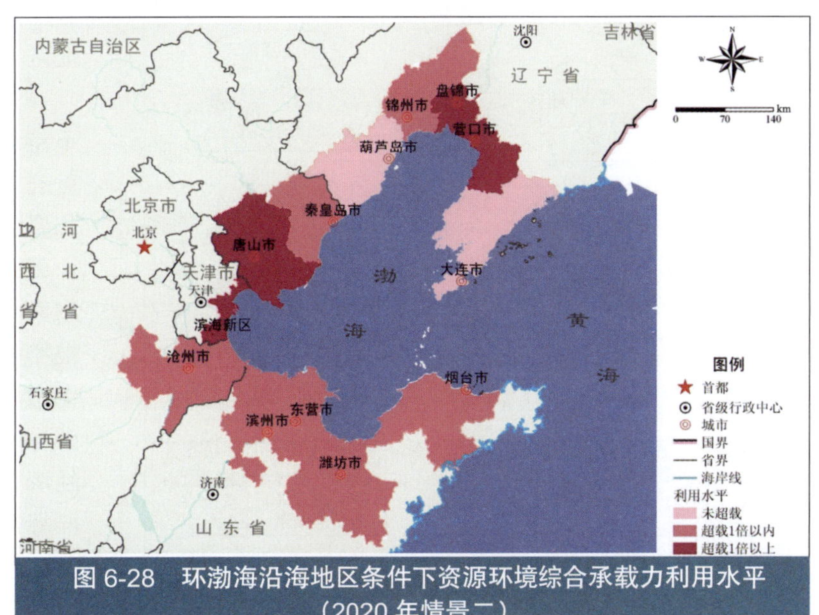

图 6-28　环渤海沿海地区条件下资源环境综合承载力利用水平（2020 年情景二）

第七章

区域重点产业优化发展的调控建议

第一节　重点产业优化发展的调控思路

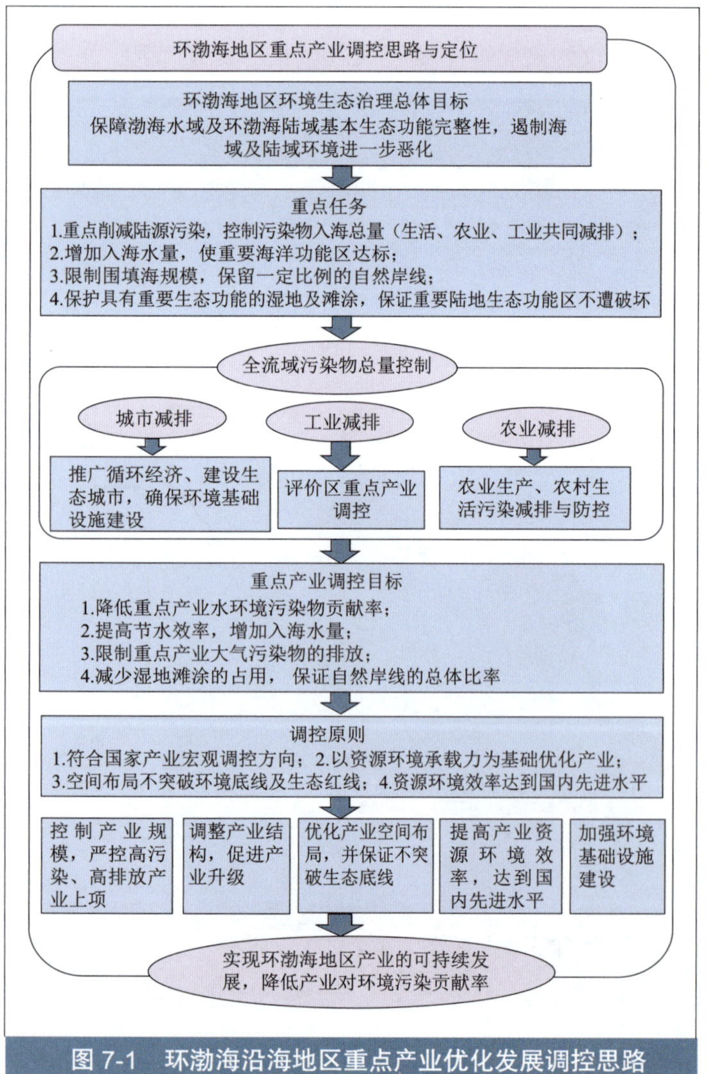

图 7-1　环渤海沿海地区重点产业优化发展调控思路

环渤海沿海地区面临着水土资源日趋紧缺、地表水和近岸海域水质安全降低、大气复合型污染加重、海岸线和滩涂湿地破坏等一系列重要的区域性、累积性生态环境问题，如不从根本上转变发展方式，延续规模粗放扩张、结构重型化依赖、布局分散蔓延的发展方式，仅靠技术进步和末端治理，有限的资源环境承载能力和脆弱的生态空间将无法支撑未来环渤海沿海地区重点产业发展。

为了保证环渤海沿海地区的环境质量不持续恶化，局部地区有所改善，保障重点产业发展空间，必须依据生态空间约束和资源环境综合承载能力，坚持以环境保护促进重点产业结构优化，统筹重点产业空间布局，合理控制重点产业发展规模。根据不同地区重点产业发展特征和面临的生态环境约束，按照“北岸提升、西岸集约、南岸转型”的总体思路，以环境保护优化经济发展，实施“控规模、调结构、优布局、严标准、保底线”战略对策，提升区域资源环境对重点产业发展的支撑能力，逐步扭转重点产业粗放式、外延式和分散式的发展方式，促进环渤海沿海地区经济与环境协调发展。

第二节　区域重点产业优化发展的调控原则

以环境保护优化经济增长，坚持“生态功能不退化、水土资源不超载、污染物排放总量不突破、环境准入不降低”四条“红线”，确保环渤海地区社会经济整体发展不突破区域生态环境底线的目标（表 7-1），实现重点产业与生态环境保护的协调、同步发展。

表 7-1　环渤海沿海地区资源环境底线控制目标

分类	指标	2015 年目标值	2020 年目标值
生态空间管制	生态红线控制区面积 / 万 km^2	3.5	3.5
	自然岸线比例 / %	66.8	66.8
	重点保护岸线比例 / %	30.3	30.3
生态用水量	河道最小生态需水量 / 亿 m^3	105	105
	入海淡水量 / 亿 m^3	375	400
污染物排放总量（点源）	SO_2 / 万 t	128	110
	NO_x / 万 t	75	70
	COD / 万 t	65	60
	NH_3-N / 万 t	5.0	3.8
入海污染物通量	COD / 万 t	144	140
	无机氮 / 万 t	14.6	13.4

注：入海污染物通量包括上游污染输入。

一、保障生态功能不退化

生态红线控制区面积不减少。生态红线控制区涵盖各类法定海陆自然保护区、生态敏感性极高的区域以及生态高风险区，是环渤海沿海地区发展不可逾越的空间约束（图 7-2）。环渤海沿海地区生态红线控制区总面积 3.5 万 km^2，其中陆地和海洋自然保护区面积分别为 1.8 万 km^2、0.9 万 km^2，其余生态敏感性极高的区域和生态高风险区共 0.8 万 km^2。

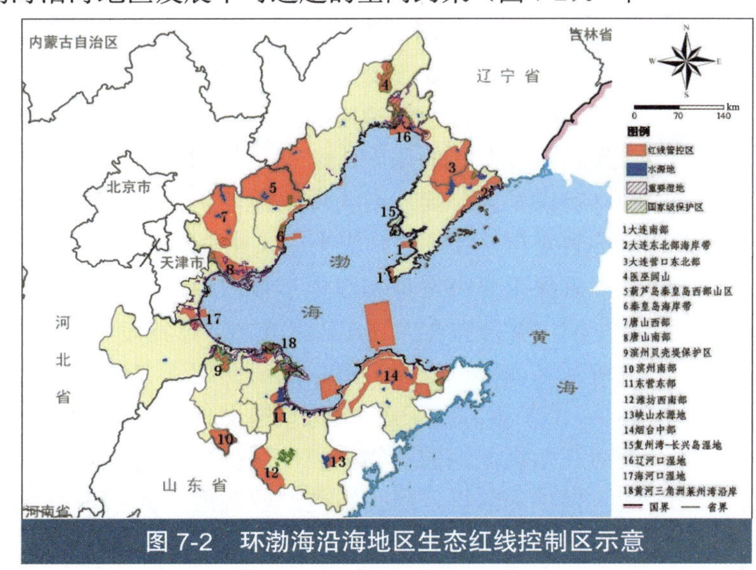

图 7-2　环渤海沿海地区生态红线控制区示意

生态红线控制区严格按照法律法规规定和相关规划实施强制性保护，严格限制不符合生态环境功能定位的开发建设活动，确保现有自然保护区面积不减少。

主要生态红线控制区功能不退化，保护等级不降低。确保环渤海沿海地区主要生态红线控制区（包括全部自然保

表 7-2 环渤海沿海地区生态红线控制区名录

区 位	生态保护目标
大连南部海岸带	蛇岛 — 老铁山、城山头、大连斑海豹国家级保护区、旅顺口风景名胜、金石滩森林公园等重要景观单元所在地，具有较高的生物多样性保护、休闲娱乐价值
大连东北部海岸带	风暴潮高风险区
大连营口东北部山区	碧流河水库、朱家偎子水库、英那河水库等主要城市水源地所在地，植被状况良好，暴雨山洪等生态风险较高
盘锦辽河口湿地	双台河口国家级自然保护区所在地，也是风暴潮、盐渍化、海水入侵等生态风险较高区域
锦州国家级保护区	医巫闾山国家级自然保护区、森林公园和风景名胜区所在地
葫芦岛秦皇岛西部山区	天然森林分布地，重要城市水源地乌金塘、桃林口、洋河水库、柳江盆地国家级自然保护区所在地，森林生态系统分布区
秦皇岛海岸带	水土流失、风暴潮发生的高风险区。北戴河、山海关、黄金海岸等高娱乐和人文价值区
唐山北部	潘家口、大黑汀、陡河等主要水源地所在地，森林分布地
唐山南部海岸带	湿地分布主要区域，分布有唐海等湿地保护区
海河三角洲湿地	地面塌陷、海水入侵和风暴潮高发地区。分布有滨海新区古海岸与湿地国家级自然保护区、北大港和南大港等湿地保护区
滨州东营海岸带	黄河三角洲国家级保护区、滨州贝壳堤岛与湿地国家级自然保护区所在地，分布有大量滩涂湿地和苇田，具有很高的生态系统服务功能，是珍稀濒危物种迁徙的重要廊道，对维护生态系统的稳定性有很高的价值，该区域还是海水入侵和风暴潮的高风险区
东营莱州湾西岸	分布有国家级海洋保护区
潍坊南部	山地区，植被覆盖率较高；分布有青州风景名胜区等
烟台中部	分布有门楼、庵里等一级水源地，昆嵛山国家级自然保护区，并且植被状况良好，生态系统服务价值较高

护区）生态系统功能不退化，自然保护区等级不降低（表 7-2）。重点区域包括辽河三角洲湿地生物多样性保护三级功能区，冀北及燕山落叶阔叶林土壤保持三级功能区，辽河平原、西辽河上游丘陵平原、辽东半岛丘陵、冀东平原农产品提供三级功能区，京津冀大都市群人居保障三级功能区，辽中南城镇群人居保障三级功能区。加强辽东半岛西部海域、辽河口邻近海域、辽西 — 冀东海域、天津 — 黄骅海域、辽河湾及黄河口毗邻海域、庙岛群岛海域、渤海中部海域等重要海域保护。

保障现有自然保护区等级不降低，部分重要的保护区要进一步提高等级。按照优先保护海岸带重要湿地的原则，结合地方发展意愿，建议将天津北大港湿地保护区、河北唐海湿地和鸟类保护区、河北南大港湿地保护区、山东牙山自然保护区、山东福山银湖湿地自然保护区等省级自然保护区升级为国家级自然保护区。

确保重要海岸带和湿地不被占用。严格保护重要海岸带、重要滩涂湿地。海岸带重点保护空间主要分布在大连东部和南部、盘锦南部、锦州西部、唐山南部、葫芦岛秦皇岛唐山西部、滨海新区南部、沧州滨海、滨州北部、东营和烟台的沿海区域（表 7-3）。建议研究建立复州湾 — 长兴岛、海河三角洲湿地自然保护区，逐步修复湿地的生态功能。加强辽河三角洲湿地、黄河三角洲湿地的生物多样性保护。各级开发区、工业园区布局建设应以重要湿地及生态功能区保护为前提，防止重点产业发展大面积占用自然湿地，协调盘锦辽滨沿海经济区与大辽河口湿地保护的关系。

表 7-3　环渤海沿海地区重要湿地名录

重要湿地	保护目标
复州湾 — 长兴岛湿地	面积 11.7 万 hm^2，我国第二批被列入的国际重要湿地。国家二级保护水生动物斑海豹保护区，多种经济贝类的分布区
双台河口湿地	位于辽东湾北部，面积约 12.8 万 hm^2，我国高纬度地区面积最大的芦苇沼泽区，第三批被列入的国际重要湿地，是丹顶鹤、白鹤、黑嘴鸥、雁鸭类、鹭类以及多种雀形目鸟类的栖息地和繁殖地、全球斑海豹繁殖的最南限、我国河蟹的主要繁殖地和栖息地，重要经济贝类文蛤的主要栖息地和苗种基地
海河三角洲湿地	滦河口 — 沧州近岸，总面积 10 万 hm^2，主要包括滦河口湿地、石臼坨月坨湿地、唐海滨海沼泽湿地、天津滨海湿地、南大港 — 沧州沼泽湿地等，是渤海湿地野生植物、鸟类、潮间带生物种类多样性最丰富的区域，也是候鸟南北与东西迁徙带的交汇点
黄河口与莱州湾湿地	黄河三角洲及莱州湾沿岸。是我国华东沿海保存最完整、面积最大的湿地自然植被分布区、东南亚内陆和环太平洋鸟类迁徙的“中转站”、繁殖地和越冬栖息地

控制围填海规模，防止自然岸线无序开发。围填海工程原则上不占用自然保护区内岸线以及砂质岸线，限制滩涂、苇地等自然湿地大规模开发，适度控制废弃盐田等生态敏感度高的未利用地类型转化。受保护岸线总长 830 km，占海岸线总长比例为 30.3%，占自然岸线比例的 44.1%（图 7-3）；维持自然岸线长度 1 880 km，占海岸线总长比例不低于 66.8%。重点加强大连渤海侧、盘锦辽河入海口、葫芦岛南部至秦皇岛一带、滨海新区滨海湿地保护区、滨州北部古贝壳堤、东营黄河入海口以及烟台部分砂质岸线地区自然岸线保护力度。控制大连长兴岛临港工业区、锦州西海工业区、秦皇岛、唐山湾“四点一带”、天津滨海新区、沧州渤海新区、烟台等地区的岸线开发活动，应保证预留出一定比例的自然岸线不开发。

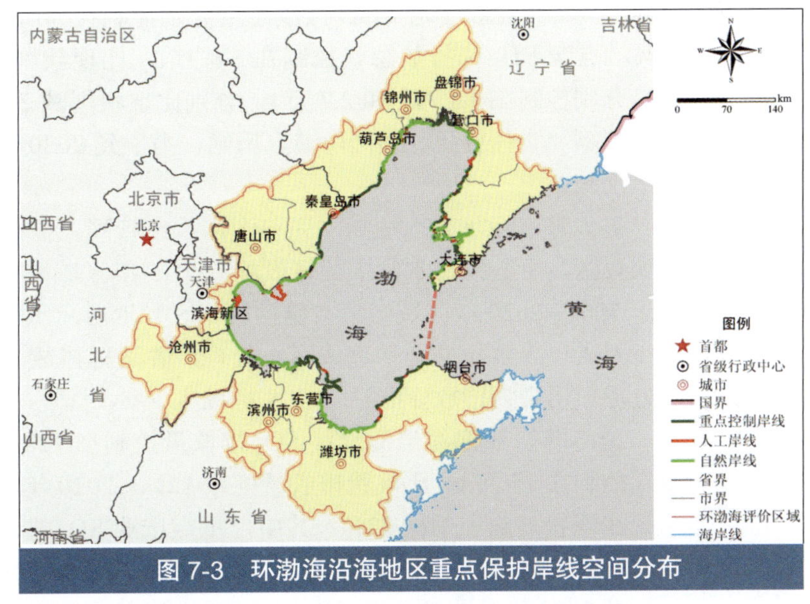

图 7-3　环渤海沿海地区重点保护岸线空间分布

二、保障水资源不超载

确保河道和渤海生态用水量。维持河道内最小生态用水，保证渤海入海淡水量，对于稳定环渤海地区地表水和渤海生态功能、增加环境承载能力具有重要意义。2020 年保证河道内最小生态用水量 105 亿 m^3，综合考虑生态基流量、自净需水和输沙需水量，建议河道内生态适宜用水量达到 271 亿 m^3。加大近岸海域水环境支撑能力，保障渤海近岸河口鱼类产卵场生态功能的稳定，河口低盐区总面积维持在 6 000 km^2 左右，确保 2015 年渤海入海淡水总量达到 375 亿 m^3，2020 年达到 400 亿 m^3。

三、保障基于环境保护目标的排放总量不突破

环渤海沿海地区主要污染物排放量已经超出环境承载能力，未来产业和城市仍将继续持续快速发展，必须积极推进以保证环境质量为目标的总量控制与逐步削减，以保证环境质量不恶化，局部地区得以改善。

2007 年，环渤海沿海地区水环境主要污染物已经远超出环境容量，整个区域污染物排放量必须在现状基础上削减超过 50% 才能满足环境容量要求。综合考虑环渤海沿海地区重点产业发展压力、地表水质状况和日益增大的污染减排难度，确定 2020 年以丰水期内水环境容量不超载、枯水期超载倍数控制在 1.5 倍为目标。由此，到 2015 年，环渤海沿海地区点源 COD 排放总量控制在 65 万 t，比现状量排放减少 18%；点源 NH_3-N 排放总量控制在 5.0 万 t，比现状量削减 32%；到 2020 年点源 COD 排放总量应控制在 60 万 t 左右，比现状排放量减少 25%，其中工业和生活 COD 排放总量分别控制在 36 万 t 和 24 万 t，分别比现状削减 17% 和 34%。点源 NH_3-N 排放总量控制在 3.8 万 t，比现状削减 48%，其中工业和生活 NH_3-N 排放总量分别控制在 1.1 万 t 和 2.7 万 t，分别比现状削减 21% 和 54%。

根据“责任分担、共同削减”原则，力争到 2020 年农业面源主要污染物排放量在现状基础上削减 5%。

扩大城市污水处理规模，完善污水收集管网，提高污水处理标准，普及县级行政区、产业聚集区、中心镇污水集中处理设施。2015 年区域城镇（包括县、区）生活污水处理率应不低于 70%；2020 年区域城镇（包括县、区）生活污水处理率应达到 80%，重点乡镇和现状人口 1 万人以上乡镇驻地均建成污水处理厂并达标排放。新建城市污水处理厂应达到《城镇污水处理厂污染物排放标准》一级 A 标准。

2015 年，环渤海沿海地区 SO_2 排放量控制在 128 万 t，比现状排放量削减 21%；NO_x 排放量控制在 75 万 t，比现状排放量削减 12%。2020 年，SO_2 排放量控制在环境容量以内，相当于在现状基础上削减 32%，其中，重点产业 SO_2 排放量控制在 100 万 t 以内，比现状削减 34%；NO_x 和 PM_{10} 排放量分别在现状基础上削减 18% 和 35%。

到 2020 年，陆源入海污染物总量得到合理控制，保证近岸海域环境功能区划水质达标。在上游入境污染物不增加，本地点源 COD 控制在 60 万 t、氨氮控制在 3.8 万 t 的前提下，渤海纳污量将可控制在 COD 140 万 t、无机氮 13.4 万 t，在现状基础上分别削减 10% 和 20% 左右，主要海洋环境功能区水质达标面积比例达到 60%，比现状提高 7 个百分点。

在常规污染物控制基础上，进一步加强非常规污染物、有毒有害和持久性污染物的防治。重点控制辽河流域砷、汞、多氯联苯（PCBs）和 DDTs 等特征污染物排放，控制海河流域、黄河流域砷、锌、铅等重金属排放。实现对新兴石化产业集聚区、油田开采区、污灌区等区域的镉、铅、砷、铜、汞等重金属污染控制，适时开展环渤海沿海地区已有化工园区的土壤修复。

四、保障环境准入要求不降低

逐步提高行业资源环境效率准入门槛，确保到 2020 年使环渤海沿海地区整体资源环境效率达到国内先进水平。其中，重点产业水资源利用效率总体达到国际先进水平，工业 COD、SO_2 排放强度在现状基础上分别降低 63%、72%，达到国内先进水平，能耗强度降低 48%，碳排放强度降低 45%。南岸产业带重点提升石化产业资源环境效率，控制非金属产业水耗及能耗，提高能源行业脱硫、脱硝技术水平。北岸产业带应全面提高整体水平，重点提高石化产业资源环境效率水平，降低大连、营口能源行业水耗和 SO_2 排放强度，提高能源行业、装备制造业用水效率。西岸产业带应重点提高沧州、秦皇岛整体资源环境效率水平，大力降低唐山 SO_2 和烟尘排放强度。

严格控制新、改、扩建项目资源利用率和污染物排放强度。国家审批项目的资源环境效率达到建设同期的国际先进水平，省级和市级审批项目应至少达到国内先进水平。区域内严格限制高水耗项目，原则上禁止审批以地下水为主要用水水源的工业项目，禁止在水源保护区、浅层地下水补给区、海水入侵区开采地下水。新建电力、化工、冶金项目应采取脱硫脱硝措施。新建重化工项目应集中在工业园区建设。制定产业集聚区节约用地标准，提高供地门槛，限制占地大、产出低的项目进入。严控在生态红线控制区内建设工业项目，已在生态红线控制区内的工业企业，原则上应逐步搬迁。省级以上重点产业聚集区应分批逐步通过国家生态工业园、循环经济示范区认证，西岸产业带新建大型重化工项目应全面推行清洁生产和循环经济。

推动将淘汰落后产能作为容量置换措施，鼓励“上大压小”，加快淘汰已有落后产能。按照资源环境承载力基础条件，制定差别化的环境准入要求。严格按照国家产业政策，加大化工、钢铁、造纸、水泥等行业落后产能的淘汰力度。

新、改、扩建钢铁项目应首先淘汰相应规模的落后产能，坚持钢铁产业集中布局原则，不鼓励发展钢铁产业的地区原则上不再审批新的钢铁项目。新建草浆、苇浆造纸项目须申报国家循环经济试点，同时需经过国家环保部审批后方可施工建设。

2020 年环渤海沿海地区资源环境效率指标应达到表 7-4 水平。

表 7-4　重点产业资源环境效率指标（2020 年）

行　业	万元产值能耗强度 /（t 标煤 / 万元）	万元产值碳排放强度 /（t/ 万元）	工业重复用水率 / %	万元产值水环境污染物排放效率 /（kg / 万元）		万元产值大气污染物排放效率 /（kg / 万元）			
				COD	NH_3-N	SO_2	NO_x	粉尘	烟尘
石油行业	0.35	1.23	90	0.12	0.011	0.27	0.23	0.17	0.07
冶金行业	0.69	1.90	80	0.02	0.000 2	1.31	0.88	2.05	1.22
装备制造业	0.04	0.08	—	0.07	0.000 2	0.06	0.02	0.21	0.10
能源行业	0.54	3.25	97/35 [a]	—	—	14.99	9.73	0.13	4.18
化工行业	0.28	0.63	90 [b]	1.12	0.044	1.60	0.58	0.14	0.51
非金属行业	0.53	0.95	65	—	—	3.87	2.72	4.11	4.50
农产品加工业	0.10	0.19	55	0.66	0.044	—	—	—	—
纺织行业	0.20	0.45	85	0.50	0.014	—	—	—	—
造纸行业	0.41	1.28	65	5.50	0.007	4.17	2.53	—	2.10

注：a. 电力（循环冷却电厂和直流冷却电厂）的重复用水效率；b. 化学原料及化学制品制造业的重复用水效率。

合理开发土地资源。加大城区产业用地调整力度，促进产业向园区集中发展，制定产业节约集约用地标准，提高供地门槛，限制“占地大、产出低”的项目进入，力争产业集聚区用地效率年均提高比例达到5%左右。

第三节 促进重点产业布局优化

环渤海沿海地区重点产业空间布局分散，重复建设和产业同构化发展趋势日趋加剧，区域性环境问题和布局性环境风险日益突出，必须根据产业发展区位优势，以及三大产业带资源环境承载能力及其空间分异规律，大力促进区域重点产业的优化布局。

北岸产业带依托东北老工业基地振兴和辽宁沿海经济带开发战略，以大连为龙头积极推进大连—盘锦一线石化、装备制造等重点产业统筹发展，加快提升重点产业聚集效应。西岸产业带围绕“津唐沧”统筹发展的思路，按照“高起点、高标准、严要求”的原则，发挥滨海新区大型装备制造业、现代制造业、电子信息产业等的辐射和带动作用，形成曹妃甸—渤海新区一线优势互补、错位发展格局，着力提高区域综合竞争力。南岸产业带围绕黄河三角洲高效生态经济区和山东半岛蓝色经济区建设，发挥装备制造、石化、轻纺等产业基础优势，加快新型工业化进程，率先实现产业生态化转型。

大力发展高端装备制造业，努力打造世界级的装备产业集群。提高装备制造业龙头地位，将环渤海沿海地区建成为国际重要装备制造业基地。提升滨海新区、大连、烟台、潍坊等地区装备制造业规模和技术水平，建设具有国际影响力的先进制造业集群。大力发展唐山、东营、秦皇岛、盘锦，形成国内重要的特色装备制造业集聚区。

按照炼化“一体化”的集约化发展模式，合理规划和统筹沿海石油、化工产业发展，遏制环渤海沿海地区遍地开花、竞相投资建设石化项目的局面。统筹考虑大型石化项目基地的集中布局，建设2～3个具有国际先进水平和生产能力的大型炼化“一体化”基地。支持产业基础相对较强、资源环境容量相对较大的大连、东营等大型沿海石化基地。以大连为龙头整合北岸产业带石化产业，集中建设大型炼化基地。西岸产业带资源环境承载力有限、污染排放压力突出，应根据环境容量错位分工、适度发展，积极整合滨海新区、唐山、沧州的原油加工能力，集约建设一个大型炼化一体化基地。南岸产业带以东营为基础，统筹滨州至潍坊一线石油化工产业布局。不宜在大连双岛湾、双台河口湿地、大辽河口湿地和黄河三角洲湿地等生态极度敏感区域布局石化项目。在沧州至烟台一线，大力发展海洋化工产业。煤化工产业原则上不适宜在环渤海沿海地区发展。

结合淘汰落后产能、企业重组和城市钢厂搬迁，推进环渤海沿海地区钢铁产业的布局优化和集约发展。加快环渤海西岸产业带钢铁产业集约化，优化资源配置，建设具有国际先进水平的唐山钢铁产业基地。适度发展营口冶金产业，并在鲅鱼圈钢铁基地集中布局。严格控制其他地区生铁、粗钢等钢铁产能的无序扩张。

第四节　深化重点产业结构调整

环渤海沿海地区产业发展重型化趋势突出，落后产能规模持续扩张，资源环境压力持续增大，仅靠提高技术工艺水平和末端处理能力已经无法满足生态环境底线要求。必须依据区域产业发展优势和技术水平特点，以及三大产业带的资源环境基础条件，深化产业结构调整，逐步降低重化工业比重，淘汰落后产能，大力发展新兴战略型产业和生产服务业，加快推进经济发展方式转变。

加快推进装备制造业规模化发展，大力提高现代制造业比重。重点发展滨海新区航空航天装备、汽车及配套加工，大连船舶制造、能源装备、高端精密机床，以及烟台海洋装备、唐山高速动车组、东营石油开采装备等。

延长石油化工下游产业链，大力发展高附加值的绿色化工产品，提高石化产业竞争力，适度控制炼油产能规模。发展大型炼化一体化项目，淘汰 100 万 t 及以下低效低质落后炼油装置，积极引导 100 万～ 200 万 t 炼油装置关停并转，防止以沥青、重油加工等名义新建炼油项目。到 2020 年，环渤海沿海地区总炼油能力控制在 1.2 亿 t 以内为宜。

加快推进钢铁企业重组，加大技术改造力度，促进钢铁产业全面升级与生态化转型。围绕淘汰落后、产品升级与产业链延伸，提高创新能力，提升工艺装备水平和深加工能力，优化产品结构，大力发展高端精品钢材。提高淘汰落后炼铁、炼钢产能标准，加快淘汰落后产能，分批淘汰 400 m^3 及以下高炉、30 t 及以下转炉、电炉。重点建设唐山钢铁产业基地，推进曹妃甸国家级循环经济示范区建设；围绕精品化、专业化，适度发展营口鲅鱼圈冶金产业；除精品钢材等高端产品外，滨海新区不宜扩大钢铁产能；区域内其他地市禁止新建钢铁企业。到 2020 年，环渤海沿海地区钢铁产能控制在 8 000 万 t 为宜，其中，唐山钢铁产业规模应控制在 6 000 万 t 左右。

积极发展清洁能源、可再生能源。除了城市生活热电厂和热电联产项目以外，西岸产业带要控制大型火电项目规模，原则上不再新增火电电源点，改扩建电厂及新建电厂必须同步建设脱硫、脱硝配套装置。

优化造纸原料结构和产品结构，进一步淘汰落后造纸产能。重点加快淘汰西岸产业带规模以下造纸产能，控制北岸、南岸产业带新增造纸产能。新建造纸项目应以淘汰落后产能进行容量置换，谨慎发展高污染的草浆、苇浆造纸项目。继续推动造纸企业的集约化、规模化发展，强化污染综合治理，加大淘汰小造纸和落后工艺，分阶段提高该行业的规模、技术与污染治理准入门槛。

大力发展新兴战略型产业、电子信息、生物技术、现代医药、现代生产服务业，以及港口物流业、现代商贸、金融保险、生态旅游、软件及信息服务业、文化创意产业等第三产业，提升高新技术产业及现代服务业的比重。

在提高环保准入标准、加强现有企业污染治理的基础上，大力发展地方特色产业，包括锦州光伏产业、秦皇岛生态旅游业、滨州轻纺工业等。

第五节 重点产业与生态环境协调发展对策机制

一、推进渤海综合治理立法和制度建设

高度重视环渤海沿海地区发展所面临的重大生态环境困境和危机，制定《渤海环境保护法》，通过立法确立治理渤海的战略目标、责任主体、监管要求以及对渤海产生影响的所有利益相关方的责任和义务，为渤海及其沿海地区的区域性环境保护与统一监管提供法律保障。

研究制订《渤海海岸带开发与保护管理条例》，打破行政区域和部门管理的界限，划定海岸带空间管制区域，确立渤海自然岸线占用与海洋生态损害的补偿赔偿机制。

在国家标准的基础上，研究并从严制定环渤海沿海地区污染物排放标准。实行分区域差别化的环境准入政策，提高重点产业准入门槛。建立落后产能淘汰机制，对新建项目执行严格的导向性准入政策。

制定实施基于环境容量的污染物排放总量控制政策。以渤海近岸海域环境容量、河流水体环境容量和大气环境容量及空间分异规律为依据，制定污染物排放总量控制政策，在COD和SO_2总量控制的基础上，将氮氧化物、氨氮等指标纳入总量控制范围，分别制定城市生活、工业、农村和农业的污染物削减目标。研究制定环渤海沿海地区重金属、大气细粒子、臭氧等污染物控制情景。

二、构建环渤海综合决策机制

在国家层面成立由发改、环保、国土、水利、农业、建设、林业、海洋等有关部门和地方政府共同组成的渤海海岸带开发管理委员会，统一对海岸带开发建设的规划和监管。

建立环渤海地区重大项目部门会商制度。针对环渤海沿海地区产业和城市发展需要，建立涉及经济、环保、土地、农业、水利、海洋等多个部门多层面的经济与环境综合决策机制。

建立环渤海西岸“津唐沧”地区重大项目通报机制。建立环渤海北岸、南岸产业带重大项目省内协调与相关地市会商机制。

完善环渤海市长联席会议制度，建立地市级区域产业优势互补、错位发展、合作互动的会商和协调机制，对环渤海地区整体的产业发展、环境建设、海域保护进行定期协商，推动统一协调的区域发展。

三、建立区域“四大”统筹协调机制

强化地方政府和有关部门的环保责任，进一步完善跨部门、跨区域的协调发展机制，确保产业发展和环境保护协调有效。

根据区域资源环境承载能力的整体要求，统筹考虑海陆关系、上下游关系、区域内外关系以及生产与生活关系，统一协调环境基础设施建设和环境保护，对重大资源开发和建设项目进行区域整合，构建环渤海沿海地区产业发展区域统筹格局的整体框架。

以近岸海域生态环境保护为核心，统筹海陆关系。以保护渤海海域生境及近岸海域环境

质量为目标，上下游结合、陆地服务海洋、统筹海陆、整体性地削减污染物排放量。针对目前入海河流与近海水质要求存在较大差异的问题，加强环保与海洋部门沟通协调，统筹处理地表水环境功能区划和海洋功能区划的匹配与衔接，通过合理划定河流入海口附近海域“混合区”，逐步提高陆地入海河流水质要求，有效改善河口与近岸海域水质。

以强化跨境水体的水质水量要求为抓手，统筹上下游关系。环渤海沿海地区上游来水径流量严重短缺，入境断面水质达标率不足30%，上游输入污染物占全流域的60%以上，对环渤海沿海地区的产业发展形成重要约束。必须从全流域出发，统筹上游与下游，整体规划，建立跨境水体的水质水量要求与责任保障机制，逐步增加入境地表水径流量，减少上游污染物输入通量。

以污染物排放总量整体降低为基点，统筹生产和生活污染排放的关系。目前，环渤海沿海地区城镇生活和工业污染排放量相当，农业面源约占水污染总负荷的1/3。在全力实施重点产业调控的同时，必须大力加强城镇环境基础设施建设，积极开展农业面源污染控制，以沿海地区地表水质改善为目标，按照等量削减、增产减污的原则，为重点产业的发展腾出容量空间。

以区域大气污染控制联动机制为依托，统筹区域内外影响作用的关系。由于区域气象场的传输作用，环渤海沿海地区大气环境质量受到各地市之间以及区域外污染传输影响。应根据《关于推进大气污染联防联控工作改善区域空气质量的指导意见》（国办发[2010]33号）文件要求，以区域大气环境质量整体达标为目标，由环保部牵头制定包括北京、天津在内的环渤海西岸地区大气污染控制联动机制和行动情景，实施有责任的共同减排。

四、推进资源和生态补偿制度实施

完善环渤海沿海地区资源税费征收。坚持“谁开发谁保护，谁利用谁补偿”的补偿机制。建立跨流域调水的资源补偿机制，由国家相关部门和省级政府协调，由受水区按照使用量提供相应的资源补偿费用。

建立环渤海沿海地区生态补偿机制。对具有重要生态功能和价值，并同时具有承接、净化境外其他区域污染物排放作用的海洋自然保护区和滩涂湿地等生态敏感区，相关省级政府应协调省内有关地市，兼顾发展与保护，稳步推进上下游之间的生态补偿。对于由于资源保护致使生产活动受到制约的区域，给予一定的经济补偿。以盘锦双台河口湿地、黄河三角洲湿地的可持续保护为目标，综合考虑上游和本地污染贡献水平，以及上下游地区、锦州—盘锦—营口一带重点产业发展统筹发展，尽快开展生态补偿试点工作。深入研究并适时推进油气田开发对湿地生态影响的补偿工作。

总结和推广子牙河、小清河生态补偿机制实施经验，全面建立环渤海沿海地区水环境污染奖惩机制。对于跨界断面超过水质目标要求的上游区域实行罚款，对提高水环境质量的区域实行奖励；将跨界水质保障纳入政府考核，从经济和行政两方面进行奖惩。

逐步探索其他的生态补偿措施，通过新建保护区、保护自然海滨岸线、建立滨海湿地公园等手段，补偿围填海工程和岸线占用造成的生态功能损失。

第六节　区域重点产业“十二五”协调发展对策建议

一、统筹环渤海区域发展规划，发挥规划环评作用

建议由国家相关部门牵头编制环渤海区域发展总体战略规划，确定区域城市定位和产业分工，避免产业“同构化”和恶性竞争。综合考虑全国炼化产能总体规模和空间发展战略，以及环渤海沿海各地市社会经济发展水平、产业发展定位和资源环境承载能力的差异，编制区域炼油石化产业发展规划，统筹安排区域内炼化大项目布局。

切实发挥规划环评作用。全面推进重点区域、临港工业区、重化工基地，以及“两高一资”重点行业的规划环境影响评价，尽快启动津唐沧、滨州—潍坊两个重点区域战略环境评价。省级以上产业集聚区规划应与规划环评同时展开，未通过规划环评的产业园区禁止开工建设。强化和落实规划环评中跟踪监测与后续评价要求。

二、加强环境基础信息能力建设，支持环境管理决策

强化区域性生态环境监测体系，建立环渤海沿海地区生态环境基础数据库。逐步统一海陆生态环境监测指标、监测点位、监测方法，建立环保、农业、水利、海洋等多部门协调的环境监测机制。重要跨界断面由国家环境保护主管部门统一安排监测。开展城市径流、农业面源监测试点工作。

开展渤海近岸海域和陆域生态调查，建立生态长期观测站。在污染严重水域、主要河口、近岸海域等地区建设长期生态观测站。尽快开展湿地、野生动植物的本底资源调查和研究。

将重金属纳入环境常规监测体系，定期监测重点产业集聚区周边生物、土壤、大气中污染物超标情况。

统一渤海环境信息公布。建立环渤海区域规划环评信息系统，加强环境监测基础信息建设，定期公布环境信息。支持对调控目标与污染物总量目标完成进展情况的评估监管与合理调整。

三、确保环境保护投入，加快环境基础设施建设

优先保证环保投入。到 2015 年，确保环渤海沿海地区环保投入总量翻一番；目前环保投入占 GDP 比重低于全国平均水平的地区 2015 年要达到 1.5% 以上，西岸产业带要力争达到 2% 以上。确保政府财政投入环保资金增长幅度高于同期财政收入增幅，到 2020 年环渤海沿海地区环保投入应达到 GDP 的 2% 以上。

提高城镇生活污水处理率，扩大污水处理规模。2015 年区域城镇（包括县、区）生活污水处理率应不低于 70%；2020 年区域城镇（包括县、区）生活污水处理率应达到 80%，重点乡镇和现状人口 1 万人以上乡镇驻地均建成污水处理厂并达标排放。

加强大气环境基础设施建设，所有新建能源、重化工项目必须同步配套脱硫、脱硝设备，已有项目逐步改建。通过能源结构调整等方式重点削减现有低架源和面源。

进一步加大对海水淡化技术创新的支持力度，提高海水淡化技术支撑能力和创新能力。

四、强化重要生态功能区监管，保护生态系统功能

禁止在生态红线控制区内的各类开发建设活动。红线内严禁破坏生态环境的建设开发活动，现有工业企业逐步迁出。限制生态黄线区的开发活动类型和强度，严格准入条件。

限制开发滩涂岸线，进行湿地立法，制定保护规划，保护重要生态功能区。禁止开发利用自然滨海湿地，严格控制湿地附近 5 km 以内的工业开发活动，禁止工业污染向湿地排放。滩涂、水域、沼泽、盐田以及苇地等生态敏感度高的未利用地，原则上不应随意改变土地利用类型，尽量保持原有生态状态和功能。逐步恢复海岸带天然植被，防止海岸带进一步被破坏。加强防护林带的保护与建设、禁止沿岸采砂，预防和控制海岸侵蚀、海水入侵、风暴潮和海岸风沙等海洋灾害。

严格控制围海造地工程、小型港口和码头的兴建、垃圾和矿渣的贴岸堆置、岛陆或岛间连接等破坏海岸带生态系统的活动，尽可能保持海岸带、陆连岛以及岛屿的面貌，疏通潮汐水道，恢复海岛生态系统。

保证河道和渤海生态用水，根据实际需要，适时对河流、湿地进行生态补水。在地下水超采和海水入侵的主要河流中下游建设一批地下水库，拦截地下潜流，阻挡海水入侵。

在地下水严重超采和已出现海水入侵的区域严格限制开采地下水，限期关闭自备井，实现地下水的采补平衡，遏制地下漏斗区面积扩大，严防地面沉降。沧州、唐山等地重点加强地下水文和水资源开采的调查、监测和综合防治，严禁违章违法开采地下水，控制海水入侵和地面沉降。严格限制烟台夹河下游地区地下水开采，保证地下水位逐步回升。

五、依托科技创新，提高节能减排环保技术水平

结合产业结构升级和调整，积极促进产、学、研的技术研发平台建设，依托科技创新，鼓励自主创新，支撑区域经济社会的发展转型。大力推广可再生能源和清洁能源，清洁煤技术、节水技术及环保治理与生态修复技术的推广使用。提高资源节约，环境保护的能力。推进典型地区和重点行业开展低碳经济、生态城市、生态产业试点建设，带动区域循环经济、低碳经济发展。

六、运用经济手段，强化资源的有效开发利用

提高生态用地占用成本，把占用生态红线控制区面积作为产业聚集区规划审批的前置条件。研究制定生态用地占用补偿分级制度，提高占用滩涂、湿地等生态敏感性高的土地门槛，提高土地集约利用效率。

进一步加大水价改革力度，完善水价定价体系建设。提高外调水的水资源补偿费用，制定有利于节约用水（包括再生水使用）的水价机制。对居民实行超定额累进加价，推行阶梯水价。已经设立阶梯水价的城市，加强水价计量与实施。

理顺当地水资源与非常规水资源的价格关系、外调水与当地水的价格关系，确保实现“同区同价”、“同质同价”、“优质优价”。以补偿成本和合理收益为原则，结合再生水水质、不同用途等，按低于自来水价格的一定比例，合理确定再生水价格，鼓励使用再生水替代自然水

源和自来水。对于公益性和基础性项目，应建立非常规水资源利用的补贴机制。

七、建立环境风险预警和应急体系，保障区域生态安全

建立环渤海沿海地区综合应急响应系统，对于风暴潮、台风、地震、暴雨等突发性自然风险以及水污染、大气污染、海域污染等突发性污染事故，及时进行预报预警，制定紧急预案处理措施，提前防护，减少损失。

建设沿海防洪防潮大堤与护岸工程，建设沿海防护林体系是改善沿海地区生态环境、减轻灾害损失的重要措施。加强重点产业聚集区及人口稠密区抗震工程、防洪排涝工程建设，增加投入，适当提高抗震标准和防洪排涝等级，降低自然灾害风险。

建立环境事故预警和应急体系，设立环境污染事故应急队伍，建设污染事故应急处理设施和工程，防范和处理环境污染事故；特别针对海上溢油事故、水源污染事故，建立多部门联动的综合预警和应急机制，确保环渤海地区环境质量安全。

参考文献

［1］ Alcamo J. Environmental futures： the practice of environmental scenario analysis[J]. Elsevier Science，2008，2.

［2］ An J L，H Ueda，et al. Simulations of monthly mean nitrate concentrations in precipitation over East Asia[J]. Atmospheric Environment，2002，36（26）：4159-4171.

［3］ Arrow K，Bolin B，Costanza R，Dasgupta P，et al. Economic growth，carrying capacity，and the environment[J]. Ecological Economics，1995，15（2）：91-95.

［4］ BEJARANO A C，Michel J. Large-scale risk assessment of polyeyclic aromatic hydrocarbons in shoreline sediments from Saudi Arabia：environmental legacy after twelve years of the Gulf war oil spill[J]. Environmental Pollution，2009，12.

［5］ Blumberg A F，Goodrich D M. Modeling of wind-induced destratification in Chesapeake Bay[J]. Estuaries，1990，13：236-249.

［6］ Blumberg A F，Khan L A，John J P S. Three-dimensional hydrodynamic model of New York Harbor region[J]. Journal of Hydraulic Engineering，1999，125：799-816.

［7］ BRUCE K H. An examination of ecological risk assessment and management practices[J]. Environ Intern，2006，32（8）：983-995.

［8］ Buhrs T. Environmental Space as a Basis for Legitimating Global Governance of Environmental Limits[J]. Global Environmental Politics，2009，9（4）：111.

［9］ Cairns G，Wright G，Bradfield R，et al. Exploring e-government futures through the application of scenario planning[J]. Technological Forecasting and Social Change，2004，71（3）：217-238.

［10］ Dalal-Clayton B，Sadler B. Strategic Environmental Assessment：A Sourcebook and Reference Guide to International Experience[M]. London：Earthscan，2005.

［11］ Duinker P N，Greig L A. Scenario analysis in environmental impact assessment: improving explorations of the future[J]. Environmental Impact Assessment Review，2007，27：206-219.

［12］ Duinker P N，Greig L A. Scenario analysis in environmental impact assessment：Improving explorations of the future[J]. Environmental impact assessment review，2007，27（3）：206-219.

［13］ Fujiwara O，Gnanendran S K，Ohgaki S. River quality management under stochastic streamflow[J]. journal of environmental engineering，1986，112（2）：180-198.

［14］ Gardiner J L. Sustainable development for river catchment[J]. Water and Environment Journal，1994，8：308-319.

［15］ Geng H，Park Y，et al. Elevated nitrogen-containing particles observed in Asian dust aerosol samples collected at the marine boundary layer of the Bohai Sea and the Yellow Sea[J]. Atmospheric Chemistry and Physics，2009，9（18）：6933-6947.

［16］ George C，George W，Ron B，et al. Exploring e-government futures through the application of scenario planning[J]. Technological Forecasting & Social Change，2004，71：217-238.

［17］ GESAMP. Environmental capacity：an approach to marine pollution prevention[R]. Vienna：IAEA，1986.

［18］ Hao J M，Wang S X，Lin B J，et al. Designation of sulfur dioxide and Acid Rain Pollution Control Zones and its impacts on energy industry in China[J]. Journal of Chemical Engineering of Japan，2001，34：1108-

1113.

[19] Harris N，Hooper A. Rediscovering the ‘spatial’ in public policy and planning：an examination of the spatial content of sectoral policy documents[J]. Planning Theory & Practice，2004，5（2）：147-169.

[20] Hong Kong Environmental Protection Department. Hong Kong 2030：planning vision and strategy strategic environmental assessment (Final report) [R/OL]. Hong Kong, 2007. http：//www.epd.gov.hk/epd/SEA/big5/file/FinalSEAReport.pdf.

[21] Jin G Z，Lee S J，Park H，et al. Characteristics and emission factors of PCDD/Fs in various industrial wastes in South Korea[J]. Chemosphere，2009，75（9）：1226-1231.

[22] Kahen Geol. Energy technology transfer：a proposal for the strategic assessment of environmental impacts within developing countries[J]. Energy and Environment, 1997，8（2）：115-131.

[23] Kawabe M，Oka T. Beniefit from improvement of organic contamination of Tokyo Bay[J]. Marine Pollution Bulletin，1996，32（11）：788-793.

[24] Kerachian R，Karamouz M. Waste-load allocation model for seasonal river water quality management：application of sequential dynamic genetic algorithms[J]. Scientia Iranica，2005，12（2）：117-130.

[25] Kim K H，Hong Y J，Pal R，et al. Investigation of carbonyl compounds in air from various industrial emission sources[J]. Chemosphere，2008，70（5）：807-820.

[26] Lin L，Liu Y，Chen J，et al. Comparative Analysis of Environmental Carrying Capacity of the Bohai Sea Rim Area in China[J]. Journal of Environmental Monitoring，2011，13：3178-3184.

[27] Liu Y，Chen J，He W，et al. Application of an Uncertainty Analysis Approach to Strategic Environmental Assessment for Urban Planning[J]. Environmental Science & Technology，2010，44（8）：3136-3141.

[28] Okadera T，Watanabe M，Xu K. Analysis of water demand and water pollutant discharge using a regional input-output table：An application to the City of Chongqing，upstream of the Three Gorges Dam in China[J]. Ecological Economics，2006，58（2）：221-237.

[29] Okaichi T，Yanagi T. Sustainable Development in the Seto Inland Sea[M]. Japan：From the Viewpoint of Fisheries，1997.

[30] Oketola A，Osibanjo O. Estimating sectoral pollution load in Lagos by industrial pollution projection system（IPPS）[J]. Science of the total environment，2007，377（2-3）：125-141.

[31] Progressive Architecture Engineering. Four Township recreational carrying capacity study：Pine Lake，Upper Crooked Lake，Gull Lake，Sherman Lake[R]. 2001. http：//www.kbs.msu.edu/ftwrc/publications/carryingcapacity.pdf.

[32] Ravetz J. Integrated assessment for sustainability appraisal in cities and regions[J]. Environmental impact assessment review，2000，20（1）：31-64.

[33] Rijsberman M A，van de Ven F H M. Different approaches to assessment of design and management of sustainable urban water systems[J]. Environmental Impact Assessment Review，2000，20（3）：333-345.

[34] Riki Therivel. Strategic Environmental Assessment[M]. London：Earth Sean Publication Ltd，1992.

[35] Rockström J，Steffen W，Noone K，et al. A safe operating space for humanity[J]. Nature（Lond）. 2009，461（7263）：472-475.

[36] Schultink G. Environmental indices and public policy：a system perspective on impact assessment and development planning[J]. International Journal of Environmental Studies，1999，56：237-258.

[37] Seidl I，Tisdell CA. Carrying capacity reconsidered：from Malthus， population theory to cultural carrying

capacity[J]. Ecological Economics. 1999，31（3）：395-408.

［38］Tang J，Xu X，Ba J，Wang S. Trends of the precipitation acidity over China during 1992—2006[J]. Chinese Sci Bul，2010，5：1-9.

［39］Therivel R，Maria R. The Practice of Strategic Environmental Assessment[M]. London：Earthscan Publication Ltd，1996.

［40］Uematsu M，Wang Z F，et al. Atmospheric input of mineral dust to the western North Pacific region based on direct measurements and a regional chemical transport model[J]. Geophysical Research Letters，2003，30（6）.

［41］Walz A，Lardelli C，Behrendt H，et al. Participatory scenario analysis for integrated regional modelling[J]. Landscape and Urban Planning，2007，81（1-2）：114-131.

［42］Wang Z，Maeda T，Hayashi M，Hsiao L F，et al. A nested air quality prediction modeling system for urban and regional scales，application for high-ozone episode in Taiwan[J]. Water Air Soil Pollution，2001，130：391-396.

［43］Wang Z，Ueda H，Huang M. A deflation module for use in modeling long-range transport of yellow sand over East Asia[J]. Journal of Geophysical Research，2000，104（26）：947-960.

［44］Zhang J，Yu Z G，et al. Dynamics of inorganic nutrient species in the Bohai seawaters[J]. Journal of Marine Systems，2004，44（3-4）：189-212.

［45］Zhao N，Liu Y，Chen J. Regional industrial production's spatial distribution and water pollution control：A plant-level aggregation method for the case of a small region in China[J]. Science of the Total Environment，2009，407（17）：4946-4953.

［46］Zhou J，Liu Y，Chen J. Accounting for uncertainty in evaluating water quality impacts of urban development plan[J]. Environmental Impact Assessment Review，2010，30：219-228.

［47］Zhu Y，Drake S，Lü H，Xia J. Analysis of temporal and spatial differences in eco-environmental carrying capacity related to water in the Haihe River Basins[J]. Water Resources Management 2010，24（6）：1089-1105.

［48］鲍献文，闫菊，赵亮，石磊. ECOM模式在胶州湾潮流计算中的应用[J]. 海洋科学，1999，5：57-60.

［49］边恕. 日本濑户内海工业区对日本经济促进作用的实证分析[J]. 日本研究，2004（2）：26-31.

［50］曾思育，杜鹏飞，陈吉宁. 流域污染负荷模型的比较研究[J]. 水科学进展，2006，17（1）：108-112.

［51］陈吉宁，刘毅，梁宏君. 大连市城市发展规划（2003—2020）环境影响评价[M]. 北京：中国环境科学出版社，2008.

［52］陈敏鹏，陈吉宁，赖斯芸. 中国农业和农村污染的清单分析与空间特征[J]. 中国环境科学，2006，26（6）：751-755.

［53］陈守煜. 区域水资源可持续利用评价理论模型与方法[J]. 中国工程科学，2001，3（2）：33-38.

［54］程声通. 环境系统分析教程[M]. 北京：化学工业出版社，2006.

［55］崔凤军，杨永慎. 产业结构对城市生态环境的影响评价[J]. 中国环境科学，1998，18（2）：166-169.

［56］崔凤军. 城市水环境承载力及其实证研究[J]. 自然资源学报，1998，13（1）：58-62.

［57］杜碧兰. 日本濑户内海环境立法与管理及其对我国渤海政治的借鉴作用[J]. 海洋发展战略研究动

态，2003，8：2-4.
[58] 段飞舟，任景明. 区域生态风险评价及其在战略环评中的应用[J]. 环境工程技术学报，2011，1（1）：72-74.
[59] 樊杰. 国家汶川地震灾后重建规划：资源环境承载能力评价[M]. 北京：科学出版社，2009.
[60] 樊杰. 京津冀都市圈区域综合规划研究[M]. 北京：科学出版社，2008.
[61] 范学忠，李玉辉，角媛梅. 昆明市生态红线区非生态用地转变前后生态效益分析[J]. 水土保持研究，2008，15（4）：179-188.
[62] 冯志权，冯金祥，马明辉. 北方海洋生态站几种经济动物体内5种重金属残留量[J]. 海洋环境科学，2004，23（3）：49-50，76.
[63] 符娜. 土地利用规划的生态红线区的划分方法研究[D]. 北京：北京师范大学，2008.
[64] 付毅，许学工. 区域生态风险评价[J]. 地球科学进展，2001，16（2）：267-271.
[65] 高鹏飞. 基于情景分析方法的流域水污染控制决策支持系统研究[D]. 哈尔滨：哈尔滨工业大学，2007.
[66] 顾晨洁，李海涛. 基于资源环境承载力的区域产业适宜规模初探[J]. 国土与自然资源研究，2010（02）：8-10.
[67] 国家海洋局海洋环境保护战略研究课题组. 濑户内海的环境问题与环境保护战略对策研究[R]. 2008.
[68] 国家环境保护局，渤海黄海海域污染防治科研协作组. 渤海黄海海域污染防治研究图集[M]. 北京：科学出版社，1990.
[69] 国家环境保护总局，中国科学院生态环境研究中心. 中国生态功能区划[R]. 北京，2007.
[70] 郝明途，林天佳，刘蔽. 我国PM2.5的污染状况和污染特征[J]. 环境科学与管理，2005，31（2）：58-67.
[71] 胡远满，舒莹，等. 辽宁双台河口自然保护区丹顶鹤繁殖生境变化及其繁殖容量分析[J]. 生态学杂志，2004，23（5）：7-12.
[72] 黄宝荣，欧阳志云，张智慧，等. 中国省级行政区生态环境可持续性评价[J]. 生态学报，2008，28（1）：327-337.
[73] 黄杏元，马劲松，汤勤. 地理信息系统概论. 北京：高等教育出版社，2001.
[74] 惠泱河，蒋晓辉，黄强，等. 二元模式下水资源承载力系统动态仿真模型研究[J]. 地理研究，2001，20（2）：191-198.
[75] 贾海峰，刘雪华. 环境遥感原理与应用[M]. 北京：清华大学出版社，2006.
[76] 贾嵘，蒋晓辉，薛惠峰，等. 缺水地区水资源承载力模型研究[J]. 兰州大学学报：自然科学版，2000，36（2）：114-121.
[77] 贾文泽，田家怡，潘怀剑.黄河三角洲生物多样性保护与可持续利用的研究[J].环境科学研究，2002，15（4）：35-39.
[78] 金凤君. 东北地区振兴与可持续发展战略研究[M]. 北京：商务印书馆， 2006.
[79] 景跃军，陈英姿. 关于资源承载力的研究综述及思考[J]. 中国人口·资源与环境，2006，16（5）：11-14.
[80] 李海清，孙书贤. 濑户内海环境状况：立法与管理[M]. 北京：海洋出版社，2004.
[81] 李海清. 渤海和濑户内海环境立法的比较研究[J]. 海洋环境科学，2006， 25（2）：78-83.
[82] 李天威，周卫峰，谢慧，等. 规划环境影响评价管理若干问题探析[J]. 环境保护，2007，22：22-25.
[83] 李晓文，肖笃宁，胡远满，等. 辽河三角洲滨海湿地景观规划对指示物种生境适应性的影响[J]. 生

态学报，2001，21（4）.

［84］李秀珍，肖笃宁，胡远满，等. 辽河三角洲湿地景观格局对养分去除功能的影响[J]. 地理学报，2001，56（1）：32-43.

［85］梁淑轩，孙汉文. 中国工业废水污染状况及影响因素分析[J]. 环境科学与技术，2007，30（5）：43-47.

［86］林凡. 试述产业集群对生态环境的影响——以福州寿山石产业为例[J]. 福建教育学院学报，2009，1：56-60.

［87］刘小丽，任景明，任意. 石化产业布局亟需转危为安[J]. 环境保护，2009，21：65-67.

［88］刘毅，陈吉宁，何炜琪. 城市总体规划环境影响评价方法[J]. 环境科学学报，2008，28（6）：1249-1255.

［89］刘毅，江涟，陈吉宁. 国际大都市区可持续发展实践经验概述[J]. 中国人口·资源与环境，2008，18（1）：75-78.

［90］刘毅，金凤君. 沿海地区人地关系协调发展战略[M]. 北京：商务印书馆，2005.

［91］刘毅，李天威，陈吉宁，等. 生态适宜的城市发展空间分析方法与案例研究[J]. 中国环境科学，2007，27（1）：34-38.

［92］刘毅，周明煜. 中国东部海域大气气溶胶入海通量的研究[J]. 海洋学报，1999，21（5）.

［93］鲁连胜. 论环渤海地域经济、资源与生态环境的关系[J]. 贵州环保科技，1998，4（2）：46-48.

［94］陆大道. 中国区域发展的理论与实践[M]. 北京：科学出版社，2003.

［95］陆大道. 大渤海地区整体综合开发与治理：辽宁资源开发与工业交通布局研究[M]. 北京：中国计划出版社，1990.

［96］陆大道. 中国工业布局的理论与实践[M]. 北京：科学出版社，1990.

［97］陆大道. 中国环渤海地区持续发展战略研究[M]. 北京：科学出版社，1995.

［98］罗道成，刘俊峰. 我国生态安全现状分析及保护对策研究[J].中国安全科学学报，2007，17（3）：10-15.

［99］马彩华，游奎， 高金田. 濑户内海环境治理对中国的启迪[J]. 中国海洋大学学报，2008，4： 12-14.

［100］ 马明辉，等. 辽东湾双台子河海区动物体内污染物含量及时空分布[J]. 海洋环境科学，1999，18（1）：61-76.

［101］ 马小明，张立勋，戴大军. 产业结构调整规划的环境影响评价方法及案例[J]. 北京大学学报：自然科学版，2003，39（4）：565-571.

［102］ 麦丽臣. 日本政府振兴濑户内海工业区的政策措施[J]. 日本研究，2004，2：10-19.

［103］ 毛汉英，余丹林. 环渤海地区区域承载力研究[J]. 地理学报，2005，56（3）：363 -371.

［104］ 孟凡生，王业耀，李天威，高吉喜. 战略环境评价在内蒙古“十一五”规划中的应用——以水环境为例[J]. 环境保护科学，2008，34（1）：68-70.

［105］ 欧志丹，程声通，贾海峰. 情景分析方法在赣江流域水污染控制规划中的应用[J]. 上海环境科学，2003，22（8）：568-588.

［106］ 彭羽，刘雪华，张爽，等. 顺义区生态敏感性评价及其与城市发展的关系[J]. 中国人口、资源与环境，2007，17（3）：445-447.

［107］ 钱纳里. 工业化和经济增长的比较研究[M]. 吴奇，王松宝，等，译. 上海：上海人民出版社，1995.

［108］ 钱正英. 中国水资源战略研究中几个问题的认识[J]. 河海大学学报，2001，29（3）：1-7.

［109］ 曲常胜，毕军，黄蕾，等. 我国区域环境风险动态综合评价研究[J]. 北京大学学报：自然科学版，

2010，46（3）：479 -8023.
[110] 曲常胜，毕军，葛怡，等. 基于风险系统理论的区域环境风险优化管理[J]. 环境科学与技术，2009，32（11）：1003-6504.
[111] 全国节约用水办公室. 全国水资源规划纲要及其研究[M]. 南京：河海大学出版社，2003.
[112] 任景明，等. 完善我国环境影响评价制度的对策建议[J]. 环境与可持续发展，2009，34（6）：45-46.
[113] 任丽军，尚金城. 山东省产业政策战略环境评价[J]. 城市环境与城市生态，2005，18（1）：27-29.
[114] 邵龙义. 都市大气环境中可吸入颗粒物的研究[J]. 环境保护，2000，1： 24-26.
[115] 水利部，国家与发展改革委员会.中国水资源及其开发利用调查评价（简要报告）[R]. 2004.
[116] 水利部水资源司，全国节水用水办公室. 全国节水型社会建设试点经验资料汇编[M]. 北京：中国水利水电出版社，2002.
[117] 宋德玲. 日本民众在治理公害中的作用——以濑户内海地区为例[J]. 日本学论坛， 2000， 2：21-25.
[118] 孙昊. 基于 NLO 和 SD 模型的城市污水再生利用规划研究[D]. 北京：清华大学环境科学与工程系，2006.
[119] 孙立汉，杜静，高士平，等. 滦河口湿地黑嘴鸥原繁殖地恢复研究[J]. 地理与地理信息科学，2005，21（3）：84-87.
[120] 孙莉， 吕斌，周兰兰. 中国城市承载力区域差异研究[J]. 城市发展研究， 2009， 3（6）：7-11.
[121] 唐剑武， 郭怀成，叶文虎. 环境承载力及其在环境规划中的初步应用[J]. 中国环境科学，1997，17（1）：7-9.
[122] 唐剑武，叶文虎.环境承载力的本质及定量化初步研究[J]. 中国环境科学，1998，18（3）：227-230.
[123] 滕恩江. 中国四城市空气中粗细颗粒物元素组成特征[J]. 中国环境科学，1999，19（3）：238-242.
[124] 万显烈. 大连市区大气气溶胶的无机化学特征分析[J]. 中国环境监测，2005，30（6）：21-23.
[125] 汪党献，王浩，马静. 中国区域发展的水资源支撑能力[J]. 水利学报，2000（11）：21-26.
[126] 王根绪，程国栋，饯鞠. 生态安全评价研究中的若干问题[J]. 应用生态学报，2003，14（9）：1551-1556.
[127] 王浩，秦大庸，王建华. 西北内陆干旱区水资源承载能力研究[J]. 自然资源学报，2004，19（3）：151-159.
[128] 王浩，王建华，陈明. 我国北方地区节水型社会建设的实践探索[J]. 中国水利，2002（10）.
[129] 王其藩. 系统动力学[M]. 北京：清华大学出版社，1994.
[130] 王元仲，李冬梅，高云凤. 河北省玉米主产区土壤重金属污染水平调查研究[J]. 河北农业大学学报，2005，28（6）：28-31.
[131] 王志远，蒋铁民. 渤黄海区域海洋管理[M] . 北京：海洋出版社，2004.
[132] 吴德星，万修全，鲍献文，等. 渤海1958年和2000年夏季温盐场及环流结构的比较[J]. 科学通报，2004，49（3）：287-292.
[133] 吴洪斌，曾思育，陈吉宁，等. 大连城市发展规划对近岸海域环境影响评价的不确定性分析[J]. 环境卫生工程，2008，16（1）：23-30.
[134] 吴良镛. 京津冀地区城乡空间发展规划研究二期报告[M]. 北京：清华大学出版社， 2006.
[135] 肖笃宁，胡远满，李秀珍. 环渤海三角洲湿地的景观生态学研究[M]. 北京：科学出版社，2001.
[136] 肖笃宁. 沈阳西郊景观格局变化的研究[J].应用生态学报，1990，1（1）：75-84.
[137] 肖扬，毛娃强. 区域景观生态风险空间分析[J]. 中国环境科学，2006，26（5）：623-626.
[138] 熊德琪，陈守煜，任洁. 水环境污染系统规划的模糊非线性规划模型[J]. 水利学报，1994

（12）：22-30.
［139］ 徐鹤，等. 中国战略环境评价的理论与实践[M]. 北京：科学出版社，2010.
［140］ 徐中民. 情景基础的水资源承载力多目标分析理论及应用[J]. 冰川冻土，1999，21（2）：99-106.
［141］ 许新宜，王浩，甘泓，等. 华北地区宏观经济水资源规划理论与方法[J]. 郑州：黄河水利出版社，1998.
［142］ 杨福林，李玉祥，曹希仁，等.双台河口自然保护区的生物多样性及保护发展对策[J].辽宁林业科技，1998，5：15-20.
［143］ 杨慧玲，尹怀宁，徐惠民，等. 双台子河口滨海湿地生态系统服务功能与价值评估[J]. 国土与自然资源研究，2009.
［144］ 殷贸，王仰麟，蔡佳亮，等. 区域生态风险评价研究进展[J]. 生态学杂志，2009，28（5）：969-975.
［145］ 于效群，于夫. 濑户内海治理经验浅析[M]. 北京：海洋出版社，1987.
［146］ 张舒. 日本濑户内海工业区的工业布局与产业结构[J]. 日本研究，2004，2：20-25.
［147］ 张文忠. 产业发展和规划的理论与实践[M]. 北京：科学出版社，2009.
［148］ 张晓东，池天河. 基于区域资源环境容量的产业结构分析——以北京怀柔县为例[J]. 地理科学进展，2000，19（4）：366-373.
［149］ 张绪良，等. 莱州湾南岸滨海湿地的景观格局变化及累积环境效应[J]. 生态学杂志，2009，28（12）：2437-2443.
［150］ 张学才，郭瑞雪. 情景分析方法综述[J]. 理论月刊，2005（8）：125 -126.
［151］ 赵崔莉，杜舰. 濑户内海开发史对辽宁沿海国土开发的启示[J]. 中国国土资源经济，2009，1：37-48.
［152］ 赵景柱. 景观生态空间格局动态度量指标体系[J]. 生态学报，1990，10（2）.
［153］ 赵美玲. 唐山南湖湿地公园景观生态规划研究[D].河北农业大学，2008.
［154］ 赵楠，刘毅，陈吉宁，严郷. 流域水污染防治的比较研究——淮河与莱茵河、多瑙河[J]. 环境科学与管理，2009，9：10-12.
［155］ 郑沛楠，宋军，张芳苒，等. 常用海洋数值模式简介[J]. 海洋预报，2008，25（4）：108-120.
［156］ 中国科学院环境科学委员会. 京津渤地区污染规律和环境质量研究（综合报告）[R]. 北京，1983.
［157］ 中国水利水电科学研究院. 黄河流域水资源演变规律与二元演化模型[R]. 2004.
［158］ 中国水利水电科学研究院. 水资源承载能力评价方法及其应用研究[M]. 北京：清华大学出版社，2007.
［159］ 周冬子. 平阴县地表水环境质量分析与水环境容量研究[D]. 济南：山东师范大学，2009.
［160］ 朱会义，何书金，张明. 环渤海地区土地利用变化的驱动力分析[J]. 地理研究，2001，20（6）：669-678.
［161］ 朱会义，李秀彬，何书金，等. 环渤海地区土地利用的时空变化分析[J]. 地理学报，2001，56（3）：253-260.
［162］ 朱一中，夏军，谈戈. 关于水资源承载力理论与方法的研究[J]. 地理科学进展，2002，21（3）：180-188.
［163］ 宗蓓华. 战略预测中的情景分析法[J]. 预测方法研究，1994，2：50-55.
［164］ 左其亭. 城市水资源承载能力——理论、方法、应用[M]. 北京：化学工业出版社，2005.

附录一

附录 1 主要资料和数据清单

一、主要地方规划及相关政府文件

附表 1-1 主要地方规划及相关政府文件

区域	名称
天津	天津市空间发展战略规划（征求意见稿）、天津市高新技术产业发展规划、天津市焦化行业“十一五”结构调整与发展规划、天津市信息产业“十一五”发展规划、天津市资源综合利用“十一五”规划、天津经济技术开发区生物医药产业“十一五”规划、天津市装备制造业“十一五”发展规划（摘要）、天津市工业“十一五”规划、天津旅游“十一五”规划文本、天津市水利事业发展第十一个五年规划、天津市综合交通“十一五”发展规划、天津市城市总体规划（2005—2020）、天津市土地利用总体规划（1997—2010）、国务院关于推进天津滨海新区开发开放有关问题的意见（国发 [2006]20 号）、天津滨海新区综合配套改革试验总体方案、滨海新区城市总体规划（2005—2020）
河北	河北省城市化“十一五”发展规划、河北省关于加快壮大中心城市促进城市群快速发展的意见、河北省“十一五”规划中期评估报告、河北省水利发展“十一五”规划、河北省贯彻落实国家产业调整和振兴规划实施意见文件汇编、唐山城市总体规划（2008—2020）、唐山市土地利用总体规划（1997—2010）、唐山市渔业“十一五”发展规划及 2020 年发展设想、唐山市“十一五”规划纲要、唐山市煤化工发展规划（2008—2015）、唐山市新能源和可再生能源开发利用发展规划（2009—2015）、唐山市装备制造业发展规划（2008—2015）、唐山市林业“十一五”规划、唐山科学发展示范区战略规划、唐山城乡发展一体化战略规划（2008—2020）、唐山湾“四点一带”主导产业发展导入准则、唐山市加快转变经济发展方式促进产业结构调整三年攻坚规划纲要、秦皇岛城市总体规划（2008—2020）、秦皇岛市土地利用总体规划（1997—2010）、秦皇岛市工业现状及发展重点、秦皇岛市高新技术产业发展情况、秦皇岛市现代物流业发展规划、秦皇岛市旅游规划、秦皇岛市农业产业化发展规划纲要（2009—2012）、秦皇岛市休闲旅游产业发展行动计划（2009—2010）、秦皇岛市重点产业现状及发展思路、秦皇岛市人民政府关于落实国家产业振兴发展规划情况的汇报、秦皇岛市加快装备制造业发展思路、秦皇岛市金属压延工业“十一五”专项规划、秦皇岛市玻璃工业发展建议、秦皇岛市玻璃建材工业“十一五”专项发展规划、关于秦皇岛市葡萄酒产业发展的思考、秦皇岛市葡萄酒产业“十一五”发展规划、秦皇岛市“十一五”高技术产业发展规划、沧州市石油化工产业“十一五”发展规划、沧州城市总体规划（2008—2020）、沧州渤海新区核心区总体规划、沧州渤海新区产业发展规划
辽宁	辽宁沿海经济带发展规划（征求意见稿）、辽宁省区域发展“十一五”规划、辽宁省基础设施建设“十一五”规划、辽宁省工业经济发展“十一五”规划、辽宁省林业发展“十一五”和中长期规划、辽宁省旅游业发展“十一五”规划、辽宁省矿产资源总体规划（2001—2010）、辽宁省沿海港口布局规划、辽宁省老工业基地调整改造振兴规划（草案）、辽宁省土地利用总体规划（1997—2010）、辽宁省高速公路网规划建设方案、推进“五点一线”沿海经济带开发建设，全面振兴辽宁老工业基地、辽宁省人民政府关于鼓励沿海重点发展区域扩大对外开放的若干政策意见、辽宁省人民政府关于部分沿海重点发展区域界定区域调整等有关问题的批复、大连市发展甘井子区“十一五”规划、营口市仙人岛地区结构规划、辽宁（营口）沿海产业基地总体规划、营口开发区滨海工业区控制性详细规划、营口经济技术开发区临港工业园区总体规划、盘锦石油装备制造基地（起步区）控制性详细规划、葫芦岛经济开发区（北港工业区）总体规划

续 表

区域	名称
山东	黄河三角洲高效生态经济区发展规划、山东省钢铁规划、山东半岛城市群区域发展规划、山东省船舶工业调整振兴规划、山东省电子信息产业调整振兴规划、山东省纺织工业调整振兴规划、山东省纺织机械行业调整振兴意见、山东省服装产业调整振兴意见、山东省钢铁工业调整振兴规划、山东省工艺美术行业调整振兴指导意见、山东省关于促进航空航天工业加快发展的指导意见、山东省关于促进核电装备制造业加快发展的指导意见、山东省关于促进节能环保产业加快发展的指导意见、山东省关于加快新材料产业发展的指导意见、山东省关于加快新能源产业发展的指导意见、山东省化学工业调整振兴规划、山东省家电行业调整振兴指导意见、山东省家具工业调整振兴指导意见、山东省模具工业调整振兴指导意见、山东省农业机械工业调整振兴指导意见、山东省汽车工业调整振兴规划、山东省轻工业调整振兴规划、山东省五金衡器行业调整振兴指导意见、山东省现代物流业振兴发展规划、山东省医药工业调整振兴指导意见、山东省有色金属工业调整振兴规划、山东省铸造工业调整振兴指导意见、山东省装备制造业调整振兴规划、山东省土地利用总体规划（2006—2020）、山东省土地利用总体规划专题报告、滨州市国民经济和社会发展第十一个五年规划汇编、滨州市黄河三角洲高效生态经济示范区汇报材料汇编、滨州市北海新区产业发展规划、滨州市北海新区概念性总体规划、滨州市工业“十一五”发展规划、滨州市民营经济“十一五”发展规划、滨州市制造业“十一五”发展规划、滨州市工业发展现状及规划、滨州市土地利用总体规划（2006—2020）送审稿、滨州市蓝色经济区总体发展规划、滨州市黄河三角洲高效生态经济区发展规划（征求意见稿）、潍坊市土地利用总体规划大纲（2006—2020）送审稿、东营市土地利用总体规划、中共东营市委关于加快推进黄河三角洲开发建设的决定、东营市电子信息产业调整振兴规划、东营市纺织产业调整振兴规划、东营市轮胎产业调整振兴规划、东营市汽车工业调整振兴规划、东营市石化产业调整振兴规划、东营市石油装备产业调整振兴规划、东营市七大产业规划、潍坊市“十一五”国民经济与社会发展规划、潍坊市十大工业调整振兴规划、潍坊市蓝色经济区发展规划纲要（2010—2020）（讨论稿）、烟台市临港重化工发展规划、烟台市工业“十一五”发展规划、烟台市蓝色经济区海阳装备工业发展规划、烟台市盐化工及海洋化工发展规划

二、环境质量相关数据资料

（1）环境质量报告书。环渤海三省一市、环渤海沿海地区环境质量报告书，时间序列为2001—2007年。

（2）环境质量监测数据。环渤海沿海地区主要断面常规水质监测数据、近岸海域水质监测资料、空气质量监测数据、典型区域土壤监测资料。

三、功能区划相关文件

环渤海三省一市、环渤海沿海地区大气、水、海域环境、生态功能区划、相关省市生态省 / 市建设规划。

四、环境影响评价报告

附表 1-2 部分产业产业集聚区环境影响评价报告

区域	名称
天津	滨海新区战略环境影响评价报告书
河北	唐山曹妃甸工业区建设对海岸海洋生态影响与预测研究报告、唐山湾“四点一带”空间布局与产业发展规划环境影响报告书、曹妃甸循环经济示范区产业发展总体规划环境影响评价报告书、秦皇岛经济技术开发区总体规划环境影响报告书、沧州渤海新区核心区总体规划环境影响报告书、遵化市工业园区规划环境影响报告书
辽宁	辽宁沿海经济带发展规划环评报告书、辽宁省沿海经济带发展战略环评、营口市仙人岛地区结构规划环境影响报告书、营口沿海产业基地一期控制性详规环评、营口沿海产业基地冶金、化工重装备区控制性详细规划环境影响报告书、营口大石桥经济开发区及周边 16.73 km^2 控制性详细规划环境影响报告书、葫芦岛经济开发区（北港工业区）总体规划环评报告书、盘锦船舶工业基地起步区规划环境影响报告书、盘锦经济开发区规划环境影响报告书、锦州湾西海工业区及配套生活区规划和基础设施建设项目环评报告书、大连港总体规划环境影响报告书
山东	主要省级产业集聚区环境影响评价报告书

五、污染源数据

环渤海沿海地区第一次全国污染源普查数据（2007 年）。
环渤海沿海地区环境统计数据（2001—2007 年）。

六、统计资料

环渤海三省一市和十三地市 2001 年、2005 年、2007 年统计年鉴。

附录 2　区域发展战略及主要规划要点

一、重点发展产业

附表 2-1　主要省区级规划确定的重点发展产业

规划名称	重点发展产业
京津冀都市圈区域规划	天津：现代制造业和研发转化基地，电子信息、新材料工业
	秦皇岛：国家能源输出港口；京津冀临港工业和环渤海重要的先进制造业基地
	唐山：建成以钢铁、能源、建材、石化、装备制造和新兴工业为主的制造业基地，国际性能源和原材料集疏主枢纽港，重化工业基地，商业性能源储备和调配中心
	沧州：以电力、重化工业为主的京津冀都市圈重要的能源、化工基地；以先进制造、新型建材、海水苦水咸水淡化、海水养殖和加工、海洋运输为主的临港产业基地
辽宁沿海经济带发展规划（征求意见稿）	立足辽宁、依托东北、面向东北亚，把沿海经济带开发建设成为我国新的经济增长极、国内一流的临港产业聚集带、东北地区改革开放的先行区、东北亚重要的国际航运中心
东北振兴规划	盘锦市：壮大石化产业，拉长石化产业链条，大力发展精细化工、塑料加工和新型建材业；做大做强中小型船舶修造、石油钻采设备制造等装备制造业；充分发挥生态资源优势，发展绿色农产品加工业、生态旅游业
黄河三角洲高效生态经济区发展规划	加快发展高效生态农业；积极发展环境友好型工业，重点为高技术产业、装备制造业、轻纺工业；大力发展现代服务业
山东半岛城市群区域发展规划	做大做强食品、电子信息与家电、机械、石油与化工、基础原材料、造纸、纺织服装等7大战略优势产业
天津市经济和社会发展“十一五”规划	电子信息产业，汽车工业，化学工业，冶金工业，生物技术与现代医药产业，新能源和环保产业，轻纺工业，振兴装备制造业
河北省经济和社会发展“十一五”规划	重点发展钢铁、装备制造、石油化工、食品、医药、建材建筑、纺织服装、电子信息、现代物流、旅游十大主导产业
辽宁省经济和社会发展“十一五”规划	大力发展先进装备制造业；做大做强原材料工业；大力发展电子信息、生物与医药、新材料等高新技术产业；加快发展以农产品为原料的轻工、纺织、医药及其他优势特色轻型工业；积极发展建筑业
山东省经济和社会发展“十一五”规划	培育发展六大支柱产业：电子信息及家电产业，机械设备产业（船舶），化工产业，食品产业，纺织服装业，材料产业；改造造纸、塑料、新型包装材料、化肥、轮胎、水泥、平板玻璃、建筑卫生陶瓷、新型墙体材料、耐火材料等10个行业
天津市工业经济发展“十一五”规划	形成了以电子信息、汽车、化工、现代冶金、医药、新能源及环保六大支柱产业为代表的优势产业
辽宁省工业经济发展“十一五”规划	先进装备制造业；高加工度原材料工业。石化产业重点发展原油加工、乙烯、合成材料和有机材料，构筑一批精细化工产业群。高技术产业
辽宁省海洋经济发展“十一五”规划	重点抓好交通运输业、装备制造业、原材料加工、电力工业、高新技术产业、水产品增养殖业、水产品加工业、滨海旅游业、金融保险和房地产业
辽宁省老工业基地调整改造振兴草案	重点建设现代装备制造业和重要原材料产业，发展高新技术产业、农产品加工业和现代服务业；加速发展交通运输设备制造业，做大做强石化、钢铁、建材等优势产业
辽宁省资源型城市经济转型专项规划	盘锦市要实施“结构调整，外向牵动、油地融合”的发展战略，以壮大石化、塑料加工与新型建材、绿色与有机食品、现代服务业和培育发展汽车零配件产业为重点，加快发展接续产业
山东省钢铁工业中长期发展规划	推进钢铁产业由低端产品向高端产品转变。重点发展优质薄板、中（宽）厚板、不锈钢板、H型钢、优特钢棒材、优质线材、高强度钢筋、优质管材等八大系列钢材产品。到2015年，全省钢铁生产规模控制在5 000万t水平

附表 2-2 主要地市级规划确定的重点发展产业

规划名称	重点发展产业
滨海新区经济和社会发展“十一五”规划	电子信息产业，汽车工业，化学工业，冶金工业，生物技术与现代医药产业，新能源和环保产业，轻纺工业，振兴装备制造业
唐山市经济和社会发展“十一五”规划	壮大精品钢材、基础能源、优质建材、装备制造和化学工业等优势支柱产业，振兴陶瓷、纺织、食品等劳动密集型传统产业
秦皇岛市国民经济和社会发展“十一五”规划	巩固和增强已经形成的机械制造、金属压延、粮油食品、玻璃工业等四大临港强势产业；加快谋划并培育石油化工、海洋等新的战略支撑产业。重点发展石油化工、精细化工、高效复合肥
沧州市国民经济和社会发展“十一五”规划	壮大化工主导产业，形成石油化工、盐化工、煤化工、精细化工产业集群；培育壮大电力工业；大力发展装备制造业；积极推进纺织服装业；稳步发展农产品加工业；大力发展服务业；循序发展旅游业；培育高新技术产业
大连市国民经济和社会发展“十一五”规划纲要	石化产业、先进装备制造业、船舶制造业、电子信息及软件业、服装加工、精品钢材、建材业
营口市老工业基地改造振兴规划	做强五大产业，冶金产业、石化产业、建材产业、装备制造产业、农产品加工产业
盘锦市接续产业发展规划	培育壮大石化产业、以汽车零配件为重点的机械制造业、塑料与新型建材业、绿色有机食品业
锦州市国民经济和社会发展“十一五”规划纲要	建设石化产业、钛白粉生产、特种铁合金生产、农产品深加工、焊接材料生产、汽车零部件产业、硅系列产业、船舶配套产品生产、电真空器件生产、机械装备制造十大产业基地
葫芦岛市老工业基地振兴总体规划	石油化工、有色金属、机械造船、能源电力、建材、农产品加工业
东营市国民经济和社会发展“十一五”规划	稳定石油工业，壮大石油化工接续产业，膨胀精细化工、盐化工、机电、轻纺、建材、建筑等替代产业；加快发展现代流通、旅游、金融保险、房地产、社区服务、中介服务等新兴服务产业
烟台市国民经济和社会发展“十一五”规划	做大做强机械、电子、食品、黄金等产业，加快发展石化工业，改造提升冶金工业，突破发展生物制药业，大力开展应用技术和高技术研究
潍坊市国民经济和社会发展“十一五”规划	大力实施“5450 工程”，即壮大机械装备、重化工业、纺织服装、食品加工和造纸包装五大优势产业；培育电子信息、生物医药、石油化工、钢铁冶炼四大潜力增长产业；建设 50 个制造业与能源保障项目
滨州市国民经济和社会发展“十一五”规划	加快打造纺织家纺服装、油盐化工、粮油果蔬食品加工、汽车及零部件、造船、飞机及零部件、电子信息、生物工程和新材料、现代服务业、基础产业等十大产业（链）集群

附表 2-3 环渤海沿海地区主要产业集聚区确定的重点发展产业

规划 / 环评名称	重点发展产业
滨海新区	电子信息产业基地、国家级石油化工基地、重要的海洋化工基地、汽车和装备制造业基地、石油钢管和优质钢材深加工基地、生物医药产业基地、新型能源和航空航天业
曹妃甸循环经济示范区产业发展总体规划环境影响评价报告书	以现代港口物流、钢铁、石化、装备制造四大产业为主导，电力、海水淡化、建材、环保等关联产业循环配套，信息、金融、商贸、旅游等现代服务业协调发展
唐山湾“四点一带”空间布局与产业发展规划环境影响报告书	打造国际性能源原材料枢纽港口、国际化滨海生态新城和国家发展现代产业体系自主创新基地；规划了以钢铁工业、石化产业、装备制造业、现代物流业、高新技术产业、海洋产业、现代农业和现代服务业八大主导产业群为重点的产业总体布局和港区城一体联动的空间格局

续 表

规划／环评名称	重点发展产业
沧州渤海新区核心区总体规划	（1）核心功能区：规划推进综合性港口建设，形成煤、电、盐、石油、矿石五大基地，重点发展港口运输、港口物流、临港产业与现代服务业，创造生态宜居的滨海城市环境。（2）中捷片区：规划重点发展污染较小的现代工业与高等教育产业，保护区域内的自然、人文资源与耕地，促进核心区的协调发展。（3）南大港片区：规划重点保护区域内的湿地、水库、河流、海岸线等资源，优先发展绿色生态产业、休闲旅游服务业
沧州渤海新区产业发展规划	做大做强化工、能源、钢铁、装备制造等支柱性产业，培育发展现代物流业、房地产、特色农产品加工、建材、旅游等成长性产业。加快建立京津冀都市圈重要的重化工产业基地、环渤海地区重要的现代制造业基地、辐射三北的现代化物流基地和国家循环经济示范区
秦皇岛经济技术开发区国民经济和社会发展“十一五”规划	建成临港重大装备制造业、绿色粮油农产品加工业、以汽车零配件为代表的先进制造业三大标志性产业，高新技术产业、高附加值服务业、现代物流业三大成长性产业；“西精东重、西高东大”的产业布局原则
辽宁沿海经济带发展规划	大连长兴岛临港工业区。打造以造船产业为主导的产业集群，发展精密仪器仪表、重工起重、机床等装备制造业，能源及精细化工原材料产业。加快交通、能源、水利等港口基础设施建设，有序开发深水岸线，发展大型专业化深水港口，完善港口功能，逐步建成大连东北亚国际航运中心组合港区和世界最大的造船基地之一。到 2010 年，建成 5 个万 t 级以上深水泊位，年通过能力 800 万 t 大连花园口工业园区。打造以农产品加工业为主导的产业集群，发展电动汽车零部件、新材料等产业，加快轮胎、农产品深加工、生物制药等重点项目建设，逐步建成产业加工园区
营口沿海产业基地一期控制性详规环评	以先进装备制造、高新技术、石油化工等产业为主导，以电子信息、新材料、生物工程等高新技术产业为支撑，以轻型产业、现代服务业等产业为补充
营口经济技术开发区临港工业园区总体规划	以新材料工业、现代装备制造工业、汽车产业以及物流工业为主的现代化工业园区和国家级现代制造基地
盘锦经济开发区规划环境影响报告书	以高科技制造业为基础，推动石油产业科学技术研究和开发应用。集中发展具有精加工、高增值、无污染的产业门类
葫芦岛经济开发区（北港工业区）总体规划	船舶制造及船用配套产业、石油化工和精细化工产业、有色金属精深加工产业、港口仓储物流业、轻工产业为主的出口加工业
滨州市蓝色经济区总体发展规划	着力培植发展现代海洋渔业、海洋化工、海洋交通物流、海洋高新技术、生态能源、装备制造、海洋旅游等七大产业
滨州市黄河三角洲高效生态经济区发展规划（征求意见稿）	大力发展高效生态农业，提升壮大纺织家纺、油盐化工、装备制造、粮油果蔬四大产业集群，大力发展海洋工程装备、新能源汽车、节能环保装备、生命生物医药、功能化学纤维、新材料等重点，培育壮大现代物流、金融保险、特色旅游、现代商务、文化创业等现代服务业
滨州市北海新区产业发展规划	重点发展油盐化工业、船舶制造、现代物流、冶金工业等临港工业，同时积极发展现代旅游、农产品深加工、风力发电和高新技术产业，努力将北海新区建设成为环渤海地区规模较大、科技含量高、循环经济型的先进制造基地，形成以油盐化工、船舶制造、现代物流为支柱，以高新技术产业为先导，以商贸旅游服务业为配套的产业格局
中共东营市委关于加快推进黄河三角洲开发建设的决定	建成全省重要的先进制造业基地、精细化工基地、区域性交通枢纽和物流中心、休闲度假胜地。临港产业区：突出发展化工、电力能源、现代物流业；生态旅游区：依托黄河三角洲湿地保护区打造特色旅游；生态渔业畜牧区：渔业生态养殖基地、畜产品生产基地和良种繁育基地；高端产业区：立足东营经济开发区，突出发展先进制造业、高新技术产业和高附加值服务业。发展石油工业，积极培育和提升化工、石油装备制造、汽车零部件、纺织、造纸等支柱产业，加快发展电子信息、新材料、生物医药等高新技术产业

续 表

规划 / 环评名称	重点发展产业
东营六大产业调整振兴规划	电子信息产业：电子元器件、软件、电子信息专用材料； 纺织：大力开发纺织新材料、新纤维和绿色生态面料等高附加值产品； 轮胎：发展绿色环保轮胎，壮大轮胎企业规模、膨胀轮胎产业集群、提升轮胎行业层次； 汽车：加快整车引进和开发，积极发展乘用车、商用车和新能源汽车，改造提升专用车，推进汽车及零部件基地建设； 石化：加快炼化一体化项目和成品油销售网络，延伸石油化工产业链、油盐化工结合的产业链； 石油装备：勘探装备、钻井装备、采油装备、集输设备、油田特种车辆及其他配套产品
潍坊市蓝色经济区发展规划纲要（讨论稿）	培育海洋化工、石油化工、海洋装备制造、现代海洋渔业、海洋交通运输物流业、海洋能源矿产业、海洋文化旅游业、滨海农牧业等海洋优势产业，建设高新技术产业、先进装备制造业、纺织、特种钢材、食品加工、造纸包装等现代高端产业体系
潍坊经济开发区	电子信息、生物医药、新材料等高新技术产业以及机械加工、纺织服装等传统产业。其中新材料包括新型金属、非金属材料、复合材料及新型建筑材料
烟台市临港重化工业发展规划	推进汽车、有色金属、特种钢加工及石化产业集聚膨胀，打造国内特色新型临港重化工业产业基地

二、人口与城镇化发展目标

《滨海新区城市总体规划（2005—2020）》：2020 年，滨海新区常住人口规模规划控制在 300 万人左右，其中城镇人口 290 万人，城市化率 97%。

《河北省城镇体系规划 2004—2020》：2020 年城镇化水平达到 57%。

《河北省人民政府关于加快推进城镇化进程的若干意见》：到 2010 年，全省城镇化率达到 45%。

《河北省城市化“十一五”发展规划》：2010 年，唐山、秦皇岛城市化水平力争达到 47% 左右，沧州达到 42% 左右。

《秦皇岛城市总体规划》：2010 年，全市总人口达到 330 万人，城镇化水平达到 50% 左右；2020 年，全市总人口达到 365 万人，城镇化水平达到 65% 左右。

《秦皇岛生态市建设规划》：2015 年城市化水平大于 50%，2020 年城市化水平大于 55%。

《唐山市城市总体规划（2003—2020）》：规划唐山市域总人口 2005 年为 710 万人、2010 年为 723 万人、2020 年为 750 万人，城市化水平为 68%。

《唐山生态市建设规划》：城市化水平 2015 年达 55% 以上，2020 年达 60% 以上。

《沧州市城市总体规划（2008—2020）》：2020 年全市总人口 839 万人左右，市域城镇化水平 63.4%，2015 年总人口 795 万。

《沧州生态市建设规划》（论证稿）：2020 年全市城镇化率达到 50%。

《葫芦岛城市总体规划》：规划期内 2010 年全市总人口预计达到 295 万人，城镇化水平 50%，全市城镇人口 147.5 万人。2020 年达到 310 万人，城镇化水平 65%，全市城镇人口 201.5 万人。

《辽宁沿海经济带规划》：2020 年城镇化水平达到 70%。

《大连市城市发展规划》：2020 年总人口达到 800 万，城镇化水平达到 80%。

《山东半岛蓝色经济区城镇体系规划》（初稿）：城镇化水平 2015 年达到 60%，2020 年

70%，远景 75% 左右。2015 年城镇人口年将达到 2 597 万人，2020 年 3 246 万人，远景 3 789 万人左右。

《滨州城市总体规划(2005—2020)》：2010 年总人口达到 385 万，城镇化水平达到 51% 左右，2020 年全市总人口达到 425 万，城镇化水平达到 65%。

《滨州生态市建设规划》：城镇化水平 2015 年达到 51%(达到现阶段国家生态市指标要求)，2020 年达到世界中等收入国家的水平 60%。2015 年，人口自然增长率降到 3.5‰ 以下，2020 年降低到 3.3‰。

《中共东营市委关于加快推进黄河三角洲开发建设的决定》：到 2010 年，城镇化率达到 65% 以上。

《潍坊城市总体规划（2006—2020）》：2010 年，全市总人口为 874 万人，远期至 2020 年，全市总人口为 905 万人，规划近期到 2010 年，市域城镇化水平达到 50%，远期 2020 年，将达到 58%。

《烟台城市总体规划（2006—2020）》：规划 2010 年市域总人口为 720 万人，2020 年为 790 万人。规划 2010 年市域城镇人口 432 万人，城镇化水平 60%；2020 年市域城镇人口 553 万人，城镇化水平 70%。

三、生态环境保护目标

附表 2-4 环渤海沿海地区相关规划提出的生态环境保护目标

规划 / 环评名称	生态环境保护目标
天津市国民经济和社会发展“十一五”规划	滨海新区：全面建设宜居的生态城区。建设和保护 500 km^2 的南北两大生态保护区，建成官港森林公园等生态组团，构建海河下游、海岸带等若干生态廊道。建设开发区生态工业和大港石化产业等循环经济示范区和产业链。建设生态型居住区。完善新区基础设施，构建快速路网框架，提升金融、商贸、会展、信息等服务功能。建设和谐新区，成为充满发展活力、适宜创业和人居的生态城区
天津滨海新区国民经济和社会发展“十一五”规划纲要	（1）建设生态新区。建设和保护新区 500 km^2 的南北两大生态环境区。建设海河下游两岸生态廊道，形成风景林带、观光农田和森林公园相结合的生态绿化景观带。建设生态组团。（2）加强环境污染综合整治。单位生产总值能耗下降 20% 以上，取新水量下降 30% 左右；工业用水重复利用率达到 90% 以上。工业废水、废气排放达标率分别达到 98% 以上，工业固体废物综合利用率 95%。2010 年建成区绿化覆盖率达到 40%，森林覆盖率 10%，人均公共绿地面积 22 m^2。空气环境质量好于二级天数达到 85%，城镇污水集中处理率 90%，城区生活垃圾无害化处理率 98%
河北省国民经济和社会发展“十一五”规划	到 2010 年，资源和生态环境目标：资源利用效率显著提高，单位生产总值能源消耗降低 20% 左右，单位工业增加值取水量降低 36%，工业固体废物综合利用率提高到 60%。耕地保有量保持在 625.5 万 hm^2，农业灌溉用水有效利用系数提高到 0.74。生态环境有较大改善，主要污染物排放总量减少 15%，森林覆盖率达到 26%
河北省环境保护“十一五”规划	设区城市集中式饮用水源地水质达标率大于 98%。地表水国控断面达 V 类水质标准以上的比例大于 55%。近岸海域环境功能区达标率达到 89.5% 以上。各设区城市空气质量好于二级标准的天数超过 292 d。环境辐射水平在天然本底涨落范围内。全省主要污染物化学需氧量、二氧化硫排放总量削减 15%，分别达到 56.1 万 t、127.1 万 t。城市污水集中处理率（二级）大于 70%。城市生活垃圾无害化处理率大于 60%。工业固体废物综合利用率大于 60%。自然保护区达到规范化建设要求的比例大于 25%。村庄环境综合整治率大于 30%。环保投入占 GDP 的比例不低于 2.5%

续 表

规划 / 环评名称	生态环境保护目标
河北省城市化“十一五”发展规划	到 2010 年，设市城市人均公共绿地面积达到 10.2 m^2，增长 2.6 m^2。设区市环境空气质量二级标准天数达 80% 以上，县级市、县城、建制镇达到 90% 以上。各级城镇水环境质量显著改善，固体废弃物得到有效处理
河北省人民政府关于加快推进城镇化进程的若干意见	全面落实节能减排措施，严控主要污染物排放总量，持续改善城市水、大气和声环境质量。加快调整城市产业和能源结构，大力发展循环经济，优化城市工业布局。按照谋划一批、开工一批和建成一批的思路，加快以改善城市环境为目标的市政基础设施建设，争取三年内基本弥补欠账，设区市和重点支持的中等城市环境质量跃上一个新台阶。加快城市燃气和集中供热设施建设，各设区市燃气普及率达到 99% 以上，秦皇岛、唐山城市集中供热率达到 80% 以上，沧州不低于 60%。加快城市污水和垃圾处理设施建设步伐，认真落实《河北省环境保护“十一五”规划》，确保规划确定的污水和垃圾处理设施建设项目明年全面开工，三年内全部建成，尚未列入计划的县（市）要及早谋划，做好项目前期工作，争取尽快建设。加快城市公园绿地、防护绿地和环城绿地建设，构建绿量充沛、布局合理的城市绿化系统，三年内市区实现 300 m 见绿、500 m 见园的目标
唐山市国民经济和社会发展“十一五”规划	万元生产总值能耗和水耗分别降低 20%。市大气环境质量达到国家空气质量二级标准，水、土地、矿产等重要资源的保护节约与开发利用水平明显提高，局部生态环境恶化趋势得到缓解，人与自然和谐发展。工业用水重复利用率提高到 85%，固体废物综合利用率提高到 70%。加强采煤塌陷区、资源开发密集区生态重建，狠抓滦河、陡河、还乡河等重点流域水污染治理。深化城市环境综合整治，积极防治农村面源污染
秦皇岛市国民经济和社会发展“十一五”规划	确保海港区、山海关区和各县城关区环境空气质量优于国家二级标准；北戴河区稳定达到或优于国家一级标准。加强水资源保护。加强对桃林口水库、洋河水库、石河水库等水源地和柳江盆地、洋河下游、滦河口平原区等地下水源地的保护。对现有企业实施搬迁或严格排放标准，严格控制新污染源产生，禁止在供水水源地保护区内新建有污染的项目。“十一五”期间，集中水源地水质保持在 2005 年水平；一级保护区水质保持Ⅱ类；二级保护区水质保持Ⅲ类；水质达标率不低于 96%。加强海洋环境和矿山地质环境保护。进一步完善海洋与地质预警预报体系，开展重大海洋、地质灾害隐患的勘察与治理。推进实施“百矿复绿”工程，加强海洋、地质环境监测管理。全力构筑“绿色屏障”。实施北部山区长城沿线生态防护经济林绿化、河流水系水库防护用材林绿化、城镇村庄绿色通道绿化、沿海湿地海防特用林绿化和城市森林“五大生态工程”，构筑绿色屏障。“十一五”期间新增造林面积 60 万亩，全市森林覆盖率达到 40% 以上
沧州市国民经济和社会发展“十一五”规划	单位生产总值能源消耗降低 14.5% 左右。农业节水灌溉面积增加 50 万亩，工业万元生产总值耗水量降低 19%。到 2010 年，森林覆盖率达到 30%。城市人均公共绿地面积达到 8 m^2 左右。城市生活垃圾无害化处理率达到 60%，城市污水集中处理率达到 70%。工业固体废物综合利用率达到 96%。重点流域水污染恶化得到遏制，城市环境及景观大幅度改善，空气质量二级和好于二级标准天数达到全年的 80% 以上。改善农村生产生活环境，文明生态村所占比例达到 30% 以上
辽宁省国民经济和社会发展“十一五”规划	全省城镇生活污水处理率达到 60%，生活垃圾无害化处理率达到 60%，城市环境空气质量达到二级标准天数 80% 以上，主要污染物排放总量比 2005 年减少 5%，主要河流水环境功能区达标率 70% 以上。全省耕地保有量不低于 417 万 hm^2。城市中水回用率达到 20% 以上，万元工业增加值用水量 100 m^3，比 2005 年下降 14.5%
辽宁省资源型城市经济转型专项规划	资源型城市（盘锦）经济转型顺利完成，基本实现全面建设小康社会的主要目标；搞好矿山生态环境保护与恢复治理，加大退耕还林（还草）和土地垦复的力度

续 表

规划 / 环评名称	生态环境保护目标
辽宁省循环经济和生态环境保护“十一五”规划	到 2010 年，全省万元 GDP 能耗达到 1.38 t 标准煤，降低 20%。重点钢铁企业吨钢综合能耗下降到 700 kg 标准煤以下；火电厂供电煤耗下降到 350 g 标准煤 /kWh 以下；10 种有色金属吨产品综合能耗下降到 4.5 t 标准煤以下；炼油单位能量因数能耗达到 12 kg 标准油 /（t·因数）；大型合成氨综合能耗下降到 1 100 kg 标准煤以下；水泥、平板玻璃等产品平均能耗降低 20%。全省万元 GDP 取水量达到 166 m^3；万元工业增加值取水量达到 100 m^3；城市用水的重复利用率达到 65%；工业用水重复利用率达到 80% 全省集中式饮用水源地水质基本达标；全省六条主要河流水环境功能区达标率 70% 以上，省控断面丰、平水期好于五类水质的比例大于 80%，好于三类的比例大于 40%；近岸海域水质按功能区达标率大于 90% 省辖城市环境空气质量达到二级标准天数 80% 以上，各县（市）环境空气质量达到二级标准天数的比例大于 60%。省辖城市噪声按功能区达标率大于 80%。城镇污水集中处理率达到 60%。城镇生活垃圾无害化处理率达到 60%。森林覆盖率达到 37%。水土流失面积控制在陆域面积的 27% 以内。土地沙化面积控制在陆域面积的 6% 以内。矿山生态破坏恢复治理率达到 30%。自然保护区覆盖面积占全省土地面积的比例达到 12%。单位 GDP 化学需氧量（COD）排放量低于 5.5 kg/ 万元。单位 GDP 二氧化硫排放量低于 7 kg/ 万元
滨州生态市建设规划	加快各区县污水处理厂的建设步伐，推进“国家渤海碧海行动”和“六河水变清”工程的实施。城区平均水体环境质量由现在的劣Ⅴ类，到 2007 年降至Ⅴ类，2015 年好转至Ⅳ类，2020 年达到Ⅲ类水质；城镇生活污水集中处理率近期达到 60%，2015 年普及至 80%，2020 年增至 85%。加强工业用水的重复利用率，2007 年由现在的 27.27% 增至 30%，2015 年达到 50%，2020 年实现 70% 目标。确保 2007 年二氧化硫排放强度由 2002 年 16.2 kg/ 万元 GDP 削减至 9.4 kg/ 万元 GDP，2015 年减至 5.0kg/ 万元 GDP 以下，2020 年至 3.5 kg/ 万元 GDP
东营生态市建设总体规划	到 2015 年，环境污染和生态破坏问题得到基本解决，环境质量得到根本改善，所有水体达到水功能区划和水环境功能区划标准，近岸海域水质全部稳定达到一、二级标准，所有县市空气环境质量优于国家二级标准；农业面源污染得到有效控制，农作物秸秆综合利用率达到 97%；城市集中式饮用水水源地达标率 100%，村镇饮用水卫生合格率 100%；城镇生活污水集中处理率达到 82%；工业固体废物处置利用率 90%，城镇生活垃圾无害化处理率达到 100%；城市建成区绿化覆盖率达到 47%；森林覆盖率达到 30%，退化土地恢复治理率达到 92%；受保护地区占国土面积比例为 33%；建设 8 个循环经济型工业园区；100% 的县达到生态县标准
中共东营市委关于加快推进黄河三角洲开发建设的决定	到 2010 年，全市单位生产总值能耗比“十五”末降低 20% 以上，二氧化硫排放量削减 40% 以上，化学需氧量排放量削减 18% 以上，林木覆盖率达到 25% 左右
潍坊生态市建设规划纲要	到 2020 年，解决水资源紧缺问题，保证主要河流的生态用水，战略储备地下水；全市环境污染和生态破坏问题得到基本解决，环境质量得到根本改善，所有水体达到水功能区划和水环境功能区划标准，近岸海域水质全部稳定达到一、二类标准，所有县市空气环境质量优于国家二级标准；农业面源污染得到有效控制，农作物秸秆综合利用率达到 90%；城镇生活污水集中处理率达到 90%，回用水利用率达到 60%；工业固体废物综合利用率 97%，城镇生活垃圾无害化处理率达到 100%；建成区绿化覆盖率达到 45%；森林覆盖率达到 33%，矿山生态环境恢复治理率达到 80%，退化土地恢复率 90%；受保护地区面积达到国土面积的 18%；建设 15 个循环经济型工业园区；90% 的县市达到生态县市标准
烟台生态市建设规划	城市污水处理率达到 90%，污水处理回用率达到 65%，城市垃圾无害化处理率达到 100%，危险废物处理率达到 100%。全市气化率达到 99.50%；城市集中供热率达到 65%。渔业生态养殖面积达到 95% 以上

附录 3 环渤海沿海地区国家级及珍稀濒危动植物名录

附表 3-1 环渤海区域国家保护植物及珍稀濒危植物名录

序号	中文名	拉丁名	国家保护等级	濒危等级	分布
1	紫点杓兰	*Cypripedium guttatum*	Ⅰ	未列入	河北
2	大花杓兰	*Cypripedium macranthum*	Ⅰ	未列入	河北
3	人参	*Panax ginseng*	Ⅰ	濒危，一级	辽宁庄河
4	刺五加	*Acanthopanax senticosus*	Ⅱ	渐危，三级	河北秦皇岛
5	软枣猕猴桃	*Actinidia arguta*	Ⅱ	未列入	辽宁庄河、绥中，山东烟台昆嵛山，河北
6	葛枣猕猴桃	*Actinidia polygama*	Ⅱ	未列入	河北，山东烟台昆嵛山
7	无柱兰	*Amitostigma gracile*	Ⅱ	未列入	辽宁庄河，河北，山东烟台昆嵛山
8	黄耆	*Astragalus membranaceus*	Ⅱ	渐危，三级	河北，天津，山东山区
9	山茴香	*Carlesia sinensis*	Ⅱ	未列入	山东烟台昆嵛山
10	凹舌兰	*Coeloglossum viride*	Ⅱ	未列入	河北
11	穿龙薯蓣	*Dioscorea nipponica*	Ⅱ	未列入	辽宁建昌、北镇、营口，河北，山东胶东丘陵
12	木贼麻黄	*Ephedra equisetina*	Ⅱ	未列入	河北
13	中麻黄	*Ephedra intermedia*	Ⅱ	未列入	河北
14	草麻黄	*Ephedra sinica*	Ⅱ	未列入	辽宁瓦房店、盖州，河北，山东无棣、沾化、莱州、蓬莱、利津
15	火烧兰	*Epipactis helleborine*	Ⅱ	未列入	河北
16	细毛火烧兰	*Epipactis papillosa*	Ⅱ	未列入	河北
17	北火烧兰	*Epipactis xanthophaea*	Ⅱ	未列入	河北，山东昆嵛山、牙山、海阳
18	水曲柳	*Fraxinus mandschurica*	Ⅱ	渐危，三级	辽宁庄河，天津，河北
19	天麻	*Gastrodia elata*	Ⅱ	渐危，三级	辽宁庄河，河北，山东烟台昆嵛山
20	珊瑚菜（北沙参）	*Glehnia littoralis*	Ⅱ	渐危，三级	河北，山东胶东沿海地区
21	野大豆（劳豆）	*Glycine soja*	Ⅱ	渐危，三级	河北，天津，辽宁，山东
22	甘草	*Glycyrrhiza uralensis*	Ⅱ	未列入	辽宁、河北、天津、山东沾化
23	小斑叶兰	*Goodyera repens*	Ⅱ	未列入	辽宁庄河，河北
24	手参	*Gymnadenia conopsea*	Ⅱ	未列入	河北
25	十字兰	*Habenaria schindleri*	Ⅱ	未列入	辽宁北镇、庄河、大连，河北，山东昆嵛山
26	羊耳蒜	*Liparis japonica*	Ⅱ	未列入	河北，山东山区
27	沼兰	*Malaxis monophyllos*	Ⅱ	未列入	河北
28	乌苏里狐尾藻	*Myriophyllum propinquum*	Ⅱ	未列入	河北
29	莲	*Nelumbo nucifera*	Ⅱ	未列入	河北，天津，辽宁绥中，山东
30	二叶兜被兰	*Neottianthe cucullata*	Ⅱ	未列入	辽宁大连，河北
31	萍蓬草	*Nuphar pumila*	Ⅱ	未列入	河北
32	黄檗	*Phellodendron amurense*	Ⅱ	渐危，三级	河北、天津
33	二叶舌唇兰	*Platanthera chlorantha*	Ⅱ	未列入	辽宁庄河，河北，山东牙山、昆嵛山

续 表

序号	中文名	拉丁名	国家保护等级	濒危等级	分布
34	密花舌唇兰	*Platanthera hologlottis*	II	未列入	河北
35	细距舌唇兰	*Platanthera metabifolia*	II	未列入	河北，山东昆嵛山、青州仰天寺
36	朱兰	*Pogonia japonica*	II	未列入	山东昆嵛山
37	河北梨	*Pyrus hopeiensis*	II	未列入	河北
38	五味子	*Schisandra chinensis*	II	未列入	辽宁建昌、盖州、大连，河北，山东胶东
39	紫椴	*Tilia amurensis*	II	未列入	山东昆嵛山
40	蜻蜓兰	*Tulotis fuscescens*	II	未列入	河北
41	小花蜻蜓兰	*Tulotis ussuriensis*	II	未列入	河北
42	中华结缕草	*Zoysia sinica*	II	未列入	辽宁大连，河北，山东胶东
43	核桃楸	*Juglans mandshurica*	未列入	渐危，三级	河北秦皇岛，大连庄河、普兰店
44	小花木兰（天女木兰）	*Magnolia sieboldii*	未列入	渐危，三级	河北秦皇岛，大连庄河
45	狭叶瓶儿小草	*Ophioglossum thermale*	未列入	渐危，二级	河北北戴河
46	青檀	*Pteroceltis tatarinowii*	未列入	稀有，三级	河北秦皇岛，大连旅顺蛇岛
47	玫瑰	*Rosa rugosa*	未列入	渐危，三级	辽宁庄河、长海
按国家保护等级排列，若国家保护等级相同按拉丁名首字母顺序排列					

附表 3-2　环渤海区域国家保护动物及珍稀濒危动物名录

序号	物种	国家保护级别	IUCN保护等级	红皮书保护等级	分布省市县	分布的自然保护区
1	紫貂 *Martes zibellina*	I	未列入	濒危	辽宁庄河	辽宁仙人洞
2	金雕 *Aquila chrysaetos*	I	未列入	易危	辽宁大连、锦州、庄河、瓦房店、营口，山东东营	辽宁仙人洞、山东黄河三角洲
3	白肩雕 *Aquila heliaca*	I	稀有	易危	河北北戴河，辽宁旅顺口区、大连、绥中	
4	白尾海雕 *Haliaeetus albicilla*	I	易危	未列入	辽宁大连、庄河，山东东营	辽宁仙人洞、山东黄河三角洲
5	虎头海雕 *Haliaeetus pelagicus*	I	稀有	濒危	辽宁营口、旅顺口区	
6	胡兀鹫 *Gypaetus barbatus*	I	未列入	易危	辽宁旅顺口区	
7	遗鸥 *Larus relictus*	I	稀有	易危	天津塘沽，河北北戴河	河北北戴河鸟类
8	大天鹅 *Cygnus cygnus*	I	未列入	渐危	辽宁庄河、大连、营口、盖州、盘山、大洼、兴隆台，山东无棣、东营	天津北大港湿地、辽宁双台河口、山东黄河三角洲
9	中华秋沙鸭 *Mergus squamatus*	I	易危	稀有	天津，辽宁庄河，山东长岛、东营	辽宁仙人洞、山东黄河三角洲

续 表

序号	物种	国家保护级别	IUCN保护等级	红皮书保护等级	分布省市县	分布的自然保护区
10	白头鹤 *Grus monacha*	I	易危	濒危	河北北戴河，辽宁大连、盘锦，山东东营	河北北戴河鸟类、辽宁双台河口、山东黄河三角洲
11	丹顶鹤 *Grus japonensis*	I	易危	濒危	河北山海关、秦皇岛，辽宁大连、大洼、盘山、兴隆台、营口、兴城、绥中，山东东营	天津北大港湿地、河北北戴河海滨鸟类、辽宁双台河口、山东黄河三角洲
12	白鹤 *Grus leucogeranus*	I	濒危	濒危	河北北戴河、秦皇岛，辽宁大连、营口、盘山、兴隆台、庄河	河北北戴河鸟类、辽宁双台河口、辽宁仙人洞
13	大鸨 *Otis tarda*	I	易危	易危	辽宁锦州、瓦房店、大连、绥中、盘锦、庄河，山东潍坊、东营	天津北大港湿地、辽宁双台河口、辽宁仙人洞、山东黄河三角洲
14	朱鹮 *Nipponia nippon*	I	濒危	濒危	辽宁营口	
15	黑鹳 *Ciconia nigra*	I	未列入	濒危	河北北戴河，辽宁大连、盖州、大洼、盘山、兴隆台	天津北大港湿地、辽宁双台河口
16	短尾信天翁 *Diomedea albatrus*	I	濒危	濒危	山东烟台	
17	猞猁 *Lynx lynx*	II	未列入	未列入	河北遵化	
18	豹猫 *Felis bengalensis*	II	未列入	渐危	河北唐山、遵化、秦皇岛，辽宁大连、营口、盖州、盘锦	辽宁双台河口
19	普通鵟 *Buteo buteo*	II	未列入	未列入	辽宁大连，山东长岛、安丘	
20	秃鹫 *Aegypius monachus*	II	易危	易危	辽宁大连、大洼、盘锦、庄河	辽宁双台河口、辽宁仙人洞
21	苍鹰 *Accipiter gentilis*	II	未列入	未列入	天津塘沽，河北昌黎，辽宁大连、盘锦、庄河，山东长岛、莱州、招远、东营	辽宁双台河口、辽宁仙人洞、山东黄河三角洲
22	雀鹰 *Accipiter nisus*	II	未列入	未列入	天津塘沽，河北昌黎，辽宁大连、旅顺口、义县、盘锦，山东长岛县、牟平、东营	天津北大港湿地、辽宁双台河口、山东黄河三角洲
23	松雀鹰 *Accipiter virgatus*	II	未列入	未列入	河北、辽宁大连、葫芦岛、义县，山东长岛、龙口	
24	赤腹鹰 *Accipiter soloensis*	II	未列入	未列入	辽宁大连、义县，山东栖霞	
25	红隼 *Falco tinnunculus*	II	未列入	未列入	辽宁庄河、盖州、大洼、义县、大连、盘锦，山东长岛、东营	辽宁双台河口、辽宁仙人洞、山东黄河三角洲
26	黄爪隼 *Falco naumanni*	II	易危	未列入	河北昌黎、北戴河，辽宁大连、义县、绥中	
27	红脚隼 *Falco vespertinus*	II	未列入	未列入	河北迁西、北戴河、昌黎，辽宁盘锦山东长岛、东营	辽宁双台河口、山东黄河三角洲
28	灰背隼 *Falco columbarius*	II	未列入	未列入	河北昌黎，辽宁大连、营口、盘锦	辽宁双台河口

续 表

序号	物种	国家保护级别	IUCN保护等级	红皮书保护等级	分布省市县	分布的自然保护区
29	燕隼 *Falco subbuteo*	II	未列入	未列入	河北北戴河、昌黎，辽宁庄河、义县、绥中、盘锦，山东东营	辽宁双台河口、山东黄河三角洲
30	游隼 *Falco peregrinus*	II	未列入	稀有	河北昌黎，辽宁绥中	
31	阿穆尔隼 *Falco amurebsis*	II	未列入	未列入	辽宁义县	
32	角鸊鷉 *Podiceps auritus*	II	未列入	未列入	辽宁大连、旅顺口区	
33	海鸬鹚 *Phalacrocorax pelagicus*	II	未列入	未列入	河北北戴河，辽宁旅顺口区、长海、大连，山东东营	辽宁蛇岛老铁山、山东黄河三角洲
34	黄嘴白鹭 *Egretta eulophotes*	II	濒危	濒危	河北北戴河，辽宁旅顺口区、大连、长海、葫芦岛、凌海、盘锦	辽宁蛇岛老铁山、辽宁双台河口
35	［黑头］白鹮 *Threskiornismelanocephalus*	II	未列入	稀有	辽宁营口、盘锦、大洼	辽宁双台河口
36	白琵鹭 *Platalea leucorodia*	II	未列入	易危	辽宁大连、营口、大洼、盘锦	辽宁双台河口
37	黑脸琵鹭 *Platalea minor*	II	受威胁	濒危	山东长岛	
38	卷羽鹈鹕 *Pelecanus crispus*	II	稀有	濒危	天津，河北北戴河，辽宁庄河	
39	白腹鹞 *Circus spilonotus*	II	未列入	未列入	辽宁庄河、大连、绥中、盘锦，山东东营	辽宁双台河口、山东黄河三角洲
40	白尾鹞 *Circus cyaneus*	II	未列入	未列入	天津塘沽，辽宁庄河、大连、义县、葫芦岛、绥中、营口、大洼、盘锦，山东东营	辽宁双台河口，辽宁仙人洞、山东黄河三角洲
41	白头鹞 *Circus aeruginosus*	II	未列入	未列入	天津塘沽	
42	鹊鹞 *Circus melanoleucos*	II	未列入	未列入	河北北戴河区，辽宁盖州、大洼、盘山、营口、大连	
43	乌雕 *Aquila clanga*	II	易危	稀有	河北秦皇岛、北戴河，辽宁旅顺口区、大连、瓦房店、绥中、金州区	
44	鹰雕 *Spizaetus nipalensis*	II	未列入	未列入	辽宁大连	
45	蛇雕 *Spilornis cheela*	II	未列入	易危	辽宁大连	
46	靴隼雕 *Hieraaetus pennata*	II	未列入	未列入	辽宁大连、瓦房店	
47	短趾雕 *Circaetus gallicus*	II	未列入	未定	辽宁大连	
48	白琵鹭 *Platalea leucorodia*	II	未列入	易危	辽宁大连、营口、大洼、盘锦	
49	小杓鹬 *Numenius minutus*	II	未列入	未列入	天津塘沽，辽宁盘锦、大连、大洼	辽宁双台河口
50	白额雁 *Anser albifrons*	II	未列入	未列入	辽宁盘锦、营口、大连、盖州，山东东营	辽宁双台河口、山东黄河三角洲

续 表

序号	物种	国家保护级别	IUCN保护等级	红皮书保护等级	分布省市县	分布的自然保护区
51	疣鼻天鹅 *Cygnus olor*	II	未列入	易危	辽宁大连、旅顺口区	
52	小天鹅 *Cygnus columbianus*	II	未列入	易危	辽宁营口、盖州、大连，山东东营	天津北大港湿地、山东黄河三角洲
53	鸳鸯 *Aix galericulata*	II	未列入	易危	辽宁盘锦、庄河，山东东营	辽宁双台河口、辽宁仙人洞、山东黄河三角洲
54	花尾榛鸡 *Tetrastes bonasia*	II	未列入	未列入	辽宁大连、庄河	辽宁仙人洞
55	勺鸡 *Pucrasia macrolopha*	II	未列入	未列入	河北山海关、东光	
56	白冠长尾雉 *Syrmaticusreevesii*	II	易危	濒危	河北东光	
57	红角鸮 *Otus scops*	II	未列入	未列入	河北迁西、北戴河、昌黎，辽宁盘锦，山东长岛、莱阳	辽宁双台河口
58	雕鸮 *Bubo bubo*	II	未列入	稀有	河北昌黎，辽宁葫芦岛、绥中、盘锦、庄河，山东东营	辽宁双台河口、辽宁仙人洞、山东黄河三角洲
59	领角鸮 *Otus bakkamoena*	II	未列入	未列入	辽宁葫芦岛、绥中、大连、义县，山东长岛、东营	山东黄河三角洲
60	雪鸮 *Nyctea scandiaca*	II	未列入	未列入	河北秦皇岛，辽宁瓦房店、黑山	
61	纵纹腹小鸮 *Athene noctua*	II	未列入	未列入	河北南皮，辽宁黑山、兴城、绥中、盘锦	辽宁双台河口
62	灰林鸮 *Strix aluco*	II	未列入	未列入	辽宁兴城	
63	长尾林鸮 *Strix uralensis*	II	未列入	稀有	辽宁营口	
64	鹰鸮 *Ninox scutulata*	II	未列入	未列入	辽宁大连、葫芦岛、盘锦	辽宁双台河口
65	长耳鸮 *Asio otus*	II	未列入	未列入	河北北戴河、昌黎，辽宁庄河、义县、葫芦岛、兴城、绥中、大连、盘锦，山东长岛、东营	辽宁双台河口、山东黄河三角洲
66	短耳鸮 *Asio flammeus*	II	未列入	未列入	天津塘沽，辽宁大连、北镇、义县、绥中、盘锦，山东东营	辽宁双台河口、山东黄河三角洲
67	白枕鹤 *Grus vipio*	II	易危	易危	河北北戴河、秦皇岛，辽宁盘锦	河北北戴河鸟类、辽宁双台河口
68	灰鹤 *Grus grus*	II	未列入	未列入	辽宁大连、兴城、盘锦，山东东营	辽宁双台河口、山东黄河三角洲
69	花田鸡 *Coturnicops exquisitus*	II	易危	未列入	河北北戴河，山东烟台	
70	小青脚鹬 *Tringa guttifer*	II	濒危	未定	河北北戴河，山东东营	山东黄河三角洲
71	小鸥 *Larus minutus*	II	未列入	未列入	河北北戴河	
72	黑嘴端凤头燕鸥 *Sterna bernsteini*	II	受威胁	易危	河北北戴河，山东烟台、东营	山东黄河三角洲

续 表

序号	物种	国家保护级别	IUCN保护等级	红皮书保护等级	分布省市县	分布的自然保护区
73	鹗 *Pandion haliaetus*	Ⅱ	未列入	稀有	辽宁大连、凌海、兴城、盘锦	辽宁双台河口
74	凤头蜂鹰 *Pernis ptilorhynchus*	Ⅱ	未列入	易危	河北昌黎，辽宁大连、绥中、盘锦，山东烟台、东营	辽宁双台河口、山东黄河三角洲
75	花脸鸭 *Anas formosa*	未列入	易危	未列入	河北秦皇岛、北戴河、献县，辽宁营口，山东潍坊、东营	山东黄河三角洲
76	黑嘴鸥 *Larus saundersi*	未列入	濒危	易危	天津塘沽，河北北戴河、秦皇岛、唐山，辽宁盘锦、大连、锦州，山东垦利、沾化、无棣、潍坊、东营	河北北戴河鸟类、双台河口、山东黄河三角洲
77	东方白鹳 *Ciconia boyciana*	未列入	濒危	濒危	河北北戴河、秦皇岛、昌黎，辽宁庄河、大连、盖州、大洼、盘山、绥中、旅顺口区、盘锦，山东东营	天津北大港湿地、河北北戴河鸟类、双台河口、山东长岛、山东黄河三角洲
78	半蹼鹬 *Limnodromus semipalmatus*	未列入	稀有	稀有	天津塘沽，山东东营	山东黄河三角洲
79	纹背蝗莺 *Locustella pryeri*	未列入	易危	未列入	河北秦皇岛，辽宁盘锦	辽宁双台河口
80	细纹苇莺 *Acrocephalus sorghophilus*	未列入	易危	未列入	河北秦皇岛、北戴河	
81	栗斑腹鹀 *Emberiza jankowskii*	未列入	易危	稀有	河北北戴河	
82	震旦鸦雀 *Paradoxornis heudei*	未列入	未列入	稀有	辽宁盘锦	辽宁双台河口
83	暗绿背鸬鹚 *Phalacrocorax capillatus*	未列入	未列入	稀有	辽宁旅顺口区、大连，山东烟台	
84	中国林蛙 *Rana chensinensis*	未列入	未列入	易危	天津	
85	鳖 *Pelodiscus sinensis*	未列入	未列入	易危	天津，辽宁绥中、营口、庄河，山东东营	山东黄河三角洲
86	王锦蛇 *Elaphe carinata*	未列入	未列入	易危	天津	
87	黑眉锦蛇 *Elaphe taeniura*	未列入	未列入	易危	天津	
88	乌梢蛇 *Zaocys dhumnades*	未列入	未列入	需予关注	天津	
89	乌龟 *Chinemys reevesii*	未列入	未列入	依赖保护	山东东营	山东黄河三角洲
90	史氏蟾蜍 *Bufo stejnegeri*	未列入	未列入	需予关注	辽宁庄河	
91	蛇岛蝮 *Gloydius shedaoensis*	未列入	未列入	渐危	辽宁大连蛇岛	辽宁蛇岛—老铁山

附录 4 重要生态功能单元名录

附表 4-1 环渤海沿海地区自然保护区名录

所属省市	保护区名称	所在地	主要保护对象	类型	级别
辽宁	蛇岛一老铁山	大连旅顺口	蝮蛇、候鸟及蛇岛特殊生态系统	野生动物	国家级
辽宁	大连斑海豹	大连	斑海豹及其生存环境	野生动物	国家级
辽宁	城山头	大连金州	地质遗迹、古生物化石及海滨喀斯特地貌	地质遗迹	国家级
辽宁	仙人洞	大连庄河	赤松原生森林生态系统	森林生态	国家级
辽宁	双台河口	盘锦兴隆台	珍稀水禽及湿地生态系统	野生动物	国家级
辽宁	医巫闾山	锦州义县	天然油松林、华北植物区系针阔混交林	森林生态	国家级
辽宁	锦州大笔架山	锦州	海岛生态系统、天然连岛砾石堤、海岛历史遗迹与景观	海洋生态	国家级
辽宁	首山国家森林公园	葫芦岛兴城		森林生态	国家级
河北	秦皇岛柳江盆地地质遗迹	秦皇岛柳江	地质遗迹	地质遗迹	国家级
河北	昌黎黄金海岸	秦皇岛昌黎	保护黄金海岸的生态环境和自然资源	海洋海岸	国家级
天津	古海岸与湿地	滨海新区	贝壳堤与牡蛎礁古海岸遗址和七里海湿地生态系统	海洋海岸	国家级
山东	滨州贝壳堤岛与湿地系统	滨州无棣	贝壳堤岛、湿地、珍稀鸟类、海洋生物	海洋海岸	国家级
山东	黄河三角洲	东营	原生性湿地生态系统及珍禽	海洋海岸	国家级
山东	黄河口生态	东营	黄河口生态系统及生物物种多样性	海洋生态	国家级
山东	黄河口浅海贝类	东营	黄河口文蛤、浅海贝类及其物种多样性	海洋生态	国家级
山东	利津底栖鱼类生态	东营利津	半滑舌鳎及近岸海洋生态系统	海洋生态	国家级
山东	莱州湾蛏类生态	东营	小刀蛏、大竹蛏、缢蛏等蛏类资源及其栖息环境	海洋生态	国家级
山东	广饶沙蚕类生态	东营广饶	沙蚕等底栖生物的种质资源及其栖息环境	海洋生态	国家级
山东	龙口黄水河口	烟台龙口	河口浅滩自然地貌及底栖生物多样性	海洋生态	国家级
山东	昌邑海洋生态	潍坊昌邑	以柽柳为主的滨海湿地生态系统和多种海洋生物	海洋海岸	国家级
山东	山旺古生物化石	潍坊临朐	古生物化石	古生物遗迹	国家级
山东	长岛	烟台长岛	鹰、隼等猛禽及候鸟栖息地	野生动物	国家级
山东	昆嵛山	烟台	野生动植物	森林生态	国家级
辽宁	长海海洋珍贵生物	大连长海	刺参、皱纹盘鲍、栉孔扇贝等海珍品	海洋海岸	省级
辽宁	玉石岭	营口	森林生态系统	森林生态	省级
辽宁	义县古生物化石	锦州义县	晚中生代热河生物群化石及含化石地层	古生物遗迹	省级
辽宁	白狼山	葫芦岛建昌	华北植物区系北缘森林生态系统	森林生态	省级
辽宁	虹螺山	葫芦岛	水曲柳、黄菠萝、狼、黄羊等野生动植物	森林生态	省级
河北	石臼坨岛	唐山乐亭	海岸、鸟类	野生动物	省级

续 表

所属省市	保护区名称	所在地	主要保护对象	类型	级别
河北	唐海湿地和鸟类	唐山唐海	湿地和鸟类	野生动物	省级
河北	黄骅古贝壳堤	沧州黄骅	古贝壳堤	古生物遗迹	省级
河北	小山火山	沧州海兴	地质遗迹	地质遗迹	省级
河北	南大港湿地	沧州	湿地生态系统、鸟类	内陆湿地	省级
河北	海兴湿地和鸟类	沧州海兴	湿地和鸟类	野生动物	省级
天津	北大港湿地	天津大港	湿地生态系统	内陆湿地	省级
天津	东丽湖	天津东丽	水生生态及水生生物	野生动物	省级
山东	马谷山	滨州无棣	地质遗迹	地质遗迹	省级
山东	仰天山	潍坊青州	森林生态系统	森林生态	省级
山东	艾山	烟台蓬莱	珍贵林木及野生动物	森林生态	省级
山东	之莱山	烟台龙口	森林生态系统、鸟类	森林生态	省级
山东	牙山	烟台栖霞	森林及野生动植物	森林生态	省级
山东	福山银湖湿地	烟台	湿地生态系统	湿地生态	省级
山东	老寨山	烟台莱阳	森林植被	森林生态	省级
辽宁	金石滩	大连	地质遗迹、古生物化石	地质遗迹	市级
辽宁	三山岛海珍品	大连	海参、鲍鱼、海胆、扇贝、魁蚶等海洋生物	海洋海岸	市级
辽宁	小黑山	大连金州	森林生态系统	森林生态	市级
辽宁	老偏岛 — 玉皇顶	大连	刺参、皱纹盘鲍等海珍品及周围海洋生态系统	海洋海岸	市级
辽宁	朱家屯海蚀带	大连	海蚀地貌	海洋海岸	市级
辽宁	海王九岛海洋景观	大连	岛礁型基岩海岸、海蚀柱、海蚀洞等海滨地貌、海岸景观及鸟类	海洋海岸	市级
辽宁	王宝河	葫芦岛绥中	饮用水源、野生甲鱼资源	野生动物	市级
河北	秦皇岛市老岭	秦皇岛青龙	温带森林生态系统和珍稀野生动植物	野生植物	市级
山东	滨州海岸带湿地	滨州沾化	海滨湿地、鸟类	海洋海岸	市级
山东	烟台沿海防护林	烟台	沿海防护林带	森林生态	市级
山东	莱阳龙门寺	烟台莱阳	森林生态系统	森林生态	市级
山东	大基山	烟台莱州	森林、山脉景点、石刻	森林生态	市级
山东	崮山	烟台栖霞	森林及野生动物	森林生态	市级
山东	海阳招虎山	烟台海阳	野生动植物	野生动物	市级
山东	五龙河湿地	烟台莱阳	湿地生态系统	湿地生态	市级
山东	莱州湾湿地	烟台	湿地生态系统	湿地生态	市级
辽宁	柏山	葫芦岛建昌	天然次生柏树林及其生境	野生植物	县级
辽宁	六股河	葫芦岛建昌	鸟类及其栖息地	野生动物	县级
辽宁	宫山咀苍鹭	葫芦岛建昌	苍鹭等鸟类	野生动物	县级
辽宁	兴城青山	葫芦岛兴城	天然次生林	森林生态	县级

续 表

所属省市	保护区名称	所在地	主要保护对象	类型	级别
河北	北戴河鸟类	秦皇岛北戴河	候鸟	野生动物	县级
山东	沙窝林场	滨州惠民	森林、鸟类	森林生态	县级
山东	引黄济清渠道	滨州博兴	鸟类	野生动物	县级
山东	马庄流域	滨州邹平	森林植被、水源	森林生态	县级
山东	竹林寺	烟台	林木、竹林寺古迹	森林生态	县级
山东	招远罗山	烟台招远	森林生态系统	森林生态	县级
山东	大沽夹河湿地	烟台	湿地生态系统	湿地生态	县级

附表 4-2 环渤海沿海地区地表水饮用水水源地

省 / 市	市	地表水饮用水水源地
辽宁	大连	碧流河水库、英那河水库
	营口	玉石水库、石门水库、周家水库、三道岭水库
	盘锦	无
	锦州	无
	葫芦岛	平山水源
河北	秦皇岛	桃林口水库、洋河水库、汤河上游饮用水区、石河水库
	唐山	陡河水库、大黑汀水库、邱庄水库
	沧州	大浪淀水库
天津	滨海新区	海河天津饮用水源区、北塘水库、北大港水库
山东	滨州	蒲城水库、东郊水库、秦台水库、龙吟水库、西海水库、南海水库、纯化水库、孙武湖水库、李庄水库、黛溪湖、于印水库、台头水库、马庄花盘水库、月湖水库、幸福水库、仙鹤湖水库、思源湖水库、三角洼水库、芦家河子水库、打渔张渠首水库、韩店平原水库、码头平原水库、清风湖水库
	东营	黄河饮用水水源区、胜利水库、城南水库、孤河水库、辛安水库、耿井水库、南郊水库
	潍坊	峡山水库、白浪河水库
	烟台	门楼水库

附录 5 日本濑户内海区域发展与污染治理

一、地理位置

濑户内海是日本最大的内海，东部通过纪伊水道与太平洋相连，西部通过丰后水道和关门海峡与日本海相连。海岸线长 7 230 km，东西长度 450 km，南北长度 15 ～ 55 km，海域面积为 2.3 万 km^2，潮间带滩涂总面积为 117.3 km^2。海岸线曲折，大小岛屿星罗棋布，港湾多，号称日本的"地中海"，地理位置十分重要。濑户内海区域位于北九州工业区与阪神工业区之间，包括福冈、山口、广岛、冈山、兵库、京都、大阪、奈良、和歌山、德岛、香川、爱媛、大分等 13 个府县，陆域总面积 6.8 km^2，占日本陆域面积的 18.2%。2000 年，环濑户内海 13 府县总人口 3 548 万，目前人口约为 3 500 万，约占全国人口的 28%。环濑户内海区域人口密度明显高于全国平均人口密度，达 623 人 / km^2，是日本全国平均人口密度的 1.9 倍（日本全国平均人口密度为 336 人 / km^2）。

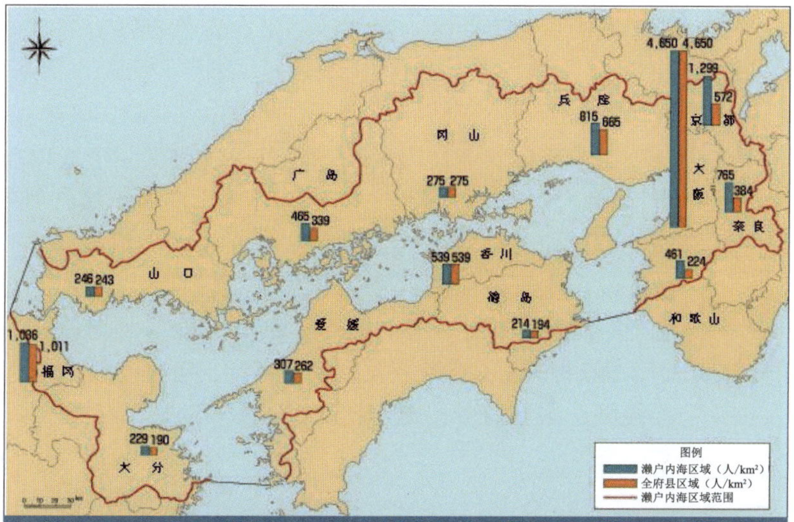

附图 5-1 濑户内海区域范围及人口密度分布

濑户内海区域与环渤海沿海地区的共同点是渤海与濑户内海都是半封闭的内海，临海，海岸线长，多港湾，环绕内海沿岸发展。

二、区域重点产业发展背景

1945—1960 年，日本经济发展经历了战后恢复期。这一时期日本政府的主要经济发展目标是尽快恢复经济，解决国内供应不足和失业问题，实施"经济民主化"、"倾斜式生产方式"及"产业扶植"三大经济政策。这些经济政策不仅促进了煤炭、钢铁、电力、化肥等基础工业的恢复，而且带动了整个工矿业和农业生产的恢复，为日本经济步入高速增长时期奠定了基础。1960—1973 年日本经济经历了高速增长期。高速增长期日本政府经济发展的主要目标是：实现经济增长、促进民众就业、提高生活水平、实现重化工工业化、调整产业结构、充实社会资本、协调地区发展、提高社会福利。按照"需求的收入弹性标准"和"劳动生产率增长率标准"把机械、石油化工、钢铁及有色金属、合成纤维、汽车和电子等产业作为重点发展或优先发展的主导产业。

日本有 5 大工业区，即京滨工业区、阪神工业区、中京工业区、北九州工业区和濑户内海工业区。战后大规模的工业投资，使日本经济迅速发展，原有的 4 大工业区由于工业集中，新建工厂用地困难，工业设备的现代化和科学技术的进步，使企业由单一化的纵向联系，向大型化、联合化的横向联合发展，原有的港口设备亦不适应，势必寻求新区以满足需要。濑户内海工业区就是在这样的背景下，于 20 世纪 50 年代末开始崛起的新工业区。

分析濑户内海重化工业地带迅速形成的原因有以下几点：① 工业发展的原料、燃料，绝大部分从外国进口，而产品的大部分又依靠国外市场，这是战后日本进行工业布局的出发点；

② 海水平静且沿岸水浅，海岸线较长，适于填海造陆，修筑港口和码头，并有盐田可以转用，保证了工业用地；③ 海陆交通便利，运费低廉，对工业地带的形成起着关键性的作用；④ 地震、台风灾害较少，地质基础坚固；⑤ 劳动力资源丰富；⑥ 山阳道自古与近畿联系频繁；⑦ 20 世纪 50 年代中期以来，日本政府和地方自治体对企业的引导政策。这些条件对该工业地带的形成，起到了促进的作用。

从 20 世纪 50 年代末到 70 年代初期，濑户内海工业区发展起了钢铁、化学和机械工业，在濑户内海沿岸建立起了大型港口和各种工厂，“日本地中海”已变成了一条“产业运河”，在日本经济中的地位已超过北九州工业区。1965 年重化工比重 36.0%，而 1973 年为 67.9%，1977 年为 71.9%，都超过了同期全国平均水平。工业产值 1972 年占日本全国 9%，形成钢铁、石化、造纸产业基地，占日本全国同期同行业比重分别达到 46%、37% 和 29%。

濑户内海沿岸以广岛、水岛为中心，形成了北部以钢铁、石化、电力、机械、汽车为主导产业的重化工业区，南部以化学、有色金属冶炼等工业为主的工业区。

三、区域产业结构变化

日本素以农业立国，濑户内海在近代工业形成以前主要盛产大米、棉花、盐三种农产品，有“濑户三白”之称。这完全是因为适宜的土壤气候条件、海上运输业的发达以及毗邻近畿地区的区位优势等条件促进了水稻、果园、渔业等多样化农产品的发展。一战前濑户内海的经济发展水平虽在全国处于后进阶段，但近代工业已有一定基础，主要工业部门为食品、纺织、化学、造船、棉纺织等，多数工业的发展与当地原料、丰富的水源与便利的交通有关。

濑户内海区域经济发展自 1965 年起，产业结构得到了重大的调整。地方政府为发展地方经济，采取有效措施引进工业，使炼油、石油化学、冶金、金属加工、机械制造、合成纤维等工业及相关部门相继建立与扩大。与此同时，原有基础较好的造船、纺织、化学、有色金属、食品、造纸等工业部门也得到了新发展。

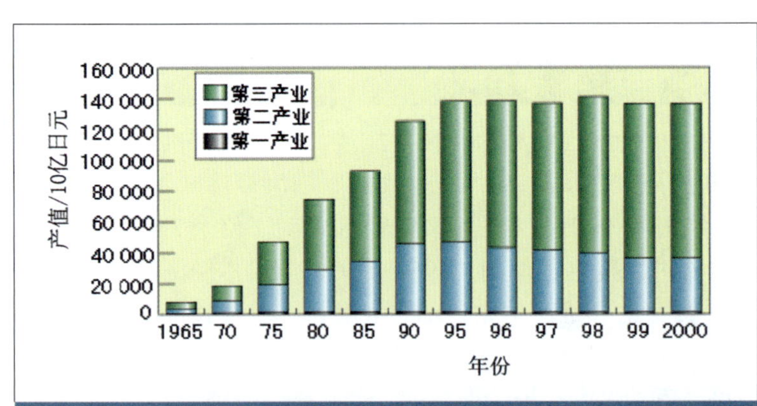

附图 5-2 濑户内海区域 GDP 及三产产值历史趋势

濑户内海区域经济经历了 1965—1990 年的迅速增长，1990 年经济总产值突破 120 兆日元之后增长放缓（见附图 5-2），到 2002 年达到 129.9 兆日元，较 1965 年增长 15 倍。产业构成比例中，迅速发展初始第一产业所占比例即开始下降，从 1965 年 8% 下降至 2002 年 0.8%；自 1970 年开始濑户内海区域基本完成工业化，第二产业所占比例开始下降；第三产业比例则一直呈增长趋势，且增速快于同期第二产业。

从人均 GDP 和产业结构来看（见附表 5-1），环渤海沿海地区相当于日本濑户内海区域 20 世纪五六十年代的经济发展水平，主导产业相似，为钢铁、石化、装备等。不同之处主要在于濑户内海区域三产比重高于二产比重，而环渤海沿海地区仍以第二产业比重为最大，2007 年重化工比重高达 72.9%。

四、产业经济快速发展带来的突出环境问题

附表 5-1　环渤海沿海地区与濑户内海区域经济发展水平与产业结构对比

区域名称	环渤海沿海地区	濑户内海区域
GDP/ 占全国比重	20 155.9 亿元 /8.2%（2007 年）	1 298 514 亿日元（2002 年） 81 157.1 亿日元（1965 年）
人均 GDP（美元）	4 804（2007 年）	4 000（20 世纪 70 年代） 32 000（2002 年）
产业结构（三产比重）	8.4 ∶ 59.0 ∶ 32.6（2007 年）	0.8 ∶ 25.4 ∶ 73.8（2002 年） 3 ∶ 36 ∶ 61（1972 年） 8 ∶ 47 ∶ 55（1965 年）

日本二战后全力发展经济，工业布局开始向沿海集中，濑户内海沿岸成为重要的工业基地，由于工业化和随之而来的城市化，不可避免地给当地造成了严重的生态环境问题。

（1）海域水质严重恶化，赤潮大面积爆发

濑户内海水体化学耗氧量（COD）、总氮（TN）、总磷（TP）含量超标是水质恶化的主要表现。COD、TN、TP 来源主要是生活污水排放、工业排污及畜牧、水土流失等。1972 年工业 COD 年排放总量约为 49.3 万 t，生活污水及其他来源年排放总量约为 12.8 万 t，1979 年工业 TN、TP 年排放总量分别为 9.2 万 t、0.8 万 t，生活污水及其他来源 TN、TP 年排放总量分别为 16.8 万 t、1.6 万 t。

有机污染物、TN 和 TP 的过量排放是濑户内海水质恶化的主要原因。氮、磷的过量排放导致水体富营养化。1974 年，濑户内海 COD、TN、TP 的含量分别为 2.1 mg/L、0.29 mg/L 和 0.035 mg/L。1974 年 A、B、C 三类水质 COD 含量的超标率分别达到 60%、38% 和 4%（COD 含量标准分为 A、B、C 三类，A 类要求 COD 含量小于 2 mg/L，B 类小于 3 mg/L，C 类小于 8 mg/L）。

随着濑户内海富营养化程度的加剧，赤潮发生的次数明显增多，而且面积扩大，危害加剧。赤潮发生次数由 1969 年的 79 次猛增到 1973 年的 210 次，1976 年达到高峰，为 299 次。几乎所有赤潮都发生在夏季，给渔业生产带来沉重打击，造成严重的经济损失：1972 年赤潮导致 1 400 万尾养殖狮鱼死亡，直接经济损失达 71 亿日元；1976 年，赤潮造成 330 万尾养殖狮鱼死亡，直接经济损失 30 亿日元。赤潮成为濑户内海严重的环境问题，养殖协会与沿海排污企业矛盾加剧，引发了严重的社会问题。

（2）近岸生境大量丧失

由于沿岸工业的迅速发展，对土地的需求也越来越迫切，致使濑户内海区域围填海规模急速扩张。1950—1973 年濑户内海围填海总面积达到 225 km^2。大量的围填海导致港湾外航道水流明显减慢，海水自净能力减弱，水质日益恶化，天然湿地减少，自然岸线转化为半自然和人工岸线，大量滩涂消失，近岸海域生物多样性迅速下降。1949—1969 年，濑户内海有 2 km^2 海草床（大叶藻）消失，而 1960—1971 年间则有 170.6 km^2 消失，占总面积 75.4%。1978 年濑户内海海岸线总长为 6 702.8 km，人

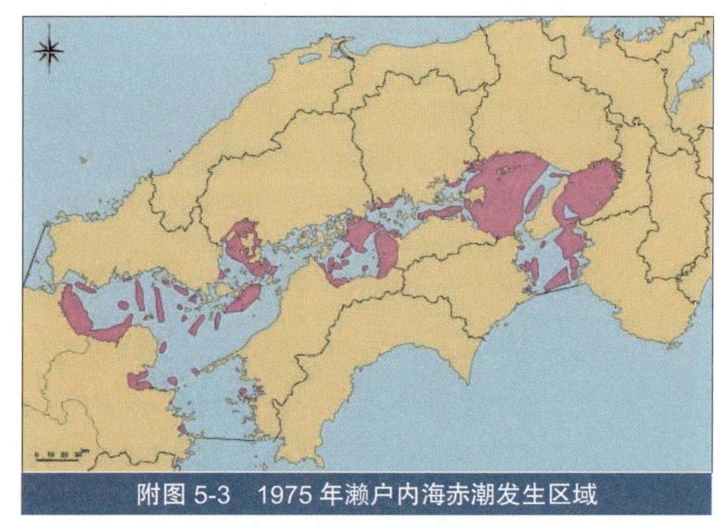

附图 5-3　1975 年濑户内海赤潮发生区域

工岸线长度为 2 924.6 km，占 43.6%，大阪和福冈沿岸人工岸线比例则分别达到了 88.6% 和 73.7%。

同时，由于水质恶化和海岸线特别是滩涂面积的急剧减少，海水浴和当地居民赶海等亲海活动受到严重影响。经济高速发展之前，当地居民的生活空间是与海洋紧密相连接的，但自从填海造地建立工厂之后，工厂与海之间没有留下供人类活动的空间，甚至用高围墙将海与陆地隔绝开来，公众与海的接触完全被阻断。

（3）公害事件群发

在这一时期，发生了震惊世界的水俣病，熊本县水俣湾的百姓吃了从濑户内海中捕捞的含有高毒性的汞污染的海产品，导致痴呆麻痹、精神失常，而且这种病会遗传，居民一代一代地往下发作。因为当地的环境已经受到汞的深度污染，只有 4 万居民的水俣湾镇，竟有 1 万人得了这种病。水俣病震惊了世界。从 20 世纪 70 年代开始，日本开始着手治理濑户内海，用了长达近 30 年的时间，才把濑户内海还原成基本清洁的海域。

（4）溢油事故频发

1972 年濑户内海溢油事故发生次数由 1970 年 155 次迅速增加至 874 次，达到濑户内海溢油事故的高峰期，1973 年和 1974 年每年发生 800 余次溢油事故。其中，1974 年 12 月，濑户内海中部发生了严重的溢油事故，溢出石油 750 万～ 900 万 L，给濑户内海东部海域造成了严重污染。尽管努力对溢油进行回收，但还是对生态系造成了严重影响，造成约 160 亿日元的损失。溢油给渔业发展造成了严重损失，同时对海滩及海岸带景观产生巨大影响。

（5）大气污染

日本的大气污染由来已久。战前，随着日本工业的发展，人们逐渐向城市集中。在城市中由于生产和生活的燃料主要是煤炭，因而单位时间内排入大气的煤烟量相应地增多，城市常年笼罩在烟雾之中，大气被严重污染。战后，由于大量石油的应用，大气中二氧化硫的污染更为突出。

五、造成濑户内海严重的区域环境问题的原因

（1）经济的高速增长造成工业的畸形发展，产业高度集聚，布局不合理，城市人口恶性膨胀

战后，日本实施了太平洋沿岸带状工业带的产业政策，使宏观产业布局加速向太平洋地区倾斜。在东滨、阪神、中京、北九州“四大工业地带”之间形成了新的工业区，使占全国 24% 的土地拥有全国 75% 的工业产值。日本政府为实现集中开发，将行政投资重点放在“三湾一海”地区。据统计，在这些地区行政投资的比重一般占投资总额的 65% ～ 70%，由于产业过于集聚，使大量工业区普遍出现了交通拥塞、环境污染、住宅困难等“过密”问题，并由“过密”而引发急剧的大面积污染的危机。企业出于达到利润最大化的目的，必然要使其成本最小，从而不愿意承担污染治理的费用。但这样将导致整个社会生态环境严重污染，从而使人类无法生存。

（2）重化工业的高度发展是日本环境污染的主要原因

为了迅速赶上欧美国家，日本从 20 世纪 50 年代中期起，集中力量优先发展了钢铁、化学、电力、硅酸盐、造纸等重化工业，使这些工业部门的产值猛增。1960—1965 年，电力增长 1.6 倍、钢铁 1.8 倍、硅酸盐 1.6 倍、化工 1.8 倍、造纸 1.7 倍；1965—1970 年，这些产业又分别增长 1.8 倍、

2.3 倍、1.8 倍、2.0 倍、1.8 倍。这些产值增长最快的工业部门大多属于高能耗、高污染排放行业，由于日本工业的动力主要依靠石油，1969 年单位平地面积上的耗油量已是美国的 7 倍，居世界第一位。据统计，1970 年日本各行业排出的二氧化硫为 579.9 万 t，是 1960 年 165.3 万 t 的 2.5 倍，年平均增长率为 13.4%。同期排出的二氧化氮由 18.9 万 t 增加到 196.1 万 t，年平均增长率为 11.0%。排放废气最多的依次是电力、钢铁、硅酸盐、化工、造纸等部门。1970 年，这些部门排放二氧化硫所占比例分别为 23.8%、18.7%、16.3%、14.9%、9.1%。废水排放最多的造纸、食品、化工和纺织等部门，1970 年排放废水比重分别达到 48.6%、16.5%、15.9% 和 14.2%。据 1970 年 8 月通产省调查，1969 年日本全国共排放固体工业废渣 4 000 万 t，其中钢铁工业排放 1 338 万 t、化工行业排放 628 万 t、电力工业排放 588 万 t、非金属工业排放 522 万 t、造纸工业 250 万 t，主要污染行业排放固体废物占比例 84%。

（3）政府的“增长主义”和企业的“产值第一”思想是环境污染的根本原因

日本政府制定的“国民收入倍增计划”追求的是国民生产总值的增长，在这种思想的指导下，对防止环境污染采取消极应付的态度，把大部分资金用于发展经济，而环境污染防治经费很少，1960 年仅占国民总产值的 0.2%，1970 年只增加到 0.5%。日本用于防治环境污染的研究费用，1970 年为 300 万美元，占科研总费用 0.4%。

附录 6 《濑户内海环境保护特别措施法》摘译[1]

第一章 总 则

第 1 条 目标

为保障并推动濑户内海环境保护措施的有效实施，明确相关特定设施建设约束，防止富营养化危害，保护自然海滨，促进濑户内海环境质量整体改善，制定本法。

第 2 条 定义

本法所称“濑户内海”，是指连接下述地点的海岸线所环绕的海面，以及内阁令规定的其他海域：

（1）从和歌山县纪伊日的御岬灯台起，经过德岛县伊岛和前岛，到蒲生田岬为止；

（2）从爱媛县左田岬起到大分县关崎灯台为止；

（3）从山口县火山下灯台起到福冈县门司崎灯台为止。

本法所称“有关府县”，是指大阪府、兵库县、和歌山县、冈山县、广岛县、山口县、德岛县、香川县、爱媛县、福冈县和大分县以及与濑户内海环境保护有关内阁令规定的府县。

本法所称“有关府县知事”，是指有关府县的知事。

第二章 濑户内海环境保护规划

第 3 条 制定濑户内海环境保护的基本规划

濑户内海拥有日本乃至世界上无与伦比的壮美风光，同时它作为一个重要的渔业资源宝库，为国民提供了丰富的海产品，惠及子孙。因此，为促进濑户内海环境保护措施的有效实施，政府应制定濑户内海的水质保护、自然景观保护等基本规划（在本章中称“基本规划”）。

环境大臣（日本称环境大臣，下同）在需要制定或者更改基本规划时，应首先听取濑户内海环境保护审议会和有关府县知事的意见。

基本规划条例一旦制定或更改，环境大臣应立即将已制定或更改内容下达有关府县知事，并予以公布。

第 4-1 条 制定濑户内海环境保护的相关府县规划

有关府县知事应根据基本规划就涉及该府县的环境保护措施，制定濑户内海环境保护的相关府县规划（在本章中称“府县规划”）。

有关府县知事在制定府县规划时，应根据首相办公室有关规定将所制定内容上报环境大臣。

环境大臣在接到有关府县上报的规划草案后，应同有关府县行政长官协商，对该府县规划草案作出必要指示。

有关府县知事在府县规划制定完成后，应立即将该规划下达有关市、镇、村，并予以公布。

府县规划需要更改时，同样执行以上 2 ～ 4 款规定。

第 4-2 条 推进基本规划和府县规划的实施

国家和地方政府应尽力为实现基本规划和府县规划而采取必要措施。

---

1 本中文译文为环渤海课题组翻译资料，不代表官方正式发布版本。

第三章　濑户内海环境保护特别措施

第一节　建设特定设施的相关规定

第 5 条　特定设施建设的审批

根据环境省有关规定，向公共水域排放废水的有关府县区域内企业若计划建设特定设施，须获得相应府县知事的批准。（“公共水域”指《水污染防治法》（1970 年第 138 号法律）第 2 条第 1 款规定的公共水域，下同；“特定设施”指《水污染防治法》第 2 条第 2 款规定的特定设施，但不包括设置于日最大废水排放量不足 50 m^3 企业的设施及内阁令规定的设施，下同。）

欲得到建设特定设施的批准，应向府县知事提交包括以下事项的申请书：

（1）姓名、住所，如为法人，则应提交其代表人的姓名；

（2）企业的名称与所在地；

（3）特定设施的种类；

（4）特定设施的构造；

（5）特定设施的使用方法；

（6）从特定设施排放的废水或废液（以下称“废水等”）的处理方法；

（7）外排废水量（包括不同排水系统的量）；

（8）外排废水的污染状态（包括不同排水系统的污染状态）及其他环境省规定的事项。

申请书应附有该特定设施建设的环境影响调查结果的书面材料。

府县知事在收到本条第 1 款的批准申请时，应立即公布其概要，并自公布之日起将申请书前款提供公众阅览 3 周。

府县知事在向公众公布申请书之后，应立即将其核心内容通知至与该特定设施建设有关的府县知事和市、镇、村长，并在规定期限内征求有关府县知事和市、镇、村长的意见。

依据本条第 4 款进行公示之后，与特定设施建设有利害关系者可以在公众公示期内，就本条第 3 款的环境影响评价调查结果向有关府县知事提出书面意见。

关于本条第 3 款的环境影响评价调查结果，以环保部规定为准。

第 6 条　批复特定设施建设的标准

当府县知事认为申请的特定设施不符合以下各项规定之一时，不得批准其建设：

（1）申请单位是以处理废弃物为主营业务的企业；

（2）从该特定设施排放的废水等污染物将给濑户内海环境保护带来负面影响。

即使在符合本条第 1 款的情况下，有关府县知事也必须充分考虑建设该特定设施可能给环境带来的负面影响。

第 7 条　特定设施的过渡措施

在第 5 条第 1 款规定的区域内，已经拥有特定设施单位（包括正在建设特定设施的单位）可以视为是得到同款批准的单位。

按照环境省的规定，申请建设特定设施获批的单位，应从该设施成为特定设施之日起 30 天以内，向府县知事申报第 5 条第 2 款所列各项事项。

第 8 条　特定设施构造的更改

根据环境省的规定，申请建设特定设施获批的单位，如欲更改第 5 条第 2 款第 4 项至第 7 项所列事项时，应得到府县知事的批准，但若属于轻微调整时，可免除批复程序。

欲免除批复程序，申请建设特定设施获批的单位应向府县知事提出记载有环境省规定事项的书面申请。

第 5 条第 3 款至第 7 款与第 6 条的规定适用于接到第 5 条第 1 款批准申请的情况（环境省规定的情况除外）。

申请建设特定设施获批的单位符合本条第 1 款所述环境省规定的轻微调整时，必须自其调整之日起 30 天以内向府县知事申报调整内容。

第 9 条　名称变更

申请建设特定设施获批的单位在更改了第 5 条第 2 款第 1 项、第 2 项或第 8 项所列事项时，或者中止了获批特定设施的使用时，在更改或者中止之日起 30 天以内必须向府县知事申报其内容。

第 10 条　继承

从申请建设特定设施获批的单位接管或者租赁已获批的特定设施的单位，可以继承该特定设施获批单位的地位。

申请建设特定设施获批的单位在继承或者合并时，继承单位或者合并后存续的法人或因合并而从新设立的法人，可以继承原获批单位的地位。

依据本条前两款的规定，继承了申请建设特定设施获批的单位，应自其继承之日起 30 天以内向府县知事申报该情况。

第 11 条　对违法行为的处置规定

对于违反第 5 条第 1 款的规定而建设特定设施的单位，或者违反第 8 条第 1 款规定的单位，府县知事可下令拆除该特定设施，并可对该单位处以停产或为纠正其他违法行为而采取必要的措施。

第 12 条　水污染防治法等相关法律的关系

《水污染防治法》的第 5 条至第 10 条，第 11 条第 1 款至第 3 款、第 23 条第 3 款至第 5 款和《预防海洋污染和海洋危害》（1970 年第 136 号法律）第 37 条第 1 款的规定不适用于本法第 5 条第 1 款规定区域内工厂企业的特定设备设施。

关于《水污染防治法》第 22 条第 1 款的规定应用于本法第 5 条第 1 款规定的区域内，“本法”指《濑户内海环境保护特别措施法》（1973 年年底 110 号法律）。

第 12-2 条　略

第 12-3 条　污染负荷量总量削减

环境大臣为防止濑户内海内化学需氧量的污染，可对本法第 5 条第 1 款规定的区域制定削减以化学需氧量为代表的污染物负荷总量的基本方针。

关于总量削减方针和以此为依据的污染负荷量总量削减的适用范围：规定中所称“污染负荷量”，指“以化学需氧量表示的污染负荷量”；所称“指定水域”，指本法第 2 条第 1 款规定的濑户内海；所称“指定项目”，指“化学需氧量”；所称“指定地域”，指本法第 5 条第 1 款规定的区域。

第二节　预防富营养化危害的发生

第 12-4 条　指定物质削减的指导方针

为了防止因濑户内海的富营养化而造成对生活环境的危害，环境大臣可根据政令的规定，在必要时指示有关府县知事针对第 5 条第 1 款规定的地区削减向公共水域排放的磷及其他内阁令规定的物质（在本节中称“指定物质”），制定指定物质削减指导方针（在本节中称“指导方针”），包含削减目标、年度目标及其他必要事项等内容。

在指导方针里，为达到年度削减目标，应规定削减指定物质的相关政策及其他必要事项。

在需要制定或更改指导方针时，有关府县知事应根据环境省的规定，及时将指导方针报告环境大臣。

在制定或变更指导方针时，府县知事应将有关情况进行公示。

第 12-5 条　指导

在遵循指导方针的基础上，府县知事可以对向在本法第 5 条第 1 款规定的公共水域排放指定污染物者给予必要的指导、建议和劝告。

第 12-6 条　督促提交申报材料

府县知事认为有必要对相关单位进行指导、建议或劝告时，应要求向公共水域排放指定物质的单位提交废水或者废液的处理方法及其他有关事项的申报材料。

第三节　自然海滨的保护

第 12-7 条　指定自然海滨保护地区

濑户内海的海滨地区及其所属海域中符合以下各项的区域，府县知事可将其指定为自然海滨保护地区：

（1）在海陆交汇带附近形成的天然滨海沙滩、礁岩及其他与此相类似需要保护的自然岸线；

（2）可用来海水浴、赶海及其他可供公众利用的海滩，或者被认为适宜于将来开发利用的海滨地区。

第 12-8 条　行为申报

各府县可以根据条例规定，要求在自然海滨保护地区内欲实施新建建筑物、改变土地的形状和性质、采掘矿物、开采土石及其他行为者提交申报材料，并且为了保护和适当利用自然海滨保护地区，可以向该申报者提出必要的劝告或建议。

第 13 条　关于围填海的特别规定

根据《濑户内海公有水面填海造地法》（1921 年第 57 号法律）第 2 条第 1 款和第 42 条第 1 款的规定，府县知事批复围填海项目时，应充分考虑本法第 3 条第 1 款所述的濑户内海的特殊性。

围填海项目应该通过濑户内海环境保护审议会审议，方可根据本条第 1 款规定执行。

第四节　促进环境保护事业发展

第 14 条　建设、完善下水道和废物处理设施

鉴于濑户内海的污染现状，国家和地方政府应建设下水道和废物处理设施，疏通污泥，完善水质监测设施设备，促进濑户内海水质改善、环境保护事业的发展。

第 15 条　财政等的援助

国家应对实施第 14 条的单位优先提供财政上的援助、资金融通或协助筹集资金。

第 16 条　净化濑户内海的项目规划

政府应针对濑户内海受污染水体开展大规模的净化项目，制定水质改善计划。在促进技术研发的同时，采取必要的财政补助。

第 17 条　防止海上事故导致的油污排放

为了防止濑户内海油污排放引发污染事故，应完善近岸海域大量油污外漏等预防监督系统，建立并强化排污设施等防范体系，加强政府指导力度。

第 18 条　推进技术研发

政府应迅速查明赤潮发生的机理，在研发防治技术同时，努力开发船舶内油污处理技术及其他与濑户内海环境保护相关的技术，并根据结果采取必要的措施。

第 19 条　赤潮等渔业灾害的救济

鉴于濑户内海赤潮和溢油事故频发，危害性较大，政府应快速对遭受危害的渔民采取必要的救济措施。

第四章　细　则

第 20 条　建议

环境大臣为保证本法正确执行，可对有关府县知事提出必要的建议。

环境大臣可要求有关府县知事就建议内容所采取的对应措施提出报告。

第 21 条　过渡措施

以本法为根据的政策在制定或者废止时，在一定的范围内，可以规定必要的过渡措施（包括有关罚则的过渡措施）。

第 22 条　权限委托

本法规定属于府、县知事权限的一部分事务，可委托内阁令任命的市长行使。

内阁令任命的市长应在施行本法过程中，及时向府县知事通知环境省规定的相关事项。

第 23 条　濑户内海环境保护审议会

环境省设置濑户内海环境保护审议会（以下简称“审议会”）。

审议会负责调查审议有关濑户内海环境保护的重要事项。

审议会可以就有关濑户内海环境保护的重要事项，向环境省陈述意见。

审议会要从有学识经验的人中选拔，经环境大臣任命，由 34 名以内的委员组成。

审议会的委员为非专职人员。除前两款规定以外，有关审议会的组织和运作的必要事项根据内阁令规定。

第五章　法律责任

第 24 条

符合以下各项之一者，处 1 年以下的徒刑或 50 万日元以下的罚款：

（1）违反本法第 5 条第 1 款或者本法第 8 条第 1 款规定者；

（2）违反本法第 11 条规定者。

第 25 条

符合以下各项之一者，处 10 万日元以下的罚款：

（1）不按照本法第 7 条第 2 款的规定申报或虚假申报者；

（2）不按照本法第 12-6 条的规定报告或虚假报告者。

第 26 条

法人的代表人、法人或法人代理人、使用者或其他从业人员实施法人或个人业务时，有涉及本法第 24、25 条的违法行为时，除处罚行为者外，对其法人或个人也要处以相同罚款。

第 27 条

不按照本法第 8 条第 4 款、第 9 条或第 10 条第 3 款的规定申报，或作虚假申报者，处 10 万日元以下的过失罚款。

附 则

本法自公布之日（1973 年 10 月 2 日）起 1 个月之后正式施行。

附录二

关于印发《关于促进环渤海沿海地区重点产业与环境保护协调发展的指导意见》的通知

环函 [2011]184 号

天津市、河北省、辽宁省、山东省环境保护厅（局）：

为了贯彻落实科学发展观，促进区域经济社会与环境协调发展，充分发挥战略环评成果对环渤海沿海地区环境管理的指导作用，促进区域重点产业与环境资源协调可持续发展，从源头预防环境污染和生态破坏，我部在 2009 年组织编制《环渤海沿海地区重点产业发展战略环境评价》的基础上，组织专家根据战略环评成果制定了《关于促进环渤海沿海地区重点产业与环境保护协调发展的指导意见》。现印送你们，作为指导区域重点产业环境管理的参考和依据。

附件：关于促进环渤海沿海地区重点产业与环境保护协调发展的指导意见

中华人民共和国环境保护部

二〇一一年六月三十日

附件：

关于促进环渤海沿海地区重点产业与环境保护协调发展的指导意见

为深入贯彻落实科学发展观，推动环渤海沿海地区经济发展方式的战略性转变，加快调整经济结构，优化空间开发格局，促进区域经济社会和资源环境协调可持续发展，提出以下意见：

一、充分认识区域重点产业发展与生态环境保护的重要性

（一）在国家区域经济和生态安全格局中占有重要地位。环渤海沿海地区是国家新一轮基础性、战略性产业布局的重要承载区域，是环渤海地区社会经济发展的重要引擎。同时，渤海是我国重要的渔业摇篮，沿海地区连接辽河、海河与黄河三大流域和黄海，是海陆之间的重要缓冲地带和东北亚鸟类迁徙的重要通道，在我国北方生态安全格局中占有重要地位。正确处理好该区域经济与环境的协调发展，对于促进我国经济发展方式的根本性转变具有突

出的示范作用。

（二）布局性与结构性矛盾突出。环渤海沿海地区产业结构不尽合理，炼油、石化、冶金、能源、化工等重化工产业规模持续增长，产业空间布局与区域生态安全格局、重化工业结构性规模扩张与资源环境承载能力之间的矛盾也日益突出。自然滩涂湿地锐减，海岸带生态缓冲能力持续降低，河口产卵场严重退化，生物多样性降低，近岸生物体内污染累积效应开始显现，生态灾害和海上溢油事故风险显著增加，生态风险由局部向全局演变趋势加剧。水资源紧缺且逐年衰减，用水紧张态势加剧；海河、辽河、滦河、山东半岛诸河等流域，以及渤海湾、辽东湾、莱州湾等近岸海域水质污染尚未根本扭转；传统煤烟型大气污染依然严重，城市和工业集聚区新型复合污染开始显现，主要城市能见度呈下降趋势。如不及时引导、优化和调控，将难以遏制环境污染加重、生态环境质量总体下降的趋势，严重威胁区域的全面协调可持续发展。

二、促进区域重点产业与环境保护协调发展的总体要求

（三）指导思想。全面落实科学发展观，大力建设生态文明，推进环境保护历史性转变，努力探索环保新道路，加快调整区域经济结构，优化国土空间开发格局，实施资源环境战略性保护，推动区域经济发展方式的根本性转变，将环渤海沿海地区建设成为环境保护优化经济发展的示范区域。

（四）基本原则。按照“保底线，优布局，调结构，控规模，严标准”的总体思路，确保生态功能不退化、水土资源不超载、污染物排放总量不突破、环境准入标准不降低。坚持总量减排与质量控制相结合，扭转生态环境质量恶化趋势；坚持产业发展与生态空间管制相结合，促进产业合理布局；坚持结构优化与产业升级相结合，加快构建现代产业体系；坚持规模增长与资源环境承载相结合，统筹区域环境资源配置；坚持严格环境准入与淘汰落后产能相结合，加快产业发展转型。

（五）主要目标。按照“结构提升、空间集约、发展转型”的总体要求，强化重点产业发展的规模调控与空间优化，形成分工合理、资源高效、环境友好的产业发展新格局，逐步降低区域资源环境压力，从根本上扭转生态环境质量恶化的趋势，逐步实现区域生态环境由局部改善向整体提升的战略性转变。

三、推进环境保护优化经济发展，加快构建现代产业体系

（六）优化重点产业布局。辽宁沿海经济带以大连为龙头积极推进大连至盘锦一线炼油、石化、装备制造等重点产业统筹发展，加快提升重点产业集聚效应。按照天津滨海新区和河北沿海统筹布局的思路，发挥滨海新区大型装备制造业、现代制造业、电子信息产业等辐射和带动作用，形成优势互补、错位发展格局，着力提高区域综合竞争力。围绕黄河三角洲高效生态经济区和山东半岛蓝色经济区建设，发挥山东沿海四市装备制造、石化、轻纺等产业基础优势，加快新型工业化进程，积极发展生态农业，率先实现产业生态化转型。

（七）大力发展高端装备制造业。加快推进装备制造业规模化发展，大力提高现代制造业比重，提升滨海新区、大连、烟台、潍坊等地区装备制造业规模和技术水平，建设具有国际影响力的先进制造业基地。重点发展滨海新区航空航天、汽车及配套加工，大连船舶、能源装备、高端精密机床，烟台海洋工程、唐山高速动车、东营石油开采等装备制造业，推进

营口、曹妃甸、沧州等特色装备制造业发展。

（八）统筹大型石化项目布局。集中建设 2—3 个具有国际先进水平和生产能力的大型“炼化一体化”基地。以大连为龙头整合辽宁沿海经济带的石化产业，集中建设大型炼化基地。积极整合滨海新区、唐山、沧州的原油加工能力，集约新建一个大型“炼化一体化”基地，错位分工，适度发展。以东营为基础，统筹滨州至烟台一线石化产业布局。严格控制在黄河三角洲湿地、双台河口湿地、大辽河口湿地和双岛湾等生态敏感区域布局石化、化工等高污染、高风险项目。支持石化产业向下游产业链延伸，鼓励发展高附加值的绿色化工产品，提高石化产业竞争力。淘汰 100 万吨及以下低效低质落后炼油装置，积极引导 200 万吨以下炼油装置关停并转，合理控制控制区域炼油总产能规模。

（九）推进钢铁产业布局优化和集约发展。建设具有国际先进水平的唐山钢铁产业基地，大力推进曹妃甸国家级循环经济示范区建设。结合淘汰落后产能、企业重组和城市钢厂搬迁，加快河北沿海三市产业带钢铁产业集约化，加大技术改造力度，优化资源配置，促进钢铁产业全面升级与生态化转型。除精品钢材等高端产品外，滨海新区不宜扩大钢铁产能。按照集中布局原则，合理发展营口冶金产业。严格控制生铁、粗钢产能无序扩张。提高淘汰落后炼铁、炼钢产能标准，加快淘汰落后产能，分批淘汰 400 立方米及以下高炉、30 吨及以下转炉、电炉。

（十）进一步淘汰落后造纸产能。重点加快淘汰滨海新区、唐山规模以下造纸产能，控制辽宁沿海经济带、山东沿海四市新增造纸产能。优化造纸原料结构和产品结构，大力发展循环经济，新建造纸项目应淘汰相应规模的落后产能，严格控制高污染的草浆、苇浆造纸项目。继续推动造纸企业的集约化、规模化发展，强化污染综合治理，加大淘汰小造纸和落后工艺力度，推广有利于环保的造纸新工艺、新技术，分阶段提高行业的规模、技术与污染治理准入“门槛”。

（十一）优化能源结构。积极提高清洁能源、可再生能源在一次能源中的比重，改善能源结构；按国家有关规划，合理布局风能、太阳能、核能、生物质能等新型能源开发利用。新建、改扩建燃煤电厂必须同步建设脱硫脱硝配套装置，加强汞污染防治。天津滨海、河北沿海三市控制除热电联产项目外的大型火电项目规模，原则上不再新增燃煤火电电源点。

（十二）大力发展战略性新兴产业和现代服务业。积极发展新能源、新能源汽车、节能环保、新材料、生物产业、新兴信息产业、高端装备制造业等战略性新兴产业，以及港口物流业、现代商贸、金融保险、生态旅游、软件及信息服务业、服务外包、文化创意产业等现代服务业，提升高新技术产业及现代服务业的比重。大力发展秦皇岛生态旅游业、滨州轻纺工业、沧州至烟台一线海洋化工等地方特色产业。

四、实施区域生态环境战略性保护，提升资源环境支撑能力

（十三）保持重要生态用地面积不减少，确保区域生态功能不退化。优先保护大连东北部、盘锦南部、锦州西部、葫芦岛，唐山南部、秦皇岛、沧州，滨海新区南部，滨州和潍坊北部、东营及烟台等区域海岸带重要滩涂和湿地；重点加强辽河三角洲湿地、黄河三角洲湿地的生物多样性保护；提升天津北大港湿地保护区、河北南大港湿地保护区、河北唐海湿地和鸟类保护区、山东牙山自然保护区、山东福山银湖湿地自然保护区的保护水平；建立复州湾—长兴岛、海河三角洲湿地自然保护区，逐步修复湿地生态功能，遏制近岸、海岸带地区生态退化趋势。

（十四）合理开发水资源和岸线资源，确保水土资源不超载。努力保证区域河道内 105 亿立方米最小生态用水量，2015 年渤海入海淡水总量不低于 375 亿立方米，2020 年不低于 400 亿立方米，维护渤海近岸河口鱼类产卵场生境。确保渤海大陆自然岸线长度不低于 1880 公里，占海岸线总长比例不低于 66.8%，受保护自然岸线长度不低于 830 公里。重点保护砂质岸线以及自然保护区内岸线，限制对滩涂、苇地等天然湿地的大规模开发，适度控制废弃盐田等生态敏感度高的未利用地转化。重点加强大连渤海一侧、盘锦辽河入海口、葫芦岛南部至秦皇岛一带、滨海新区滨海湿地保护区、滨州北部古贝壳堤、东营黄河入海口以及烟台部分砂质自然岸线保护力度。控制大连长兴岛临港工业区、盘锦辽滨沿海经济区、锦州西海工业区、秦皇岛、唐山湾“四点一带”、天津滨海新区、沧州渤海新区、烟台等地区的岸线开发强度，保证预留出一定比例的自然岸线。

（十五）大力推进污染减排，确保污染物排放总量不突破。力争地表水重要环境功能区水质和近岸海域主要功能区水质达标率明显提高，城市空气质量满足环境功能区要求。在达到国家“十一五”污染物总量减排目标的基础上，2020 年主要污染物排放量较现状有较大幅度降低。加强非常规污染物、有毒有害和持久性污染物的防治，实施重点重金属排放总量控制。重点控制辽河流域砷、汞、多氯联苯等特征污染物排放，控制海河流域、黄河流域砷、锌、铅等重金属排放。新兴石化产业集聚区、油田开采区、污灌区等区域内，重点控制砷、镉、铅、铜、汞等重金属污染。大力推进农业面源污染防治，削减农业面源污染排放总量。

（十六）大幅提高资源环境效率，严格环境准入要求。逐步提高重点产业资源环境效率准入“门槛”，确保 2020 年区域资源环境效率达到或接近国际先进水平。工业化学需氧量、二氧化硫排放强度在现状基础上分别降低 60%、70% 以上，单位 GDP 能耗降低 50% 以上。严格控制新建、改扩建项目污染物排放强度，大中型项目的资源环境效率不低于同期国际先进水平。严格限制高水耗项目，在地面沉降和海水入侵区禁止建设以地下水为主要水源的工业项目。新建电力、化工、冶金项目应按国家规定采取脱硫脱硝措施。新建、改扩建钢铁项目应首先淘汰相应规模的落后产能，不鼓励发展钢铁产业的地区原则上不再审批新的钢铁项目。区域内原则上不宜新增煤化工产能。

五、统筹区域环境管理，强化战略性环境保护措施

（十七）制订相关环境经济政策，引导产业升级和淘汰落后产能。在石化等高风险、高污染行业优先推行绿色保险制度，研究出台对投保企业和保险公司分别给予保费补贴和营业税优惠等激励措施。通过调整信贷结构引导产业多元化发展，扶持旅游、电子信息、现代服务业以及新能源、新材料等高新技术产业，限制电石、焦化、粗钢、小造纸等高污染高耗能产业扩张。进一步推动企业上市环保核查工作，严格审查其环境治理能力及效果，对于不能满足所在区域环境管理要求的企业，限制其上市融资与扩大再生产。完善促进区域社会、经济、环境协调发展的生态补偿机制，加强区域生态恢复、跨地区与跨流域生态环境综合治理。按规定对环境保护、节能节水项目所得给予税收优惠，对电石、焦化、粗钢、小造纸等高污染高耗能产业和资源环境效率低下的企业要提高相关环境收费标准。

（十八）优先保证环保投入。逐步提高政府的环保投入，力争财政预算中环保资金增长幅度高于同期财政支出增长幅度。到 2015 年，环保投入总量力争翻一番，目前环保投入占 GDP 比重低于全国平均水平的地区达到 1.5% 以上。到 2020 年，环保投入力争达到 GDP 的 2%

以上。支持和引导多元化、多渠道的环保投入。通过国家直接投资、财政补贴、生态补偿和转移支付等方式支持环保基础设施、生态环境保护、自然岸线恢复等重大项目的建设。

（十九）大力推进环境基础建设。2015 年城市污水处理率应不低于 85%，生活垃圾无害化处理率力争不低于 80%，工业固体废物综合利用率不低于 72%。利用财政资金优先建设一批生态环境保护工程，加快推进区域生态恢复和环境质量全面达标。加强环境监测能力标准化建设，建立渤海近岸海域和陆域生态长期观测站，建设环渤海沿海地区生态环境基础数据库。

（二十）切实发挥规划环评作用。建立规划环评与项目环评的联动机制，将规划环评作为项目环评准入的依据；对规划中包含由上级环保部门负责审批的重大项目的，其规划环评应征求上级环保部门的意见。对可能造成跨行政区域不良环境影响的重大开发规划和建设项目，要建立区域环境影响评价联合审查审批制度和信息通报制度。全面推进重点区域、临港工业区、重化工基地以及“两高一资”重点行业的规划环境影响评价。重点产业集聚区规划环评应与规划同时开展，未通过规划环评的产业园区建设项目文件不予审批。

（二十一）统筹协调区域环境管理。建立健全跨区域跨部门联防联控机制，统筹和协调有关部门在污染防治的管理、监测等方面的职能，统一协调和管理区域大气环境、流域水环境，统筹陆海、兼顾河海，构建“统一规划、统一监测、统一监管、统一评估、统一协调”的区域联防联控工作机制，提升区域污染防治整体水平。建立多部门联动的综合预警和应急机制，制定突发性污染事故紧急预案处理措施，建设环境污染事故应急队伍，确保区域生态环境安全。